L'ETAT
DE
LA FRANCE.
TOME SECOND.

A PARIS,
AU PALAIS.

M. DCC. XII.
AVEC PRIVILEGE DU ROY.

TABLE DE L'ETAT DE LA FRANCE

TOME SECOND.

Des Maisons Roïales.

MAISON DE MONSEIGNEUR LE DAUPHIN, 3. Enfans de France décédez, 22. Maison de Madame la Dauphine, 27. Officiers de Monseigneur le Duc de Bretagne, 60. Officiers de Monseigneur le Duc d'Anjou, 63.

MAISON DE MONSEIGNEUR LE DUC DE BERRY.   65
MAISON DE MADAME LA DUCHESSE DE BERRY.   93
MAISON DE MADAME,   110
MAISON DE MONSIEUR le Duc

TABLE

d'ORLEANS, 126
MAISON DE MADAME la Duchesse d'ORLEANS, 154
CHAP. I. Des Enfans de France, 163
CHAP. II. Des Princes du Sang qui sont vivans, 164
CHAP. III. Autres Princes & Princesses issus de la Maison de France, Enfans du Roy légitimez, 171
CHAP. IV. Des Enfans légitimez de Henry le Grand, & de leurs descendans, 175
CHAP. V. Des Princes Etrangers, 179
   De la Maison de Lorraine, 180
   De la Maison de la Tour d'Auvergne, 189
   Grimaldy de Morgues, 193
   De la Maison de Rohan, 194
   De la Maison de la Trémoille, 202
   De la Maison de Luxembourg, 205
   Ce que c'est qu'avoir le Pour, 207
CHAP. VI. Des Pairs de France, 211
CHAP. VII. Du Rang des Pairs de France, 261
CHAP. VIII. Des Duchez & Pairies enregistrées à d'autres Parlemens qu'à celui de Paris, 323
CHAP. IX. De la fonction des Pairs de France au Sacre du Roy, 325
CHAP. X. Des Ducs & Pairs, dont les Lettres n'ont point été enregistrées, 329

DES CHAPITRES.

Chap. XI. Des Duchez, 3
Chap. XII. Du rang des Ducs, 356
Chap. XIII. Des Duchez enregiſtrez en d'autres Parlemens qu'à celuy de Paris, 368
Chap. XIV. Des Ducs, dont les Lettres n'ont point été enregiſtrées, 369
Chap. XV. Des Ordres du Roy, 372
Chap. XVI. Des Chevaliers de l'Ord e du Roy, ſous le titre & milice de S. Michel, 377
Chap. XVII. Les cent Chevaliers de l'Ordre & Milice du S. Eſprit, 378
Chap. XVIII. Des Officiers de l'Ordre du Saint-Eſprit, 388
Hap. XIX. De l'Ordre du Roy ſous le titre de S. Loüis, 392
Hap. XX. De l'Ordre de Nôtre-Dame du Mont-Carmel, & de S. Lazare de Jéruſalem. 672

Fin de la Table du ſecond Tome.

SECONDE PARTIE
DES MAISONS
ROIALES

1. Officiers retenus auprés de Monseigneur le Dauphin.

2. La Maison de Madame la Dauphine.

3. Officiers de Monseigneur le Duc de Bretagne.

4. Officiers de Monseigneur le Duc d'Anjou.

5. La Maison de Monseigneur le Duc de Berry, & celle de Madame la Duchesse de Berry.

6. La Maison de Madame, Duchesse d'Orléans, Doüairiere.

7. La Maison de Monsieur le Duc d'Orléans, & celle de Madame la Duchesse d'Orléans.

L'ETAT DE LA FRANCE.

Ministre & Sécrétaire d'Etat, Trésorier des Ordres de Sa Majesté ; & le jour de la Pentecôte 1695. Le Roy l'a fait Chevalier du S. Esprit. Aux cérémonies du baptême, le Roy le nomma Loüis le 18. Janvier 1687. Madame, Duchesse d'Orleans Doüairiere, étant la Marraine. Il épousa à Versailles le 7. Decembre 1697. Marie-Adelaïde de Savoïe, fille de Victor Amédée, Duc de Savoïe, & d'Anne d'Orleans, de laquelle il a Monseigneur le Duc de Bretagne né à Versailles le 8. Janvier 1707. Monseigneur le Duc d'Anjou né à Versailles le 15. Janvier 1710.

Monseigneur le Dauphin est héritier présomptif de la Couronne de France, & il porte la qualité de *Dauphin*, en vertu de la donation de la Province de Dauphiné, que Humbert dernier Dauphin de Viennois fit à cette condition au Roy Philippe VI. dit de Valois, l'an de grace 1349.

Il porte pour cela même les Armes de France, écartelées avec celles de Dauphiné, qui sont d'or au Dauphin d'azur, crêté, oreillé, barbeté de gueules ; cet Ecu environné des colliers des deux Ordres. Sa Couronne est rehaussée de fleurs-de-lis, comme celle de tous les Fils de France, mais elle est fermée par

MAISON DE M. LE DAUPHIN. 5
quatre Dauphins, dont les queuës aboutissent à un bouton qui soûtient la fleur-de-lis à quatre angles.

Aux vitres de l'ancienne Cour des Monoïes, au dessus de la Chambre des Comtes au Palais, j'ai vû l'Ecu du Roy Loüis le Juste, fait en 1608. quand il étoit encore Dauphin, écartelé de France & de Dauphiné, entouré des deux colliers des Ordres, & au dessus la Couronne rehaussée de quatre fleurs-de-lis & de quatre tréfles ou feüilles de persil, fermée de 8. branches, qui se réünissent en haut à une fleur-de-lis à 4. angles. Cette vitre a été transférée en 1686. à la Chambre de la Juridiction des poids au Palais, en la nouvelle Cour des Monoies, où on la voit encore.

En 1662. l'Abbé de Brianville a présenté au Roy cette Couronne pour Monseigneur fermée par quatre Dauphins, & Sa Majesté a voulu que Monseigneur le Dauphin n'en portât point d'autre.

Officiers de Monseigneur le Dauphin qui servent ou qui ont servi auprés de sa Personne & qui sont ordinaires.

Un Gouverneur, Paul de Beauvillier Duc de Saint Aignan, Pair de France, voïez ses qualitez aux Ducs & Pairs.

A iij

Deux Soûgouverneurs, M. Jacques-François de Johanne, Marquis de Saumery : Baron de Chemerolles, Capitaine & Gouverneur du Château Roïal de Chambor, Gouverneur & grand Bailly de Blois, Gouverneur des Isles de Lerins, Ch. L.

M. Gabriel de Razilly, Marquis dudit lieu, Lieutenant Général en Touraine, Seigneur de Beaumont les Tours, Velors, Fontenay, les Eaux-mêlés & la Crousilliere.

Ils ont chacun 7500 liv.

Un Precepteur, M. François de Salignac de la Mothe-Fénelon, Archevêque Duc de Cambrai. Il est de l'Académie Françoise.   12000. liv.

Deux Soû-Precepteurs M. Claude Fleury Prieur d'Argenteüil. Il est de l'Académie Françoise.

M. l'Abbé le Févre.

Ils ont chacun   6000. liv.

Un Confesseur ordinaire, 1200. liv. Le R. P. Martineau.

Le Frère le Nain Compagnon du R. P. Martineau.

Deux Lecteurs de la Chambre.

M. Jean Catelan, Evêque de Valence, Abbé de Boulancourt, Docteur en Théologie de la Faculté de Paris.

M. l'Abbé Vittement.

MAISON DE M. LE DAUPHIN. 7

Ils ont chacun, 4500. liv.

Deux Gentils-hommes de la Manche.

M. Jâques Chastenet de Puy Segur, Comte de Buzancy, l'un des quatre Quar-Comtes de Soissons, Lieutenant Général, & Marêchal Général des Logis des Armées du Roy, Gouverneur de Condé, Ch. L.

M. Jâque de Vassal Sieur de Mont-Viel, Brigadier d'Armée, Ch. L.

Ils ont chacun, 6000. liv.

Le Roy voulant mettre auprés de Monseigneur le Dauphin quelques Gentils-hommes assidus sans neanmoins leur créer de Charges, a choisi les Seigneurs de la Cour ci-aprés nommez.

M. le Marquis d'O, Lieutenant Général des Armées Navales, Ch. L.

M. le Marquis de Saumery, Capitaine & Gouverneur du Château Roïal de Chambor, Gouverneur & grand Bailli de Blois, Gouverneur des Isles de Lerins, Ch. L.

M. le Comte de Chiverny, Bailli de Dole.

M. le Marquis de Gamaches, Lieutenant Général des Armées du Roy, Gouverneur de S. Valery, Ch. L.

Il y a encore quelques Seigneurs qui étoient à feu Monseigneur le Dauphin,

A iiij

M. de Matignon, Comte de Torigny, Chevalier de l'Ordre du S. Esprit, Lieutenant Général en Normandie.

M. le Marquis de Florensac, Maréchal de Camp.

M. le Comte de Sainte Maure.

M. le Chevalier de Grignan, Maréchal de Camp.

M. le Marquis d'Urfé.

M. le Duc d'Antain, Lieutenant Général en Alsace, Lieutenant Général des Armées du Roy, Gouverneur de l'Orléanois & d'Amboise, Directeur général des Bâtimens du Roy, Ch. L.

M. le Marquis de Pompadour.

Ils ont chacun, 6000. liv.

Il y a encore, Jean-Baptiste-Nicolas de la Chenaye, Grand Ecuïer-Tranchant, & Cornette Blanche, Gouverneur de Meulan, Gentilhomme de la Manche de feu Monseigneur le Dauphin.

Jâque de Valon de Mimurs, Maréchal de Camp, Ch. L. Il est de l'Académie Françoise.

Ils ont chacun, 3000. liv.

Un Premier Valet de Chambre ordinaire.
6791. l. d'appointemens, sçavoir 700. l. de gages, par le Trésorier de la Maison du Roy. 1825. l. pour sa bouche à Cour, à la Chambre aux deniers, à raison d'une

MAISON DE M. LE DAUPHIN,

demie pistole par jour, & 4266. l. d'autres appointemens au Trésor Roïal.

M. Michel Collin Sieur du Chêne.

Un *Sécretaire des Commandemens* 5000. l.

M. Antoine-Joseph Hennequin, Sieur de Charmont, Sécretaire du Cabinet du Roy.

Un *Premier Médecin* qui sert toute l'année. M. Claude-Jean Baptiste Dodar. Il a des Lettres de Conseiller d'Etat, & prête serment entre les mains du Premier Médecin du Roy. Il a de gages, pensions, livrées & autres droits, plus de 13000. liv. car il a 1800. l. de gages, païez par le Trésorier Général de la Maison du Roy, demie pistole par jour pour sa nourriture, c'est 1825. livres par an, païez par le Maître de la Chambre aux deniers, 8000. liv. de pension & entretènement, païées au Trésor Roïal : c'est 11625. liv. De plus, la viande du boüillon, consistant en quatre livres de bœuf, autant de mouton & autant de veau. Il y a encore un chapon gras de 37. s. 6. d. Le Roy donnant pour le tout, 4. liv. 17 s. 6. d. par jour, que le premier Médecin touche aussi entiérement chaque jour, quand les Officiers de la Bouche de Monseigneur le Dauphin ne lui aprêtent pas ses viandes, & ne lui servent pas à manger, comme les jours de marche dans les voïages; mais les autres jours que ces Officiers de la Bouche apprêtent à manger à Monseigneur le Dauphin, ils ne donnent au Premier Médecin qu'un écu par jour, & au surplus par accommodement entre lui & eux, ils lui apprêtent quelques piéces pour son dîner, & pour son souper; il a encore tous les jours un pain appellé le pain d'essai, que fournit le Boulanger du Roy, & une bouteille de vin, aussi appellée la bouteille d'essai, fournie par le Marchand de vin.

Un *Chirurgien ordinaire*, 1000. liv. de gages, 600. liv. de recompense, 600. liv. de livrées, & 1400. liv. de nourritures.

M. Pierre Gervais, Chirurgien ordinaire du Roy.

Deux Huissiers de la Chambre ordinaire, qui ont chacun 3615. l. sçavoir, 2520 l. au Trésor Roïal, & 1095. l. à la Chambre aux deniers pour leur nourriture. De plus chacun un pain & une pinte de vin de table tous les jours pour leur déjeûner, qu'ils prennent en argent à la Chambre aux deniers, environ 200. ou 208. l. par an, & à la Fruiterie, 32. l. de Bougie.

M. Pinault de Bonnefonds, aussi Huissier de Chambre du Roy.

MAISON DE M. LE DAUPHIN.

M. Ballon Huissier de Chambre du Roy.

Trois Valets de Chambre ordinaires, 2415. liv. chacun, sçavoir, 1320. liv. de récompense au Trésor Roïal, & 1095. l. à la Chambre aux deniers pour leur nourriture.

M. Bidault, aussi Valet de Chambre du Roy.

M. Mahias, aussi Valet de Chambre du Roy.

M. le Fèvre, aussi Valet de Chambre du Roy.

Un Porte-Manteau ordinaire, 2895. l. sçavoir, 1800. l. de récompense au Trésor Roïal & 1095. l. à la Chambre aux deniers pour sa nourriture.

M. Loüis de Vienne, Porte-Manteau du Roy.

Un Porte-Arquebuse ordinaire, 2200. l. par ordonnance païées au Trésor Roïal. Et de la fourniture de poudre, de plomb, & autre dépense extraordinaire, il en est païé sur la Cassette des menus plaisirs du Prince, par le Premier Valet de Chambre de Monseigneur le Dauphin. M. Nicolas Pernost, aussi Huissier ordinaire de l'Antichambre du Roy.

Un Barbier ordinaire, 2195. liv. sçavoir 700. liv. de gages, par le Trésorier de la

Maison, 400. l. au Trésor Roïal, pour les essences & poudre de senteur, par une ordonnance; & 1095. l. par le Maître de la Chambre aux deniers, pour sa nourriture, à raison d'un écu par jour.

M. Pierre Gaussen, Barbier du Roy.

Un Tapissier ordinaire, qui a dans ses certificats de service, la qualité de Valet de Chambre, 1330. liv. sçavoir, 600. liv. de récompense au Trésor Roïal, & 730. l. à la Chambre aux deniers, pour sa nourriture, à raison de 40. s. par jour.

M. Denys Jullienne, Tapissier du Roy.

Trois Garçons de la Chambre ordinaires, qui ont chacun 1310. l. sçavoir 400. l. de gages, par le Trésorier des Menus; 730. l. de nourriture à la Chambre aux deniers, à raison de 40. s. par jour, & 180. l. de récompense au Trésor Roïal.

M. Pierre Corbie.

M. Charle Bonviller. Ils ont servi en cette qualité, Monseigneur le Dauphin depuis sa naissance.

M. Pierre Muzy du Mont.

Il y a encore les trois de feu Monseigneur le Dauphin.

M. Loüis de Courdemer, Tailleur de la Garderobe en survivance.

M. Jean Joly.

M. Jâque Sorhoüet.

MAISON DE M. LE DAUPHIN.

Un Portefaix, ou *Porte-meubles de la Chambre* 996. liv. sçavoir 450. liv. par le Tresorier des menus, & 546. l. pour sa nourriture, à la Chambre aux deniers a raison de 30. sols par jour.

André Clocart.

Un Garçon du Cabinet à Versailles. Jean-Baptiste Pizet.

Un Capitaine des Mulets de la Chambre.

M. l'Archer.

Garderobe.

Un Premier Valet de Garderobe ordinaire, 3475. liv. sçavoir 1650. l. au Tresor Roïal, & 1825. l. à la Chambre aux deniers, à raison d'une demie pistole par jour pour sa nourriture.

M. Gabriel Bachelier, Premier Valet de Garderobe du Roy.

Deux Valets de Garderobe ordinaires, qui ont chacun 2135. l. sçavoir 1040. l. au Tresor Roïal, & 1095. l. à la Chambre aux deniers pour leur nourriture.

M. François de la Fosse, Valet de Garderobe du Roy.

M. Loüis Picaud, Valet de Garderobe du Roy.

Trois Garçons de la Garderobe ordinaires, qui ont chacun 1170. l. sçavoir 240. liv. e récompense au Tresor Roïal, & 200. liv. pour quelques menuës fournitures qu'ils font dans la Garderobe, païées par le Maître de la Garderobe, & 730. l. à la Chambre aux deniers, pour leur nourriture. De plus, de temps en temps, quand le Gouverneur fait vuider la Garderobe du Prince, il donne ce qu'il juge à propos des habits de ce Prince, au Premier Valet de Garderobe, & aux Garçons de la Garderobe.

M. Jean du Parc, Sommier ordinaire de Fruiterie chez Madame la Dauphine.

M. Jean Blondeau, Sommier ordinaire de Paneterie de Madame la Dauphine.

M. Antoine Massonis, dit l'Agénois. Il y a encore les trois de feu Monseigneur le Dauphin.

M. Jean Disson.

M. Jean le Petit Sieur du Hamel.

M. François Bernard.

Un Blanchisseur du linge du Corps ordinaire, 1600. liv. sçavoir 600. liv. par le Trésorier de la Maison, & 1000. l. à la Chambre aux deniers pour sa nourriture.

Jean Catel.

Une Empeseuse ordinaire, 600. liv. par le Trésorier des Menus.

La Damoiselle Passerat.

Maître à écrire. M. Gilbert.

Il a en tout 3700. l. sçavoir 1000. liv. de récompense au Trésor Roïal, pour

MAISON DE M. LE DAUPHIN.

montrer aux Princes, enfans de Monseigneur le Dauphin. De plus, il a de chez Monseigneur le Dauphin 300. liv. de gages, païées par les Trésoriers de la Maison du Roy. 1200. liv. de récompense au Trésor Roïal, & 1200. liv. à la Chambre aux deniers pour sa nourriture.

Maître à dessigner 300. l. de gages païées par le Trésorier de la Maison, 1200. liv. de livrées à la Chambre aux deniers, & 1200 l. de récompense au Trésor Roïal.

M. François Sylvestre aussi Maître à dessigner des Pages de la grande & de la petite Ecurie.

Maître en fait d'Armes.

M. Jean Rousseau. Il a de gages & livrées, 3800. liv.

Pour *joüer du Violon*, M. le Peintre, 400. liv. au Trésor Roïal, par ordonnance, & quelques gratifications, Il a 600. liv. sur la Cassette de Monseigneur e Dauphin.

Le 13. Novembre 1690. le Roy a nommé *un Ecuïer ordinaire* pour commander 'Ecurie, & avoir soin des Chevaux & arosses de Monseigneur le Dauphin.

M. Loüis Bayar, Baron de Ferriéres. Il a d'appointemens, 2400. liv. païées u Trésor Roïal par ordonnance, 600. iv. par l'Argentier de la Petite Ecurie pour l'entretien de son Valet, & il se sert des Chevaux.

Un Piqueur. François la Fontaine. 400. liv. de récompense.

Argentier.

M. de la Chataigneraye, Daniel Clinet, aussi Argentier des Enfans de Monseigneur le Dauphin. Il a par le Trésorier de la Maison du Roy, 400. liv. de gages pour servir chez Monseigneur le Dauphin, autres 400. liv. pour servir chacun des Princes Enfans de Monseigneur le Dauphin. Il a encore 1000. liv. de pension au Trésor Roïal, comme Argentier de Monseigneur le Dauphin, & Messeigneurs ses Enfans : & 1460. liv. pour sa dépense de bouche à la Chambre aux deniers, à raison de 4. francs par jour.

Vingt-deux *Valets de pied*, 365. livres. François Giroux. Adrien Harmand. Claude Varin. Claude Framerie. Pierre Clergue. Jean-Charle Morisque. Thomas Dupare. François du Chemin. Jean Contault. François le Breton. Nicolas Fanet. Antoine Dupré. Etienne Genévois. Loüis le Brun. Jean de la Tour. Sylvestre de Lacre. Loüis Contault. Albin le Page. Robert Simon. Pierre Caillot. Nicolas Blin. François Caillot.

MAISON DE M. LE DAUPHIN.

Officiers qui aprés leur quartier chez le Roy, servent encore auprés de Monseigneur le Dauphin.

Officiers sous le Grand Aumônier.

Un Aumônier.
Un Chapelain.
Un Clerc de Chapelle.
Un Sommier.

Officiers sous le Grand-Maître.

Un Maître d'Hôtel.
Deux Gentilshommes Servans.
Le Maître de la Chambre aux deniers.
Un Contrôleur Général.
Un Contrôleur.
Un Commis de la Chambre aux deniers.
Deux Commis des Contrôleurs Généraux servans par Semestre.

Au Semestre de Janvier.

M. des Fontaines.

Au Semestre de Juillet.

M. Bastide.

Deux Chefs du Goblet, l'un de Paneterie-Bouche, l'autre d'Echansonerie-ouche.

Un Aide pour la Paneterie & Echannerie-Bouche.

Les Officiers du Goblet ont 3. l. d'augmentation pour chaque repas que Monseigneur le Dauphin mangera à son petit couvert.

Aux Officiers du Goblet, pour sel, poivre, herbes, & autres choses pour l'accommodage & cuisson de leur ordinaire : attendu qu'il n'y a point de Commun chez Monseigneur le Dauphin, 45. l. par quartier.

Aux deux Garçons du Goblet, pour fournitures de verres, carasses, cruches, seaux, étaimines, & autres choses pour Monseigneur le Dauphin, 36. l. par quartier, & 50. liv. à chacun de ces Garçons par an pour leurs habits.

Un Ecuïer-Bouche, qui a 40. s. d'augmentation pour entremets à chaque repas, lorsque Monseigneur le Dauphin mangera à son petit couvert : & 150. liv. de gages.

Un Maître-Queux,	150. liv.
Un Hâteux-Bouche,	100. liv.
Un Potager-bouche.	100. liv.

Au Maître-Queux, Hâteux, & Potager-bouche, pour avoir soin de la vaisselle, 30. liv. par quartier.

Au Hâteux-bouche pour fourniture de gros couteaux, 6. liv. par quartier.

Un Porteur-bouche, 75. liv. de gages, qui a aussi pour fournitures & entretenement de baterie, cordes, seaux & balais, 36. liv. par quartier.

MAISON DE M. LE DAUPHIN.

Pour Paillasses aux porteurs & Garçons du Goblet & de la Bouche, 6. liv. par quartier.

50. liv. par an à chacun des 3. Garçons de la Bouche, pour des habits.

A eux servans d'Enfans de cuisine pour ficelles & lardoires, 8. l. par quartier.

Un Huissier de Salle.

Un Ser-d'eau, qui a pour fournitures de sel, couteaux, verres, caraffes, & autres choses, à la table de la desserte compris les gages, 600. liv.

Au Garçon du Ser-d'eau, pour habits, 50. liv.

A Loüis-François Luthier, & à Jean Tissier Garçons du Bureau de Monseigneur le Dauphin, 200. liv. de recompense chacun à la Chambre aux deniers, & chacun 40. sols par jour pour nourriture, ce qui fait par an la somme de 730. livres.

Un Chef de Fouriére.

Un Aide de Fouriére.

Aux Officiers de Fouriére pour deux rises de paille par mois, à 6. l. chacune, est 36. liv. par quartier, 144. l. par an.

A eux pour accommodage & cuisson de leurs viande, sel, poivre, herbes, & autres choses; parce qu'il n'y a point de commun chez Monseigneur le Dauphin, 5. l. par quartier.

A l'Aide de Fouriére, pour lui tenir lieu de gages, attendu qu'il n'en a point sur l'état, 50. liv. par quartier.

A Charle Artois, Garçon de Fouriére, 50. l. par an pour ses habits.

Un Marchand de linge & Lavandier pour le linge de tables & des Offices, qui sert toute l'année.

Au Garçon du Marchand de Linge, 50. liv. par an pour ses habits.

Officiers de la Chambre & Garderobe du Roy.

Deux Huissiers de Chambre.

Quatre Valets de Chambre.

Un Porte-manteau.

Un Barbier ordinaire, & les trois autres de quartier, qui servent chacun quatre mois.

Ils ont chacun au Trésor Roïal, 700. l. & de plus, 300. liv. de récompense : ils ont encore chacun 546. l. à la Chambre aux deniers pour leur nourriture, à raison d'un écu par jour.

Un Tapissier.

Deux Valets de Garderobe.

Officiers de Santé.

Un Chirurgien, 600. liv. de récompense, & 5. l. par jour pour sa nourriture, c'est 455. l. par quartier.

Un Apothiquaire.

Un Aide-Apothiquaire.

AISON DE M. LE DAUPHIN. 21
Officiers des Ecuries.

Un Ecuïer du Roy.

Quelques Pages.

Officiers des Gardes du Roy.

Un Lieutenant des Gardes du Corps, ou bien un Enseigne alternativement, qui 1000. l. de récompense, pour sa dépense de bouche, 450. liv. par quartier, à raison d'une demie pistole par jour.

Aux Audiances que Monseigneur le Dauphin donne aux Ambassadeurs, le Lieutenant ou l'Enseigne des Gardes du Corps, servant près Monseigneur le Dauphin, reçoit l'Ambassadeur à l'entrée de la Salle des Gardes, l'accompagne à l'Audiance, & revient aussi avec lui au retour de l'Audiance, jusqu'à la porte de la même Salle des Gardes du Corps, servans près Monseigneur le Dauphin.

Un Exemt des Gardes du Corps.

Un Brigadier.

Un Soû-Brigadier, & vingt Gardes du Corps François.

Six Gardes Suisses.

Aux Clercs du Guet, tant des Gardes du Corps François que des Cent Suisses, pour pailles, paillasses, ports & voitures, 50. liv. par quartier, c'est 200. liv. par an.

Quatre Gardes de la Porte.

Un Exemt de la Prevôté, & quatre ou six Gardes, quand Monseigneur le Dauphin n'est pas avec le Roy.

Monseigneur le Dauphin a une Compagnie de *Gendarmes*.

Le Capitaine-Lieutenant, M. le Comte d'Estaing, Lieutenant Général des Armées du Roy, Gouverneur de Châlons, Lieutenant de Roy du Païs Messin & du Verdunois, Ch. L.

La Compagnie des *Chevaux-Légers* de Monseigneur le Dauphin.

Le Capitaine-Lieutenant, M. le Marquis de Mary-Dauvet.

Un Régiment de Cavalerie de Monseigneur le Dauphin. Le Mestre de Camp Lieutenant, M. le Marquis de Vendeüil.

Un Régiment d'Infanterie de Monseigneur le Dauphin. Le Colonel, M. le Comte de Maure.

De plus, le Régiment de Dragons Dauphins, commandez par M. de Vatteville, Brigadier d'Armée, Ch. L.

Enfans de France décédez.

Trés-haute & trés-puissante Princesse Madame *Anne-Elisabeth* de France, née le 28. Novembre 1663. morte au Château du Louvre le 10. Janvier 1664.

Trés-haute & trés-puissante Princesse

ENFANS DE FRANCE

Madame *Marie-Anne* de France née le 17. Novembre 1664. morte au Château du Louvre le 26. Décembre de la même année.

Trés-haute & trés-puissante Princesse Madame *Marie-Thérèse* de France, née à S. Germain en Laye, le 2. Janvier 1667. morte le premier Mars 1672. âgée de 5. ans 2. mois. Elle fut baptisée dans la Chapelle des Tuileries, en Janvier 1668. tenuë par feu Monsieur, Duc d'Orléans, & par Madame la Doüairiére défunte.

Trés-haut & trés-puissant Prince Monsieur *Philippe* Fils de France, Duc d'Anjou, né le 5. Août 1668. à S. Germain en Laye, où il est mort le 10. Juillet 1671. âgé de trois ans moins 25. jours. Il fut baptisé dans la Chapelle des Tuileries, par M. le Cardinal Antoine Barberin, Grand Aumônier de France, le 24. Mars 1669. tenu par feu Monsieur, Duc d'Orleans, de la part de l'Empereur, & par Madame sa sœur, Marie-Thérèse de France, pour la Reine d'Espagne.

Trés-haut & trés-puissant Prince Monsieur *Loüis-François* Fils de France, Duc d'Anjou, né à S. Germain en Laye, le Mardy 14. Juin 1672. mort le 4. Novembre de la même année. Monsieur le Prince de Conty fut son Parrain. La Reine étoit pour lors déclarée Régente pour l'abfence du Roy.

Les deux Duc d'Anjou fuivant le rang de leur naiffance, ne font mis qu'aprés Mefdames leurs fœurs; néanmoins on fçait affez qu'ils les précédoient, quoiqu'elles fuffent leurs aînées. C'eft auffi ce qui regle le rang des Officiers & Officiéres qui les ont fervi.

A la Nourice de feu Madame *Anne-Elifabeth*. 1200. l.

Me Pelard, Cecile Bourduffeau.

A la Nourice de feu Monfieur *Loüis François*, Duc d'Anjou, 1200. l.

Me Catherine... femme de Pierre Ericourt, à Nogent fur Marne, prés Vincennes.

Catherine Gilbert, femme du Sr Meunier, de Ruel a été la premiere Nourice.

Officiers & Officieres de feu Monfieur.

Femme de Chambre pour veiller, chacune, 200. l.

La Demoifelle Milet, préfentement Madame de Monfoury.

La Demoifelle Edmée.

La Demoifelle de Saint-Efprit.

Madame Selle, feconde Nourice de feu Monfieur, Marie Bréart.

L'Argentier des Enfans de France, 400. l.

M. Daniel Clinet, Sr de la Chataigneraye.

ENFANS DE FRANCE.

Un Garçon de la Chambre, 150. l.

Pierre de Corbie. Il est aussi Garçon de la Chambre de Monseigneur le Dauphin.

Officiers & Officieres de feu Madame.

Femme de Chambre pour veiller, chacune, 200. l.

Me Pelard, Nourice de feu Madame, Anne-Elizabeth.

La Demoiselle S. Hilaire.

La Demoiselle Devisé, présentement Madame Rifflé.

Garçon de la Chambre, 150. l.

Pierre de Corbie.

Officiéres de Monseigneur le Duc de Bretagne, né le 25 Juin 1704. à cinq heures du soir & deux minutes à Versailles, mort en Avril 1705. âgé de dix mois.

La première Nourice, 1200. liv. de gages. Madame Marie-Marthe Bererd de Bonval.

La seconde Nourice, 800. liv. de gages. Madame Renoux.

Gardes.

Un Exemt ordinaire.

Un Soû-Brigadier, qui changeoit tous les mois.

Douze Gardes du Corps du Roy.

Outre tous les Officiers ci-dessus,

Tom. II. B

quand il il y a des Enfans de France, différens Officiers du Roy servent chez eux.

 Un Chapelain & un Clerc de Chapelle du Roy, vont tous les jours pour la Messe qui se dit dans leur Chambre. Le Premier Médecin se trouve présent quand on les remuë. Les Valets de Chambre viennent aussi y servir, les Huissiers tiennent la porte. Il y a pareillement douze Gardes du Corps du Roy, commandez par un Exemt ordinaire, & un Soû-Brigadier, qui font garde tous les jours à la premiére porte, & couchent dans la Salle. Deux Valets de pied du Roy, qui se tiennent toûjours dans l'Antichambre, qui attendent si on a besoin de les envoier quelque part, pour le service de Messieurs les Enfans de France. Dix autres petits Valets de pied.

 Si l'on aporte quelqu'un des Enfans de France, ou bien si l'on en améne aux Audiances que le Roy donne aux Ambassadeurs, leur place est à côté droit du Roy. La Gouvernante & la Soû-Gouvernante entrent aussi sur l'Estrade en dedans des Balustres, aussi-bien que les Femmes de Chambre, qui les tiennent entre leurs bras : & l'Huissier de Chambre les soûtient ou les appuïe, de peur qu'ils ne tombent.

Mᵉ LA DAUPHINE.

MAISON DE MADAME la Dauphine.

Madame la Dauphine se nomme Marie-Adélaide de Savoïe; elle est née le 6. Décembre 1685. elle est fille de Victor-Amédée, Duc de Savoïe, & d'Anne d'Orleans. Elle fut mariée avec Monseigneur le Dauphin à Versailles le 7. jour de Décembre 1697. par feu M. le Cardinal de Coislin, Grand Aumônier de France, en présence de Sa Majesté, de feu Monseigneur, de feu Monsieur, de Madame, & de toute la Cour.

ARTICLE I.

Officiers Ecclésiastiques.

Le Premier Aumônier, 200. liv.
M. Jean-François Chamillart, Evêque de Senlis, Docteur de Sorbonne, Abbé de Foncombaut & de Baulme : Il est de l'Académie Françoise.

Aumônier ordinaire, 180. liv.
M. Armand-Pierre de la Croix de Castries, Abbé de Valmagne, & de Mont-

stier, Docteur en Théologie de la Faculté de Paris,

Quatre Aumôniers, 150. l.

M. Chrisante de Levy, Abbé de Gretain. M. Charle le Bourg de Montmorel, Abbé de Lannoy. M. Jean-Joseph Languet de la Villeneuve de Gergy, Docteur en Théologie de la Maison de Navarre, Abbé de Coëtmaloen. M. Alexandre Ponrac, Docteur en Théologie, Abbé de Combelongue.

Le Confesseur ordinaire, 1200. l.

Le R. P. de la Ruë, Jésuite.

Le Frére Moincau, Compagnon du R. P. de la Ruë,

Un Chapelain ordinaire, 120. l.

M. Thomas Maupoint, Clerc de Chapelle du Roy, Abbé de Tonnay-Charente, Chanoine de S. Quentin.

Quatre Chapelains, 120. l. de gages, & 157. l. d'augmentation.

M. Edme Carlot, Soû-Chantre & Chanoine de l'Insigne Eglise Roïale S. Etienne de Troïes. M. Marin de Gravelle, Sr de Reverseaux, Aumônier de la Maison du Roy, Abbé de S. Léonard de la Chaume & de Liques, Docteur en Droit, Protonotaire du S. Siége. M. Jean Rieme, Sacristain de la Chapelle de Trianon. M. Silvain-Char le Tissart, Docteur en Droit.

Quatre Clercs de Chapelle, 100. liv. de gages, & 104. l. de fournitures.

M. Charle l'Arboüillard du Plessis, Chanoine de S. Quentin. M. Claude Brosseau, Prieur de la Croix-Barrés, Chanoine de Chartres. M. Laurent Guymard, Chanoine de Roüen. M. Charle Megret

Quatre Sommiers de Chapelle, 100. l.

Martin Saulnier. Guillaume Saulnier. Jean-Philippe Michaut. François-Hardoüin des Auzeretz.

ARTICLE II.

Dames & Officiers de la Chambre.

Dame d'Honneur.

Madame la Duchesse du Lude, Marguerite-Loüise de Bethune, 1200. liv. de gages par les Trésoriers, & 4500. liv. de pension au Trésor Roïal.

Dame d'Atour.

Madame la Comtesse de Mailly, 600. l. de gages, & 6000. l. de pension.

Dame du Palais. 6000. l.

Madame la Comtesse de Roucy.
Madame la Marquise de Nogaret.
Madame la Marquise d'O.
Madame la Marquise du Chastelet.

Madame la Marquise de Lévy.
Madame la Maréchale d'Estrées.
Madame la Marquise de Gondrin.
Madame la Marquise de la Valiére.
Madame la Marquise de Courcillon de Dangeau.

Femme de Chambre.

Madame Quentin, Marie-Angelique Poisson, Prémiére Femme de Chambre, 300 liv.

Autres Femmes de Chambre, 120. l. de gages, 1095. l. de nourriture.

Madame de la Bussiére, Françoise Vallot.

Madame Catherine d'Ofoil, veuve de M. de la Borde.

Madame Loüise Milet, veuve de M. de Monsoury.

Madame de Lohiostx, Loüise du Four.

Madame de Grandvilliers, Marie-Thérêse de la Bussiére.

Mademoiselle Marie-Anne Quentin.

Madame de la Motte, Françoise-Jeanne de Monsoury.

Madame Loüise du Lac, veuve de M. Tourole.

Madame Marguerite Ganeau, veuve de M. de Barbisy.

Madame Jeanne Bucquet, dite Parmentier.

Mᵉ LA DAUPHINE.

Madame de la Chapelle, Anne Cuvier de la Bussiére.

Une Faiseuse de Collets.

Mademoiselle de la Porte, elle a en nourriture & appointemens, 1600. l. sans ses ouvrages païez à part.

La Blanchisseuse du Corps, 120. l.

Marie-Thérése Basseville de Longpré, femme de Jâque Guestre de la Sauvagére.

Autres Officiers de la Chambre.

Huissier de la Chambre ordinaire, 100. l. de gages, & 400. l. de récompense, 732. l. de nourriture, 300. l. pour un cheval, & parts aux Sermens.

Le Sʳ Arnault de Beguinet.

Quatre Huissiers de la Chambre, 180. l. de gages ; 100. l. de récompense.

Les Sieurs Jean Ventelon des Palus. François du Chiron. Charle Soulaigre des Fossez. Pierre Sureau de la Fontaine.

Deux Huissiers du Cabinet, 150. liv. de gages, 200. l. de récompense, & 732. l. de nourriture.

Les Sieurs Jean Thouret. Charle du Tisné.

Deux Huissiers de l'Antichambre, 150. liv. de gages 200. liv. de récompense, & 365. l. de nourriture.

M. Nicolas de S. Michel. M. Claude de la Motte.

Premier Valet de Chambre, 300. l.
M. Julien Clement.

Un Valet de Chambre ordinaire, 200. l.
de gages, & 400. l. de récompense, 732. l.
de nourriture.

Le Sr Honoré Ruffin.

Seize autres Valets de Chambre, 180. l.
de gages, & 100. l. de récompense.

Les Sieurs Florent Clarentin de Marcellet, Valet de Chambre du Roy. Jean l'Arboüillard du Plessis. Antoine Chevrot. Sr de Courcelles. Philippe-Henry de Bouchmant, Valet de Chambre du Roy. Pierre-Vincent Capronnier de Gauffecourt. Christophle Seguin. Henry-François de Lannux. Jâque Gaye. Charle Gribelin. Charle Mavelot. Sebastien Huguenet. Adrien-Nicolas du Fresnoy. Etienne du Bray M. Jâque de la Fontaine, Garde Magazin des Plombs de Versailles. M. Nicolas Cheron. M. Jean Hebert.

Un Porte-Manteau ordinaire de la Chambre, 180. l. de gages, 400. l. de récompense, 1095. l. de nourriture, 60. l. pour droit de Manteau, & 419. l. 15. s. pour la nourriture de son cheval.

Le Sr Loüis-Philippe Domingue d'Arostéguy, Valet de Chambre du Roy.

Trois Garçons ordinaires de la Chambre & du Cabinet, 100. l. de gages, & 400. l. de récompense.

Mᵉ LA DAUPHINE.

Les Sieurs Etienne Tréheux, Valet de Garderobe du Roy. François Brayer. Loüis Tréheux.

La Garderobe.

Le Maître de la Gard:robe, 300. l.
M. Jâque Eusebe Faultrier d'Alpin.

Un Valet de Garderobe ordinaire, 150. l.
M. Marin du Caroy de la Loge.

Trois Valets de Garderobe 150. l.
Claude Rosé, dit S. Germain. Christophle Paillet. Jean Autran.

Un Tailleur, 60. l.
Rémon Sorhoüet.

Quatre Tapissiers, 100. liv. de gages, 200. l. de récompense, 365. l. de nourriture, & 100. l. pour les menus.

Etienne Moté de Villeneuve. François Droüin. Pierre Pacque. Jâque Bienvenu, Tapissier du Roy.

Un Garde-meuble, 180. l.
Claude Roussel.

Un Maître de Clavessin, 400. l.
Le Sʳ Jean Buterne, Organiste du Roy.

Un Maître à danser, 400. l.
Le Sʳ Guillaume-Loüis Pecourt.

Le Sʳ Augustin le Peintre, *pour joüer du Violon,* a 500. l paiées par le Trésorier de Madame la Dauphine.

Un *Imprimeur & Libraire.* Le Sʳ Jâque Collombat.

Un *Horloger ordinaire*, 300. l.
Loüis-Henry Martinot, Horloger du Roy.

Un *Cordonnier*, 110. l.
N....

Un *Menuisier*, 120. l.
Nicolas Deschamps.

Un *Porte-chaise d'affaires ordinaires* 300. l.
René Tallement.

Deux Portefaix de la Chambre, 60. l.
Jâque Gillard. Loüis Noblet.

Un *Porte-faix des Femmes de Chambre, par commission*. 350. l.
François Bavet.

Garçon ordinaire commis pour frotter les parquets des Appartemens.
Jean-Baptiste Violet.

Officiers de Santé.

Un *Premier Medecin*, 600. l.
M. Jean Boudin, Docteur Regent en Medecine de la Faculté de Paris, Medecin ordinaire du Roy.

Un *Medecin ordinaire*, 300. liv.
M. N...

Un *Premier Chirurgien, ou Chirurgien du Corps*. 200. l.
M. Pierre Dionis.

Un *Chirurgien ordinaire*, 120. l.
M. François Dionis son fils.

Deux Chirurgiens servans par Semestre, 120. l.

Les Sieurs Jâque de la Rée, Jean Montaulieu.

Un *Apothiquaire du Corps*, 300. l.
Le Sr Isaac Riqueur.
Un *Apothiquaire du Commun*, 300. l.
Le Sr Antoine le Franc.

ARTICLE III.

L'Aumônier de la Maison aïant rapport à tous les particuliers de la Maison de Madame la Dauphine est mis dans ce rang au milieu de toute la Maison ; d'autant plus qu'il en est aussi le Confesseur.

M. Jean-Baptiste Vassoult, Maître de Grammaire des Enfans de la Musique de la Chambre du Roy.

Il a d'appointemens en argent, 1425. l. & plus, sçavoir 60. l. de gages, comme Aumônier de la Maison, 120. l. de gages comme Confesseur, 400. liv. pour son entretenement, 273. l. 15. s. pour l'entretenement d'un cheval, 72. l. pour le blanchissage du linge de la Chapelle. De plus, il touche 500. l. pour le pain, le vin, une piéce de viande par jour, ou de poisson pour son valet.

Pour lui il a bouche à Cour au Serd'eau, & a encore six livres de cire par quartier, de la chandelle toute l'année, & du bois pendant six mois d'hyver.

Article IV.

Des Maîtres d'Hôtel, Gentilshommes Servans, Contrôlleurs, & autres Officiers pour la Bouche & les Offices.

Un *Premier Maître d'Hôtel*, 800. l.

M. Pierre-Gilbert Colbert, Marquis de Villacerf & de Payens, Conseiller d'Etat.

Un *Maître d'Hôtel ordinaire*, 600 l.

M. Loüis Charle le Monier, Sieur des Cartes.

Quatre Maîtres d'Hôtel, *servans par quartier*, 500. l. de gages, & 1500. l. de livrées.

M. Evrard Titon. M. Jâque de Chanregnault. M. François de Chardonnay de Bardel. M. César-Marie de la Croix.

Un *Gentilhomme Servant ordinaire*, 800. livres.

M. Guillaume-Charle le Févre de la Valette.

Douze Gentilshommes Servans, 400. l.

M. André-Nicolas Richomme de la Borde. M. Guillaume-Alexandre Dupuis. M. Jean le Quoy. M. Jean-Martin. M. François Allin Piffonnet, de Bellefonds. M. Etienne le Tessier de la Bersiére. M. Pierre Roblastre. M. Etienne Boullonnois. M. Philippe de Sérigny. M. Chriſtophe Roux de Raſſé. M. Guy-Pierre Gueneau. M. Antoine-François. Céſar Save Sieur Dougny.

Ils ont chacun un Valet nourri au Serd'eau.

Un *Controleur Géneral*, 15000. l. tant pour ſes gages, que pour ſon plat, & autres droits.

M. Pierre Margalé, & Alexandre Margalé ſon fils en ſurvivance.

Un *Contrôleur ordinaire de la Bouche, du Goblet & de la Maiſon*, 400. l. de gages, 1800. l. de livrées. 2190. l. de nourriture, & 240. l. pour le droit de cahier extraordinaire.

M. Gabriel Fonton, Sr de Vaugelas. Il eſt auſſi Contrôleur Géneral de la Maiſon de Madame la Ducheſſe d'Orleans, & Tréſorier de la Prevôté de l'Hôtel.

Quatre Contrôleurs de quartier, 200. l. de gages, & 1200. l. de livrées.

M. Loüis-Armand le Moine, Valet de Chambre du Roy. M. Charle Arnault de Forgeron. M. Claude le Blanc. M. Simon Tribolet.

LES SEPT OFFICES.

1. *La Paneterie & Echansonerie-Bouche, ou le Goblet de Madame la Dauphine.*

La Paneterie-Bouche.

Quatre Chefs, 180. liv.
Les Sieurs Nicolas du Chêne. Maurice des Bœufs, Sieur de Chatillon. Etienne Chivery. Jean Leger de Courty.

Quatre Aides, 120 l.
Les Sieurs Pierre Bourret, dit Fribourg. Charle Gourlade. Pierre Pequet. Nicolas Bertrand.

Quatre Sommiers, 150. l.
Les Sieurs Joseph-François Arnaudin. Jâque de S. Germain. Adrien d'Avesnes. Nicolas Daiz.

Un *Lavandier du Goblet & Paneterie-Bouche*.
Le Sieur Antoine le Maire, Garçon du Château du Roy.

L'Echansonnerie-Bouche.

Quatre Chefs, 180. l.
Les Sieurs François Chavet. Jâque Guerin. Jâque Prieur. Etienne-Hubert Claveau.

Quatre Aides, 120. l.
Les Sieurs François Lazure. Pierre de la Court. François Grippiére, Sieur de

Mᵉ LA DAUPHINE.

la Frenaye. Jean-Loüis Gisley.

Quatre Sommiers, 150. l.

Les Sieurs Henry Bigot. François la Quaize. Nicolas Minier. Michel Nivelon.

Quatre Coureurs de Vin, 75. l.

Les Sieurs Christophle-Charles. Joseph de Pile. Leonard Huet de Berthault. Vivien le Quoy.

2. *Cuisine-Bouche de Madame la Dauphine.*

Deux Ecuiers ordinaires, 400. l.

Les Sieurs François Cagneu. Claude Cagneu.

Quatre Ecuiers, 160. l.

Les Sieurs Michel Boucher. Jean-Baptiste Brunet. Adam-Joseph de la Brosse. Abraham d'Olbelle.

Quatre Maître-Queux, 140. l.

Les Sieurs Philippe Miraut. Jâque-Laurent Gourlade. Jean Surmay. Charle le Tellier.

Quatre Potagers, 120. l.

Les Sieurs Emmanuel Leau. Loüis Bénard. Bonaventure Testu. Pierre Morel.

Quatre Hâteux, 120. l.

Les Sieurs Jean Guesmard. Jâque-Loüis Rolland. Charle Mirault. Jean Castelas.

L'E'TAT DE LA FRANCE.

Quatre Patissiers, 120 l.

Les Sieurs François Ballou, dit Berry. Mathieu Huché. Robert Sulpice. Loüis Bertrand le Coq.

Quatre Enfans de Cuisine, 60. l.

Les Sieurs Antoine David. Denys Blondy. François Majant. Charle Godet.

Quatre Galopins ordinaires, 60. l.

Les Sieurs Henry Chatelain. Simon l'Herault. N. Thomas du Portet. Jean la Borne.

Quatre Porteurs servans six mois, 60. l.

Les Sieurs Loüis Bocquet. Pierre Renault. Nicolas Carré. François le Bec.

Un Garde Vaisselle ordinaire, 360. l.

Eloy Martin.

Quatre Huissiers, 60. l.

Les Sieurs Jâque de Laubancy. Pierre Emery. Henry Peschot. Pierre Guillot.

Deux Sommiers ordinaires, 300. l.

Les Sieurs Sylvain-Jâque Loison. Pierre Moulin.

Lavandiere du linge des Cuisines Bouche & Commun., 120. l.

Nicole Tulé, femme de Maurice Rolle.

Quatre Sers-d'eau, 80. l.

Brice Huet. Denys Egasse. Loüis Thomé. N....

Deux Garçons du Ser-d'eau,

Clement Barbey. Alexandre Souchot

Mᵉ LA DAUPHINE.

Un Maître d'Hôtel de la Table du Premier Maître d'Hôtel, ou de la Table d'honneur de Madame la Dauphine. 400. l.

Thomas Meniffier.

Un Maître d'Hôtel de la Table des Valets de Chambre de Madame la Dauphine.

Loüis Henry Arnou.

3. Paneterie Commun.

Huit Chefs, 160. l.

François Rapilly. Côme-Joseph du Liége, Claude-Hiacinthe son fils en survivance. Nicolas Girard. Edme Baillot, & Edme son fils en survivance. André de Chars, & Guion de Chars son fils en survivance. Pierre de Laistre l'aîné. Charle Gueniot. Loüis de Billy.

Huit Aides, 120. l.

Jean-François Joysel. Pierre-Alexis Henry. Claude. Chastron. Michel Marescot, Sʳ de la Bornerie. Pierre du Four de Rumalle. Loüis Joisel. Pierre le Febvre. Sanson-Barbe de Belleveuë.

Un Sommier ordinaire, 300. l.

Jean Blondeau, Garçon ordinaire de la Gardérobe de Monseigneur le Dauphin, & François Jollain des Noviez son beaufrere en survivance.

Lavandier de Paneterie Commun, 120. l.

Abel Charpentier.

Un *Délivreur ordinaire par commission*, 50. l.

François Bonnement.
Un *Garçon de Paneterie ordinaire par commission*. 50. l.
Claude du Chêne.

4. Echansonnerie-Commun.

Huit Chefs, 160. l.
François Maupin. Jean-Baptiste Chappeye. Jaque Duranger. Charle Desprez, & Claude son fils en survivance. Jean-Jâque Deschamps. Simon Chambert. Jean Bidar. Loüis Martin.

Huit Aides, 120. l.
Alexandre Turpin. François Auroy. Loüis Prévost. Nicolas le Couvreur. Jean Chalouvrier. Jean - Baptiste Hoüel. Simon Maillet. Jâque Martin.

Un *Sommier ordinaire de Vaisselle* 300. l.
André Edoüart du Plessis.
Un *Sommier ordinaire de Bouteilles*. 300. l.
Jean Puel.
Un *Délivreur ordinaire par commission*, 50. liv.

Claude Villier.
Un *Garçon de Paneterie ordinaire par commission*, 50. l.
Jean Doris.

M^e LA DAUPHINE.

5. *Cuisine-Commun.*

Quatre Ecuïers, 160. l.
Nicolas Musso. Jean de la Charlonie. Charle Maycux. Antoine Heulliard.

Quatre Maîtres-Queux, 140 l.
Pierre Brunot. Loüis Triquet. Etienne Videron. Theophile Lesserteur.

Quatre Potagers, 120. l.
François la Pierre. Nicolas Courtois. Henry Villerval. François Mabille.

Quatre Hâteux, 120. l.
François Vassault. Pierre Pognan. Gabriel Valette. Pierre Julienne.

Quatre Paticiers du Commun, 100. l.
François Ballou, dit Berry. Mathieu Huché. Robert Sulpice. Loüis Bertrand le Coq.

Quatre Enfans de Cuisine, 60. l.
Claude Brisard. Loüis Yvert. Claude David. Leon Bullot.

Deux Galopins ordinaires, 60. l.
Philippe Damilaville. Jerôme Quinquet.

Quatre Porteurs servans six mois, 60. l.
Charle Nitard. Jaque Dehors. Edme Finot. Jean le Roy.

En chaque Semestre, l'un des Porteurs sert au Grand Commun, & l'autre au Petit Commun.

Deux Verturiers servans six mois, 80. l.
Antoine Viot. Nicolas Sebert.

Un Garde-Vaisselle ordinaire, 360 l.
Pierre Alardin.

Quatre Huissiers de Cuisine, 60. l.
Martin Yvert. François-Guillaume Divry. Jean Daubin. Charle Boyvin.

Deux Sommiers ordinaires, 300. l.
Etienne Raffron, Sommier du Garde-manger.

Dominique Cuny, Sommier des Broches.

Marchand Poëlier Clinquaillier, 60. l.
Claude-Martin Masselin.

Vous remarquerez que les Officiers du Petit Commun de Madame la Dauphine, préparent les Viandes pour la Table d'honneur, tenuë par le Premier Maître d'Hôtel de Madame la Dauphine.

6. La Fruiterie.

Huit Chefs, 100. l.
Marcel Rogery. Charle du Fresnay. Adrien la Ville. Loüis Chardin du Jardin. Charle le Mercier. Claude de la Guepierre. François de Voulge. Gregoire Thomé Bonnery.

Huit Aides, 60. l.
Henry-Simon de Laval de Belleville. Pierre-François Renard. Pierre Couvreur.

Mᵉ LA DAUPHINE.

François Gabeau. Jean Vincent. Guy Chrestien. David Mouchot. Pierre de Corbie, & Philippe de Bonvilliers en survivance.

Un Sommier ordinaire,   300. l.

François du Par, & Jean du Par son frére en survivance, Garçons ordinaires de la Garderobe de Monseigneur le Dauphin.

7. La Fouriére.

Quatre Chefs,   100. l.

Mathieu Coiny. Antoine Lourson, Concierge du Cheny de Versailles. Jean le Févre. François de Blois.

Huit Aides,   60. l.

Simon Colasse, dit la Branche. Thomas Vitry. Pierre du Bois. Jean Goyeneche, dit Guillin. Loüis Piau, Garçon du Château de Versailles. Jean Guitteau. Pierre Robert des Bouleaux. Pierre-François Varin.

Le Porte-Table & Fauteüil ordinaire, 360. l. de gages, 400. l. de recompense, 172. l. 14. s. de nourriture par quartier, 144. l. pour la nourriture d'un Valet, sa part aux Tabourets des Princesses & Duchesses.

Jean Vincent.

Quatre Huissiers de Salle,   120. l.

Loüis Marchand. Robert Poan. Pierre

de la Cour de Bonnerue. Jean-Baptiste Gaston Huet de Grand Maison.

Quatre Huissiers du Bureau 100. l.

Jâque Herpin. Jean le Gris de Blémont. Jean-Loüis Duruel. Jâque Vincent.

Un Marchand de Linge.
Antoine Cozette.

Un Officier du Bureau, 200. l.
Pierre Philippe.

ARTICLE V.

Du Chevalier d'Honneur, du Premier Ecuier, & des Officiers de l'Ecurie de Madame la Dauphine.

Chevalier d'Honneur, 1000. l.

M. Philippe de Courcillon, Marquis de Dangeau, Chevalier de l'Ordre du S. Esprit, & Grand Maître des Ordres de N. Dame de Mont-Carmel, & de Saint Lazare de Jerusalem, Comte de Civray, Baron de Mesle, Husson, Bressuire & Sainte Hermine, Seigneur de Chausseraye, la Bourdaisiére, &c. Conseiller d'Etat ordinaire, Gouverneur de Tourraine, Ville & Château de Tours, qui est de l'Académie Françoise : & Protecteur de l'Académie Roïale d'Arles. Il est aussi de l'Académie des *Ricovrati* de Padoüé.

Mᵉ LA DAUPHINE.

Je sçai que le Chevalier d'Honneur est employé des premiers sur l'Etat, & avant le Premier Maître d'Hôtel; mais sa fonction étant de donner la main à Madame la Dauphine, laquelle fonction est aussi faite par le Premier Ecuïer, l'Ecuïer ordinaire & les autres Ecuïers, qui ne se doivent pas ôter de l'Ecurie; j'ai jugé à propos de ne les point séparer les uns des autres.

De plus le Chevalier d'Honneur, peut aussi donner l'Ordre aux Officiers de l'Ecurie en certaines occasions.

Le Chevalier d'Honneur reçoit le serment de fidelité, non seulement de l'Ecuïer ordinaire & de ceux de quartier : mais aussi du Maître d'Hôtel ordinaire, des Maîtres d'Hôtel par quartier, des Gentilshommes Servans, ordinaire & de quartier, des Contrôleurs Généraux, des Contrôleurs Clercs d'Office, ordinaire & de quartier, de l'Aumônier de la Maison de Madame la Dauphine, des Maréchaux des Logis, des Fouriers du Corps ordinaires, & des Portiers.

Premier Ecuïer, 800. l.

M. René, Sire de Froullay, de Tessé, Maréchal de France, Chevalier des trois Ordres du Roy, Lieutenant Général des Provinces du Maine & du Perche, Gouverneur d'Ypres.

Il y a prés du Premier Ecuïer quatre Valets de pied, habillez comme les autres, servans par commission, qui ont chacun 365 liv. de gages & nourriture, 100. liv. de la petite oïe, 10. liv. pour un bas, & 10. l. pour une chemisette.

Antoine Tesu, Claude Regnier, Germain Prestavoine. N....

Ecuïer ordinaire, 600. l.

M. Isaac Courtin, Seigneur du Saulsoy, Ecuïer du Roy.

Quatre Ecuïers servans par quartier, 400. l. de gages, & 1041. l. de livrées.

M. Pierre-Nicolas Feydeau de Courcelles. Charle Perrault. Joseph du Grevier de la Croze. Mathieu Doüart Sieur de Fleurance.

Les Ecuïers de Madame la Dauphine ont l'honneur de lui donner la main, en toutes occasions & par tout ou elle en a besoin; ils servent conjointement avec le Chevalier d'Honneur, & avec le Premier Ecuïer. Quand Madame la Dauphine sort du Château en Carosse, l'Ecuïer de quartier a l'honneur de la suivre dans un autre Carosse, appellé le Carosse des Ecuïers. En l'absence du Premier Ecuïer, c'est à l'Ecuïer de quartier à prendre l'ordre de Madame la Dauphine pour les équipages: il envoie cet ordre à l'Ecurie

Mᵉ LA DAUPHINE.

curie, afin que les Caroſſes du Corps ſoient prêts à l'heure ordonnée. L'Ecuïer de quartier a entrée à Marly, & eſt de tous les voyages; il y a ſon logement & bouche à Cour à la table des Maîtres d'Hôtel du Roy, à Verſailles, à Fontainebleau, & par tout ailleurs où la Maiſon de Madame la Dauphine a coutume de ſuivre. L'Ecuïer mange à la table des Maîtres d'Hôtel de Madame la Dauphine.

Autres Officiers de l'Ecurie.

Un Ecuïer Cavalcadour, qui commande dans l'Ecurie, en l'abſence du Premier Ecuïer, & donne auſſi la main à Madame la Dauphine, en l'abſence de l'Ecuïer ordinaire & des Ecuïers par quartier.

M. Pierre de Bouzitat, ſieur de Courcelle.

Il a 400. liv. de gages, 200. liv. de récompenſe, 800. liv. pour ſa dépenſe de bouche, 300. liv. pour un Valet, vêtu à la livrée de Madame la Dauphine, & 00. liv. au lieu des entrées des Pages. De plus il eſt monté à l'Ecurie, toutes les fois qu'il veut monter à cheval, & aller à la Ville.

L'Argentier de l'Ecurie, 90. livres de gages, & 800. liv. pour ſa nourriture,

Tome II. C

M. Antoine Lanzy.

Quatre Porte-manteaux, 150. livres de gages, 91. liv. pour leur nourriture, & 60. liv. de récompense. Celui qui est de quartier est monté à l'Ecurie, quand on va en campagne.

Touſſaint des Places. Barthelemy de Launoy, ſieur de Paſſy. Jâque Communeau. François de Quen.

Quatre Fouriers, 150 liv. de gages, 91. liv. pour leur nourriture, & 60. livres de récompense. Celui qui ſert est monté à l'Ecurie, quand on va en campagne.

Loüis Maneſſier. Céſar Salonnier du Pavillon. Philippe Faron. Claude Hurlot.

Un Maître Palfrenier ordinaire, 600. l. pour gages & nourriture, & 84. liv. de menus droits.

Robert Cottin, dit l'Epine.

Quatre Maîtres Palfreniers, 365. livres pour gages & nourriture; un habit tous les ans, & une caſaque en 2. ans, 34. liv. pour la petite oïe, bas & chemiſette, 30. liv. pour raccommoder les habits, 16. liv. à la Saint Jean, pour une demie fourniture, & 6. liv. à la S. Eloy.

Jean Marchand. Touſſaint Vieſſe. Guillaume Soutil. Michel Monſeigneur.

Quatre Maréchaux de Forge, 90. liv. de gages.

Mᵉ LA DAUPHINE.

Jean Choüy. Aléxandre Aleaume. Pierre Horglin. Estienne Michel.

Le Maréchal de quartier, a encore 450. liv. pour ferrer & penser les chevaux, & 16. ſ. par jour au Garçon du Maréchal. Le Maréchal & le Garçon ſont habillez des livrées, & montez à l'Ecurie quand on va en campagne.

Un Garde-meuble & clefs de la Garderobe de l'Ecurie, logé à l'Ecurie, & monté quand on va en campagne. Il a 240. liv. de gages, & 365. liv. de nourriture.

François Perrin.

Deux Chirurgiens de l'Ecurie, ſervans par Semeſtre.   200. l.

Simon le Brun a les deux Charges.

Un Tapiſſier, N......

Deux Tailleurs, par commiſſion, 60. liv. de gages, & ils ſont païez à un certain prix de la façon des habits.

N.... Alton. N.... Marſal.

Un Sellier, Félix Varin.

Des Caroſſes, Chaiſes & Litieres de Madame la Dauphine, & des Officiers qui y ſont néceſſaires.

1. Caroſſe du Corps.

Deux Cochers du Corps, ſervans ſix

mois en deux quartiers differents, 365. l. de gages & nourriture, un habit par an, & une casaque ou manteau tous les deux ans, 16. liv. pour la petite oïe, 8. livres pour les bas, 10. liv. pour une camisole, 30. liv. pour raccommoder les habits, 11. liv. à la S. Eloy & à la S. Loüis, 50. liv. pour les graisses & menuës fournitures.

Pierre Bardou. Nicolas Vincent, dit Dupré.

Un Postillon du Corps.   365. l.

Jean Langlois.

Les Postillons du Corps ont encore chacun un habit tous les ans, & une casaque ou manteau tous les deux ans, 16. liv. pour la petite oïe, 30. liv. pour raccommoder les habits, 16. liv. pour menuës fournitures de vergettes, 10. livres à la S. Eloy & à la S. Loüis.

Un Cocher du second Carosse du Corps,   365. l.

Claude de la Roziére.

Un Postillon.   365. l.

Thomas Danery.

Les Pages & Valets de Pied, seront nommez cy-aprés.

2. *La Chaise de Madame la Dauphine.*

Quatre Porteurs, 365. liv. de gages, un

Me L'A DAUPHINE.

habit par an, & une casaque tous les deux ans, 50. liv. pour la petite oïe, & 60. liv. de récompense.

Jâque-Julienne, dit la Tour. Thomas Berteaume. Guillaume Vincent, dit du Hamel. Michel Coispliez.

3. *Litieres de Madame la Dauphine.*

Deux Muletiers de la Litiere du Corps, 365. liv. de gages, un habit par an, & une casaque tous les deux ans, 16. livres pour la petite oïe, 30. liv. pour raccommoder les habits, 20. liv. pour menuës fournitures.

François de Vaux. Thomas Filleul.

Deux Muletiers de la seconde Litiere.

Ils ont de gages, 365. liv. & les mêmes profits.

Jean Dumas. Pierre Motte.

Le Carosse des Ecuiers.

Vn Cocher. 365. liv.

Jâque le Febvre, dit la Chapelle.

Vn Postillon. 365. liv.

Germain Maguien.

Le Carosse des Femmes de Chambre.

Vn Cocher, 325. liv. de gages, & 75. par ordonnance.

Jean le Matrier.

Vn Postillon. 365. liv.

Cosme Petit.

C iij

Quatre Valets de pied des Femmes, 72.
liv. de gages, un habit, un pourpoint,
& une trousse l'été tous les ans, & une
casaque tous les deux ans, 50. liv. pour
la petite oïe, 10. liv. pour les bas, 10. l.
pour une chemisette

Jaque Petit. Loüis Marine. Jean Denis. Pierre Philippe.

Le Carosse pour la Cassette.

Vn Cocher,	365. l.
Nicolas Filleul.	
Vn Postillon,	365. l.
Antoine Daigremont.	

Le Carosse de la Faculté.

Vn Cocher,	365. l.
Jean d'Obigny.	
Vn Postillon,	365. l.
Robert Flaquet.	

Des Pages & Valets de Pied de Madame la Dauphine.

Un Gouverneur des Pages.

Jean Valere de Dumas.

Il a 1000. liv. d'appointemens, sçavoir 200. liv. de gages, 200. liv. de récompense, & 600. liv. pour & au lieu des entrées des Pages, qui n'en donnent plus.

De plus, il a table toute l'année, un

Mᵉ LA DAUPHINE.

Valet nourri, un cheval entretenu, son chauffage & luminaire.

Vn Précepteur des Pages, 320. l.
M. Nicolas Jourdeüil.

Pages de Madame la Dauphine.

Joseph-Benoist de Salver, sieur de Fotange.

Jean-Baptiste de Halot, Seigneur de Gousonville.

Loüis-François de Launoy, Seigneur de Pencrech.

Orace-Thomas Baltazar, Marquis de Somerive.

Gabriel de Prohenque Plantigny.

André-Dominique Denis, Baron du Bessec, Seigneur d'Allemance, Blansac & Labro.

Jean-François de Jupilles, Seigneur de Moulins.

René-Pierre de Saffray, Seigneur de Vimont & d'Angranville.

Jean-Pierre de Monleart, Chevalier, Marquis de Rumont, Seigneur de Fromont, Puisclay, Beaumoulin & Maisoncele.

Charle René de Faudoas-Serillac, Seigneur de Curlu.

Thomas de Pike, Gentilhomme Anglois.

Joachim-Claude de Veines, Seigneur

du Prayet, Cheiffillane, l'Ifle-Adam, Poëpe; Marquis du Bourglez-Valence.

Un Page est nourri, monté, chauffé, blanchi, enseigné, servi à l'Ecurie, & a tous les ans 260. liv. pour s'entretenir, sans compter l'habit de livrée, & un manteau tous les deux ans.

Un Maître des Mathématiques, 300. l.
François Chevalier.
Un Maître en fait d'Armes, 180. l.
Nicolas Bourbet, sieur de Vaux.
Un Maître à écrire.
Jean Carbon.
Un Maître à danser, 180. l.
Pierre Charpentier.
Deux Garçons des Pages.
Claude de Marne, dit Casimir.
Jâque Besnier.

Ils ont un habit & un manteau de la dépouille des Pages, ce que les Pages veulent bien leur donner en entrant, & le profit des flambeaux.

Un Maître d'Hôtel, ou Maréchal de table des Pages.
Bernard de Barriére.

Dix-huit Valets de pied, servans six mois en deux quartiers differens, neuf par quartier.

Henry Turpin. Claude Tallemant, dit le Destin. Jâque Piquet. François d'Es-

Mᵉ LA DAUPHINE.

pée, dit la Genevre. George Piquet. Palice Lamiraux. Antoine Maniquet. Jean Gontault. Claude Precor. Nicolas Dorbinot. Pierre Desguet, dit Dugué. Denis Charonnet, dit Ferdinand. Jâque Piquet fils. Simon Chartier, dit Sanson. Jean André. Etienne de la Roche. François Simon, dit Chaumont. François Simon. Charle-Gervais Ruffin.

Ils ont chacun 365. liv. de gages, un habit, un pourpoint, & une trousse l'été tous les ans, & une casaque tous les deux ans. Deux petites oïes de 25. livres chacune, 10. liv. pour une chemisette, 10. liv. pour les bas, 10. liv. de récompense par ordonnance. Ils ont encore quelques petits attributs, comme le droit de parasol, les étrennes, les courses, & les entrées de Carosse.

Un Aumônier de l'Ecurie.

M. Germain le Roy.

Il a 660. liv. de gages, bouche à Cour toute l'année, un Valet nourri, un cheval entretenu, son luminaire & son chauffage.

Portier de l'Ecurie.

Michel Monseignour.

ARTICLE VI.

Des Maréchaux des Logis & Fouriers.

Quatre Maréchaux des Logis, 400. liv. de gages, & 100. liv. de récompense.

M. Paul de Rosnel. M. Jean-Baptiste Bodin Desperiers. M. Robert Laurent. M. Paul Lucas.

Quatre Fouriers du Corps, 200. livres de gages, & 60. liv. de récompense.

Maurice Berruyer. Jean Goussault. Jâque Horcholles-Despentes. Claude Gontier.

Huit Fouriers ordinaires, 150. liv. de gages, & 50. liv. de récompense.

François Barbe. Antoine Thorailler. Noël du Bois. André de la Coffe. Jean de Lagny. Nicolas Barré, sieur du Coulombier. Michel-Loüis Neveu. Jâque Barié.

Quatre Portiers, 120. l.

Charle Canelle. Guillaume Bordier. François Bloüet. Pierre le Febvre.

ARTICLE VII.

Surintendant Général de la Maison des Finances, Domaines & affaires, 6000. liv. de gages, & 6000. liv. de pension.

M. Marc-Antoine Bosc, sieur de Serviéres, Maître des Requêtes, Marquis du Bouchet.

Un Intendant de la Maison. 1100. l.
M. Henry Doresmieux.

Un Secretaire des Commandemens, Maison & Finances. 1800. liv.
M. Aléxandre-Guillaume de la Vieuville.

Trésorier Général de la Maison, 4000. l.
M. le Févre, Intendant & Contrôleur Général de l'Argenterie & des Menus, Greffier de l'Ordre de S. Loüis, & Philippe-Nicolas son fils en survivance.

Gardes.

Le Roy donne à Madame la Dauphine un Exemt de ses Gardes du Corps François, un Brigadier, & dix Gardes. Il y a aussi deux des Cent-Suisses du Roy.

Aux Audiances que Madame la Dauphine donne aux Ambassadeurs, l'Exemt des Gardes du Roy, servant chez Madame la Dauphine, reçoit l'Ambassadeur à l'entrée de la Salle des Gardes, l'accompagne à l'Audiance, & revient aussi avec lui au retour de l'Audiance, jusqu'à la porte de la même Salle des Gardes, servans prés Madame la Dauphine.

ÉTAT DES OFFICIERS
de Monseigneur le Duc de Bretagne.

ONSEIGNEUR le Duc de Bretagne est né à Versailles le 8. Janvier 1707. à sept heures & un quart & sept minutes du matin. Il fut aussi-tôt ondoïé par M. le Cardinal de Janson, Grand Aumônier de France. Un peu après sa naissance, le Roy lui envoïa la Croix du Saint Esprit par M. Chamillart, cy-devant Ministre & Sécretaire d'Etat, Trésorier des Ordres de Sa Majesté.

Une Gouvernante, Madame la Duchesse de Ventadour, Charlote-Eleonore de la Mothe-Houdancourt, 3600. liv. de gages, & 24000. liv. de nourriture.

Une Soû-Gouvernante, Madame Jeanne Françoise de Biaudos de Casteja, veuve de M. de Salomon, sieur de la Lande, 1200. liv. de gages & 3650 liv. de nourriture.

La Nourrice, Madame Catherine Marton, femme de M. Bailly, 1200. l. de gages, & 1095. liv. de nourriture.

La Remueuse, Madame Catherine Go-

M. DE BRETAGNE.

...ert, femme de M. Jean Desperiés, sieur ...e la Croix, Gentilhomme servant du Roy, 360. liv. de gages, 300. livres de ...écompense, & 1095. liv. de nourriture.

La première Femme de Chambre, 360. l. ...e gages, 300. liv. de récompense, & ...095. liv. de nourriture.

Madame Agnés de Beaulieu, femme ...e M. Dappougny, sieur de Jambville, ...aître d'Hôtel du Roy.

Neuf Femmes de Chambre, 200. liv. de ...ages, 200. liv. de récompense, 1095. ...iv. de nourriture.

Madame Marguerite du Boisguerin, ...emme de M. Loüis-Armand le Moine, ...alet de Chambre du Roy, Contrôleur ...e la Bouche de Madame la Dauphine.

Mademoiselle du Puy, Françoise d'Hau...efort.

Madame Thérese Foucquet de Clos...euf, femme de M. Jean-Pierre Du...and, sieur de Linois, Gentilhomme Ser...ant du Roy.

Madame Marie Binet, femme de M. ...ean Bidault, Barbier du Roy.

Madame Denise Binet, femme de M. ...harles Bibault, Porte-manteau du Roy.

Madame Eleonore Harsent, femme ...e M. de Morlet, Huissier de la Chambre du Roy.

Mademoiselle Marie Altera.

Mademoiselle Marie Charpentier.

Mademoiselle Angelique Bidault.

Vne Gouvernante de la Nourrice du Corps, 150. liv. de gages, & 730 liv. de nourriture.

Loüise Poireau, femme de M. Jâque Bonenfant.

Vne Gouvernante des Nourrices retenuës, 150. liv. de gages & 730. liv. de nourriture.

Magdelaine Bellier du Parc.

Deux Valets de Chambre, 200. liv. de gages, & 730. liv. de nourriture.

M. Edme Millet.

M. Philippe Lambert.

Deux Garçons de la Chambre, 150. l. de gages, & 730. liv. de nourriture.

René Fauleau. Henry Jorry.

Vn Porte-faix ou porte-meuble de la Chambre, 100. liv. de gages, & 365. liv. de nourriture.

Isaac Verité.

Vne Blanchisseuse, 200. liv. de gages, & 1200. l. pour blanchissage.

Claire Turménies.

Vne femme de Cuisine, 60. liv.

Nicole Cramaillard.

Vn Médecin, M. Loüis Poirier, Docteur-Regent de la Faculté de Paris, 6000. livres.

M. D'ANJOU.

Argentier, M. Daniel Clinet de la Chataigneraye, 400. liv. de gages.

ETAT DES OFFICIERS de Monseigneur le Duc d'Anjou.

MONSEIGNEUR le Duc d'Anjou, est né à Versailles le 15. Février 1710. à 8. heures demi quart du matin. Il fut aussi-tôt ondoïé, par M. le Cardinal de Janson, Grand Aumônier de France. Un peu après sa naissance le Roy lui envoïa la Croix du S. Esprit, par M. le Marquis de la Vrilliere, Secrétaire d'Etat, Secrétaire des Ordres du Roy.

Vne Gouvernante, Madame la Duchesse de Ventadour, 3600. liv. de gages, 24000. liv. de nourriture.

Vne Soû-Gouvernante, Madame Marie Suzanne de Valicourt, veuve de M. le Baron de Villefort, 1200. liv. de gages, 3650. liv. de nourriture.

La Nourrice, Madame Marie-Magdelaine Bocquet, femme de M. Simon Mercier, 1200. liv. de gages, 1095. liv. de nourriture.

La Remueuse, Madame Catherine Gobert, femme de M. Jean Desperiés, sieur de la Croix, Gentilhomme Servant du Roy, 360. liv. de gages, 300. liv. de récompense, 1095. liv. de nourriture.

La premiere Femme de Chambre, Madame Helene Dorothée de S. Hilaire, Femme de M. Jean Antoine, Garçon de la Chambre du Roy, & porte Arquebuse de Sa Majesté, 360. liv. de gages, 300 l. de récompense, 1095. l. de nourriture.

Femmes de Chambre, 200. l. de gages, 200. liv. de récompense, 1095. liv. de nourriture.

Madame Elisabeth-Geneviéve Picry, femme de M. Joseph Perrin.

Madame Marie-Anne Lucas.

Madame N.... de Sourcy.

Madame Suzanne Bonviller.

Madame Elisabeth Binet.

Madame Jeanne Chatelain.

Madame Marie-Loüise Larcher.

Madame Marie-Charlote Picault.

Une Gouvernante de la Nourrice du Corps, Madame Loüise Poireau, femme de M. de Bonenfant, 150. liv. de gages, 730. l. de nourriture.

Une Gouvernante des Nourrices retenuës, Madame N.... Foleau.

Un Valet de Chambre, M. Antoine Marchand, 200. liv. de gages, & 1095. l. de nourriture.

M. D'ANJOU.

Vn Garçon de la Chambre, 150. liv. de gages, 730. liv. de nourriture, M. Jâque de la Lanne.

Vn Portefaix de la Chambre, 100. liv. de gages, 365. livres de nourriture, M. Pierre-Michel Chevalier.

Vne Blanchisseuse, 200. liv. de gages, 1200. liv. pour le blanchissage, N....: Neret.

Vne Femme de Cuisine, 60. l. de gages, Charlote Belant.

Vn Médecin, 6000. l. de gages, Loüis oirier, Docteur Regent de la Faculté de édecine de Paris.

Vn Argentier, M. Daniel Clinet de la hateigneraye, 400. liv. de gages.

TAT GENERAL DE LA MAISON de Monseigneur le Duc de Berry.

ONSEIGNEUR le Duc de Berry est né à Versailles le 31. Août 1686. à onze heures trois quarts & huit minutes.

Un peu aprés sa naissance, le Roi lui nvoïa le Cordon bleu, par M. le Maruis de Seignelay, Ministre & Sécréire d'Etat, Trésorier de l'Ordre du Saint

Esprit. Et le jour de la Chandeleur 1699. le Roy l'a fait Chevalier du S. Esprit. Il est aussi Chevalier de la Toison d'Or, dont il reçeut le Collier le 7. Août 1701. Aux cérémonies du Baptême le 18. Janvier 1687 Monsieur le Duc d'Orleans le nomma Charle, Mademoiselle d'Orleans de Montpensier étant la Marraine. Il épousa à Versailles le 6. Juillet 1710. Marie Loüise-Elisabeth d'Orleans, fille de Philippe, Duc d'Orleans, & de Françoise-Marie de Bourbon.

Article I.

OFFICIERS ECCLESIASTIQUES.

Vn Premier Aumônier, 2000. livres de gages, & 2400. liv. de livrées.

M. Turgot de Saint Clair, Evêque de Sées, Docteur en Théologie.

Vn Confesseur, 2000. liv. de gages, & 1200. liv. de livrées ; le R. P. Martineau, Jesuite.

Vn Maître de l'Oratoire, 1200. liv. de gages, & 1000. liv. de livrées, N....

Vn Maître de la Chapelle & Musique, 900. liv. de gages, & 600. liv. de livrées, N...

Vn Aumônier ordinaire, 700. liv de gages, & bouche à Cour à la table des Maîtres d'Hotel. N..

M. DE BERRY.

Quatre Aumôniers, 240. liv. & bouche Cour à la table des Ecuyers.

M. Quenet.
M. François Dudrot.
M. de Vienne.
M. Bérard.

Vn Chapelain ordinaire, 400 liv.

M. Henry Lucas.

Quatre Chapelains, 200. liv. & bouche Cour.

M. Joseph de Rouviére.
M. Laurent, Prieur de S. Léonard.
M. Raymond Germain.
M. Etienne Maupetit.

Vn Clerc de Chapelle ordinaire, N....

Quatre Clercs de Chapelle, 100. liv. de gages, 60 liv. de fournitures.

M. Hurache, Chanoine d'Amiens.
M. Renaudet, Chanoine de Xainte.
N.... N....

Deux Sommiers de Chapelle, 300. l.
N.... N....

Vn Aumônier & Confesseur de la Maison, 600. liv. M. Jean Bergeraud.

ARTICLE II.

LA CHAMBRE.

Deux premiers Gentilhommes de la Chambre, 3000. liv. de gages, 3150. liv. de livrées, M. le Duc de S. Aignan, Mestre de Camp de Cavalerie.

M. le Marquis de Bethune, Colonel du Régiment de la Reine, Inf.

Vn premier Chambellan ordinaire, 2400. liv. de gages, 3600. liv. de livrées.

M. Loüis de la Haye.

Quatre Chambellans, 2000. l.

M. Guillard de la Vacherie.

M. Colombet, Lieutenant-Colonel du Régiment de Beringhen, Cav. Ch. L.

N... N..

Deux Gentilhommes de la Chambre, 1000. livres.

M. de Parigny.

N...

Vn Introducteur des Ambassadeurs, 2000. liv.

N...

Vn premier Gentilhomme ordinaire, 1800. l. & bouche à Cour à la table des Maîtres d'Hôtel.

M. de Ballade.

Quatre Gentilshommes ordinaires.

M. de la Vergne.

M. de Brenusson.

M. de Lucotte du Tillot.

M. Nadot de Sainte Palaye.

Vn Gouverneur des Pages de la Chambre, 400. liv. de gages, & 300. liv. pour un Valet & cheval.

M. DE BERRY.

M. Jâque du Sablon d'Aufreville.

Deux Valets des Pages de la Chambre, 00. livres.

N... N...

Vn Maître à Danser des Pages de la Chambre.

Article III.

OFFICIERS DE SANTÉ

Vn premier Médecin 2000. livres, de gages; ordinaire, 3600. l. Soutanne, 500. liv. pension du Roy, 1800. liv. vin 27. livres 18. sols.

M. Nicolas-Brunel de la Carliere, Médecin du Roy.

Quatre Médecins, 500. liv. M. Brilant.

M. Aléxandre le Roy, Chirurgien du Roy.

N .. N...

Vn Apotiquaire du Corps & du Commun, 000. l. de gages; ordinaire, 2000. liv. remedes, 3000. liv. pour sachets pour la cef, 180. liv. pour un cheval, 292. liv.

M. Isaac Riqueur, Aide-Apoticaire du Roy.

Vn Aide.

N....

Un premier Chirurgien 1800. liv. de gages ; ordinaire 3600. liv. pour un cheval 600. liv. M. Chabon de la Fosse.

Un Chirurgien ordinaire 800. livres de gages ; ordinaire, 900. liv.

Jâque Trippier, Chirurgien des Bâtimens du Roy à Marly.

Quatre Chirurgiens, 200. liv.
M. Lousteneau.
M. du Vernay.
M. Baget.
M Pierre Benomont.
Un Chirurgien du Commun, 200. l.
N...
Un Operateur pour les Dents, 600. l.
M. Charle-Arnault de Forgeron.
Un Barbier ordinaire de la Chambre, 500. livres, & bouche à Cour.

M. François Deville, & Loüis Deville son neveu en survivance.

Quatre Barbiers de la Chambre, 300. l. de gages, pour la poudre, 100. livres & bouche à Cour.

M. François Deville, deux charges. M. François Deville, fils. M. Jacquelain.

Un Barbier pour les bains & Etuves,
150. livres.
N...

M. DE BERRY.

Article IV.

Autres Officiers de la Chambre.

Deux Contrôleurs généraux des Menus de la Chambre, Argenterie & Ecurie, 1200. liv. de gages, pour son Commis 50. liv. pour travailler aux Rôles. 100. liv. pour chevaux. 500. liv. pour sac de velours, 46. liv. pour les rôles de l'Ecurie, 100. liv. pour habits, 256 livres 15. sols.

 N... N...

Quatre premiers Valets de Chambre ordinaires, 600. liv. de gages; ordinaire 500. liv. habits 400. liv. chevaux 500. l.

 M. René-Joachim de Chenedé, trois quartiers.

 M. René-Joachim Quentin, sieur de la Corbiére.

Un Valet de Chambre ordinaire, 500. l. de gages, ordinaire 500. liv.

 M. Remy Pichelin.

Huit autres Valets de Chambre, 400. l. & bouche à Cour.

 M. Pierre Génard, deux charges.
 M. Charle du Soir, deux charges.
 M. François Génard.
 M. Charle Dupuis.
 M. Mathieu Merlet.

N...

Vn Peintre ordinaire, 600. liv.

N...

Vn Porte-manteau ordinaire, 600. l. de gages, ordinaire 500. liv.

Loüis-Denis de Clermont.

Quatr Porte-manteaux, 400. livres, & bouche à Cour.

M. Philippe de Riencourt a les quatre Charges.

Vn Huiſſier ordinaire de la Chambre, 400. liv.

N...

Quatre Huiſſiers de la Chambre, 400. liv. & bouche à Cour.

M. Loüis Domilliers a les quatre Charges.

Vn Huiſſier ordinaire, 500. liv.

M. Charle Baſſet.

Quatre Huiſſiers du Cabinet, 500. liv. & bouche à Cour.

M. Jâque Robillard, ſieur de la Courneuve a les quatre Charges.

Quatre Huiſſiers de l'Anti-Chambre, 300. liv. & bouche à Cour.

M. Loüis Sintard.

Quatre Garçons de la Chambre ordinaire, 200. liv. de gages, nourritures, 600. l.

M. Claude des Murs, & Claude ſon fils en ſurvivance. M.

M. DE BERRY.

M. Pierre Truſſon, & Jean Bptiſte ſon fils en ſurvivance.

M. Charle le Poivre.

M. de Francey.

Quatre Tapiſſiers, 150. liv. & bouche à Cour.

M. Loüis de Clermont a les quatre Charges.

Un Garde-meuble & Concierge, 600. l. de gages, nourritures, 400. liv.

N..

Quatre Porte-Chaiſe d'Affaires, 150. l. de gages, fournitures 15. liv. & bouche à Cour.

M. Claude des Murs, deux Charges.
M. Pierre Truſſon, deux Charges.

Quatre Porteurs de Lit & Coffres de la Chambre, 75. l.

M. Boulé, deux Charges.
M. Boucaumont.
M. du Vivier.

Un Lavandier, 200. l.

M. Marie Altera.

Un Porte Arquebuſe, 400. liv.

M. Elie Raffeneau, ſieur de l'Iſle, Chef d'Echanſonnerie-bouche du Roy, Contrôleur Général de la bouche de Monſeigneur le Duc de Berry.

Tome II.   D

GARDEROBE.

Deux Maîtres de la Garderobe, 4500. l. de gages, ordinaire 3000. liv. droit de lit, 750. liv. pour deux mulets dans l'année d'exercice, 456. l. 5. fols; pour dédommagement des habits dans l'année d'exercice, 3000. liv.

M. le Marquis de Monchy.
M. le Marquis de Pons.

Quatre premiers Valets de Garderobe, 600. liv. de gages, nourritures, 500. l. nourritures de chevaux, 300. liv.

M. René-Joachim Quentin, sieur de la Corbiére a trois Charges.
M. des Marest.

Vn Valet de Garderobe ordinaire, 400. liv. & bouche à Cour.

M. Claude Sciot, & Claude-Etienne son fils en survivance.

Huit Valets de Garderobe, 300. livres & bouche à Cour.

M. François Dalais, sieur de Montaigu a trois Charges.
M. le Roux.
M. Charbonnier.
M. de Lorme.
M. Poplart.
M. Gérard de Mary.

Vne Empeseuse, 800. l.

M. DE BERRY.

Madame Isabelle Godard, femme du sieur Clocart.

Quatre Garçons de la Garderobe, 200. l. de gages, nourriture 600. liv.

M. Pierre Simon à deux Charges.

M. Henry Marton.

M. Arnoux Marton.

Un Tailleur Chaussetier, bouche à Cour.

M. Autran.

Un Porte-malle ordinaire, 600. liv. de gages, nourriture, 500. liv. pour un cheval, 200. livres, pour droit de Housse, 150. liv.

M. Lanoy du Fey.

ARTICLE V.

Des Maîtres d'Hotel, des Gentilshommes servans, de la Chambre aux deniers, Contrôleurs & autres Officiers pour la bouche & les Offices.

Un premier Maître d'Hotel, 2000 liv. de gages, 7800. liv. de livrées, & 8000. liv. de casuels.

M. le Marquis de Champignelle.

Un Maître d'Hotel ordinaire, 1200 l. de gages, 2400. liv. de livrées & bouche à Cour.

M. Chevalier.

D ij

Quatre Maîtres d'Hotel, 800. liv. de gages, 1500. liv. de livrées & bouche à Cour.

M. Antoine Lévêque, il joüit de 2400. liv. de pension, qu'avoit Elisabeth Sanson sa femme, Nourrice de Monseigneur le Duc de Berry.

N... N... N....

Deux Contrôleurs généraux, 700. l. de gages, 3600. liv. de livrées & bouche à Cour.

M. Elie Raffeneau, sieur de l'Isle, Chef d'Echansonnerie-bouche du Roy, Porte-Arquebuse de Monseigneur le Duc de Berry.

N...

Vn Gentilhomme servant ordinaire, 800. l. de gages, 300. liv. de livrées.

M. de S. Vigor.

Huit Gentilshommes servans, 600. liv. & bouche à Cour.

M. Loüis du Soir. M. Champenois. M. Testu. N... N... N... N... N...

Vn Contrôleur ordinaire, 200. livres de gages, 1000. livres de livrées & bouche à Cour.

N...

Quatre Contrôleurs Clercs d'Office, 300. liv. de gages, 900. liv. de livrées, pour papier & plumes, 45. liv. 12. sols 6.

M. DE BERRY.

deniers, & bouche à Cour.
N.. N... N... N..

Quatre Huissiers de Salle, 200. livres & bouche à Cour.

M. Loüis Luce. M. Julien Meusnier. N... N...

LES OFFICES.

Paneterie bouche & Commun.

Quatre Chefs,   200. l.
N.. N... N... N...
Quatre Aides,   150. liv.
N... N... N... N...
Deux Sommiers de Paneterie,   600. l.
N... N...
Vn Sommier de vaisselle ordinaire, 600. l.
N...

Echansonerie-Bouche & Commun.

Quatre Chefs, 200. liv. pour verres, 23. liv. 5. sols.

M. Loüis-Nicolas Rousselot. M. Jean-Baptiste Gobert. M. Jâqne Nadot. N....

Quatre Aides, 150. liv. pour verres, 23. liv. 5. sols.

M. François Clermont. M. François Guibelle. M. Jean Bachelier. M. Denis-René Plumet.

Deux Sommiers de Bouteilles,   600. l.
N... N...

L'ETAT DE LA FRANCE.

Quatre Coureurs de vin, 300. livres de gages, 150. liv. de nourriture.

N.. N.. N.. N...

Vn Sommier de vaisselle ordinaire, 600. livres.

M. Riclot.

Cuisine Bouche.

Quatre Ecuyers, 170. l. de gages, 730. liv. de fournitures.

M. François Cagneux. M. Adam-Joseph de la Brosse. M. Pierre Gourlade. N...

Quatre Aides, 160. liv.

M. Loüis Prevost. M. Claude Tajot. N... N...

Quatre Porteurs, 100. livres de gages, 13. liv. 15. sols pour fournitures.

N... N... N... N...

Quatre Huissiers de Cuisine, 100. l.

M. Guillain. N... N.. N...

Deux Enfans de Cuisine, 100. liv. de gages, 27. liv 16 sols de fournitures.

M. Jâque Paillou. M. Gabriel Anceline.

Deux Sommiers du Garde-manger, 600. livres.

M. le Noir. M. Jean Vauder Mazen.

Vn Sommier des Broches ordinaire, 600. livres.

M. Claude Hannault.

M. DE BERRY.

Deux Patissiers bouche & Commun, 50. liv. de gages, 10. liv. par jour pour pieces de four.

M. André Claucart a les deux charges.

Cuisine Commun.

Quatre Ecuïers, 340. liv. de gages, 730. liv. pour fournitures.

M. René Langlois. M. Etienne Jobert. N... N...

Quatre Aides, 160. l.

M. Claude Tajot. M. Jean Greflé. N... N..

Quatre Porteurs, 100. livres de gages, 18. liv. 12. fols pour fournitures.

M. Denis Brifard. M. Jean Peuvrier. N... N...

Quatre Huissiers, 100. liv.
N... N .. N... N...

Deux Enfans de Cuisine, 100. l.
M. Jean Yvert. Denis la Ville.

Vn Sommier des Broches ordinair, 600. l.

M. Bernard de Bacharere de la Ferriere, Concierge, Garde-meuble de l'Ecurie de Monfeigneur le Duc de Berry.

Vn Garde vaisselle, 900. liv de gages, 36. liv. 10. fols pour fournitures.

M. Charle Lauvergnat.

Quatre Sers d'eau, 120. liv. de gages, 22. livres 16. fols 3. den. pour fournitures.

M. François Derveloy. N.. N .N...

Deux Falotiers, 25. liv. de gages, 30. sols par jour pour les Falots.

N.. N...

Fruiterie.

Quatre Chefs, 260. liv.
N.. N.. N.. N..
Quatre Aides, 150. liv.
N.. N.. N.. N..
Deux Sommiers, 600. liv.
N... N...

Fourière.

Quatre Chefs, 260. liv.
M. Guillaume Massé. N.. N.. N..
Quatre Aides, 160. liv.
N.. N.. N.. N..

Quatre Huissiers du Bureau, 200. liv. de gages, 69. liv. 15. sols pour fournitures. M. Coiffin. N.. N.. N.

Quatre Porte-Tables & Chaises bouche, 100. liv. de gages, 90. livres pour fournitures. N.. N.. N.. N..

ARTICLE VI.

ECURIE.

Vn premier Ecuier, 2400 liv. de gages, 3600. liv. de livrées. Entretien & renouvellement de chevaux 2190. liv. pour chevaux de l'Ecurie, 8000. liv. pour Ecurie

M. DE BERRY.

à Paris, 4000. liv.

M. le Marquis de Razilly, Lieutenant Général en Touraine.

Vn Ecuier ordinaire, 2000. liv. & bouche à Cour.

M. le Chevalier de la Réolle.

Quatre Ecuiers, 700. l. de gages, droit d'épée, 50. l. & bouche à Cour.

M. de Fayolle. M. de Fontanés. M. de Charuel. M. le Chevalier de Selve.

ARTICLE VII.

Des Maréchaux & Fouriers des Logis.

Vn Premier Maréchal des Logis, 2000. l. de gages, 1800. l. de livrées, 1200. l. pour ses devans. M. de Cazaux.

Vn Maréchal des Logis ordinaire, 800. l. & bouche à Cour.

M. Nicolas Jousselin de la Vallée.

Quatre Maréchaux des Logis, 500. liv. & bouche à Cour.

M. Foulques des Vallées. N.. N.. N..

Vn Fourier du Corps ordinaire, 300. liv. & bouche à Cour. N...

Deux Fouriers du Corps, 250. livres & bouche à Cour. N.. N..

Quatre Fouriers de la Maison, 200. liv. & bouche à Cour.

M. Henry Pétre. N.. N.. N..

Article VIII.

Des Gardes de la Porte.

Vn Capitaine des Gardes de la porte, 2000. l. de gages, 600. liv. de livrées.

M. le Baron de Beauvais

Vn Lieutenant, 300. liv. & bouche à Cour.

M. de Fermé.

Seize Gardes de la Porte, 200. liv.

Mathurin Langlois. André Chereau. N. N. N. N. N. N. N. N. N. N. N. N. N. N.

Article IX.

Gens du Conseil & Finances.

Vn Chancelier, Garde des Seaux & Chef du Conseil, 8000. liv. de gages, 7200. l. pour son plat & cire, 800. livres pour robbe, 7000. liv. pour un chariot, pour chaufage, 1200. liv. pour Sécrétaire, 1600 liv.

M. Loüis le Goulx de la Berchere, Comte de la Rochepot, Maître des Requêtes.

Vn Sur Intendant des Maisons, Domaines & Finances, 8000. l. de gages, 7200. l. de livrées, 2400. l. de chauffage, 5000.

M. DE BERRY.

l. pour secrétaire, 912. liv. 10. sols pour deux mulets, 92. liv. pour sac de velours, 2000. l. pour cahier de frais.

M. de Maynon.

Deux Sécrétaires des Commandemens, Maisons & Finances & Sécrétaires du Cabinet, 1800. l. de gages, 5000. l. de livrées, 1200. liv de chauffage, 2500. l. pour cahier de frais, 600. l. comme Sécrétaire du Cabinet, 250. liv pour cire, soye & papier.

M. Dru de Montgelas.
N...

Un Contrôleur Général des Finances, 2400. l. de gages, 1200. l. de livrées, 3000. l. pour frais de voyages.

M. Millain, Sécrétaire du Roy.

Deux Intendans des Domaines & Finances, 2400. liv. de gages, 1200. l. de livrées, 3000. l. pour frais de voyages.

M. Poillot, & M. Regnier, Procureur du Roy de Versailles, reçû en survivance.

M. de Noyel, Conseiller en la Cour des Aides.

Un Premier Conseiller,   2000. l.
N..
Deux autres Conseillers.
M. Boschet.
M. Delpech.
Quatre Maîtres des Requêtes.

M. Bance, Conseiller au Parlement de Paris.

M. de Chartraire de S. Agnan, Conseiller au Parlement de Dijon.

M. Loüis de Ferrier.

M. de Mirville.

Vn Procureur Général, 1000. l. de gages, 2000. l. de pension.

M. Arraut le fils.

Vn Avocat Général, 600. liv. de gages, 400. l. de pension.

M. le Gendre.

Vn Substitut du Procureur Général, 62. l. 10. sols.

M. de Nicolaï.

Vn Tréforier Général des Maisons, Domaines & Finances, 3000. liv. de gages, 5000. l. de livrées, 600. livres pour son Commis, 100. l. pour menus, 200. liv. argenterie, 513. liv. 10. sols pour droits d'habit, 92. liv. pour sac de velours, 200. l. pour vacations de l'Ecurie, 1200. l. pour chauffage, 6000. l. pour taxations, & bouche à Cour.

M. le Carlier.

Vn Audiancier Garde des Rôles de la Chancelerie, 800. l.

M. de Lyon.

Deux Sécrétaires des Finances.

M. Petit.

M. DE BERRY.

M. le Président Carrel.

Deux Sécrétaires du Conseil des Finances, 2400. l.

N.. N..

Vn Avocat au Conseil du Roy, 600. l. de gages.

M. de Lamet.

Vn Avocat au Parlement, 600. l. de gratification.

M. Magueux.

Vn Chauffecire, 500. l.

M. Cambert.

Deux Huissiers du Conseil, 300. l.

M. Gueniveau de la Reye.

N..

Deux Couriers du Cabinet, 360. liv. & bouche à Cour.

M. Jean-Baptiste le Vert.

N..

ARTICLE X.

Autres Officiers de l'Ecurie.

Vn Chapelain 200. liv. de gages, 365. liv. de nourritures, 70. liv. pour droit d'entrée des Pages.

N..

Vn Ecuïer Commandant l'Ecurie, 2000. l. de gages, 365. liv. pour nourriture d'un cheval.

M. de Salvert.

Seize Valets de pied, 401. liv. 10. fols de gages, 50. liv. pour droit de manteau, 37. liv. 10. fols pour leur courſe.

Loüis Dalais, deux Charges. Nicolas Lorflin, deux Charges. Nicolas Tajot, deux Charges. Jean Caillot, deux Charges. Jâque le Meuſnier, deux Charges. Mathurin Coquereau, deux Charges. Jean Bagneris. Guillaume le Fevre. La Croix. Charle Goujet.

Deux autres Valets de pied, 292. l.
N.. N..

Quatre Maîtres Palfreniers, 100. livres de gages, 292. liv. de nourriture.

M. Adrien-Nicole. M. Jâque le Febvre de la Chapelle. M. Grillet. M. Tapin.

Deux Maréchaux de forge, 25. livres de gages, 100. liv. pour habits.

M. François Surrel. N..

Vn Gouverneur des Pages, 250. livres de gages, 365. liv. de nourritures, 200. l. pour le bois pour chauffer les Pages, 400. liv. pour droits d'entrée.

M. de Penenjeun.

Vn Precepteur des Pages, 200. livres de gages, 100 liv. pour fournir l'encre & le papier, & 200. liv. pour droits d'entrées.

Vn Maître à danſer, 200. liv.

N...
Vn Tireur d'Armes, 200. liv.
M. Boubet, sieur de Vaux.
Deux Valets des Pages, 75. liv. de gages, 60. liv. pour droits d'entrées des Pages, 100. liv. pour fournitures, 273. iv. 15. sols de nourritures.
M. Nicolas Martin. M. Pierre le Maire.
Deux Cochers du Carosse du Corps, 200. iv. de gages, 292. liv. de nourritures.
M. Pierre Lallemant. M. Benoist Gayet.
Vn Postillon, 200. livres de gages, 292. iv. de nourritures.
N...
Deux Cochers du second Carosse, 200. . de gages, 292. liv. de nourritures.
M. Marc Versaine. N..
Vn Postillon, 150. liv. de gages, 292. iv. de nourritures.
N..
Vn Conducteur du Chariot. 100. liv. de gages, 292. liv. de nourritures.
N..
Deux Tailleurs Chauss-tiers & Pourpoin-tiers des Ecuries, des Gardes & des Suisses.
M. Marsal. M. Solats.
Vn Argentier de l'Ecurie, 400 livres e gages, 365. livres de nourritures.
M. Brosseau.

88 L'ETAT DE LA FRANCE,

Un Médecin.
N..

Un Apoticaire, 120. livres de gages, 400. liv. pour drogues & médicamens.
M. Jean-Baptiste Berranger.

Un Chirurgien ordinaire.
N..

Deux Ecuiers Cavalcadours pour monter les chevaux, 400. liv de gages, 80. liv. pour droits d'entrées des Pages, 365. l. de nourritures.

M. de S Hilaire, Capitaine au Régiment de Villegagnon Dragons, a les deux Charges.

Un Concierge Garde-meuble, 300. livres de gages, 30. liv. pour droits d'entrées des Pages.

M. Bernard de Bacharere de la Feriére, Sommier ordinaire des Broches du Commun de Monseigneur le Duc de Berry.

Un Sellier & Malletier.
M. Saillot.

Deux Fouriers, 200. liv.
M. Claude Valois. M. Lescant.

Un Charon.
M. Jean Petit.

Un Eperonnier.
M. le Pot.

M. DE BERRY.

ARTICLE XI.

Vénérie pour le Cerf.

Un premier Veneur, 6000. liv.
M. Loüis de la Haye.
Deux Lieutenans.
M. Allain de Montafilan. N..
Deux Gentilshommes ordinaires.
N.. N..

ARTICLE XII.

Un Capitaine des Levrettes.
N..
Un premier Fauconnier, 1000. l.
N..
Un Chef des Oiseaux du Cabinet, 1000. livres.
N..

ARTICLE XIII.

Gardes du Corps François.

Deux Capitaines des Gardes, 6000. liv.
e gages, 3000. liv. pour remonte.
M. de Roye, Maréchal de Camp, apitaine-Lieutenant des Gendarmes Fla- ans, Ch. L. M. le Comte de Clermont, Mestre de Camp de Cavalerie.
Deux Lieutenans, 250. liv. de gages,

750. liv. de pension, 400. liv. de gratification.

M. le Chevalier de la Ferté.
M. du Plessis.

Deux Enseignes, 150. l. de gages, 450. liv. de pension, 400. livres de gratification.

M. de la Salle.
M. Desaugers.

Quatre Exempts, 400. liv. de gages, 150. liv. de pension.

M. du Coudray, Ch. L.
M. de Senlis.
M. Jourdain.
M. le Page.

Un Exempt qui sert ordinairement près Madame la Duchesse de Berry, 1200. liv. & bouche à Cour.

M. de la Noüe, bras de fer.

Quatre Maréchaux des Logis, 400. liv.

M. Martin le Masne. M. François Rose. N.. N..

Deux Brigadiers, 1100. liv. chacun.

Deux Soû-Brigadiers, 40. sols par jour, & de plus, 300. liv. chacun.

Quatre-vingt-seize Gardes en deux Compagnies. 730. liv.

Deux Trompettes, 1000. liv. pour gages, nourritures & remonte.

N.. N..

M. DE BERRY.

Vn Timbalier, 1000 liv. pour gages, ourritures & remonte.

N..

Vn Chirurgien, 200. liv.

N..

Vn Clerc du Guet, 200. liv. de gages, 000. l. pour fournitures de Paillasses.

M. de S. Bonnet.

Vn Tresorier, 1000. liv.

M. de S. Bonnet.

ARTICLE XIV.

Gardes du Corps Suisses.

Vn Capitaine, 6600. liv. pour gages & ension.

M. de Montandre, Brigadier d'armée, olonel du Régiment de Bearn, Inf.

Vn Lieutenant François, 500. livres, & ouche à Cour.

N..

Vn Lieutenant Suisse, 500. liv. & bouche à Cour.

N..

Vn Enseigne François, 600. liv. & bouche à Cour.

N..

Vn Enseigne Suisse, 600. liv. & bouche à Cour.

N..

Deux Exempts François, le premier, 600. liv. le second, 512. liv. & bouche à Cour.

N.. N..

Deux Exempts Suisses, le premier, 662. liv. 10. sols, le second, 512. livres, & bouche à Cour.

N. N.

Vn Fourier François, 331. liv. & bouche à Cour.

N..

Vn Fourier Suisse, 256. liv. & bouche à Cour.

N..

Vn Clerc du Guet, 662. livres 10. sols pour gages & fournitures de Paillasse.

M. Jean-Denis Mauroy.

Vn Chirurgien, 100. liv.

N..

Trente-six Suisses, y compris un Fifre & un Tambour, 256 liv.

Article XV.

Des Bâtimens.

Vn Sur-Intendant des Bâtimens & Jardins, 3000. liv. de gages, 1800. liv. de livrées.

M. de Maynon.

Vn Intendant des Bâtimens & Jardins, 600. liv.

N..
Vn Contrôleur des Bâtimens, 1000. l.
M. Tanevot.
Vn Architecte.
M. Cartaud.

MAISON DE MADAME la Duchesse de Berry.

Officiers Ecclesiastiques.

Vn premier Aumônier,   3000. l.
N..
Vn Aumônier ordinaire,   1300. liv.
N..
Quatre Aumôniers,   100. liv.
M. Parthenay de Berny.
M. Megret.
M. Aléxandre-Racine du Tremblay.
M. Antoine de Pardeillan de la Gors, hanoine de Mets.
Vn Chapelain ordinaire,   300. liv.
M. Jean Capet, Chapelain de M. le uc d'Orleans.
Quatre Chapelains,   80. liv.
N. N. N. N.
Quatre Clercs de Chapelle, 60. livres de gages, 50. l. pour cierge & blanchissage.
N. N. N. N.

Vn Sommier de Chapelle, 300. liv. pour gages & loïer de chevaux.

M. Dupuis.

Vn Confisseur, 1200. liv.

Le R. P. du Trévoux, Jésuite.

Vn Aumônier du Commun, 100. livres de gages, 66. liv. pour cierge & blanchissage.

M. Jean Avenel.

Vn Coresseur du Commun, 30. liv.

M. Avenel.

CHAMBRE.

Dames.

Vne Dame d'honneur, 1200. l. de gages, 7200. liv. de livrées, 930. liv. pour habillemens, 148. liv. pour jettons & tapis, 1080. liv. pour charroy, 6000. livres de pension.

Madame la Duchesse de Saint Simon, Marie Gabrielle de Durfort.

Vne Dame d'Atour, 9086. liv. 13. sols.

Madame la Marquise de la Viéville.

Vne premiere Femme de Chambre, 280. liv. de gages, 600. liv. de nourritures, 365. liv. pour la nourriture d'un valet.

Marie-Anne Darias Davaise.

Huit Femmes de Chambre, 100. liv. de gages, 500. liv. de nourritures.

Mᵉ DE BERRY.

Marie-Elisabeth de Vienne.
Catherine de la Borde, femme de M. de la Forcade.
Marie-Anne Pesier.
Elisabeth Collart.
Henriette Saillot.
Françoise Deville, femme de M. le Bastier.
Mademoiselle Imbert.
N..

Une Lingere Empeseuse, 20. livres de gages, 1200. liv. pour blanchissage, 600. lv. pour empesage.

Marie-Elisabeth de Vienne.

Un Huissier ordinaire de la Chambre, 00. livres.

N..

Quatre Huissiers de la Chambre, 100. l.
N. N. N. N.

Quatre Huissiers du Cabinet, 100. l.
N. N. N. N.

Quatre Huissiers de l'Anti-Chambre, 100. liv.
N. N. N. N.

Un Valet de Chambre ordinaire.
M. Brunet de Serigny.

Huit Valets de Chambre, 100. liv.
M. Gueroult de Behüe. N. N. N. N. N. N.

Un Maître de Clavecin.

L'ETAT DE LA FRANCE.

N...

Trois Garçons de la Chambre, 100. l. de gages, 500. l. de nourritures, 26. l. 13. sols pour fournitures de lit & balais.

M. Joseph-Mathieu Dupuis. M. le Roy. M. Pierre Berthauneau.

Officiers de santé.

Un premier Médecin, 6000. l. de gages & pension 33. liv. 12. sols, pour vin de pressure, 100. liv. pour visite aux Ecuries.

M. Amand Douté, Docteur en Médecine de la Faculté de Paris.

Un Médecin ordinaire, 600. liv.

N..

Un Apoticaire du Corps, du Commun & de l'Ecurie, 100. liv. de gages, 300. l. pour visite aux Ecuries, 2500. livres pour médicamens.

M. N..

Un Chirurgien du Corps, 1800. liv.

M. Lardy.

Un Chirurgien du Commun, 150. liv.

M. Urbain Janvier.

Un Chirurgien de l'Ecurie, 100. livres de gages, 100. liv. pour visite aux Ecuries.

M. N..

GARDEROBE,

GARDEROBE.

Un Maître de la Garderobe, 600. liv.
N..
Un Valet de Garderobe ordinaire, 400. l.
M. Jâque Henry.
Quatre Valets de Garderobe, 140. liv.
M. Olin. N. N. N.
Un Tailleur, 150. liv. de gages, 800. liv. pour façons & fournitures, 180. liv. pour menus fournitures.
M. le Maire.
Un Porte-manteau, 600. liv.
M. Charle Jolly.

Chambre aux deniers.

Un Chevalier d'honneur, 6000. l.
M. le Marquis de Coétantao, Lieutenant Général des Armées du Roy, Soû-Lieutenant des Chevaux-Legers de la Garde du Roy, Ch. L.
Un premier Maître d'Hôtel 4000. liv. de gages, 2007. liv. 10. sols pour fournitures de salades, bois, chandelles & bougie.
M. le Comte de Saumery.
Un Maître d'Hôtel ordinaire, 1800. l.
N..
Quatre Maîtres d'Hôtel, 500. liv.
M. Dossigny des Bordes. M. Domi-

nique de la Marc. M. Brunet. M. Tourole.

Deux Contrôleurs Généraux de la Maison, 900. l.

M. Antoine Levêque. M. le Baftier.

Un Gentilhomme servant ordinaire, 1200. livres.

M. Loüis de Paroufleau de la Verdin.

Huit Gentilshommes servans, 150. l.

M. Champion. M. Pingré. M. Corps de Courcelles. M. Dentrecoles. M. Gafcoin de Bertun. M. Honorat-François Larconneau. M. Potot. N....

Un Contrôleur-Clerc d'Office ordinaire, 600. l.

M. Mathieu Pezier.

Quatre Contrôleurs-Clercs d'Office, 200. livres de gages, 45. livres pour parchemin pour les écroües.

N. N. N. N.

Quatre Huissiers de Salle, 60. liv.

M. Pierre Texier. M. Nicolas Gerault. M. Jean Tapin. M. Julien Meusnier.

Paneterie.

Quatre Chefs, 100. liv.

M. Berrier.

Quatre Aides, 50 liv.

M. Etienne le Page. M. François du Mesnil. M. Jean Peuvrier. N.

Un Sommier, 300. liv.

M^e DE BERRY.

M. Jean Joüau.
Echansonerie.

Quatre Chef, 100. liv.

M. Claude Bardy. M. François Durin de Villeneuve. M. Claude-François Lache de Berthier. M. Loüis Langlois.

Quatre Aides, 50. liv.

M. Claude Jorry. M. Pierre du Four. M. Etienne Croüan, M. Pierre de la Coffe.

Vn Sommier, 300. liv.

M. Jâque Pichot.
Cuisine.

Quatre Ecuiers, 100. liv. de gages, 4. liv. par jour pour fournitures à la bouche, 5. l. au commun.

Pour la bouche.

M. Pleigniole. N..

Pour le Commun.

M. Denis Seron, M. Turpin.

Quatre Aides, 50. liv.

Pour la bouche.

M. Joseph le Clerc. M. Tajot.

Pour le Commun.

M. Jean Baptiste le Clerc. N..

Trois Enfans de Cuisine, 30. livres de gages, 24. l. pour ficelles & lardoires, 30. l. pour habits.

Pour la bouche.

M. Victor Coliquet. M. Loüis Boucheux.

Pour le Commun.

M. Jâque Henriot.

Quatre Porteurs en Cuisine, 50. livres de gages, 12. liv. pour balais.

Pour la bouche.

M. Henry du Liége. M. Jean Clément.

Pour le Commun.

M. Henry du Liége N..

Quatre Huissiers de Cuisine, 50. livres de gages, 400. livres de nourritures.

Pour la bouche.

N.. N..

Pour le Commun.

N.. N..

Un Garde vaisselle ordinaire, 600. liv de gages, 400. liv. de nourritures, 400. l. pour nourritures d'un garçon.

M. Richard Pigeon.

Un Sommier ordinaire du Garde-manger, 300. l. de gages, 400. liv. de nourritures.

M. Loüis Barbier.

Un Coureur de vin, 200. liv.

N..

Deux Sommiers des Broches, 300. livres de gages, 400. l. de nourritures.

Pour la bouche.

M. Anne Beaugrand.

Pour le Commun.

M. Sulpice Baucher.

Un Patissier, 30. l. de gages, 400. l. de nourritures.

Me DE BERRY.

N.
Deux Verduriers, 30. liv.
N.. N..
Quatre Serdeaux, 50. l. de gages, 22. l. 16. sols pour bouteilles & verres.
N. N. N. N.

Fruiterie.

Deux Chefs, 100. liv.
M. Prevost. N.
Deux Aides, 50. liv.
M. Pierre Terasse. M. Jean Terasse.
Un Sommier, 300. l. de gages, 400. l. de nourritures.
M. Etienne Cholet.
Quatre Huissiers du Bureau, 60 livres de gages, 18. l. pour jettons.
M. Philippe Thomas. M. Michel Degoutte. M. François Bouleurs des Fontaines.

Fourrierie.

Quatre Chefs, 50. liv.
N. N. N. N.
Quatre Aides, 40. l. de gages, 15. l. pour fournitures de paillasses.
M. Denis Simonneau. M. Pierre Boyaval. N. N.
Quatre Porte-Tables & Chaises, 100. l.
M. Joseph Baveux. M. des Combles. N. N.
Un Garde-meuble, 100. livres. N.

L'ETAT DE LA FRANCE.

Deux Tapissiers, 60. liv.
M. Bayo. N.

Vn Porte-Chaise d'affaires, 200. liv. de gages, 60. l. pour fournitures.
M. Henry.

Deux Portefaix de la Chambre, 30. liv. de gages, 225. liv. de nourritures.
M. Renault. M. Cuny Champion.

Deux Pourvoyeurs, 130. liv.
N. N.

Deux Falotiers, 20. l. de gages, 146. l. pour fournitures de Falots.
N. N.

Marchands fournissans & gens de métier.

Vn Cordonnier ordinaire, 100. liv.
N.

Vn Cordonnier de la Garderobe, 100. liv.
N.

Vn Marchand Joaillier, 100. liv.
N.

Vn Marchand Mercier, 100. liv.
N.

Vn Menuisier de la Chambre, 100. liv.
N.

Vn Cordonnier de l'Ecurie, 100. liv.
N.

ECURIE.

Vn premier Ecuïer, 5500. l. de gages, 6000. l. pour renouvellement de chevaux,

4500. l. pour loïer d'une maison à Paris.

M. d'Hautefort, Maréchal de Camp, Ch. L.

Vn Ecuïer ordinaire, 1000. liv.

M. Joseph Duplouy.

Quatre Ecuïers, 300. liv.

M. de Makan. M. Savare de Champrenault. M. Boubée, Capitaine de Cavalerie. M. de Marcilly.

Vn Ecuïer Cavalcadour, 300. liv.

M. le Vert de la Vafforerie.

Vn Maréchal des Logis, 1000. liv.

N.

Vn Fourier de la Maison, 500. liv.

M. du Pré.

Vn Contrôleur Général de l'Ecurie, 1000. livres.

M. Faurie.

Vn Secrétaire des Commandemens, Maison & Finances, 4200. l. de gages, 1400. l. de livrées, & entretien d'un Commis.

M. Mesnard, sieur de Clesles & de l'Islevert.

Vn Intendant des Maison & Finances, 300. l. de gages, 600. liv. pour frais de cahier.

M. Paulinier.

Vn Secrétaire ordinaire.

N.

Six Secrétaires des Finances, 300. liv.

E iiij

N. N. N. N. N. N.

Deux Agens d'affaires, 300. liv.

N. N.

Un Tréſorier Général de la Maiſon, 3000. liv. de gages, 800. l. pour un Commis, 3000. l. de taxations fixes, 600. l. pour frais de cahier, 300. livres pour façon de comptes.

M. de Waubert.

Officiers de l'Ecurie.

Dix Valets de pied, 365. l. de gages; 85. l. pour droit de manteau, 20. l. pour courſes.

Jâque Hetable. Pierre Paret. Corniquet. Jean Frettet. Pierre Guibert. François Bouvet. Marin Frenel. N. N.

Deux Porte-manteaux, 280. liv.

N. N.

Un Cocher du Caroſſe du Corps, 200. l. de gages, 292. l. de nourritures.

Le Febvre, dit la Chapelle.

Un Poſtillon, 100. l. de gages, 292. l. de nourritures.

N..

Un Cocher du ſecond Caroſſe du Corps, 150. l. de gages, 292. l de nourritures.

Aquet Rondet, dit la Fleur.

Un Poſtillon, 100. l. de gages, 292. l. de nourritures.

N.

Deux Porteurs de Chaises.
Nicolas Rouſſel. Claude Fillon.
Vn Cocher du Caroſſe des Femmes, 100.
l. de gages, 292. l. de nourritures.
Claude Vial, dit la Roche.
Vn Poſtillon, 100. l. de gages, 292. l.
de nourritures. N.
Vn Maître Palfrenier, 100. l. de gages,
292. l. de nourritures.
Jâque Séjourné.
Vn Gouverneur des Pages, 200. liv. de
gages, 365. l. de nourritures.
N.
Vn Soû-Gouverneur des Pages, 100. l.
de gages, 365. l. de nourritures.
M. le Maire.
Huit Pages.
Vn Chapelain & Précepteur des Pages.
M. Stephanel, Chanoine de Pignerol.
Vn Maître à danſer,   200. liv.
N.
Vn Fourier du Corps & de l'Ecurie, 100.
livres.
N.
Vn Garde-meuble,   100. liv.
N.
Vn Argentier, 100. l. de gages, 100.
l. pour droit de manteau, 365. de nourritures.
M. Hoüallet.

Vn Marêchal de Forge, 100. livres de gages, 22. l. 10. sols pour cheval, 100. l. pour casaque.

N.

Vn Charon, 100 l. de gages, 1000. l. l. pour l'entretien de quatre Carosses.

Loüis le Comte.

Vn Bourelier.

Etienne Berthault.

Etat des Dames & autres personnes qui ont servi près Monseigneur le Dauphin.

La Nourrisse, 1200. liv. de gages, & 1095. l. pour sa nourriture, à raison d'un écu par jour, & le double quand elle donnoit à teter.

Madame Anne de Composion, femme du sieur Pierre Margalé.

La seconde Nourrisse, 600. l. de gages, & 1095. liv. de nourriture.

Madame Lair, Marie Prieur, qui a achevé de donner à teter à M. le Dauphin.

La Remueuse, 360. liv.

Madame Desperiés Catherine Gobert.

La premiere Femme de Chambre, 360. liv. de gages, & 1095. liv. pour sa nourriture.

ETAT DES DAMES, &c. 107

Madame Pelard. Cécile Bourduſſeau.

Autres Femmes de Chambre, auſſi pour veiller, 200. l. chacune de gages par le Tréſorier Général de la Maiſon du Roy, 200. l. de récompenſe au Tréſor Roïal, & 1095. l. de nourriture par l'Argentier, à raiſon d'un écu par jour.

Madame de S. Hilaire, auſſi femme de Chambre de Monſeigneur le Duc de Berry.

Madame Pajard des Jardins. Honorée Fenet.

Mademoiſelle Edmée.

Madame Lair. Marie Prieur, ſeconde Nourriſſe de Monſeigneur le Dauphin.

Madame Bernard. Jeanne de la Haye, veuve en premieres nôces du ſieur de la Fontaine, laquelle a donné à teter à Monſeigneur le Dauphin.

Mademoiſelle Antoine. Helene-Dorothée de S. Hilaire.

Un Blanchiſſeur, 200. l. de gages, & 1200. pour le blanchiſſage.

Jean Catel.

État des Dames, & autres personnes qui ont servi près Monseigneur le Duc d'Anjou, à présent Roy d'Espagne.

La Nourrisse, Madame Roulier, Marie de May, 1200. l. de gages, & 1095. l. pour sa nourriture, & le double quand elle donnoit à teter.

Celle qui a donné à teter les premieres semaines. Madame Butté, Loüise du Pré.

La Remueuse, 360. l. Madame Desperiés, Catherine Gobert.

La premiere Femme de Chambre, 360. l. de gages, & 1095. l. pour sa nourriture.

Madame Rifflé, Henriette de Vizé.

Autres Femmes de Chambre, 200. liv. chacune de gages, & 1095. liv. pour sa nourriture.

Mademoiselle Marie-Anne-Michel de Saint-Esprit.

Madame Selle, seconde Nourrisse de feu Monsieur, Marie Bréart.

Mademoiselle du Dognon, Jeanne Guiot.

Mademoiselle Robillard, Catherine Domiliers.

Mademoiselle Picot, Françoise le Févre.

La Blanchisseuse, 200. l. de gages, &

ETAT DES DAMES, &c. 169
1200. l. pour le blanchiſſage, Angélique Teſſon.

La Servante de Cuiſine, 60. livres, Marie.

Etat des Dames, & autres perſonnes qui ont ſervi près Monſeigneur le Duc de Berry.

La Remueuſe, 360. liv. de gages, Madame Deſperiés, Catherine Gobert.

Autres Femmes de Chambre, chacune 200. liv. de gages, & 1095. liv. pour ſa nourriture.

Mademoiſelle de S. Quentin, Marguerite Guiot.

Madame Tourole, Loüiſe du Lac.

Madame de Jambville, Agnés de Beaulieu.

Mademoiſelle du Puy, Françoiſe de Hautefort.

Mademoiſelle Journel, Marie Chaudron.

Mademoiſelle de S. Hilaire.

# MAISON DE MADAME.

Etat du païement des gages & appointemens, que Madame, Duchesse d'Orleans, ordonne être fait aux Officiers de sa Maison, pour la présente année.

Un Premier Aumônier.
M. Jean de S. Gery de Magnas, pour ses gages, plat, & pensions, 3000. liv.
Un Aumônier ordinaire, pour gages & nourriture, 1380. liv.
M. Antoine de Pardeillan de Lagors, Chanoine de l'Eglise Cathédrale de Mets.
Quatre Aumôniers, 140. liv.
M. Jâque Berthet, Prieur de Saint Léonar de Dreux, Bachelier de Sorbonne.
M. l'Abbé de Verthamont.
M. Jean-Baptiste Pannisod, Docteur

MAISON DE MADAME. 111

de Sorbonne, Chanoine de S. Omer.
N.

Confesseur ordinaire,   1200. liv.

Le R. P. de Liniéres, Jésuite.

Vn Chapelain ordinaire,   300. liv.

M. de Caumont.

Quatre Chapelains,   100. liv.

M. Pierre Mouchet. M. Noel Cornuo. M. Jâque Roblastre. N.

Vn Clerc de Chapelle ordinaire,   80. liv.

M. Pierre Maillard.

Quatre Clercs de Chapelle.

M. Loüis de la Mothe Vilbray, Abbé d'Apremont. M. Loüis de Maumenet. M. Pierre-Armand Bloüin. M. Antoine de Berleu, sieur de S. Martin, Chanoine & Archidiacre de l'Eglise Cathédrale de S. Bricu.

Sommier de Chapelle.

M. André Prévost, pour gages & loïer de chevaux dans les voïages,   300 liv.

Aumônier du Commun, 100. livres de gages, 66. liv. de fournitures.

M. Jean Costel, Chanoine de Sainte Opportune.

Confesseur du Commun,   100. liv.

M. Laurent Morlet.

CHAMBRE.

Dames.

Madame la Duchesse de Brancas, *Dame d'honneur*, pour gages, plat & pension. 8000. liv.

Madame de Châteautiers, *Dame d'Atour*, pour gages, plat, & pour autre entretenement, 9000. liv.

Femmes de Chambre.

La Demoiselle Marie-Catherine Hamar, prémiere femme de Chambre, 280. l.

La Demoiselle Marie Roger, veuve de M. Renier. Elisabeth-Charlote sa fille, en survivance, 100. liv.

La Demoiselle Henriette-Benedicte Sorel, à présent Madame de Lestocq, 100. l.

La Demoiselle Michelle des Prés de la Chapelle, 100. liv.

La Demoiselle Charlote Soüart, mariée au sieur le Moine de Longueüil, 100. l.

La Demoiselle Anne-Angélique Soüart, mariée à M. des Cornets, 100. liv.

La Demoiselle Elisabeth Gemme, mariée à M. de Lestang, Colonel d'Infanterie, 100. liv.

La Demoiselle Susanne Burteau, femme de M. le Clerc, Huissier de la Chambre de Madame. 100. liv.

La Demoiselle Renier, 100. liv.

MAISON DE MADAME.

La Demoiselle Charlote de Mérille, 100 liv.
La Demoiselle Susanne Boursier, 100. l.
La Demoiselle Marie-Catherine-Antoinette Hamar, mariée à M. de Miraumont, Lieutenant Colonel de Dragons, Ch. L. 100. liv.
Madame de Franciére, 100. liv.
Madame Marchand, 100. liv.
Lingere pour blanchir le linge de Madame, 60. liv.

Bénigne-Gabrielle le Duc.
Deux Huissiers de Chambre ordinaire, 200. liv.

François Germain. Pierre Montaman.
Quatre Huissiers de Chambre, 160. l.
Charle Dehornoy. Charle Chardin. Pierre la Fosse. Salomon le Clerc.
Huissier du Cabinet, 150. liv.
Alexis Havé. François le Fleuriel, sieur de Chambillon. Nortas. N.
Huissiers de l'Antichambre, 160. liv.
Guillaume Creüilly, sieur des Fosses. Jean Huerne, sieur de Moulinon. Jean Mignot. François Moreau.
Deux Valets de Chambre ordinaires, 200. liv.

Robert le Moine. Nicolas Poisson.
Huit Valets de Chambre, 160. liv.
Jâque le Fleuriel, sieur dudit lieu.

Claude le Maître, sieur du Plessis, aussi Capitaine du Château de Nemours, & Jâque la Mothe en survivance. Pierre Robichon, sieur de la Guériniere. Pierre Poulart, sieur de la Bonetiere. Robert Cambray, sieur de Thou. Jean-François de Joüy. Gabriel Neveu. N. de S. Gobert.

Un Maître de Clavessin, 400. liv.
Gaspard le Vasseur,
Trois Garçons de la Chambre, 140. liv.
Nicolas Salior. Nicolas Huet, dit Poisson. Pierre Montamant.
Premier Médecin, 6000. liv.
M. Teré.
Un Médecin ordinaire de la Maison, 1500. liv.
M. N.
Apothiquaire du Corps, du Commun & de l'Ecurie, pour gages & nourriture, 1800. liv.
M. Bolduc.
Un Chirurgien du Corps, 2000. liv.
M. Jean François Carrere.
Deux Chirurgiens du Commun, 150. liv.
M. Pierre Moncade.
M. Jean-Baptiste Mullot.

Garderobe.

Maître de la Garderobe, 600. l.
M. de Marville, Claude de Faydeau.
Un Valet de Garderobe ordinaire, 200. l.

MAISON DE MADAME.

M. Jâque le Maſſon.

Quatre Valets de Garderobe, 140. l.

Noël Foliot, Sieur de la Chauſſée. Jean-Baptiſte Colomb. Bernard Gentil. François Luquet, Sieur de Perſeville.

Deux Garçons de la Garderobe,

Jean-Baptiſte de Franciére. Jean de Franciére.

Deux Tailleurs, 100. l.

Jean-Baptiſte de Franciére, *pour la Perſonne*. George Martin, *pour les filles*.

Vn Porte-manteau, ou Porte-gand, 600. l.

Jâque Gautier.

Chambre aux deniers.

Vn Chevalier d'honneur.

M. François-Auguſte de Fourbin, Marquis de Soliers. 6000. l.

Deux Premiers Maîtres d'Hôtel ſervans chacun ſix mois, & qui ont 2000. *de gages chacun.*

M. Philippe de Collins, Seigneur de Lucante.

M. Jean-Baptiſte Leauthier, Capitaine de Vaiſſeau, Ch. L.

Vn Maître d'Hôtel ordinaire, 2000. l.

M. Joſeph François-Loüis-Henry Hardy, Ancien Tréſorier de France.

Quatre Maîtres d'Hôtel, 600. liv.

M. Nicolas Boüillerot, Sieur de Vinante, & Pierre-François ſon fils, Sieur des

Taboureaux en survivance.

M. André Chapotin.
M. Jean-Baptiste Aubert.
M. Loüis Olivier Dazy.

Deux Contrôleurs Généraux de la Maison Argenterie. 1000. liv

Le Sieur Gautier de la Forestiére. M Jean-Baptiste le Grand.

Vn Gentilhomme servant ordinaire, 1200.

Le Sieur Joseph Chartier, Sieur d'Ct mencourt.

Huit Gentilshommes servans, 300.

Le Sieur Gille - François Bidault. Le S François Seroux, Sieur de Venette. L Sieur Antoine Macé. Le Sieur Pierre Fort, Sieur du Boisbreton. Le Sieur Launay, Jâque Tillier. Le Sieur Baudoüin. Le Sieur Jean - Jâque Aulbin, Sieur de Pontome. Le Sieur François le Sage.

Quatre Contrôleurs Clercs d'Offices, 400.

François Fremin, Sr de S. Vast. Joseph le Vacher, Sieur de S. Pere. Edme Bourjot. Nicolas Vitart.

Vn Contrôleur ordinaire, 600.

Jean Malescot, Sieur de la Solaye.

Quatre Huissiers de Salle, 100.

Jâque Combray de la Riviére. Jâqu Fauvel des Coutures. Pierre le Galois. N. Denisot.

Quatre Chefs de Paneterie, 160.

MAISON DE MADAME. 117

âque Hulin. Jâque Hulin-Loup. Fran‑
is Lavrenier, Sieur de la Margottiére.

Quatre Aides,   100. l.
François Cœurdeville. Jean Berthelot.
laude Voignier, Sr de la Neuville. N...
Vn Sommier de Paneterie,   400. l.
Claude Voignier, Sieur de la Neuville.
Quatre Chefs d'Echansonerie,   150. l.
Quentin Creteil. Jean Houdoüar, Sieur
s Tremblais. Boisseau. Nicolas Cham‑
on.
Quatre Aides,   100. l.
Joachin-Barnabé. Pierre-Christin Crin.
laude Benoist. Tavenay.
Vn Sommier d'Echansonerie,   300. l.
Jean Brissac, Sieur de la Conssy.
Vn Coureur de Vln,   250. l.
François Crecy.

CUISINE.

Quatre Ecuiers,   140. l.
       Pour la Bouche.
Loüis Prevôt. Jâque Cacray.
       Pour le Commun.
Guillaume-Loüis Garreau. Etienne Jo‑
ert.
Quatre Aides,   100. l.
       Pour la Bouche.
Jean Langot. Henry Mabile.

Pour le Commun,
Jean Minard. Pierre Langlois.
Trois Enfans de Cuisine ordinaires, 60. l.
Pour la Bouche.
Nicaise de S. Jean. Henry Mabile.
Pour le Commun.
Henry Malet.
Quatre Porteurs en Cuisine, 60. l.
Pour la Bouche.
Jean le Comte. Jean Godets.
Pour le Commun.
Charle le Févre. Pinotot.
Quatre Huissiers de Cuisine, 100. l.
Pour la Bouche.
Philbert Renault. Marnou.
Pour le Commun.
Charle de Bonvoust. N....
Deux Gardes-Vaisselles ordinaires, 600. l.
Pour la Bouche.
Martin Loüin.
Pour le Commun.
Martin Loüin.
Vn Sommier du Garde-manger ordinaire,
300. l.
René-François Mabile.
Deux Sommiers des Broches, 300. l.
Cotin, *Pour la Bouche.*
Claude de Lonnay. *pour le Commun.*
Vn Patissier, 60. l.
Simon Gautier, dit de S. Germain, &

MAISON DE MADAME.

Jaque son fils en survivance.

Deux Verduriers, 60. l.
Claude Bouchard. Loüis du Bois.

Quatre Sers-d'eau, 100. l.
Jean le Doux. Jerôme Gambon. Evrard. Le Févre.

Fruiterie.

Deux Chefs, 120. l.
Michel Bardy. Pate.

Deux Aides, 100. l.
Jean Terrasse. Jean Bardy.

Un Sommier de Fruiterie, 300. l.
Laurent Hertier.

Quatre Huissiers du Bureau, 100. l.
Marcel Vié, Sieur de la Mariniére. Henry Guyoneau, Sieur de Biniére. Ozanne. N...

Fouriére.

Quatre Chefs, 100. l.
Loüis Jasland. Robert Berthelot. Pinard. Denys Simonneau.

Quatre Aides, 60. l.
Philippe Chauchet. Pierre Moreau. Pierre Boyaval. Trebuchet de Chaumont.

Deux Porte-Tables & Chaises du Corps, ou porte-fauteüil, 160. l.
Loüis l'Evêque. Jean Charton.

Deux porte-tables du Commun, 100. l.
La Sagére. N...

L'ETAT DE LA FRANCE.

Maréchaux des Filles, 60. l.
Jean Coulon. Robert Berthelot.
Huissiers de Salle des Filles, 100. l.
Etienne Pinondel. Dominique Boulard.
Valet de Chambre, ou Garçon des Filles, 75. l.
Saturnin Arnoux, Sieur de la Forêts, & Jean Gautier en survivance.
Vn Garde-meubles & Pierreries, 200. l.
N...
Deux Tapissiers, 100. l.
Paul Doüésy. Nicolas le Tellier, & Pierre Petit en survivance.
Vn Porte-chaise d'affaires, 300. l.
Etienne-François Godard, & Jâque Gautier en survivance.
Deux Porte faix de la Chambre, 60. l.
Antoine Noblet. François Chevillart.
Deux Pourvoyeurs, 100. l.
Samuël-Charle Turpin, Sieur de Lépinière & de Saudre. Nicolas Ithier.
Deux Falotiers, 60. l.
François du Vaucel. François Renaud.
Vn Boulanger, 100. l.
Pierre Vaumorin.
Marchands fournissans, & Gens de Métier demeurans à Paris, 100. liv.
Jâque-Gabriel Gémin, *Cordonnier ordinaire.* Gérard Jourdé, *Cordonnier de la Garderobe.* Pierre Cœuret, *Marchand Joüaillier.*

MAISON DE MADAME.

lier. François Fossieux, *Marchand Mercier, Grossier Joüaillier.* Pierre Brière, *Cordonnier de l'Ecurie.* Renaud Gauderon, *Menuisier de la Chambre.* Loüis-Charle Dupré, *Marchand Verdurier-Fruitier-Oranger.* Jean Gaulier, *Epicier.* François Basse, *Epinglier.* Philippe Basse, *Marchand Linger.*

ECURIE.

Vn Premier Ecuïer.

M. Antoine-François de Colins, Comte de Mortagne, Ch. L. pour appointemens & livrées,   5445. l.

Vn Ecuïer ordinaire,   2000. l.

M. Anne de Balenne, Seigneur de Boisbeton, le Pomeray, le Fey, & Gouverneur de Pons sur Yone : aussi Ecuïer ordinaire de Monsieur le Duc d'Orleans,

Quatre Ecuïers,   500. l.

Le Sieur Jean le Roy, sieur Desnoncourtes. Le sieur de l'Escure, Seigneur de S. Denys, & de Bélamy. Le Sr Moet, sieur de Louvergny. Le Sieur N...

Six Pages.

Le Vigneux. Nevvhoff. Vautrel. Desayuelles. Riberay, Carmoy.

Deux Ecuïers Cavalcadours,   300. l.

Le Sieur Pierre Gautier, sieur de Vaux: Il est aussi Ecuïer Cavalcadour chez le Roi, à la Grande Ecurie.

Le sieur Nicolas Sevin, sieur d'Aline.

Un Contrôleur Général de l'Ecurie, 1000 l.

Le sieur Guillaume Gogot, sieur de Bussy.

Un Secrétaire des Commandemens, Maison & Finances. 4200. l.

M. Tacherau de Paudry, Maître des Requêtes.

Autres Secrétaires des Finances, 300. l.

Jean l'Huillier, sieur de Labbeville. François du Cougnou, sieur de la Maisonrouge. Claude de Longeüil. Denys Canet, sieur Dugué. Jâque Hoyau Antoine Laugeois, sieur de Borny.

Agens a' Affaires, 300. l.

Valentin le Roy, Avocat au Parlement. Loüis Renard, sieur de la Brainiére, Avocat au Parlement.

Un Trésorier Général de la Maison, 3000. l.

Antoine de Pigis, Païeur des rentes de l'Hôtel de Ville.

Un Maréchal des Logis ordinaire, 1000. l.

M. Nicolas Cousin.

Un Secrétaire du Conseil, 500. l.

M. Denys Colet, sieur du Gay.

Officiers de l'Ecurie.

Dix Grands Valets de pied, qui ont 20. s. par jour, qui font 366. l. par an, pour leur nourriture, outre leurs habits d'hyver & d'été.

Pierre Loyson. Robert Belier. Marc

MAISON DE MADAME.

Marcot, sieur du Barc. Jâque le Brun. Marie Girault. Claude Cocardeau. Pierre Guillaume le Comte. Belancourt. Filleul. Survillier. Pierre Malezieu Survilliez.

Deux Porte-manteaux, 292. l.

Marin Morillon. Alexandre Saillart, sieur de Saulles.

Valet de Pied des Filles, à raison de 20. s. par jour, 366. l.

N....

Vn Cocher du Carosse du Corps, 200. l.
Gareau.

Vn Postillon, 100. l.
André-Jean Poullain Lainé.

Vn Cocher du second Carosse, 150. l.
Quantin Bassuel.

Le Postillon, 100. l.
Etienne Sellier.

Vn Cocher du Carosse des Filles, 100. l.
Jean-Guillaume le Comte.

Le Postillon, 100. l.
Antoine Monjay.

Vn Cocher du Carosse des Femmes, 100. l.
Claude Talbon.

Vn Maître Palfrenier ordinaire, 100. l.
Olivier Poissier.

Deux Porteurs de Chaise, 365. l.
Jâque Chambert. Michel Nanterne.

Vn Maréchal de Forge, 100. l.
Jean Toumelou.

F ij

Vn Garde-meuble des Ecuries 100. l.
Nicolas Boivin.
Deux Fouriers du Corps & des Ecuries,
100. liv.
Nicolas de Beaugrand, sieur du Hayer.
Jean Thierry.
Vn Charron, 100. l.
Jâque le Moine.
Deux Tailleurs.
Raimond de la Lande a les deux Charges.
Vn Bourelier.
Dimanche Lambert.
Vn Chirurgien de l'Ecurie, 100. l.
Pierre Thévenot.
Vn Barbier pour faire les cheveux aux Pa-
ges. 100. l.
Claude Mallet.
Vn Maître à danser des Pages, 100. l.
Joseph Ferrand.
Vn Maître Tireur d'armes, pour mon-
trer aux Pages, 200. l.
N... Boubet, sieur de Vaux.
Vn Gouverneur des Pages, 200. l.
Le sieur de Grand-Champ, Alexandre
Mariette.
Vn Aumônier ordinaire, & Précepteur
des Pages, 200. l.
M. Renard Dostring.
Vn Soû-Gouverneur des Pages, 100.
Jean de Montament.

MAISON DE MADAME.

Un Argentier de l'Ecurie, 100. l.
Loüis Rillier.

Une Gouvernante des Enfans de S. A. R.
Madame la Comtesse de Marey.

Une Soû-Gouvernante, Madame des Bordes.

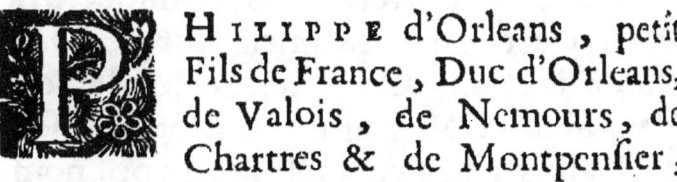

ETAT GÉNERAL DE LA Maison de Monsieur le Duc d'Orleans.

PHILIPPE d'Orleans, petit Fils de France, Duc d'Orleans, de Valois, de Nemours, de Chartres & de Montpensier, Pair de France, Comte de Montargis, de Beaugency, de Dourdan, de Mortain, Marquis de Coucy, & de Folembray, Vicomte d'Auge & de Damfront, Baron de Beaujolois, de Combrailles & de Montaigu, Chevalier des trois Ordres du Roy, & de la Toison d'Or, dont il receut le Collier le 7. Août 1701. est né le 2. Août 1674. Il est fils de feu Monsieur, Philippe de France, Duc d'Orleans, Frere unique du Roy, & de Madame Charlote-Elisabeth de Baviere, fille de l'Electeur Palatin.

Il fut marié le 18. Février 1692. à Mademoiselle de Blois, Françoise Marie de Bourbon, légitimée de France : dont il a eu Mademoiselle de Valois, née à Versailles le 17. Décembre 1693. morte le 17. Octobre 1694. inhumée au Val de Grace. 2. Mademoiselle d'Orleans, née le 20. Août 1695. nommée Marie-Loüise-Elisabeth, le Roy a été son Parrain, & la Reine d'Angleterre sa Marraine ; elle a épousé le 6. Juillet 1710. Charle, Duc de Berry. 3. Mademoiselle de Chartres, née le 13. Août 1698. nommée Marie-Adelaïde: feu Monseigneur le Dauphin a été son Parrain, & Madame la Dauphine sa Marraine. 4. Mademoiselle de Valois, née en Octobre 1700. nommée Charlote-Aglaé ; Monseigneur le Duc de Berry a été son Parrain, & Mademoiselle présentement Madame la Duchesse de Berry sa Marraine. 5. M. le Duc de Chartres, né le 4. Août 1703. nommé Loüis : Monseigneur le Dauphin a été son Parrain, & Madame, sa Marraine. 6. Mademoiselle de Montpensier, née le 11. Décembre 1709.

ARTICLE I.

OFFICIERS ECCLESIASTIQUES.

Un premier Aumônier, 2000. livres de gages, & 2400. l. de livrées.

M. Loüis de Lavergne Montenar de Tressan, Evêque du Mans, Abbé de Bonneval, & Prieur de Cassan, & Loüis de Lavergne de Tressan, Licentié en Théologie de la Faculté de Paris, Chanoine & Comte de Lyon, Abbé de Lépau, son neveu en survivance.

Le R. P. Confesseur,   2000. liv.

Le R. P. du Trévou, Jésuite.

Un Maître de l'Oratoire, 1200. liv. de gages, & 1200. liv. de livrées.

M. Joüin.

Un Maître de la Chapelle & Musique, 900. liv. de gages, & 600. liv. de livrées

M. l'Abbé Pajot.

Un Aumônier ordinaire, 700. livres de

MAISON DE M. LE D. D'ORL. 129

gages, 500. liv. de récompense, & 3500. liv. de pension.

M. François le Maçon de Rabines, Docteur en Théologie, Chanoine du Mans, Abbé de S. Jean en Vallée.

Quatre Aumôniers, 240. liv.

M. Mallet. M. Nicolas-Guillaume Dionis, sieur des Vaux, Prieur de Saint Jean de Montrond. M. Jean-Baptiste de Sonning, Licentié en Théologie de la Faculté de Paris, Abbé de N. Dame de Baugency. M. Gaspard du Ruaudé.

Un Chapelain ordinaire, 400. liv.

M. Jean-François Coignard.

Quatre Chapelains, 200. liv.

M. Antoine Larcher, Licentié en Théologie de la Faculté de Paris, & Chanoine de Cléry.

M. Philippe de Brémond.

M. Jean Capet, Chapelain ordinaire de Madame la Duchesse de Berry.

M. Bernard Bayo.

Un Clerc de Chapelle ordinaire, 240. l.

M. Charle Harcoüet.

Quatre Clercs de Chapelle, 100. liv.

M. Denis Domino.

M. Jean-Baptiste Gervais, Chanoine de Cléry.

N.. N.-

Deux Sommiers de Chapelle, 300. l.

Jean Rochet. Cloud Chevillard.
Vn Aumônier & Confesseur de la Maison, 60. l.
M. François Seiguenot.

ARTICLE II.

LA CHAMBRE.

Deux premiers Gentilshommes de la Chambre, 6000. liv.

M. Michel de Conflans, Marquis d'Armantieres.
M. de Simiane.

Vn Chambelan ordinaire, 2300. liv.

M. de Turmenyes de Montigny.

Quatre Chambelans, 2000. liv.

M. Hardy Petit, Marquis de la Guierche S. Amant.
M. Cabre.
M. Fargis.
M. Masparo.

Gentilshommes de la Chambre, 1800. l.

M. des Bordes, Pierre d'Assigny. M. Charle-Vincent-Loüis Moreau de Grandmaison, sieur de la Boulaye. M. de Beaulieu, Pierre Boyer. M. de Richobour, Jâque Toustain. M. de Sales, Jean-Jâque du Bergier. M. Jean-Jâque de la Vilerre, sieur de Bellesayi.

Vn Introducteur, ou Conducteur des

MAISON DE M. LE D. D'ORL.

Ambassadeurs. 2000. l.

M. François - Mathurin Aubert, sieur de Boismallet.

Gentils-hommes ordinaires,
Vn Premier ordinaire, 1800. l.

M. de Marivatz, Pierre Boutet.

Vn Gouverneur des Pages de la Chambre, 400. liv.

M. Ignace Martinet de Malosa.

Deux Pages de la Chambre.

De Bergues. De S. Simon.

Deux Valets des Pages. 200. liv.

Jean - Baptiste de la Lourcé. Gabriël Brisset.

Vn Maître à danser des Pages.

Jean-Antoine de Rohan.

ARTICLE III.

OFFICIERS DE SANTE'.

Vn premier Medecin, 2000. l. de gages par le Trésorier de la Maison, & 1800. l. de pension au Trésor Roïal.

M. Guillaume Hombert.

Quatre Médecins, 1000. l.

M. Adrian Helvetius.

M. Charle Vignon, sieur de Vignolles.

M. Pierre Seignette.

M. de Chirac.

Vn Apothiquaire du Corps & Apothi-

quatre du Commun, 1800. l.
M. Pierre-Imbert Châtre.

Vn Aide, 600. liv. M. Jean - Gilbert-Pierre-Imbert Châtre.

Vn premier Chirurgien, 1800. liv.
M. Hardy.

Vn Chirurgien ordinaire, 800. l.
M. George du Mont.

Quatre Chirurgiens, 300. l.
Claude Batissier. Simon Franchet. Alexandre le Moine. Pierre Crespin.

Vn Chirurgien du Commun, 300. l.
N... Bichet.

Vn Opérateur pour les dents, 600. liv.
Charle-Arnault Forgeron.

Vn Barbier ordinaire de la Chambre, 500. l.
Gaspar des Noëls.

Quatre Barbiers de la Chambre, 300. liv.
Jean Vaucher.
Mathieu Celery, sieur de Cadet.
Claude Jaquier, sieur de Gérauldy.
Jean Pouletrou.

Vn Barbier pour les bains & étuves, 700. liv.

Pierre Blondin.

AISON DE M. LE D. D'ORL. 133

ARTICLE IV.

Autres Officiers de la Chambre.

Deux Contrôleurs Généraux des Menus de la Chambre, Argenterie & Ecurie, 1200. l.
 M. Philippe Favet.
 M. Jâque-Charle Cornet.
 Quatre premiers Valets de Chambre ordinaires, 600. l.
 M. Hugue Desnos.
 M. Edme Bonnet, sieur de S. Leger.
 M. Pierre-Imbert Châtre.
 M. Ponce Coche.
 Quatre Huissiers de la Chambre, 400. l.
 Martial Constant, du Mas, du Bos. Loüis Navellier, sieur de Verteville. Remy Ripart. François Troüillard.
 Vn Huissier de la Chambre ordinaire, 500. l.
 François Chauvon.
 Huissier du Cabinet ordinaire, 500. liv.
 Jâque Chapart.
 Quatre Huissiers du Cabinet, 500. l.
 Charle Blavette du Marais. François Milon. Jâque Michy. N. Villot.
 Quatre Huissiers de l'Antichambre, 300. l.
 Philippe Corset, sieur de la Pierrerie. Jean Chicanneau. Claude Lambin. N. Truyart.
 Vn Valet de Chambre ordinaire, 500. l.

Philbert Rojot.

Huit Valets de Chambre, 400. liv.

Achille-Pierre Chaboüillé, sieur de Brumiéres. Jean le Moine. Nicolas Constantin, Concierge du Château de Montargis. Antoine Parisot. Henry Torse. Loüis Poquelin. François Surin. N.. Préjan.

Vn Peintre ordinaire, 600. l.

Antoine Coipel.

Vn Porte-manteau ordinaire, 600. l.

Nicolas Saunier.

Quatre Porte-manteaux, 400. liv.

Charle de Vaigneur, sieur de la Mothe. Léonar Delomenie, Jâque Tocqueville. Henry Mondin, sieur de Loriére.

Quatre Garçons de la Chambre, 150. l.

Charle Minguet. Jean Ozanne. François Fromont, Sr de Bassigny. Charle Gervais.

Quatre Tapissiers, 150. l.

Jean Lopinot. François Millet. Bon Poinsinet. Nicolas-Claude Baudran.

Un Garde-meuble ordinaire & Concierge, 300 l. François Millet.

Quatre Porte-Chaises d'Affaires, 300. l.

Antoine Luttier. Germain Tériat. Charle Herbillon. Pierre Gudet, dit la Croix.

Quatre Porteurs de Lit & Coffres de la Chambre, 75. l.

Pierre Edeline. Loüis Sageret. Jean Picot. Nicolas Griminy.

Un Lavandier, 100. l.
Jean Giroux.
Un Porte Arquebuse, 400. liv.
Jean le Moine.

GARDEROBE.

Deux Maîtres de la Garderobe, 4500. l.
M. le Marquis de Pluvaut, Joseph de hanlecy.
M. le Comte de Bréauté.
Quatre premiers Valets de Garderobe,
600. liv.
Charle Nocret. Charle Piché. Philippe Frenier. Jâque Chapart.
Un Valet de Garderobe ordinaire, 300. l.
Jean-Loüis Contugi.
Huit Valets de Garderobe, 300. liv.
François le Page, sieur de la Chapelle. Pierre de Camp, sieur de Clerbourg. Charle Pingar, sieur de Nerval. Jean du Rais. Côme Crécy. Philippe Gueuret, sieur du Rocher. Nicolas Bouvier, des Fontaines. Jâque Tocqueville, sieur de Nobleval.
Un Empeseur, 800. liv.
Julien Selle.
Quatre Garçons de la Garderobe, 200. l.
Jean-Baptiste Marquis. Philippe Brémont. Jean Chardon. N. la Croix.
Un Tailleur-Chauffetier, 100. l.
François-Loüis du Puy.

Vn Porte-malle ordinaire, 600. l.
Gabriel du Puy.

ARTICLE V.

Des Maître d'Hôtel, des Gentilshommes-Servans, de la Chambre aux Deniers, Contrôleurs, & autres Officiers pour la Bouche & les Offices.

Vn premier Maître d'Hôtel, 2000. l.
M. Loüis-Gaspard de Matarel.

Vn Maître d'Hôtel ordinaire, 2000. l.
M. Simon Tubeuf.

Quatre Maître d'Hôtel, 800. liv.
M. Michel Gaillard, sieur de la Ménaudiére.

M. Loüis-Gabriel le Févre, sieur de Sommelans.

M. Henry Maupoint.

M. Nicolas-Adrien Cousin, sieur de Couberchy.

Deux Contrôleurs Généraux, 700. l.
M. Nicolas de Lutel.

M. Antoine de Fresquiére.

Vn Gentilhomme Servant ordinaire, 800. l.
Jâque Bidault, sieur d'Aubigny.

Huit Gentilshommes Servans, 600. l.
Messieurs François Mauriceau. Loüis-Henry Cappronier, sieur de Gauffecourt. Simon Bobé de Villiers. Antoine de Ver

AISON DE M. LE D. D'ORL. 137
ex. Deschamps. Pierre le Bégue, sieur
'Ambly. Gabriel-Nicolas Langlois, sieur
e la Venommiére. Jean le Meuneau, sieur
e Flaville.

Un Contrôleur ordinaire, 1200. livres.
Joachim Fresnier.

Quatre Contrôleurs Clercs d'Offices, 300. l.
Bertrand Bizoton. Antoine Langot.
Ambroise Besnier. Jâque du Crocq.

Quatre Huissiers d. Salle, 200. l.
Nicolas du Bray. Edme Bourjot Jâque
de Touraine, sieur des Roches. Jâque
Ferry.

LES OFFICES.

Paneterie-Bouche & Commun.

Quatre Chefs, 340. liv.
Etienne Garille. Benoist - François de
France. Loüis Charron. Jean Cicogne.

Quatre Aides, 160. l.
Pierre-Nicolas l'Evêque. Charle Tostain, sieur de Longchamp. Gille Lambriser. Benard.

Deux Sommiers de Paneterie, 160. l.
Antoine Gribye, sieur du Montois. François Bazin de Richebourg.

Un Sommier de Vaisselle ordinaire, 600. l.
Loüis Dupin.

Echanſonerie-Bouche & Commun.

Quatre Chefs, 340. l.

George le Breton. Claude le Moine, ſieur de la Chauſſée. Pierre Petit. Guillaume Marquet.

Quatre Aides, 160. liv.

Etienne Maitivier. René Prégent. Jâque Sarbourgs. Yve Morel.

Quatre Coureurs de Vin, 300. l.

Jean Gobin. Jean de Lie de Baupigny. Nicolas de Rimberge. Le Moine.

Deux Sommiers de Bouteilles, 600. l.

Jean-Bernard Grimaud, dit la Garde. Robert Feſtou, ſieur de Cloppin.

Un Sommier de Vaiſſelle ordinaire, 600. l.

Pierre-Hubert des Aunais.

Les Chefs ou les Aides de Paneterie & d'Echanſonerie-Bouche, les Ecuiers ou les Aides de Cuiſine-Bouche, quand Monſieur le Duc d'Orléans mange dans ſa Chambre, ont l'honneur de le ſervir, s'il ne ſe rencontre, ni Premier Gentilhomme de la Chambre, ni Maître de la Garderobe, ni Chambélan; & ils ne céderoient pas le ſervice au Premier Valet de Chambre. De plus, ils ſervent même en ces endroits-là, l'épée au côté : du moins les Chefs & les Aides de Paneterie & d'Echanſonerie-Bouche.

MAISON DE M. LE D. D'ORL.

Cuisine-Bouche.

Quatre Ecuïers, 170. l.
François Henrion. Jâque Lallier. Michel le Soutivier, dit la Fontaine. La Plane.

Quatre Aides, 200. l.
Antoine Pécheux. Jâque Lallier. Michel le Soutivier. Nicolas Durand.

Deux Enfans de Cuisine-Bouche, 100. l.
Jean Ferrand. Etienne le Blanc.

Un Garde Vaisselle ordinaire, Bouche & Commun. 600. l.
Christophe de Barreville, sieur de Longpré.

Quatre Porteurs en Cuisine-Bouche, 100. l.
Martin le Roy. Claude Baugrant. Barthelemy Chapelain. Pierre Laurent.

Quatre Huissiers de Cuisine-Bouche, 100. livres.
Joseph de Vaux, sieur de Grancourt. Robert Bonneval. Charle de Lanoy. Philippe Verdier, sieur du Plessis.

Deux Sommiers du Garde-manger, 600. l.
Antoine Carron. Jean Sécretain.

Un Sommier des Broches ordinaire, 600. l.
Charle Fargant.

Deux Potiiers-Bouche, 60 l.
Nicolas Courtois. Antoine Belval.

Cuisine-Commun.

Quatre Ecuiers, 340. l.
Pierre la Pesche. René Langlois. Jean Minard. François le Faucheurs.

Quatre Aides, 170. l.
Antoine Pouré. Michel Baillou. Alexandre du Bois, Nicolas le Page.

Deux Enfans de Cuisine servans au Commun, 100. l.
François le Faucheur. Nicolas Masson.

Quatre Porteurs en Cuisine Commun, 100. liv.
Loüis Aubert. Charle Heudier. Claude Ferrand. Pierre Gordonat.

Quatre Huissiers de Cuisine-Commun, 100. l.
Jean Fouché. Martin Donart. Philippe Bernier. Jean David.

Un Sommier des Broches ordinaire du Commun, 600. l.
Nicolas Boier.

Un Garde-vaisselle, 100. l.
Claude David.

Quatre Sers-d'eau, 120. l.
Michel le Jay. Pierre-Loüis Oudaille. Charle de Lanoy, le fils. Claude Regnouval, sieur de Ribauville.

Deux Falotiers, 75. liv.
Claude Aimet. Robert Rion.

AISON DE M. LE D. D'ORL.

Fruiterie.

Quatre Chefs, 160. l.
Michel de Hollande. Edme Gautier. François Noel. Touloupe.

Quatre Aides, 150. l.
Jâque Baillou. François Cagnieux. Charle de Bléfimare. Henry-Joseph de la Chapelle.

Deux Sommiers, 600. l.
Jean Gillet. Pouchoire.

Fourière.

Quatre Chefs, 260. l.
Antoine Poget, dit Guillin. Jâque-Loüis Roberdeau. N.. N..

Quatre Aides, 160. l.
Jean de Gentils. Jean Gautier, sieur de Vauricher. Julien Prevôt. Charle Piché.

Quatre Huissiers du Bureau, pour servir les tables, 100. l.
François Minguet, sieur de la Mothe S. Denys. Charle de Cormilliolle. Jean Guettart. Claude Moutier, dit Vinchon.

Quatre Porte-tables & chaises, ou Fauteüil-Bouche, 100. liv.
Pierre Jodot. Pierre Billetou. Robert le Tellier. Gabriel Guillaume, sieur de Belval.

Article VI.

ECURIE.

Un Premier Ecuïer, 2400. l.

M. le Marquis d'Effiat, Antoine Ruzé, Chevalier de l'Ordre du S. Esprit, Marquis d'Effiat, Grand Bailly & Gouverneur des Ville & Château de Montargis, Capitaine des Chasses de la Forêt de Montargis, Capitaine des Chasses des Plaisirs du Roy, és Plaines de Longboyau & Longjumeau, Capitaine des Chasses des Forêt d'Amboise & Montrichard, Premier Ecuïer, & Premier Veneur pour le Cerf, de Monsieur le Duc d'Orléans.

Un Ecuïer ordinaire, 2000. liv.

M. Anne de Balenne, Gouverneur de Pons sur Yone, Ecuïer ordinaire de Madame.

Quatre Ecuïers servans par quartier, 700. liv.

M. Jerôme le Caron.

M. Jean-Antoine Dombret.

M. Barthelemy du Casse ou Duchêne, Chevalier Seigneur de Preaux & de S. Mars. N...

Vous verrez ci-après les autres Officiers de l'Ecurie.

ARTICLE VII.

Des Maréchaux & Fouriers des Logis.

Vn premier Maréchal des Logis, 2000. l.
M. François de Lanchal.
Vn Maréchal des Logis ordinair, 800. l.
M. François de la Mer, sieur de la Beuine.
Quatre Maréchaux des Logis servans par uartier, 500. liv.
Jâque le Vasseur. Pierre Bizoton, sieur des Marchais. Jean Percheron. Hardoüin oleanson, sieur de Courcy.
Fourier ordinaire du Corps, 200. l.
Guillaume Gogot de Bussi.
Deux Fouriers du Corps, 200. l.
Jâque Barbou, sieur de Plénar. Noël cry, sieur des Jumeaux
Quatre Fouriers de la Maison, 200. l.
Jean Brossart, des Hayes. Loüis Fournier. Pierre Rayer, sieur de Lestang. Loüis de Monvoisét.

ARTICLE VIII.

Des Gardes de la Porte.

Un Capitaine des Gardes de la Porte.
2000. l.
M. de Longeville, Pierre de Renol.

L'E'TAT DE LA FRANCE.

Un Lieutenant, 600. l
M. Henry Torse.
Seize Gardes de la Porte, 200. l
Jean de Couleurs, sieur de Contrevoisin. Michel Rousseau. Pierre Mongé. Jean Prosper du Chêne, sieur de Laudience. Noel Ferrand. Mathurin Puisseux. Gabriel Boutard. François Edeline. Nicolas Daunart. Jâque Mesnil. Charle Surger. Antoine Taverny. Guillaume Malescot. Marc Guiard, sieur de Sainte Joye. Robert Herbelin. François du Rais, sieur de Vassincourt.

ARTICLE IX.

Gens du Conseil.

Un Chancelier & Garde des Seaux,
8000. liv
M. Gaston-Jean-Baptiste de Terat Marquis de Chantôme.
Premier Conseiller audit Conseil, 2000. l
M. Nicolas-François Rémond.
Un Conseiller du Conseil, 1200. l
M. Antoine Chastigny.
Deux Maîtres des Requêtes, 300.
M. Cosme du Liége. M. Guillaume du Bois.
Un Avocat au Conseil Privé, 400. liv
M. Gaspart Audoul.

MAISON DE M. LE D. D'ORL.

Un Avocat au Parlement,   300. l.
M. Jean Isalis.

Deux Huissiers du Conseil,   500. l.
Jean-Baptiste Borel. Pierre Maurice.

Un Audiancier, Garderôle de la Chancellerie,   400. liv.
Nicolas Sevin.

Un Chauffecire,   500. l.
Pierre Beluchet.

Deux Sécrétaires des Commandemens, Maisons & Finances, & Sécrétaires du Cabinet,   2400. l.
M. Jean de Thésut. M. Loüis Doublet.

Un Sur-Intendant Général des Domaines & Finances,   8000. l.
M. Jean Baptiste de Terat, Marquis de Chantôme.

Deux Couriers du Cabinet,   360. l.
Denys de Lorme. Jâque du Temple, sieur de Montaphilan.

Deux Sécrétaires des Finances,   600. l.
M. Joseph le Gendre Darminy. M. Antoine Auget, Avocat au Parlement.

Deux Intendans des Maisons, Domaines & Finances,   2400 l.
M. de S. Jorry. M. Baille.

Un Contrôleur Général des Finances,   2400. l.
Le sieur Jean Fages, de S. Martial.

Tome II.   G

Deux Secrétaires du Conseil des Finances, 2400. liv.

M Jâque Girou. Eustache-Jean Carsillier.

Un Trésorier Général des Maisons & Finances, 4800. l.

M. d'Hariaque.

Article X.

Autres Officiers de l'Ecurie.

Un Aumônier, 200. liv.
M. Loüis Boüillerot.

Un Ecuier Commandant l'Ecurie, 200. l.
Le sieur Joseph du Pluy.

Huit Pages,
Du Breüil. Servane. Courcival. De Priolle. Perignac. Marmagne. S. Sennat. Bois-Morel. Grandmaison.

Un Gouverneur des Pages, 450. liv. de gages, & 600. liv. de récompense.
Claude-Ignace de Maloza.

Un Précepteur, 250. l.
Guy de Denonisant de Citran.

Un Maître à danser, 200. l.
Merille Piquet.

Un Tireur d'Armes, 200. l.
André Vernesson, sieur de Liancourt.

Deux Valets des Pages, 75. l.
Jean Baptiste Courtois. Loüis d'Amiens.

AISON DE M. LE D. D'ORL. 147

Seize Valets de Pied, qui ont 22. f. par jour, tant pour leur nourriture, souliers, linge, & logement, que généralement pour toutes choses, excepté les habits, qui leur seront donnez par son A. R. 402. liv. 12. sols.

Alexandre Roussillon. Loüis Charpentier. Jâque Cousin des Carbinets. Julien Piché. Edme Renard François Devaux. François Didelot Jâque Pillart Jean Baptiste Oury. Martin Pelerin. Jean Gillet. François le Royer. Philippe - Loüis Arnand. Lambert Pellé. Charle Ravet. Daunale.

Deux autres Valets de Pied à 16. f. par jour, outre les habillemens comme dessus. 292. liv.

Nicolas Dormand. Pierre Masson.

Quatre Maîtres Palfreniers, 100. l.

Pierre Hatingaye Jean Baptiste Gourin. Pierre-Guillaume le Comte. Jean Sein.

Deux Maréchaux de Forge, 60. l.

René Guilgault. Jean Thavenet.

Deux Cochers du Corps, 200. l.

Pierre Martin. Lallement.

Le Postillon, 150. l.

Loüis Flament.

Deux Cochers du second Carosse, 200. l.

Annette Rondet, dit l. Fleur. Robert heff.

G ij

Le Postillon, 150. l.
Guillaume Chesneau.
Vn Conducteur du Chariot, 100. l.
Mercier.
Deux Tailleurs - Chaussetiers, Pourpointiers des Ecuries, des Gardes & des Suisses, 60. l.
Nicolas le Grand. Charle le Grand.
Vn Argentier de l'Ecurie, 400. l.
N... Collart.
Vn Médecin de l'Ecurie, 600. l.
M. Siguére de Brémond.
Vn Apoticaire, 60. l.
Pierre - Imbert Châtre.
Vn Chirurgien ordinaire de l'Ecurie, 200. l.
Jean Limousin de la Graviére.
Trois Ecuiers Cavalcadours pour monter les chevaux, 400. l.
Jean-Joseph Dinard de Deuxfrére. Baltazar de Lerette. François de S. Heran.
Concierge & Garde-meuble de l'Ecurie, 300. l.
Hilaire Adenet.
Vn Sellier & Malletier, 100. l.
Nicolas Sailliot.
Deux Fouriers des Ecuries, 200. l.
Pierre Sevin. Loüis Hebert, sieur de Brébant.
Vn Charron, 60. l.

MAISON DE M. LE D. D'ORL. 149
Jean Petit.
Vn Eperonnier, 60. l.
Jâque Daumalle.

ARTICLE XI.

Venerie pour le Cerf.

Vn premier Veneur, 1000. l.
M. le Marquis d'Effiat, Antoine Ruzé, aussi premier Ecuïer de Monsieur le Duc d'Orleans, & Chevalier de l'Ordre du S. Esprit.

Deux Lieutenans, 800. liv.
M. Babil. M. Tesson.

Deux Gentilshommes ordinaires, 1200. l.
M. Joseph Duploüy. M. Charle de Mars Bodin, sieur de Vauverd.

ARTICLE XII.

Vn Capitaine des Levrettes, 1200. l.
M. Benard de Rezé.

Oiseaux du Cabinet.
Chef, 1000. l.
M. Hugues Desnots, premier Fauconier.

ARTICLE XIII.

Gardes du Corps François,

Deux Capitaines, 6000. liv. de gages;

3000. liv. de remonte, & 2000. liv. de pension.

M. Charle d'Etampes, Chevalier de l'Ordre du S. Esprit, Marquis de Mauny, & M. Philippe-Charle d'Etampes son fils, en survivance.

M. le Marquis de la Fare-Laugerre, Charle-Auguste, Marquis de la Fare, Comte de Laugerre.

Deux Lieutenans, 1000. l.

M. Loüis de Maroles, sieur de Rocheplate. M. de Jassaux.

Deux Enseignes, chacun, 300. liv.

M. Bertrand de Marin, sieur de Saint Germain & de S. Julien. M. Jean-Baptiste de Loyac, sieur de la Bachellerie.

Quatre Exemts, à 400. l. chacun de gages, & 150. l. de pension.

M. Charle Marcote de Beauval, Seigneur de Divette

M. Claude Milin de Marigny.

M. Antoine Jacob de Murmont.

M. Armand-Josse Garnier, sieur de Grandvilliers.

M. Pierre le Roy, sieur de S. Martin, Exemt, servant six mois prés de Madame, au Semestre de Juillet, 600. l.

M. Pierre-Baptiste Duché, servant aussi six mois prés Madame, au Semestre de Janvier, 600. l.

MAISON DE M. LE D D'ORL. 151

Marêhaux des Logis, 400. l.

M. Julien Mignot, sieur de Jametot.
M. Michel Cloüet, sieur de la Rengée.
M. Robert de Bauquemar. M. Jean-Baptiste Faure.

Quatre-vingt seize Gardes en deux Compagnies, chacun, 400. l.

Deux Brigadiers des Gardes chacuns, 1200. l.

M. Charle du Bos.
M. de la Barre.

Vn Clerc du Guet, 200. l. de gages, 1000. l. pour fournitures de Paillasses.

M. de Bussy.

Deux Soû-Brigadiers des Gardes, chacun, 1000. liv.

M. Charle Beudon.
M. Piron.

Deux Trompettes, 180. l.

Loüis-Alphonse Berthelot, dit Léonor.
N....

Vn Tymbalier, 200. l.

Jâque Danican Philidor.

Vn Chirurgien.

M. Antoine de Salus.

Vn Trésorier, 1000. l.

M. de Bussy.

G iiij

ARTICLE XIV.

Gardes du Corps Suisses.

Un Capitaine, 3600. l.

M. Loüis-Jâque-Aimé-Théodore de Dreux, Marquis de Nancré.

Le Capitaine dispose de toutes les Charges & places qui viennent à vaquer par mort dans sa Compagnie, & qui lui doivent toutes un droit d'entrée.

Deux Lieutenans, chacun, 1000. l.

M. Adrien-Pierre de Chévry, Lieutenant François, & Adrien François-Pierre son fils en survivance.

M. François de Filtz, Lieutenant Suisse, & René de Filtz son neveu en survivance.

Les Lieutenans touchent leurs gages du Trésorier de la Maison: tous les autres de cette Compagnie les touchent du Capitaine.

Deux Enseignes, chacun, 600. l.

M. Guidon, Enseigne François.

M. André Huet, sieur d'Amoinville, Enseigne Suisse.

Quatre Exemts, 600. l.

M. François Tardy, premier Exemt François.

M. Migault, sieur de Beaurepaire,

MAISON DE M. LE D. D'ORL. 153

premier Exemt Suisse.

M. le Clerc des Marais, second Exemt François.

M. Mathieu Brulé, second Exemt Suisse.

Deux Fouriers, 300. l.

M. N...

M. Antoine Ménout, Fourier Suisse.

Vn Clerc du Guet, 662. l.

M. Henault.

Vn Chirurgien, 100. l.

M. Boitteau.

Trente quatre Suisses, un Tambour, & un Fifre : chacun 256. l. à raison de 21. l. 6. s. 8. d. par mois. Ils sont divisez en deux Escoüades.

ARTICLE XV.

Des Bâtimens.

Vn Sur-Intendant des Bâtimens & Jardins, 3000. l.

M. Jean-Baptiste de Térat, Marquis de Chantôme.

Vn Intendant des Bâtimens & Jardins, 1800. l.

M. Jean Girard.

Vn Contrôleur Général des Bâtimens, 2000. l.

M. Jean Manglar.

Vn Architecte 600. l.

M. Charle Ju.

G v

MAISON DE MADAME la Duchesse d'Orleans.

Officiers Ecclésiastiques.

Deux Aumôniers, chacun 300. liv. de gages, & bouche à Cour.

M. Charle Claude Genais, Abbé de S. Wilmer. Il est de l'Académie Françoise.

M. Toussain Boulanger.

Vn Chapelain, 200. liv. de gages, & bouche à Cour, M. Denys le Page.

Vn Clerc de Chapelle, 150. l. de gages, 100. l. de fournitures, & bouche à Cour, M. Joseph François le Page.

Vn Sommier de Chapelle, 300. l. de gages, & 456. l. 5. s. de nourriture. Loüis Baurin.

Dames.

La Dame d'Honneur, 8000. l. Madame la Maréchale de Rochefort, Madeleine de Laval Boisdauphin.

La Dame d'Atour, 6000. l. Madame la Marquise de Castries.

Premiere Femme de Chambre, 200. liv. de gages, & 700. l. de nourriture. Madame Marguerite Metayer, veuve du sieur Im-

MAISON DE Mᵉ LA D. D'ORL. 155
bert Châtre, Apotiquaire de Monsieur le Duc d'Orléans : & Henriette Prieur, femme du sieur Pierre Châtre, aussi Apothiquaire de Monsieur le Duc d'Orléans, sa belle-fille en survivance. Elle a encore 365. liv. pour la nourriture d'un Valet, & 200. liv. pour l'entretien d'une femme qui a le soin de la chaise d'affaires, & pour le nettoïement de la Garderobe.

Onze Femmes de Chambre, 100. livres de gages à chacune, & 500. l. de nourriture. Mademoiselle Céline, Marthe Berthe. Mᵉ Pélerin. Mᵉ des Aubiers, Victor Bordier. Mademoiselle Marie Torinon. Mademoiselle Marie-Anne Champagnies. Mᵉ Claire de la Vie de Bélair. Mademoiselle Angélique du Lac. Mᵉ Villerceaux. Mademoiselle de Noisy. Mademoiselle Hamart. Mademoiselle de la Serre.

Vne Empeseuse, 300. liv. de gages, Mademoiselle Thérése Cromo.

Vne Blanchisseuse du Corps, 1000. livres pour le blanchissage & entretien, N...., Dugué.

Huissiers de Chambre, 200. l. de gages, & 500. l. de nourriture. Le sieur Jean Dudin. Le sieur Jâque Binet, Huissier de Salle du Roy.

Vn Huissier du Cabinet, 200. l. de gages, & 500. liv. de nourriture. Le sieur

François Chauvon, & François Achille son fils en survivance.

Vn Huissier de l'Antichambre, 500. liv. pour nourriture, & 100. l. de gratification.

François Matau. Le sieur Jâque Sendray.

Valets de Chambre, chacun 200. liv. de gages, & 500 l. de nourriture.

Le sieur Pierre le Riche. Le sieur Jean Serin. Le sieur Jean Doüyner. Le sieur Antoine Potier.

Vn Tapissier, 100. l. de gages, & 500. l. de nourriture. Jean Lullier.

Deux Garçons de la Chambre, 150 l. de gages, & 450. l. de nourriture.

Le sieur Loüis Baurin Le sieur Pierre Clairin, dit Palmarin.

Vn Porte-Chaise d'affaires. Le sieur Pierre Clairin, dit Palmarin.

Porte-faix, ou Porte-meuble de la Chambre, 100. liv. Jean-Michel Arnauld. Il a comme Froteur de la Chambre, 365. l.

Garderobe.

Deux Valets de Garderobe, 200. l. de gages, & 500. l. de nourritures.

Le sieur François Matau. Le sieur le Roi.

Vn Tailleur, 100. liv. de gages.

Le sieur Dupré.

AISON DE Mᶜ LA D. D'ORL. 157
Un Porte-manteau, ou *Porte-gand*, 500.
. de gages, & 700. l. de nourriture. 250.
. de logement.

Le sieur Pierre Bertier.

Chambre aux deniers.

Le Chevalier d'Honneur, 6000. l. de gages, M. le Marquis de Castries, Maréchal de Camp, Gouverneur de Montpellier. Ch. L.

Maîtres d'Hôtel, 1000. l. de gages, & bouche à Cour.

M. le Clerc.

M. de Laye.

Gentilshommes servans, 300. de gages, & bouche à Cour.

M. Thomas de Sainte Marie, sieur de Garcelle.

M. de la Bussiére.

M. Guillaume Faury.

Un Contrôleur Général, 1800. l. de gages, & bouche à Cour.

M. Gabriel Fonton de Vaugelas, aussi Trésorier de la Prevôté de l'Hôtel, Contrôleur ordinaire de la Bouche, du Goblet, & du Commun de Madame la Dauphine, & Antoine-Salomon de Vaugelas son fils en survivance, Trésorier de la Prevôté de l'Hôtel.

Contrôleurs d'Offices, 500. l. de gages, & bouche à Cour.

M. Loüis Rigaut Clairmarais. M. François Richelet.

Tous ceux ci-dessus qui ont bouche à Cour : cela s'entend à la table des Maîtres d'Hôtel.

Deux Chefs de Paneterie, 200. l. de gages, & bouche à Cour, de la desserte de la table des Maîtres d'Hôtel.

Le sieur François Verdan.
Le sieur Fetier.

Deux Aides, 150. l. de gages, & bouche à Cour, de la desserte de la table des Maîtres d'Hôtel.

Le sieur Claude du Parc. Le Sr Lottin.

Un Sommier, 200. l.

Le sieur N....

Deux Ecuiers, ou Chefs de Cuisine-Bouche, 200. l. de gages, & bouche à Cour, de la desserte de la table des Maîtres d'Hôtel.

Ils ont le marché des fournitures.

Le sieur François Bonnet. Le sieur Jean Bergerat.

Deux Aides de Cuisine-bouche, 150. l. de gages, & bouche à Cour de la desserte des Maîtres d'Hôtel.

Michel Couturier. Deon.

Un Patissier, 150. l. de gages.

N...

Garde-Vaisselle, 400. l. de gages.
Le sieur Nicolas Clement.
Ser-d'eau, 200. liv. de gages.
Le sieur Jérôme de la Haye.
Garçon du Ser-d'eau, 100. l. de gages, bouche à Cour.
Philippe Pichet.
Deux Officiers de Fouriere, qui ont bouche à Cour de la desserte de la table des aîtres d'Hôtel.
e Sr Gabriel de Ville, *Chef*, 200. l. de gag.
Le sieur Claude le Févre, *Aide*, 100. l.

ECURIE.

Premier Ecuïer, 5000. l. de gages, M. Comte de S. Pierre.
Deux Ecuïers, 600. liv. de gages, & ouche à Cour.
M. Pierre de la Serre de Panat.
M. Giraut.
Ecuïers Cavalcadours, 300. l. de gages, un cheval entretenu.
M. Théodore Thorin, sieur de Bussé.
M. Jâque-Abraham Durand.
Quatre Pages.
Adrien de Marmagne.
rançois Lusigna de la Serre. Charle de ullion de Montloy. Adrien Dazemar la Serre.
Pour leur nourriture, celle du Gouvereur & du Maître Valet des Pages, 2190.

liv. à raison de 20. s. chacun par jour. Il y a 3. s. par jour pour chaque Page, quand on est hors de Paris.

Pour les menuës fournitures de lits, tables, linge, vaisselle, batterie du cuisine & autres ustanciles. 150. l.

Pour le blanchissage des Pages, 200. l.
Pour raccommoder leurs habits, 100. l.
Pour leurs bottes & souliers, 300. l.
Pour le bois desdits Pages, 150. l.

Gouverneur des Pages, Michel Baude, 200. l. de gages.

Vn Maître Valet des Pages, Ignace Maloza, 100. francs de gages.

Vn Cuisinier, des Pages, 150. l. de gages & récompense.

Huit grands Valets de Pied, chacun 20. s. par jour pour gages & nourriture. Jâque le Blon. Jean le Maire. Charle le Guy. Loüis Mutel. Nicolas du Coin. Claude Barbier Nicolas le Hec. Tranchan.

Deux petits Valets de Pied, chacun 16. s. par jour. Pillon. La France.

Argentier de l'Ecurie, 100. l. de gages, 365. l. de nourriture, François de la Martinière.

Deux Porteurs de Chaises, à raison de 20. s. par jour, 365. l. chacun. Melchior Janamy, dit Gaspard. François Pavet.

Le Cocher du Corps, 200. l. de gages,

MAISON DE Mᵉ LA D. D'ORL

& 16. f. par jour pour fa nourriture. Jâque le Beau.

Le Cocher des Ecuïers, 150. l. de gages, & 16. f. par jour pour fa nourriture. Lalier.

Le Cochers des Femmes de Chambre, 100. liv. de gages, & 16. fols par jour pour fa nourriture. Du May.

Trois Postillons, chacun 100. l. de gages, & 16. f. par jour de nourriture.

Etienne de la Salle. Noel Bourguignon. Chaidou.

Six Aides, y compris *le Garçon Maréchal*, chacun 16. f. par jour de nourriture.

Le Maître Palfrenier, 100. l. de gages, & 292. liv. 16. fols. de nourriture. Loüis Grenet.

Un Sécrétaire des Commandemens, 3000. l. M. Jean Yves, Seigneur de S. Preft.

L'exent des Gardes de Monsieur le Duc d'Orléans, fervant auprés de Madame la Duchesse d'Orléans, eft le fieur de la Brosse, & le fieur de la Pitiére son frére en survivance.

A la *Concierge* du Pavillon de Madame la Duchesse d'Orléans à Versailles, 547. l. 10. f. Mademoifelle Liffé.

Au *Portier*.   265. l.

Jâque le Mire, dit la Croix.

Par Déclaration du mois de Janvier 1694. vérifié à la Cour des Aides, le

Roy a accordé aux Officiers de Madame la Duchesse d'Orléans, les mêmes priviléges dont joüissent les Officiers Commensaux de Sa Majesté.

La *Gouvernante* de Mademoiselle de Chartres, Madame la Comtesse de Marey,

La *Soû-Gouvernante*, Madame de Forcadel.

CHAPITRE I.

Des Enfans de France.

LE Premier Fils des Roys de France, porte la qualité de *Dauphin*, & le second Fils de France, s'appelle *Monsieur*, sans autre qualité. Mais après Monseigneur le Dauphin, les puînez sont Ducs de Bourgogne, d'Orléans, d'Anjou, d'Alençon, de Valois, de Touraine, de Berry, de Bretagne, Pairs de France, & autres Apanages. Ces puînez portent le surnom de France, & ne signent que de leur nom propre, de même que le Roy : ce que font aussi les Filles de France, qui sont appellées *Mesdames*. Il n'y a que les mâles qui puissent succéder à ces Apanages; & s'il n'y a point de fils, le cousin y succéde, pourvû qu'il soit aussi issu en ligne masculine, de celui auquel l'Apanage a été donné. Et s'il reste quelques filles, le Roy leur donne mariage de son Domaine selon sa volonté. Que si celui qui possède l'Apanage vient à être Roy, cet Apanage se réünit à la Couronne.

CHAPITRE II.

Des Princes du Sang.

Feu Monsieur, Duc d'Orléans qui se nommoit Gaston-Jean-Baptiste, Fils de France, Oncle du Roy, Duc d'Orléans, de Chartres, de Valois & d'Alençon, Comte de Blois, de Mont-l'hery & de Limours, Gouverneur de Languedoc, du Pont S. Esprit, de Montpellier, de Carcassone, de Brescon, &c. Lieutenant Général du Roy par toute la France, Chef de ses Conseils, & Généralissime de ses Armées, mort à Blois âgé de 52. ans, le 2. Février 1660. a laissé quatre filles. Il épousa l'an 1626. en premiéres nôces, Marie de Bourbon, morte le 4. Juin 1627. fille unique & héritiére de Henry de Bourbon, Duc de Montpensier, Souverain de Dombes, & de Henriette-Catherine, Duchesse de Joïeuse, de laquelle il eut le 29. May 1627. une fille appellée *Mademoiselle*, morte le 6. Avril 1693.

Et en secondes nôces, feu Monsieur

DES PRINCES DU SANG. 165
épousa l'an 1632. Marguerite de Lorraine, deuxiéme fille de François, Comte de Vaudémont, & de Christine de Salm, & sœur de Charle, Duc de Lorraine, née l'an 1615. morte à Paris en son Palais de Luxembourg le 3. Avril 1672 & des Enfans qu'il a eu d'elle, il ne reste plus que l'aînée, nommée *Marguerite-Loüise* d'Orléans, née le 28. Juillet 1645. mariée le 19. Avril 1661. à Côme de Médicis III. du nom Prince de Toscane, à présent Grand Duc de Florence, dont il a Ferdinand de Médicis, Prince de Toscane, né le 9. Août 1663. qui a épousé le 21. Novembre 1688. Joland-Béatrix de Baviére, sœur de feu Madame la Dauphine. Anne-Marie de Médicis, née en 1665. mariée le 29. Avril 1691. à Jean Guillaume-Joseph Ignace de Baviére, Electeur Palatin. Et Jean-Gaston de Médicis, dit le Prince Gaston, né le 24. May 1671. qui a épousé le 2. Juillet 1697. Anne-Marie-Françoise de Saxe-Lauvembourg, veuve de Philippe-Guillaume de Baviére, Duc de Neubourg.

Avant que de venir à Messieurs les Princes de Condé & de Conty, il faut sçavoir, que *Loüis de Bourbon*, Prince de Condé, I. du nom, (frère d'*Antoine de*

Bourbon, Roy de Navarre, qui fut pére du Roy Henry le Grand,) eut d'Eléonore de Roye, Comtesse de Roucy, Marquise de Conty, Dame de Muret, sa premiére femme, *Henry* Prince de Condé, I. du nom. Ce Henry I. du nom, eut de Charlotte Catherine de la Tremoille sa femme, *Henry* II. lequel de Charlotte Marguerite de Montmorency, morte le 2. Décembre 1650. fille du dernier Connêtable de Montmorency, & de Loüise de Budos, sa seconde femme, a laissé feu M. le Prince, & feu M. le Prince de Conty pére, & est mort le 28. Décembre 1646.

I. *Loüis de Bourbon*, *II. du nom*, Prince de Condé, Premier Prince du Sang, mort à Fontainebleau entre sept & huit heures du soir, le 11. Décembre 1686. Il étoit Duc de Bourbonnois, de Chateauroux, de Montmorency & de Bellegarde, Comte de Clermont, Stenay, Dun & Jamets, Chevalier des Ordres du Roy, & Général de ses Armées, l'un des plus valeureux Princes de l'Europe. Il naquit le 8. Septembre 1621. & épousa le 11. Février 1641. aïant le nom de Duc d'Anguien, Claire Clémence de Maillé-Brezé, fille du feu Maréchal de Brezé, & de la sœur de M. le Cardinal Duc de Richelieu, morte le 16. Avril 1694. de laquelle il eut,

Henry-Jule de Bourbon, Prince de Condé, Prince du Sang, Pair & Grand-Maître de France, Duc d'Anguien & de Chateauroux, Chevalier des trois Ordres de Sa Majesté : Gouverneur de Bourgogne, Bresse, Beugey, Valromay & Gex, mort le 1. Avril 1709. il nâquit à Paris le 29. Juillet 1643 & épousa le 11. Décembre 1663. Anne, Comtesse Palatine, Duchesse de Bavière, née le 11. Décembre 1647. fille de défunt Edoüard de Bavière, Prince Palatin du Rhin, & d'Anne de Gonzague, & adoptée pour fille unique, par Marie-Loüise de Gonzague, Reine de Pologne. De laquelle il eut,

1. Marie Thérèse, dite *Mademoiselle 'e Bourbon*, née à Paris le 1. Février 1666. baptisée au Convent des Carmelites de la rüe du Bouloy, le 22. Janvier 1670. mariée le 29. Juin 1688. à M. le Prince de Conty, François-Loüis de Bourbon, mort le 22. Février 1709.

2. Loüis, *Duc de Bourbon*, Prince du Sang, Pair & Grand Maître de France, Gouverneur pour le Roy en ses Provinces de Bourgogne & Bresse, Chevalier des trois Ordres de Sa Majesté, né à Paris le 11. d'Octobre 1668. mort le 4. Mars 1710. Il avoit épousé Mademoiselle de

Nantes, Loüise-Françoise de Bourbon, légitimée de France, le 24. Juillet 1685. de laquelle il eut N... de Bourbon née à Versailles le 22. Décembre 1690. Religieuse à Fontevrault. 2. Loüis Henry Duc de Bourbon, Pair & Grand-Maître de France, Gouverneur de Bourgogne & Bresse, Chevalier du S. Esprit, né le 18. Août 1692. 3. Mademoiselle de Bourbon Loüise-Elisabeth, née à Versailles le 22. Novembre 1693. 4. Mademoiselle de Charolois, Loüise-Anne née à Versailles le 22. Juin 1695. 5. Mademoiselle de Clermont, Marie-Anne née à Paris le 16. Octobre 1697. 6. Charle de Bourbon, Comte de Charolois, né à Versailles le 19. Juin 1700. 7. Mademoiselle de Sens, Marie-Anne née le 15. Septembre 1705. 8. le Comte de Clermont né le 15. Juin 1709.

3. *Mademoiselle de Condé*, Loüise-Bénedicte de Bourbon, née le 8. Novembre 1676. mariée le 19. Mars 1692. à Loüis-Auguste de Bourbon, légitimé de France, Duc du Maine.

4. *Mademoiselle de Montmorency*, Marie-Anne de Bourbon, née le 24. Février 1678. mariée le 21. May 1710. à Loüis Joseph Duc de Vendôme.

II. *Feu Armand de Bourbon*, Prince de Conty, Gouverneur de Languedoc, Chevalier

DES PRINCES DU SANG 169
valier des Ordres du Roy, étoit né à Paris le 21. Octobre 1629. & mourut à Pézénas, le 21. Février 1666. Il avoit épousé Anne-Marie Martinozzi, niéce de feu M. le Cardinal Mazarin, morte le 4. Février 1672. de laquelle il a laissé deux Princes, qui ont été élevez auprés de feu Monseigneur le Dauphin.

Feu Monsieur le Prince de Conty, Loüis-Armand de Bourbon, Prince du Sang, né le 4. Avril 1661. baptisé le dernier Février 1662. & tenu par le Roy & la Reine-Mére défunte, qui le nommérent Loüis, mort à Fontainebleau le 9. Novembre 1685. Il avoit épousé le 16. Janvier 1680. Mademoiselle de Blois, Marie-Anne, légitimée de France. Le Roy donna à M. le Prince de Conty, cinquante mille écus d'argent comptant, & vingt-cinq mille écus de pension: & à Madame la Princesse de Conty, un million d'argent comptant, cent mil francs de pension, & beaucoup de pierreries, outre le Duché de Vaujour. Elle a hérité de M. de Vermandois, Amiral de France, son frére.

M. le Prince de la Roche-sur-Yon, dit Prince de Conty, François-Loüis de Bourbon Prince du Sang, Chevalier des trois Ordres du Roy, est né le 30. Avril

1664. mort le 22. Février 1709. il avoit épousé le 29. Juin 1688. Marie-Thérèse de Bourbon, fille du Prince de Condé, dont il a eu 1. Mademoiselle de Conty, née le 18. Avril 1689. 2. Loüis-Armand Prince de Conty, Chevalier du Saint-Esprit, né à Versailles le 2. Novembre 1695. 3. Une fille.

Nous avons nommé ci-devant ceux qui sont Princes en France, sans en avoir obligation qu'à leur naissance.

Quelques autres Princes ou Princesses issus de la Maison de France, ont besoin de Lettres de Légitimation, ou d'un acte public, par lequel ils soient reconnus tels,

CHAPITRE III.

AUTRES PRINCES & Princesses issus de la Maison de France.

Enfans du Roy légitimez.

MARIE-ANNE de Bourbon, légitimée de France, Princesse Doüairiére de Conty, Princesse du Sang, Dame des Baronies de Sillé le Guillaume, Pagny sur Saône, Montmiral, Authon, la Basoche, & de S. Ulphace. Elle est née en Octobre 1666. mariée à feu Loüis-Armand de Bourbon, Prince de Conty le 16. Janvier 1680. fille N. de Loüis XIV. & de feu Loüise-Françoise de la Baume le Blanc de la Valiére, Duchesse de Vaujour, Pair de France, Baronne de S. Christophle en Anjou, l'une des filles d'honneur de feu Madame, Duchesse d'Orléans Henriette-Anne de la Grand'Bretagne.

Les Lettres de légitimation, vérifiées au Parlement le 14. May 1667.

Autres Enfans legitimez de France

Loüis-Auguste de Bourbon, légitimé de France, par la grace de Dieu, Prince Souverain de Dombes, Duc du Maine, & d'Aumale, Comte d'Eu, Pair de France, Chevalier des trois Ordres du Roy, Gouverneur de Languedoc, Grand-Maître de l'Artillerie, Colonel Général des Suisses & Grisons ; Il a un Régiment de Cavalerie & un Régiment d'Infanterie, & est Lieutenant Général des Armées du Roy, né le dernier Mars 1670. légitimé le 19. Décembre 1673. Mademoiselle, Anne-Marie Loüise d'Orléans, Princesse Souveraine de Dombes, lui a donné la Souveraineté de Dombes, au mois de Mars 1682. Le 19. Mars 1692. il épousa Loüise Bénédicte de Bourbon, fille de Monsieur le Prince, de laquelle il a eu, Loüis-Auguste de Bourbon, Prince de Dombes, né le 4. Mars 1700. receu en survivance de la Charge de Colonel Général des Suisses & Grisons en May 1710. Loüis-Charle de Bourbon, Comte d'Eu, né à Sceaux le 15. Octobre 1701. receu en survivance de Grand-Maître de l'Artillerie de France, en May 1710.

Le 8. May 1694. le Duc du Maine prit Séance au Parlement, en qualité de Comte d'Eu, Pair de France. Il prit rang immédiatement aprés le Prince de Condé, le Duc de Bourbon, & le Prince de Conty, Princes du Sang, avant les Ducs Ecclésiastiques & Séculiers, qui s'y trouvérent en tres-grand nombre.

Mademoiselle de Nantes, Loüise-Françoise de Bourbon, légitimée de France, le 19. Décembre 1673. mariée à Monsieur le Duc de Bourbon, le 24. Juillet 1685.

M. le Comte de Toulouse, Loüis-Alexandre de Bourbon, Duc de Damville, & de Penthiévre, Amiral de France, Chevalier des trois Ordres du Roy & de la Toison d'Or, Gouverneur de Bretagne, dont il a prêté serment le 30. Mars 1695. Il est Colonel d'un Régiment d'Infanterie & d'un de Cavalerie, qui portent son nom, né le 6. Juin 1678. légitimé de France au mois de Novembre 1681. Il est Lieutenant Général des Armées du Roy.

Le 27. Novembre 1694. Monsieur le Comte de Toulouse fut receu au Parlement, en qualité de Duc de Damville, & prit Séance avant les Pairs Ecclésiastiques & Séculiers, qui s'y trouvérent en trés-grand nombre.

Mademoiselle de Blois, Françoise-Marie de Bourbon, aussi légitimée, au mois de Novembre 1681. mariée à Monsieur le Duc d'Orléans, le 18. Février 1692.

Monsieur le Duc du Maine, comme Colonel Général des Suisses, met six Drapeaux passez en sautoir derriére l'écu de ses Armes, le fer de la pique de chaque Drapeau, terminé en fleur-de-lis, & comme Grand Maître de l'Artillerie, deux Canons sur leurs affuts, l'écu entouré des Colliers des Ordres, & du manteau de Prince. Et M. le Comte de Toulouse, Amiral de France, met un anchre en pal, dont la trabe est semée de fleurs-de-lis derriére l'écu de ses Armes, qui est aussi entouré des Colliers des Ordres, & du manteau de Prince.

CHAPITRE IV.

Des Enfans légitimez de Henry le Grand, & de leurs Descendans

CESAR, Duc de Vendôme, fils de Henry le Grand, & de Gabrielle d'Etrées, Duchesse de Beaufort, étoit Duc de Vendomois, de Mercœur, de Penthiévre, de Beaufort & d'Etampes, Prince d'Anet & de Martigues, Pair & Amiral, ou Grand Maître des Mers, Chef & Surintendant Général du Commerce & Navigation de France, Chevalier des Ordres du Roy, fils légitimé du Roy Henry le Grand. Il nâquit à Coucy le Château, au mois de Juin 1594. de Gabrielle d'Etrées, Duchesse de Beaufort : & Sa Majesté qui le légitima en 1595. lui donna le Duché & Pairie de Vendôme en 1598. & lui en fit prendre le nom & les Armes. En la même année, il traita son mariage [qui ne fut consommé qu'en 1609] avec *Françoise de Lorraine*, Duchesse de Mercœur, morte le 8. Septembre 1669. fille unique, & présomptive héritiere de Philippe-Emmanuel de Lorraine, Duc de Mercœur, & de Marie de Luxembourg, Princesse de Martigues. Il prêta le serment de Duc & Pair au Parlement, en 1606. Il a eu le Gouvernement de Bretagne, dont il se démit en faveur de la Reine Régente, au mois de May 1650. pour la Charge d'Amiral de France. Il est mort en son Hôtel à Paris, le 22. Octobre 1665.

Il a laissé trois enfans, Loüis Duc de Mercœur, & depuis Cardinal de Vendôme, François de Vendôme, Duc de Beaufort, & Isabelle de Vendôme mariée au Duc de Nemours, Charle-Amédée de Savoïe.

1. *Loüis Cardinal Duc de Vendôme, de Mercœur*, de Penthiévre & d'Etampes, Pair de France, Prince d'Anet & de Martigues, Commandeur de l'Ordre du Saint-Esprit, Gouverneur de Provence, avoit épousé le 4. Février 1651. avant que d'être Cardinal, Victoire Mancini, niéce de défunt M. le Cardinal Mazarin, décedé le 8. Février 1657. Il étoit né à Paris en Octobre 1612. & mourut à Aix le 6. Août 1669 laissant

Loüis-joseph de Vendôme, Comte de Dreux, Duc de Vendôme, de Mercœur & d'Etampes, Pair de France, Prince d'Anet & de Martigues, Général des Armées du Roy, Général des Galéres, Chevalier des trois Ordres de Sa Majesté, & de la Toison d'Or, Grand Sénéchal, & Gouverneur des Païs & Comté de Provence, Gouverneur particulier des Tours de Toulon, né le 30. Juin 1654. marié le 21. May 1710. à Marie-Anne de Bourbon, fille de feu Monsieur le Prince. Le 8. Juin 1694. le Duc de Vendôme a prit Séance de Duc & Pair à la Grand'Chambre au Parlement, avant les Pairs Ecclésiastiques & Séculiers.

M. le Grand Prieur, Philippe de Vendôme, Lieutenant Général des Armées du Roy, est né le 23. Août 1655. Il est Chevalier de Saint Jean de Jérusalem, Grand Prieur de France, Abbé de la Trinité de Vendôme, de S. Vigor, de Cérizy, de S. Honorat de Lérins, de S. Mansui de Toul & d'Ivry.

2. Feu *François de Vendôme, Duc de Beaufort* Pair de France, Chevalier de l'Ordre du Saint-Esprit, Amiral de France, nâquit à Paris au mois de Janvier 1616. au mois d'Avril 1669. il fut déclaré par Sa Sainteté, Général de toutes les Troupes de la Chrêtienneté pour le secours de Candie, en l'absence de Dom Vincenzo Rospigliosi. Il n'est point revenu de Candie où le Combat fut donné des François, le 25. Juin 1669. Il n'avoit pas été marié.

H v

3. La fille se nommoit *Isabelle de Vendôme*, morte le 19. May 1664. veuve du feu Duc de Nemours, Charle-Amédée de Savoïe.

Feu *Henry de Bourbon*, Duc de Verneüil, &c. avoit épousé la Duchesse Doüairiére de Süilly, Charlotte Séguier, le 29. Octobre 1668. Il l'a laissé veuve sans enfans le 28. May 1682.

Il étoit fils de Henry le Grand, & de Henriette de Balzac d'Entragues, Marquise de Verneüil.

CHAPITRE V.
Des Princes Etrangers.

APRE's les Princes du Sang & légitimez, & avant que de parler des Ducs, j'ai crû devoir mettre les Maisons qui joüissent du rang de Prince, & que le Roy fait joüir de quelques honneurs particuliers, dont les autres Ducs & Pairs ne joüissent pas. Les avantages dont toute une famille joüit, sont plus considérables que les avantages dont joüit le seul Chef de la Maison. Or non seulement les Princes Etrangers, & Princesses joüissent des honneurs du Louvre; mais encore tous leurs Enfans: aux Ducs & Pairs, le seul Duc & sa femme joüissent des honneurs du Louvre, mais non pas leurs Enfans, ni leurs frères & sœurs. Sans alléguer que les Princes Etrangers se couvrent aux Audiances des Ambassadeurs, mais non pas les Ducs, &c. Il m'a donc semblé que je devois parler des Princes Etrangers, avant que de parler des Ducs.

Le Roy Henry III. par l'article 82.

des Statuts de l'Ordre du Saint-Esprit, ordonne, qu'aprés les Princes du Sang, suivront les Princes issus de Maison Souveraine qui sont Ducs, puis les Princes qui ne seront Ducs, & aprés eux les Ducs qui ne seront que Gentilshommes.

Les Princes Etrangers sont ainsi appellez, quoique nez en France, & véritablement François de nation; parce qu'ils sont issus d'une Maison & Principauté étrangére, dont ils portent le nom. Comme ceux de la Maison de Lorraine, & autres que nous allons mettre en ce Chapitre.

Il est presque impossible de regler la préséance entre les Maisons Souveraines habituées en France pour moi j'ai suivi l'ordre d'ancienneté.

DE LA MAISON DE Lorraine.

Pour donner à connoître en peu de temps tous les Princes & Princesses de la Maison de Lorraine qui vivent à présent, il sera bon de la diviser en trois branches.

Premiér branche de Lorraine.

1. Le défunt *Charle IV. du Nom*, Duc *de Lorraine*, mort de fiévre à S. Vandel, prés de Tréves, le 17. Septembre 1675. âgé de 73. ans, avoit épousé le 22. May 1621. sa cousine germaine, *Nicole de Lor-*

raine, héritiere du Duché, fille aînée de défunt Henry, Duc de Lorraine. Charle IV. Duc de Lorraine fut long-temps prisonnier en Espagne, & Nicole, Duchesse de Lorraine se retira en France, pour ne pas suivre son mari en sa disgrace. Elle céda deslors au Roy tous ses droits sur la Lorraine, moïennant une pension digne d'une si grande Princesse. Elle est morte à Paris sans enfans, le 21. Février de l'année 1657.

Depuis le défunt Duc Charle IV. se remaria à Nancy le 4. Novembre 1665. à Marie d'Apremont de Nanteüil, dont il ne reste point d'enfans.

Il avoit cedé au Roy de France la proprieté & Souveraineté de son Duché de Lorraine & de Bar : cette donation verifiée au Parlement, le Roy séant en son lit de Justice, au mois de Février 1662.

Il reste deux enfans du dernier Duc Charle de Lorraine, IV. du nom, & de Beatrix du Cusance, Princesse de Cantecroix ; un fils & une fille.

1. Charle-Henry, légitimé de Lorraine, Prince de Vaudemont, Chevalier de la Toison d'or, né au mois de Février 1649. qui a épousé à Bar-le-Duc, le 27. Avril 1669. Anne-Elisabeth de Lorraine d'Elbeuf, née le 6. Août 1649. fille de Charle

de Lorraine, Duc d'Elbeuf, & d'Anne Elisabeth de Lannoy de la Boiſſiere, veuve de Henry du Pleſſis de Liancourt, Comte de la Rocheguyon, ſa premiere femme.

2. Anne-Eliſabeth, légitimée de Lorraine, femme de François-Marie de Lorraine, Prince de Liſlebonne, née le 23. Août 1639.

II. Feu M. le Prince François, nommé *François-Nicolas de Lorraine*, mort le 26. Janvier 1670. à Nancy, étoit frére du Duc Charle, & avoit auſſi épouſé ſa couſine germaine, *Claude de Lorraine*, ſœur puînée de la Ducheſſe Nicole. Il avoit laiſſé un fils unique, Charle-Léopold-Joſeph-Hyacinthe de Lorraine, né à Vienne le 5. Avril 1643. mort à Wels en Autriche, allant à Vienne, le 18. Avril 1690. qui avoit épouſé le 6. Février 1678. la Reine Doüairiere de Pologne, Eléonore-Marie-d'Autriche, ſœur de l'Empereur, dont il a laiſſé trois Princes : 1. Léopold-Joſeph-Dominique-Hyacinthe-Agapet, né à Inſpruch, le 11. Septembre 1679. qui a épouſé Eliſabeth-Charlotte d'Orléans, le 13. Octobre 1698. 2. Joſeph-Jean-Antoine-Ignace-Féliciſſime, né le 24. Novembre 1680. à Vienne. Il eſt élu Evêque d'Olmutz, d'Oſnabruc, & eſt auſſi Grand Prieur de Caſtille. 3. Ferdinand-Antoine-

MAISON DE LORAINE.

Joseph-Romain-Laurent, né le 3. Août 1683. à Infpruk.

Deuxiéme Branche, qui eſt *d'Elbeuf*.

Le défunt Duc d'Elbeuf, Charle II. mort le 5. Novembre 1657. avoit laiſſé pluſieurs enfans de Catherine-Henriette, légitimée de France, ſa femme, ſœur de Céſar, Duc de Vendôme, fille du Roy Henry le Grand, & de Gabrielle d'Etrées, Ducheſſe de Beaufort.

I. L'aîné, feu *Charle de Lorraine*, III. du nom, Duc d'Elbeuf, Pair de France, Comte de Liſlebonne, & de Rochefort, Gouverneur pour Sa Majeſté de Picardie, du Païs & Comté d'Artois, du Boulonois, du Hainaut, & du Païs conquis & reconquis, & des Ville & Citadelle de Montreüil ſur mer, né en 1620. avoit épouſé en premieres nôces, le 5. Mars 1648. Anne-Eliſabeth de Lannoy, veuve de Henry du Pleſſis, Comte de la Rocheguyon, fille du Comte de Lannoy : en ſecondes, le 15. May 1656, Eliſabeth de la Tour d'Auvergne, ſœur du Duc de Boüillon, morte le 23. Octobre 1680. & en troiſiémes, le 25. Août 1684. Françoiſe de Montaut de Navailles, fille du Marêchal Duc de Navailles. Il eſt mort le 4. May 1692.

Du premier lit, il a laissé deux enfans, Charle de Lorraine, Prince d'Elbeuf, né le 2. Novembre 1650. Chevalier de Malte. Anne-Elisabeth de Lorraine, née le 6. Août 1649. mariée à Bar-le-Duc, au Prince de Vaudémont, Charle-Henry, légitimé de Lorraine, le 27. Avril 1669.

Du second lit il reste quatre enfans,

1. Marie-Eléonore de Lorraine, née le 24. Février 1658. Réligieuse aux Filles de Sainte Marie au Fauxbourg S. Jâque.

2. Françoise-Marie de Lorraine, née le 5. May 1659. Réligieuse aux Filles de Sainte Marie, du Fauxbourg saint Germain.

3. Henry de Lorraine, Duc d'Elbeuf, Pair de France, à présent *Chef de la Maison de Lorraine en France*. Il est Gouverneur de Picardie, Païs & Comté d'Artois, & du Hainaut, & Gouverneur particulier de la Ville & Citadelle de Montreüil sur mer en Picardie, né le 7. Août 1661. marié à Anne-Charlote de Rochechoüart, de Mortemar, le 28. Janvier 1677.

4. Emmanuel-Maurice de Lorraine, né le 30. Décembre 1677.

Du troisième lit, il reste deux Princesses : l'une née le 1. Février 1686. l'autre le 10. Juillet 1689.

MAISON DE LORRAINE.

II. *François de Lorraine*, Comte de Rieux, puis *Comte de Harcourt*, de Montlaur, de S. Romaize, Marquis de Maubec, Baron d'Aubénas, de Montbonnet & d'Aygufe, Seigneur de Montpezat, de Miremande & de Grateloup, né en 1623. mort le 27. Juin 1694. Il avoit épousé en 1645. Anne d'Ornano, niece du Maréchal de ce même nom, morte en Septembre 1695. de laquelle il reste,

1. Alphonse-Henry-Charle de Lorraine, *Prince de Harcourt*, Comte de Montlaur & de S. Romaize, Marquis de Maubec, Baron d'Aubénas, de Montbonnet & d'Aygufe, Seigneur de Montpezat, de Miremande, de Grateloup, &c. lequel a épousé le 21. Février 1667. Marie-Françoise de Brancas, fille du Comte de Brancas, Dame du Palais de la Reine. Le Prince & la Princesse de Harcourt ont eu la charge de conduire en Espagne, Marie-Loüise d'Orleans, Reine d'Espagne. Leur fils se nomme Anne-Marie-Joseph de Lorraine, Comte de Harcourt, né le dernier Avril 1679. marié le 2. Juillet 1705. à N....... Jeannin de Castille de Montjeu.

2. Marie-Angélique-Henriette de Lorraine, mariée le 7. Février 1671. au Duc de Cadaval, de la Maison de Bragance

en Portugal, où elle mourut le 7. Juin 1674. Elle a laissé une fille mariée en Portugal.

III. Feu *François-Marie de Lorraine*, Prince de Lislebonne, Damoiseau de Commercy, né le 4. Avril 1627. mort le 9. Janvier 1694. fut marié en premieres nôces le 3. Septembre 1658. à Christine d'Etrées, morte le 18. Décembre de la même année: & en secondes nôces, le 7. Octobre 1660. à Anne de Lorraine, (fille du Duc de Lorraine, & de Béatrix de Cusance, Princesse de Cantecroix) qui en 1684. a conduit en Savoïe, Madame Roïale, Anne d'Orleans, Duchesse de Savoïe. Leurs enfans sont,

1. Mademoiselle de Lislebonne, *Béatrix-Hieronyme de Lorraine*, née le 1. Juillet 1662.

2. La Princesse de Commercy, *Elisabeth de Lorraine*, née le 5. Avril 1664. mariée le 7. Octobre 1691. au Prince d'Epinoy, Loüis de Melun, mort en 1704.

Troisiéme Branche, qui est *d'Armagnac*.

Feu *Henry de Lorraine*, Comte de Harcourt, oncle du défunt Duc d'Elbeuf, mort le 25. Juillet 1666. avoit épousé Marguerite-Philippe du Cambout, fille de Charle du Cambout, Marquis de

MAISON DE LORRAINE.

oiflin, Baron de Pontchateau, Chevalier de l'Ordre du S. Efprit; & de Loüise du Pleffis de Richelieu, morte en 1674. de laquelle il refte deux enfans.

I. *Loüis de Lorraine*, Comte d'Armagnac, de Charny & de Briône, Vicomte de Marfan, Neubland, Couliége, & Brinand, Chevalier de l'Ordre du Saint Efprit, Grand Sénéchal héréditaire de Bourgogne, Gouverneur pour Sa Majefté de la Province d'Anjou, Ville & Château d'Angers & du Pont de Cé, Pair & Grand Ecuïer de France, né en 1641. Il fut marié en 1660. le 7. Octobre à Catherine de Neufville, fille de feu M. le Maréchal Duc de Villeroy, morte le 25. Décembre 1707. de laquelle il a,

1. Henry de Lorraine, Comte de Briône, Chevalier de l'Ordre du S. Efprit, né le 15. Novembre 1661. receu en furivance de la Charge de Grand Ecuïer de France, le 25. Février 1677. & du Gouvernement du Païs d'Anjou, Ville & Château d'Angers, & du Pont de Cé. Le 23. Décembre 1689. il a époufé Mademoifelle d'Epinay, fille de Loüis Marquis d'Epinay & de feu Marie-Françoife de Coufin de S. Denis, de laquelle il a Loüis de Lorraine, Prince de Lam-

besc, Mestre de Camp de Cavalerie, le 13. Février 1692. 2. Mademoiselle Briône.

2. Marguerite de Lorraine, née le Novembre 1662. mariée le 25. Juill 1675. au Duc de Cadaval, D. Nuño Avarez Pereyra de Mello de Bragance Grand de Portugal, Grand-Maître de Maison de la Reine de Portugal, veuf la Princesse d'Harcourt.

3. L'Abbé de Lorraine, François-Amand, né le 17. Février 1665. Abbé Chateliers, de S. Faron, & de Roy mont.

4. Camille de Lorraine, né en 1666 26. Octobre, appellé le Prince Camille Maréchal de Camp.

5. Marie de Lorraine, mariée au D de Valentinois, à présent Prince de Monaco, le 8. Juin 1688.

6. Mademoiselle d'Armagnac, Chalote de Lorraine.

7. L'Abbé d'Armagnac, Anne-Marie né en 1692. Abbé de Montier-en D & de la Chaize-Dieu.

8. Charle de Lorraine, dit le Prin Charle né le 22. Février 1694. Mar chal de Camp.

II. *Charle de Lorraine*, appelé le Comte de Marsan, Chevalier des trois Ordre

MAISON DE LORRAINE.

Roy, né en 1648 mort en Novem-
1708. il avoit épousé en 1682. feu
...rie d'Albret, veuve de Charle-Ama-
...u d'Albret, Sire de Pons, son cou-
... Et en secondes nôces, il a épousé
...therine-Thérese de Matignon, veuve
... M. le Marquis de Seignelay, Sécré-
...re d'Etat, le 22. Février 1696. morte
...7. Décembre 1699. de laquelle il a
...arle de Lorraine, appellé le Prince
...Pons, né le 21. Octobre 1696. 2. Jâ-
...e, Chevalier de Lorraine, né le 27.
...ars 1698.

E LA MAISON DE LA TOUR
d'Auvergne.

Tous les Princes de cette Maison sont
... France, depuis que le feu Duc de
...ouillon, Fridéric-Maurice de la Tour-
...'Auvergne a échangé en 1651. sa Souve-
...ineté de Sedan avec le Roy: lequel lui
...donné par contrat d'échange les Du-
...ez d'Albret, & de Château-Thierry,
... les Comtez d'Auvergne & d'Evreux,
...ns prétendre toucher au droit que cette
...aison a sur le Duché de Boüillon, le-
...uel lui avoit été usurpé, & dans la
...ossession duquel elle est rentrée, par l'ar-
...cle 28. du Traité de Paix de Nimegue.
Le défunt Fridéric-Maurice de la Tour

d'Auvergne, mort à Pontoise le 19. Août 1652. étoit fils de Henry de la Tour-d'Auvergne, Duc de Boüillon, Prince Souverain de Sedan & de Raucourt, Vicomte de Turenne, Comte de Montfort & de Négrepélice, & d'Elisabeth de Nassau, fille de Guillaume Prince d'Orange.

Il épousa *Eleonore-Fébronie de Bergh*, morte le 14. Juillet 1657. de laquelle il reste les enfans suivans.

1. *Godefroy-Maurice de la Tour-d'Auvergne*, Souverain Duc de Boüillon, Duc d'Albret & de Château-Thierry, Comte d'Auvergne & d'Evreux, Vicomte de Turenne & de Lanquais, Vidame de Tulle, Baron de Limeüil & de Montguâcon, Pair & Grand Chambellan de France, Gouverneur de la haute & basse Auvergne. La Principauté de Boüillon lui a été renduë, dont il a fait prendre possession le 15. Juin 1678. Il épousa le 19. Avril 1662. dans la Chapelle du Louvre, en presence de leurs Majestez, Mademoiselle Marie-Anne de Mancini, niece de défunt M. le Cardinal Mazarin, de laquelle il a 1. le Duc d'Albret, Emmanuel-Théodose de la Tour-d'Auvergne, qui a épousé Mademoiselle Marie-Victoire de la Tremoille, le 1. Février

1696. de laquelle il a, 1. une fille. 2. N... Prince de Turenne, né en May 1701 2. Le Chevalier de Bouillon, Henry-Jule de la Tour d'Auvergne, né le 2. ay 1672. 3. Loüis de la Tour-d'Auergne, Comte d'Evreux, Colonel Gééral de la Cavalerie-Legere de France, ieutenant Général des Armées du Roy, ui a épousé le 3. Avril 1707. Cathe-ine Crosat. 4. Loüisé-Julie de la Tour-'Auvergne, née le 26. Novembre 1679. ppellée Mademoiselle de Château-Thierry, mariée le 22. Juin 1698. à François-Armand de Rohan, Prince de Montbazon.

2. *Fridéric-Maurice de la Tour-d'Auverne*, Comte d'Auvergne, Marquis de Bergopzom, Colonel General de la Cavalerie Legere de France, Gouverneur & Sénéchal du haut & bas Limosin, Lieutenant General des Armées du Roy, mort en 1709. Il avoit épousé en premieres nôces l'an 1662. Françoise de Zollern, fille unique de défunt Iter-Frideric, Prince de Zollern, de la Maison Electorale de Brandebourg, & de Madame Elisabeth de Bergh, Princesse de Zollern, morte le 17. Octobre 1698. Il en a, 1 Henry Ozald de la Tour-d'Auvergne, Coadjuteur nommé, & futur successeur du Cardinal

de Boüillon, son oncle, à l'Abbaïe de Cluny, Abbé de Conches, & de Saint Sauveur de Redon. Il est Docteur en Théologie de la Faculté de Paris, Chanoine Capitulaire de Strasbourg, né le 5. Novembre 1671. 2. Frédéric-Constantin de la Tour-d'Auvergne, Comte d'Oliergue, né le 5. Avril 1682. élû Chanoine Domiciliaire de l'Eglise Cathédrale de Strasbourg, le 25. Fevrier 1694. & Prieur du Pont S. Esprit. *Les filles sont*, Elisabeth-Eleonore de la Tour, Religieuse à l'Abbaïe des Clerets. Loüise-Emilie, Abbesse de S. Remy de Villers-Cotterets, & Marie-Anne de la Tour-d'Auvergne, Carmelite au Fauxbourg S. Jâque.

3. *Emmanuel-Theodose de la Tour-d'Auvergne*, Cardinal de Boüillon, Evêque d'Ostie, Doïen du Sacré College, Abbé de Cluny, de S. Oüen de Roüen, de Saint Vaast d'Arras, de Vicogne, de Saint Martin de Pontoise & de Tournus, Grand Prevôt de Liege, Docteur de la Maison & Societé de Sorbonne.

4. *Hippolite de la Tour-d'Auvergne*, Religieuse Carmelite.

5. *Maurice-Febronie de la Tour-d'Auvergne*, dite la Princesse d'Evreux, mariée à Château-Thierry, le 25. Avril 1668 au Duc Maximilian-Philippe de Baviere
fi

fils de Maximilian Electeur de Baviere, & de Marie-Anne Archiduchesse d'Autriche.

Henry de la Tour-d'Auvergne, Vicomte de Turenne & de Castillon, Comte de Négrepélice leur oncle, étoit Gouverneur & Sénéchal du haut & bas Limosin, Maréchal General des Camps & Armées du Roy, Colonel General de la Cavalerie Legere, tué d'un coup de canon le 27. Juillet 1675. Il commandoit pour lors l'armée au de-là du Rhin, contre celle de l'Empire, conduite par M. le Comte de Montécuculi. Le Roy pour honorer sa memoire, fit faire à Paris le 9. Septembre 1675. un Service solemnel dans l'Eglise Nôtre-Dame, où le Parlement & les Compagnies Supérieures assisterent: & a ordonné sa sepulture dans l'Eglise de S. Denis en France, où sont les Mausolées de nos Rois.

GRIMALDY DE MORGUES.

Loüis I. du nom, Prince Souverain de Monaco, Menton, Roquebrune & dependances, Duc de Valentinois, Pair de France, Chevalier de l'Ordre du Saint Esprit, Marquis de Baulx, Comte de Carladés, Baron de Buis & de Calvinet, Seigneur de la Ville de S. Remy, né le

25. Juillet 1642. mort Ambaſſadeur à Rome le 3. Janvier 1701. Il avoit épouſé le 30. Mars 1660. Charlote-Catherine de Grammont, morte le 4. Juin 1678. dont il reſte deux garçons & deux filles. 1. Antoine de Grimaldy, appellé le Duc de Valentinois, né le 27. Janvier 1661. prêta ſerment & prit place au Parlement le 13. Janvier 1701. Il a été marié le 18. Juin 1683. avec Marie de Lorraine, fille de Loüis de Lorraine, Comte d'Armagnac, Grand Ecuïer de France, Chevalier de l'Ordre du S. Eſprit, & de feüe Catherine de Neufville. 2. N..... Grimaldy, Prêtre de la Congrégation de l'Oratoire de Jeſus. 3. Marie-Charlote Grimaldy, Religieuſe de la Viſitation de Sainte Marie à Monaco. 4. Anne-Hippolyte Grimaldy, qui avoit été mariée avec Jean-Charle de Cruſſol Duc d'Uſés, Pair de France, le 18. Janvier 1695. morte le 23. Juillet 1700.

DE LA MAISON DE ROHAN.

La Maiſon de Rohan, deſcenduë des premiers Souverains de Bretagne, eſt une des plus illuſtres & des plus anciennes du Roïaume ; les Princes de cette Maiſon, tiennent en France un rang conforme à leur naiſſance, comme ils ont

MAISON DE ROHAN. 195

fait par le passé, joüissans des honneurs & prérogatives, comme les Maisons précedentes. Elle a plusieurs alliances avec nos Rois, avec les Empereurs, les Rois d'Angleterre, d'Ecosse, d'Espagne, d'Arragon, & de Navarre : & il n'y eut point eu de Maison plus proche pour succeder à celle de Bretagne, si la Reine Anne Duchesse de Bretagne, & femme des Rois Charle VIII. & Loüis XII. fut morte sans enfans : ni pour succeder à la Couronne de Navarre, si le Roy Henry le Grand fut mort sans enfans.

Pour bien déduire par ordre ceux qui restent à present de cet illustre famille, il faut sçavoir qu'ils descendent tous de trois Chefs.

1. Feu Henry, *Duc de Rohan*.
2. Feu Pierre, *Prince de Guémené*
3. Feu son frere, Hercule de Rohan, *Duc de Montbazon*.

I. Le défunt Henry, *Duc de Rohan*, Prince de Léon, laissa de Marguerite de Bethune, sa femme, fille du défunt Duc de Suilly, *Marguerite de Rohan*, son unique heritiere, morte le 9. Avril 1684. En [el]le le Duché de Rohan, aussi bien que [l]e Vicomté & Principauté de Léon, est [t]ombé en quenoüille. Elle avoit été ma[r]iée à *Henry Chabot*, Seigneur de Saint

I ij

Aulaye, puîné des Barons de Jarnac, petit-fils de l'Amiral Chabot, mort le 27. Février 1655. dont elle a eu un fils & trois filles.

1. Loüis de Rohan Chabot, Duc de Rohan, Pair de France, duquel il sera parlé parmi les Ducs & Pairs.

2. Anne Julie Chabot de Rohan, mariée le 17. Avril 1663. à François de Rohan, Prince de Soubize.

3. Marguerite Chabot de Rohan, veuve du Marquis de Coëtquen, Gouverneur de Saint Malo, mort le 24. Avril 1676.

4. Jeanne Pélagie Chabot de Rohan, appellée Mademoiselle de Léon, mariée à Guillaume de Melun, Prince d'Epinoy, le 11. Avril 1668. morte le 18. Août 1698.

II. Le défunt *Pierre de Rohan*, Prince de Guémené, Comte de Montauban, frére aîné du défunt Duc de Montbazon, avoit épousé Madelaine de Rieux, fille du Seigneur de Château-neuf, de laquelle il a eu *Anne de Rohan*, mariée à feu *Loüis de Rohan*, son cousin germain, comme nous allons dire.

III. Le défunt *Hercule de Rohan*, Duc de Montbazon, Comte de Rochefort, Chevalier de l'Ordre du Saint-Esprit,

MAISON DE ROHAN 197

Pair & Grand Veneur de France, Gouverneur de la Ville de Paris & Isle de France, Chevalier d'honneur de la Reine Mere Marie de Médicis, lequel mourut l'an 1654. épousa en premieres nôces *Madelaine de Lénoncourt* [fille & seule héritiere de Henry de Lénoncourt & de Françoise de Laval] de laquelle il a eu les deux enfans suivans, & en secondes nôces, en 1628. *Marie de Bretagne*, fille aînée de Claude Comte de Vertus, morte en 1657.

Enfans du premier lit.

I. Feu *Loüis de Rohan*, VII. du nom, *Prince de Guémené*, Duc de Montbazon, Pair & Grand Veneur de France, Chevalier de l'Ordre du S. Esprit, mourut en sa soixante-huitiéme année le 19. Février 1667. Il avoit épousé *Anne de Rohan*, Princesse de Guémené, sa cousine germaine, morte le 14. Mars 1685. dont il est resté.

Charle de Rohan, Duc de Montbazon, Pair de France, Comte de Rochefort & de Montauban, marié à Jeanne-Armande de Schomberg, fille & sœur des défunts Comtes & Maréchaux de Schomberg, morte en 1706. dont il a les enfans suivans.

1. Charle de Rohan, *Prince de Guémené*, Duc de Montbazon, qui a épousé en premières nôces, Mademoiselle de Luynes,

I iij

Marie-Anne d'Albert, morte le 21. Août 1679. & en secondes nôces, le 2. Décembre de la même année, Mademoiselle de Vauvineux, Charlotte-Elisabeth de Cochefilet, de laquelle il reste six garçons. 1. François Armand de Rohan, Prince de Montbazon, Colonel du Régiment de Picardie, Brigadier d'Armée, né le 2. de Décembre 1682. qui a épousé le 22. Juin 1699. Loüise-Julie de la Tour d'Auvergne, fille de Godefroy-Maurice de la Tour d'Auvergne, Duc de Boüillon, Pair & Grand Chambélan de France, & de Marie-Anne de Manciny. 2. Loüis-Henry-Casimir, Comte de Rochefort, né le 6. Janvier 1686. 3. N.... Chevalier de Rohan, Colonel de Dragons, né au mois de Novembre 1688. 4. Charle de Rohan, appellé le Prince Charle, né le 7. Août 1692. 5. N.... de Rohan de Guémené, né le 10. Février 1695. destiné à l'Eglise. 6. Loüis Constantin de Rohan, Comte de la Guiche, né le 24. Mars 1697. Et cinq filles. 7. Charlotte de Rohan, dite Mademoiselle de Guémené, née en Septembre 1680. 8. Anne-Thérèse, nommée Mademoiselle de Montbazon, née en Octobre 1684. 9. Mademoiselle de Rochefort, née en Novembre 1687. 10. Marie-Anne, née en Avril 1690. 11. Angéli-

MAISON DE ROHAN

que-Eléonore de Rohan, née en Août 1691.

2. Jean-Baptiste-Armand de Rohan, dit le Prince de Montauban, qui a épousé en 1682. Charlotte de Bautru-Nogent, morte le 4. Octobre 1704. veuve de M. le Marquis de Ranes, Nicolas d'Argouges, Lieutenant Général des Armées du Roy, Colonel Général des Dragons, de laquelle il a Jeanne-Armande de Rohan.

3. *Mademoiselle de Guémené*, Charlotte-Armande de Rohan, mariée en 1688. en premiéres nôces, à Guy Chabot, Comte de Jarnac, dont il a des enfans, & en secondes, l'an 1691. à Pons de Pons, Comte de Roquefort.

4. *Mademoiselle de Montbazon*, Elisabeth de Rohan, née le 25. Mars 1663. mariée en 1690. à Alexandre Comte de Melun.

5. *Mademoiselle de Montauban*, Thérèse de Rohan.

II. Feu *Marie de Rohan*, Duchesse Doüairiére de Chevreuse, morte le 13. Août 1679. fille du même Hercule de Rohan défunt, & du même mariage, avoit épousé en premieres nôces, Charle d'Albert, Duc de Luynes, Premier Gentilhomme de la Chambre du Roy, Pair, Conêtable, & Grand Fauconier de France, Chevalier de l'Ordre du Saint-Esprit,

I iiij

Gouverneur de Picardie, & du Boulonois, mort en 1621. Duquel elle a eu M. le Duc de Luynes, Loüis-Charle d'Albert, marié premiérement à Loüise-Marie *Séguier*, Dame de Soret, de Chars, de Villiers, &c. fille du Marquis d'O, dont il a eu plusieurs enfans : en secondes nôces à *Mademoiselle de Montbazon*, dont il reste aussi des enfans. Et en troisiémes nôces à Marguerite d'Aligre, veuve du Marquis de Maneville.

Enfans du second lit.

Feu M. le Prince de Guémené avoit encore un frére de pére.

François de Rohan, Prince de Soubize, Lieutenant Général des Armées du Roy, Commandant en Champagne & Brie, qui épousa en premieres nôces, Catherine Lione, veuve de François le Comte, Marquis de Nonant. Et en secondes nôces, le 17. Avril 1663. Anne-Julie Chabot de Rohan, sa Cousine, Dame du Palais de la Reine, morte le 4. Février 1709. il en a plusieurs enfans.

1. Anne-Marguerite de Rohan de Soubize, Abbesse de Joüarre, née le 6. Août 1664.

2. Mademoiselle de Frontenay, Constance-Emilie de Rohan, née le 19. Février 1667. mariée par Procureur le 18.

MAISON DE ROHAN,

May 1683. à Dom Joseph Rodrigo de Camara, fils de Dom Miguel de Camara, Comte de Ribeyra-grande, Grand de Portugal. Dom Joseph-Rodrigue de Camara est du Conseil du Roy de Portugal, Gouverneur, Capitaine Général, & Seigneur de l'Isle de Saint Michel, & de la Ville de Poule Delgade. La cérémonie des Fiançailles s'étoit faite le jour précédent à Versailles dans le Grand Cabinet du Roy, en présence de leurs Majestez, de feu Monseigneur le Dauphin, de Madame la Dauphine, de feu Monsieur & de Madame, des Princes, des Princesses, & des principaux Seigneurs de la Cour. Elle arriva en Portugal au mois d'Octobre 1683.

3. Mr le Prince de Rohan, Hercule Mériadec de Rohan de Soubize, né le 8. May 1669. Gouverneur de Champagne & Brie, Capitaine-Lieutenant des Gendarmes de la Garde du Roy, Lieutenant Général des Armées du Roy, Ch. L. qui a épousé le 15. Février 1694. la Princesse Doüairiére du Prince de Turenne, Anne-Géneviéve de Lévis, fille unique & héritiére de Loüis-Charle de Lévis, Duc de Ventadour, dont il a Loüis Armand Mériadec, Prince de Soubize.

4. Armand-Gaston de Rohan, né le

L'E'TAT DE LA FRANCE.

24. Juin 1674. Evêque de Strasbourg, Abbé de Montier en Argone, & de Foigny, nommé par le Roy au Cardinalat.

5. Mademoiselle de Rohan, Sophronie-Pélagie de Rohan, née le 2. Juillet 1678. fut fiancée par Procureur, le 10. May 1684. à Dom Alphonse Francisco de Vasconcellos, Comte de Calhéra, fils aîné du Comte de Castelmelhor, Grand de Portugal, Conseiller d'Etat, & Grand Maître de la Garderobe du Roy de Portugal, au Cabinet du Roy, par le Cardinal d'Etrées parent, & Protecteur des affaires de la Couronne de Portugal, en présence du Roy, des Princes de la Maison Roïale, & plusieurs autres grands Seigneurs & Dames de la Cour.

6. Mademoiselle de Soubize, Marie-Anne de Rohan, née le 25. Août 1679. Religieuse à l'Abbaïe de Joüarre.

DE LA MAISON DE LA
Tremoille.

I. Charle-Bretaigne de la Tremoille, Duc de Thoüars, de Châtelleraut, & de Loudun, Pair de France, Prince de Tarente & de Talmond, Comte de Laval, de Montfort, de Guînes, de Benon, de Jonvele & de Taillebourg, Marquis d'Epinay, Vicomte de Rennes, de

MAISON DE LA TREMOIL.

Bays, de Brosse & de Marsillé, Baron de Vitré, de Mauléon, & de Didonne, Premier Gentilhomme de la Chambre du Roy, Brigadier d'Armée, Mestre de Camp de Cavalerie; il a prêté serment de Premier Gentilhomme de la Chambre, le 7. Juin 1709. & a prêté serment & pris place au Parlement, le 8. Janvier 1711. Il a épousé le 13. Avril 1706. Marie-Magdelaine de la Fayette, de laquelle il a René-Armand de la Tremoille, Duc de Thoüars, né le 14. Janvier 1708. sa Sœur Marie-Victoire d la Tremoille, mariée à Emmanuel-Théodose de la Tour d'Auvergne, Duc d'Albret, le 1. Février 1696. de laquelle il a une fille & le Prince de Turenne. Son Oncle Frédéric-Guillaume de la Tremoille, Prince de Talmond, Lieutenant Général des Armées du Roy. Sa Tante Charlotte de la Tremoille, qui ayant épousé en Dannemarc le 29. May 1680. Antoine d'Altembourg, Comte d'Oldembourg, est demeurée veuve quatre mois après.

Ceux qui restent aujourd'hui de la Branche de la Tremoille Royan, & de la Tremoille-Noirmoutier, sont

Antoine-François de la Tremoille, Duc de Noirmoutier, Pair de France;

qui a été marié deux fois, la premiére, au mois de Février 1688. avec Marguerite de la Grange, morte au mois d'Août 1689. veuve de Martin de Bermond, Conseiller au Parlement de Paris, fille de Loüis de la Grange, sieur de Marconville, Président aux Requêtes du Palais, & de Marguerite Martineau. La seconde, le 22. Mars 1700. avec Marie-Elisabeth Duret, fille de Charle-François Duret, sieur de Chevry, Président à la Chambre des Comptes à Paris, & de Marie-Elisabeth Bellier de Platbuisson.

Loüis de la Tremoille, Duc de Noirmoutier, Lieutenant Général des Armées du Roy & Gouverneur de Charleville, avoit épousé Renée-Julie Aubry, de laquelle il a eu 1. Antoine-François de la Tremoille, Duc de Noirmoutier, dont il vient d'être parlé. 2. Joseph de la Tremoille Cardinal de la Sainte Eglise de Rome, Abbé de Lagny, de Grand-Selve, de Soëze, & de S. Etienne de Caën, Commandeur de l'Ordre du S. Esprit. 3. Marie-Anne de la Tremoille, veuve en premiéres nôces d'Adrien-Blaise de Taleyran, Prince de Chalais, & en secondes nôces, d'Hercule Ursini, Duc de Bracciano & de Sancto Gemini, Grand d'Espagne, & Prince de Soglio à Rome. 4. Loüise-An-

MAISON DE LA TREMOIL.

gélique de la Tremoille, mariée à Dom Antonio de Lenty de Roüére, Duc de Lenty & de Bomarſe, Prince de Belmon & de la Roche-Simibalde.

La Maiſon de la Tremoille a fait repreſenter aux Traitez de Paix de Munſter & de Nimégue, les droits qu'elle a de prétendre à la ſucceſſion de Fridéric d'Aragon, dernier Roy de Naple.

Marguerite-Charlotte de Luxembourg, Ducheſſe de Piney-Luxembourg, Pair de France, Comteſſe de Ligny, Princeſſe de Tingri, Souveraine d'Aigremont, fille unique & héritiere d'Henry de Luxembourg, Duc de Piney-Luxembourg, &c. dernier Prince de cette Maiſon en ligne maſculine, le 15. Juin 1678. donna pouvoir à François Dolu, Chevalier, Seigneur de Villevrart & de Montberoſt ſon Envoïé à Nimégue, auprés de Meſſieurs les Plénipotentiaires, pour redemander avec la permiſſion du Roy ſon rétabliſſement dans le Duché de Luxembourg. Il fut pour ce ſujet à Nimégue dés le mois de Juin, où il retourna encore au mois d'Août ſuivant, & le 30. dudit mois, il proteſta pour cette Duché, que tout ce qui ſe feroit à l'Aſſemblée ne pourroit lui nuire ni préjudicier à ces droits. Le ſieur de Villevrart étoit Capitaine des Gardes de M. le

Maréchal Duc de Luxembourg son gendre.

Elle a été mariée deux fois ; en premiéres nôces elle épousa au Louvre, Léon d'Albert, Duc de Piney, qui prit le nom & les armes de Luxembourg, avec l'agrément du Roy, enregistré au Parlement.

En secondes nôces, Marguerite-Charlotte de Luxembourg, Duchesse de Piney, épousa Charle-Henry de Clermont, dont il est venuë une fille unique Madelaine-Bonne-Charlotte-Claire de Clermont-Luxembourg, qui par son mariage à Ligny en Barrois, au mois de Mars 1660. avec François-Henry de Montmorency, a eu le Duché de Piney, & autres terres. Elle est morte le 21. Août 1701. & de ce mariage il reste quatre enfans.

1. Charle-François-Frédéric de Montmorency-Luxembourg, Duc de Piney, & de Montmorency, Pair de France, Prince de Tingry, Gouverneur de Normandie, Lieutenant Général des Armées du Roy, né le 28. Février 1661. qui avoit épousé le 28. Août 1686. Marie-Anne d'Albert, fille aînée de Charle-Honoré d'Albert, Duc de Chevreuse, morte le 17. Septembre 1694. & en secondes nôces, le 15. Février 1696. Marie-Gillonne de Gillier, fille unique de René de Gillier de Clerambault, & de Marie le Loup de Bellenave.

2. Paul Sigismond de Montmorency-Luxembourg, Duc de Châtillon, Comte de Luffe, Brigadier d'armée, Grand Sénéchal de Poitou, Capitaine du Château de Poitou, né le 3. Septembre 1664. qui a épousé le 6. Mars 1696. Marie-Anne de la Tremoille, morte le 2. Juillet 1708. fille unique de François de la Tremoille, Marquis de Royan, & d'Yolande-Lucie de la Tremoille Noirmoutier, de laquelle il a le Comte de Luffe, né le 20. Février 1697.

3. Angélique Cunegonde de Montmorency-Luxembourg, qui a été mariée le 7. Octobre 1694. à Loüis-Henry légitimé de Bourbon, fils de Loüis de Bourbon Comte de Soiffons.

4. Chriftian-Loüis de Montmorency-Luxembourg, Lieutenant Général en Flandres, Gouverneur de Valenciennes, Lieutenant Général des Armées du Roy.

Avant que de mettre fin à ce Chapitre, il faut sçavoir ce que c'est qu'avoir le *Pour* qui n'est accordé qu'aux Princes du Sang, ou légitimez, & à quelques Seigneurs qui tiennent rang de Princes.

L'origine de ce mot d'avoir le *Pour*, vient de ce que lorsque la Cour marche, les Fourriers des Logis qui vont poser la craie, & marquer les Logis, quand ils marquent ceux des Officiers, ou autres qui ne sont pas Princes, ils mettent simplement le nom & le titre de l'Officier ; mais quand ils marquent le logement de ces Princes, ils y ajoûtent le mot de *Pour* & écrivent *Pour Monsieur tel.*

Il est à remarquer qu'il y a quelques Seigneurs particuliers en France, qui portent la qualité de *Prince*, annexée à certaines Terres qui ont le titre de Principauté, comme les Principautez *du Charolois* en Bourgogne, de *Deols*, prés Chateauroux, ou la Principauté du Bas Berry, à M. le Prince, la Souveraineté de *Chateaurenaut & de Limchamq,* & la Principauté *de la Roche-sur-Yon,* à M. le Prince de Conty, *de Dombes,* à M. le Duc du Maine, *de Martigues & d'Anet,* qui sont à M. le Duc de Vendôme : *de Neufchatel & de Vallenghin,* en Suisse, *de Chatelaillon,* au Païs Rochelois : la Baronie *de Joinville,* à la Maison de Guise, érigée en Principauté, le 9. May 1552. de *Bedeilles* à M. le Comte de Marsan, de *Guémené,* au Prince de ce nom, érigée en 1570. vérifiée au Parlement la même année : de *Soubize,* érigée en Principauté par Lettres Patentes du mois de Mars 1667. vérifiées au Parlement le 1. Juillet de la même année. Celle de *Talmond* & de

PRINCIPAUTEZ.

Poix, à la Maison de la Tremoille: *Tarente*, en Italie, est au Roy d'Espagne, sur laquelle Principauté la même Maison de la Tremoille, prétendant avoir quelque droit, l'aîné porte le titre de Prince de Tarente. Celle de *Courtenay*, au Prince de Courtenay. Celle de *Soyon en Vivarais*, à M. le Duc d'Usês : de *Tingry en Boulonnois*, de *Lux* en Béarn, & la Souveraineté d'*Aigremont*, à quatre lieuës de Langres, prés Bourbon les Bains, à M. le Duc de Luxembourg, d'*Enrichemont de Boisbelle*, à M. le Duc de Suilly : de *Mortaigne sur Gironde*, à M. le Duc de Richelieu : de *Marsillac*, à M. le Duc de la Rochefoucault : de *Leon*, à M. le Duc de Rohan : de *Bidache*, à M. le Duc de Grammont : de *Château Porcien*, à M. le Duc Mazarin, érigée en Principauté par Charle IX. le 4. Juin 1561. de *Buch*, à M. le Duc de Foix Rendan : d'*Epinoy*, en Flandre, entre Doüay & Lille ; ils sont de la Maison de Melun : de *Carency*, au Comte de Broutey, de la Vauguïon, Marquis de S. Mégrin : de *Cazerte*, à la Maison de Cossé : de *Foucarmond*, à la Maison de Brézé, de *Chalais*, à la Maison de ce nom : d'*Yvetot*, à la Maison d'Albon : d'*Amboise*, à la Maison d'Anglure : de *Delain*, dans la Franche-Comté, au Comte de Chiverny : de *Chabaneis*, au Païs d'Angoumois, bâtie sur le bord de la Riviére de Vienne, au Marquis de Sourdis : *Peschefeul*, au Baron de la Galissonniére.

Quoique pourtant ceux qui les possedent ne tiennent point rang de Princes, s'ils ne le sont d'ailleurs, mais seulement celui qui leur est dû parmis les Ducs & Pairs de France, s'ils le sont.

Il y a quelques Principautez annexées à des Archevêchez ou Evêchez, comme

L'Evêque & Prince de *Metz*. L'Evêque de Viviers, Prince de *Donzére* & de *Châteauneuf sur le Rône*. L'Archevêque d'Arles, Prince de *Salon* & de *Mondragon*. L'Evêque & Prince d'*Apt*. L'Archevêque & Prince d'*Ambrun*. L'Evêque & Prince de *Strasbourg*. L'Evêque & Prince de *Grenoble*.

DES PAIRS DE FRANCE.

CHAPITRE VI.
Des Pairs de France.

A qualité de Pair de France, est une dignité annexée à une Terre & Seigneurie, & tenuë en fief du Roy, à cause de la Couronne, en conséquence de laquelle ceux qui possedent cette Terre sont Officiers de la Couronne, tiennent rang au Sacre & Couronnement des Rois, ont séance au Parlement de Paris, qui est seul juge de leurs Personnes & de leurs Pairies, & jouïssent de plusieurs autres honneurs.

Leur institution est trés, incertaine : quelques-uns l'attribuënt mal-à-propos à Charlemagne, ou à Hugues Capet ; mais il est certain qu'on ne les a connus véritablement qu'au Sacre de Philippe Auguste, le Jeudy Fête de la Toussaint 1179. Mais laissant à part cette question, qui feroit la matiere d'une grande dissertation, il faut se contenter d'observer, que cette qualité de Pairie a été unie & attachée plus universellement à des Terres portant titre de Duché, mais qu'elle a aussi été unie à des

Comtez, à des Baronies, & à des simpl[es]
Seigneuries. Et comme elle est la premié[re]
& principale dignité, à laquelle la Noble[sse]
puisse aspirer, & que les Princes du San[g]
Royal la portent, aussi je donnerai ici un[e]
énumération chronologique des Terres qu[i]
en ont été décorées, suivant la datte d[es]
érections, sans distinction de Duchez,
de Comtez, de Baronies, & autres Sei[-]
gneuries.

Bourgogne, Duché-Pairie, réünie a[u]
Domaine de la Couronne par Lettres Pa[-]
tentes du mois de Novembre 1361.

Normandie, Duché-Pairie, confisqu[é]
sur Jean, dit *Sans terre*, Roy d'Angleter[-]
re, Duc de Guienne, par Arrest de l'an[-]
née 1202.

Guienne, Duché-Pairie, confisqué su[r]
Jean, dit *Sans terre*, Roy d'Angleterre[,]
Duc de Normandie, par le même Arre[st].

Champagne, Comté-Pairie, réüni a[u]
Domaine de la Couronne, avec le Duch[é]
de Bourgogne, par les Lettres Patente[s]
du mois de Novembre 1361.

Flandre, Comté-Pairie, à present pos[-]
sedé en partie par le Roy, & en parti[e]
par le Roy d'Espagne.

Tholose, Comté-Pairie, réüni au D[o]
maine de la Couronne, avec le Duch[é]
de Bourgogne & le Comté de Champ[agne]

ne, par les Lettres Patentes du mois de Novembre 1361.

Rheims, Duché-Pairie.
Laon, Duché-Pairie.
Langres, Duché-Pairie.
Beauvais, Comté-Pairie.
Châlons, Comté-Pairie.
Noyon, Comté-Pairie.

Mortain, *Clermont en Beauvaisis*, & *Aumale*, Comtez, *Dont-front*, Seigneurie, furent donnez en Apanage à Philippe de France par Loüis VIII. du nom, Roy de France son frere, pour les tenir en Pairie par Lettres Patentes du mois de Fevrier 1223.

Guienne, Duché-Pairie. Les Villes de Bordeaux & de Bayonne, avec les Païs de Limosin, de Perigord, de Quercy & de Xaintonge, entre la Riviere de Charente, furent cedez par S. Loüis à Henry III. du nom Roy d'Angleterre, par le Traité de Paix fait à Paris au mois de Novembre 1259. pour les tenir en Pairie, sous le nom & titre de Duché d'Aquitaine. Philippe III du nom, dit le Hardy, y joignit le Païs d'Agénois par le Traité de Paix conclu à Amiens le 23. May 1279. entre lui & Edoüard, I. du nom, Roy d'Angleterre. La Souveraineté de ce Duché fut abandonnée à Edoüard, III. du nom, Roy d'Angleterre, par le Traité conclu à Bretigny prés Chartres, le 8. May 1360. mais il fut confisqué sur le même Edoüard par Arrest des Pairs du 14. May 1370.

Valois, Comté Pairie, érigée par Lettres Patentes du Mercredy avant la My-Carême 1284. en faveur de Charle de France. Cette Pairie fut éteinte lorsque Philippe Comte de Valois son fils parvint à la Couronne, après le décés de Charle IV. du nom, dit le Bel, arrivé le 1. Fevrier 1327.

Alençon, Comté-Pairie, érigé en faveur du même Charle de France, Comte de Valois. Il fut érigé en Duché par Lettres Patentes du 1. Janvier 1414. en faveur de Jean, I. du nom, Comte d'Alençon & du Perche. Il a été réüni au Domaine de la Couronne par la mort de Charle, Duc d'Alençon, Comte du Perche, Pair de France, arrivée le 11. Avril 1525. & cette Pairie éteinte.

Perche, Comté-Pairie, érigée en faveur du même Charle de France, Comte de Valois, & éteinte par le decés du même Charle Duc d'Alençon.

Anjou, Comté-Pairie, érigée par Lettres Patentes, données à Courtray au mois de Septembre 1297. en faveur de

Charle de France, Comte de Valois. Cette Pairie fut éteinte par l'avénement de Philippe Comte de Valois, son fils à la Couronne.

Artois, Comté-Pairie, érigée par Lettres Patentes, données à Courtray au mois de Septembre 1297. en faveur de Robert, II. du nom, Comte d'Artois. Ce Comté est presentement uni au Domaine de la Couronne.

Bretagne, Duché-Pairie. Ce Duché fut érigé en Pairie par Lettres patentes, données à Courtray au mois de Septembre 1297. en faveur de Jean Duc de Bretagne; il fut uni au Domaine de la Couronne par Lettres Patentes, données à Nantes au mois d'Août 1532. regiſtrées au Parlement de Bretagne le 8. Octobre, & au Parlement de Paris le 18. Novembre de la même année.

Poitou, Comté Pairie. Ce Comté fut érigé en Pairie, par Lettres Patentes du mois d'Août 1315. en faveur de Philippe de France, Comte de Poitou. Il succeda à Jean, I. du nom, Roy de France & de Navarre son neveu, décédé le 19. Novembre 1316. & cette Pairie fut éteinte.

La Marche, Comté-Pairie. Ce Comté fut érigé en Pairie par Lettres Patentes données à Paris au mois de Mars 1316 en faveur de Charle de France, Comte de la Marche. il succeda à Philippe V du nom, dit le Long, son frere, decedé le 2. Janvier 1321. & cette Pairie fut éteinte.

Evreux, Comté-Pairie. Ce Comté fu érigé en Pairie le 27. Mars 1316. en faveur de Loüis de France, Comte d'Evreux, mais les Lettres d'érection aïan été perduës, il en fut expediée d'autres au mois de Janvier 1326. en faveur d Philippe, Comte d'Evreux & Roy de Navarre son fils. Charle d'Evreux, III. du nom, Roy de Navarre, son petit fils, céda ce Comté d'Evreux à Charle VI. du nom, Roy de France, par un Traité passé à Paris le 9. Juin 1404. & ainsi cette Pairie fut éteinte.

Angoulême, Comté-Pairie. Ce Comté fut érigé en Pairie par Lettres Patentes, données à Paris le 27. Mars 1316. en faveur de Philippe d'Evreux, & de Jeanne de France son épouse, ce qui fut confirmé par la transaction du 14. Mars 1335.

Etampes, Comté-Pairie. La Baronie d'Etampes fut érigée en Comté Pairie par lettres Patentes, données à Paris au mois de Septembre 1327. en faveur de Charle d'Evreux,

DES PAIRS DE FRANCE.

d'Evreux fils de Loüis de France, Comte d'Evreux, & de Marguerite d'Artois. Loüis d'Evreux, Comte d'Etampes, son fils mourut sans enfans le 16. May 1400. aïant donné ce Comté à Loüis de France, Duc d'Anjou.

Bourbon, Duché-Pairie. La Seigneurie de Bourbon, avec les Seigneuries d'Yssoudun, S. Pierre le Moustier & Montferrand, furent érigées en Duché-Pairie, par Lettres Patentes, données au Château du Louvre prés Paris au mois de Decembre 1327. en faveur de Loüis, Comte de Clermont. Sa posterité a prit le nom de Bourbon. Il a été uni au Domaine de la Couronne, par la mort de Charle Duc de Bourbonnois d'Auvergne & de Châtelleraut, Pair Conêtable de France, arrivée le 6. May 1527.

La Marche, Comté-Pairie. Ce Comté fut érigé en Pairie par les mêmes Lettres du mois de Decembre 1327. & en faveur du même Loüis, Comte de Clermont. Il passa à Jâque de Bourbon, Comte de la Marche, Pair & Conêtable de France, son second fils, & fut confisqué sur Jâque d'Armagnac, Duc de Nemours par Arrest du 4. Août 1477.

Beaumont-le-Roger, Comté-Pairie. Ce Comté fut érigé en Pairie par Lettres

Patentes, données à Paris au mois de Février 1328. en faveur de Robert d'Artois, Comte de Beaumont-le-Roger. Il fut confisqué fur lui par Arreſt du Mercredy avant Pâques-Fleuries 1331.

Clermont en Beauvoiſis, Comté-Pairie. Ce Comté fut donné en l'année 1331. à Loüis de Clermont, Duc de Bourbonnois & Comte de la Marche, pour le tenir en Pairie, en échange des Seigneuries d'Yſſoudun, de S. Pierre le Mouſtier & de Montferrand, qui avoient été unies au Duché du Bourbonnois. Il fut réüni au Domaine de la Couronne, par la mort de Charle Duc de Bourbonnois, d'Auvergne & de Châtelleraut, Pair & Conêtable de France, arrivée le 6. May 1527.

Normandie, Duché, *Anjou*, Comté & *Maine*, Comté. Ces Duché & Comtez furent donnez par Lettres Patentes du 17. Février 133. à Jean de France, pour les tenir en Pairies. Il fucceda à Philippe de Valois, VI. du nom, Roy de France, ſon pere, décedé le 22. Août 1350. & ces Pairies furent éteintes.

Mortain, Comté-Pairie. Cette Seigneurie fut érigée en Comté-Pairie, par la tranſaction paſſée à Avignon le 14. Mars 1335. entre Philippe de Valois, VI.

du nom, Roy de France, d'une part, & Philippe, Comte d'Evreux, & Jeanne de France son épouse, Roy & Reine de Navarre.

Orleans, Duché-Pairie, *Valois*, Comté, *Beaumont-le-Roger*, Comté *Breteüil*, Vicomté, *Conches & Orbec* Seigneuries-Pairies. Ces Duché, Comtez, Vicomté & Seigneuries furent données en apanage à Philippe de France, par Lettres Patentes du 16. Avril 1344. pour les tenir en Pairie. Jean, II. du nom, Roy de France reprit le 5. Mars 1353. le Comté de Beaumont-le-Roger, le Vicomté de Breteüil, les Seigneuries de Conches & d'Orbec, & ainsi ces Pairies furent éteintes. Quant au Duché d'Orleans & au Comté de Valois Philippe de France les posseda jusqu'à son décés arrivé sans enfans, le 1. Septembre 1375. qu'ils furent réünis au Domaine de la Couronne.

Nivernois, Comté-Pairie. Cette Pairie fut érigée par Lettres Patentes, données à Moncel-les-Ponts le 27. Août 1347 en faveur de Marguerite de France, femme de Loüis, Comte de Flandre, & de Loüis de Flandre, Comte de Nevers, son fils.

Rethel, Comté-Pairie. Ce Comté érigé en Pairie en faveur des mêmes & par les mêmes Lettres.

Donzy, Baronie-Pairie. Cette Baronie fut érigée en Pairie en faveur des mêmes & par les mêmes Lettres.

Mantes, Comté, *Meulan*, Comté, *Valognes*, Vicomté, *Queranian*, Vicomté, & le Clos de *Constantin*, furent érigées en Pairies le 22. Février 1353. en faveur de Charle d'Evreux, II. du nom, Roy de Navarre. Charle V. du nom, Roy de France, reprit les Comtez de Mantes & de Meulan par un Traité du 6. Mars 1364. & lui donna la Baronie de Montpellier en échange, & par un autre Traité du 9. Juin 1404. Charle d'Evreux, III. du nom, Roy de Navarre, son fils, quitta tout le droit qu'il avoit à ces Terres & Seigneuries, qui furent entierement réünies au Domaine de la Couronne.

Beaumont-le-Roger, Comté, *Breteüil*, Vicomté, *Conches* & *Ponteau-de-mer*. Ces Seigneuries furent érigées en Pairies en faveur du même Charle d'Evreux, II. du nom, Roy de Navarre, par Lettres Patentes du mois de Janvier 1354. & Charle d'Evreux, III. du nom, Roy de Navarre, son fils, quitta par le Traité du 9. Juin 1404. le droit qu'il avoit à ces Terres.

Normandie, Duché-Pairie. Ce Duché fut donné à Charle de France, Dauphin

DES PAIRS DE FRANCE. 221
de Viennois & Comte de Poitou, par Lettres Patentes de la Vigile de la Conception 1355. Cette Pairie fut éteinte, lorſque ce Prince ſucceda à Jean, II. du nom, Roy de France, ſon pere, decedé le 8. Avril 1364.

Poitou, Comté-Pairie. Ce Comté fut donné par Charle de France, Duc de Normandie, & Regent du Roïaume, à Jean de France ſon frere, pour le tenir en Pairie, par Lettres Patentes du mois de Juin 1357. mais ce Comté aïant été cedé à Edoüard III. du nom, Roy d'Angleterre, par le Traité de Bretigny du 8. May 1360. le Roy revoqua cette conceſſion par ſes Lettres Patentes du mois d'Octobre 1360.

Le Comté de *Mâcon* fut érigé en Pairie en faveur de Jean de France, Comte de Poitou, par Charle de France, Duc de Normandie, & Régent du Roïaume, par ſes Lettres Patentes, données à S. Denys au mois de Septembre 1359. qui furent revoquées par le Roy Jean, par ſes Lettres Patentes données à Boulogne au mois d'Octobre 1360.

Le Comté d'*Anjou*, avec les Seigneuries de *Chantonceaux* & de *Chêt au du Loir*, furent érigées en Duché & Pairie, en faveur de Loüis de France, par Lettres Pa-

K iij

tentes données à Boulogne au mois d'Octobre 1360. Il fut réüni au Domaine de la Couronne par la mort de René d'Anjou, Roy de Naples, arrivée le 10. Juillet 1480.

Le Comté du *Maine* fut érigé en Pairie par les mêmes Lettres, & en faveur du même Loüis de France. Il fut réüni au Domaine de la Couronne par la mort de Charle d'Anjou, Roy de Naples, arrivée le 11. Décembre 1481.

Le Comté de *Berry* fut érigé en Duché & Pairie en faveur de Jean de France, par Lettres Patentes données à Boulogne au mois d'Octobre 1360. Ce Duché fut réüni au Domaine de la Couronne par sa mort, arrivée le 15. Juin 1416.

Le Comté d'*Auvergne* fut érigé en Duché & Pairie en faveur du même Jean de France, & par les mêmes Lettres Patentes. Ce Prince donna ce Duché en dot à Marie de Berry sa fille, lorsqu'elle épousa Jean de Bourbon, Comte de Clermont, & il fut réüni au Domaine de la Couronne par la mort de Charle Duc de Bourbon, Conêtable de France, arrivée le 6. May 1527.

Le Comté de *Touraine* fut érigé en Duché & Pairie en faveur de Philippe de France, par Lettres Patentes données à

Boulogne au mois d'Octobre 1360. il fut réüni au Domaine en l'année 1363.

Le Duché & Pairie de *Bourgogne* fut donné au même Philippe de France au lieu de celui de Touraine, par Lettres Patentes données à Nogent sur Marne le 6. Septembre 1363. qui furent confirmées par d'autres Lettres du dernier May 1364. Il fut réüni au Domaine de la Couronne par la mort de Charle Duc de Bourgogne, tué à la Bataille de Nancy le 5. Janvier 1476.

La Baronie de *Montpellier* fut donnée par Traité du 6. Mars 1364. à Charle d'Evreux, Roy de Navarre, pour la tenir en Pairie, en échange des Comtez de Mantes, de Meulan & de Longueville.

Les Châtellenies de *Lille*, de *Doüay*, & d'*Orchies*, furent données à Loüis, Comte de Flandre, par Lettres Patentes du 25. Avril 1369. pour les tenir en Pairie.

Le Comté de *Poitou* fut donné par Lettres Patentes du mois de Novembre 1369. à Jean de France, Duc de Berry & d'Auvergne, pour le tenir en Pairie. Il fut réüni au Domaine de la Couronne par sa mort, arrivée le 15. Juin 1416.

Le Duché d'*Orleans*, fut donné par Lettres Patentes du 14 Juin 1392. à Loüis de France, pour le tenir en Pairie. Il fut réüni au Domaine de la Couronne, lors que Loüis, Duc d'Orleans, son petit-fils, succeda à Charle VIII. du nom, Roy de France, décedé le 7. Avril 1497.

Les Comtez d'*Angoulême*, de *Valois*, de *Beaumont-sur-Oi e*, de *Vertus*, de *Blois* & de *Dunois*, le Vidamé de *Châlons*, les Châtellenies de la *Fere en Ardenois* & de *Gandelus*, & les Seigneuries de *Porcien*, de la *Ferté-Bernard*, de la *Ferté-Milon* & de *Pierrefonds*, furent érigez en Pairies en faveur de Loüis de France, Duc d'Orleans, par Lettres Patentes du mois de Juin 1399. Ces Pairies ont été éteintes dans la suite des temps.

Le Comté de *Perigord* fut donné au même Loüis de France, Duc d'Orleans, pour le tenir en Pairie, par Lettres Patentes du 24. Janvier 1399. Il fut vendu en l'année 1437. à Jean de Châtillon, Duc de Bretagne, Comte de Limoges, par Charle Duc d'Orleans.

La Châtellenie de *Château-Thierry* fut donnée au même Loüis de France, Duc d'Orleans, pour la tenir en Pairie, par Lettres Patentes données à Paris au mois de May 1400.

Le Duché de *Guienne* fut donné à Loüis de France, Dauphin de Viennois, pour le tenir en Pairie, par Lettres Patentes du

14. Janvier 1400. Il mourut sans enfans le 18. Decembre 1415.

Le Duché de *Touraine* fut donné à Jean de France, pour le tenir en Pairie, par Lettres Patentes données à Paris le 12. Juillet 1401. Il mourut sans enfans le 5. Avril 1415. avant Pâques.

Le Comté de *Soissons*, & la Baronie de *Coucy*, furent érigez en Pairie, en faveur de Loüis de France, Duc d'Orleans, par Lettres Patentes du 22. May 1404. Ils furent unis au Domaine de la Couronne, lorsque Loüis, Duc d'Orleans, succéda à Charle, VIII. du nom, Roy de France, décedé le 7. Avril 1497.

Les Châtellenies de *Châtillon-sur Marne*, de *Montargis*, de *Courtenay*, & de *Crécy*, furent érigées en Pairie, en faveur du même Loüis de France, Duc d'Orleans, par Lettres Patentes données à Paris le 5. Juin 1404.

Les Seigneuries de *Nemours*, de *Beaufort*, de *Solaines*, de *Nogent*, de *Pons*, de *Bar-sur-Seine*, de *S. Florentin*, de *Coulommier*, de *Lissy*, de *Dollot*, de *Pons-sur-Yonne*, & de *Grez*, furent érigées en Duché & Pairie sous le nom de Nemours, en faveur de Charle d'Evreux, III. du nom, Roy de Navarre par Traité fait à Paris le 9. Juin 1404.

La Châtellenie de *Mortaigne* prés Tournay fut érigée en Pairie, par Lettres Patentes, données à S. Marcel lés Paris, le 15. Avril 1407. en faveur de Jean de France, Duc de Touraine.

Les Châtellenies, *d'Ervy-le-Châtel*, & *de Jouy-le-Châtel* furent érigées en Pairie, en faveur de Charle d'Evreux, III. du nom, Roy de Navarre, par Lettres Patentes données à Tours le 10. Decembre 1408. regiſtrées au Parlement le 18. & en la Chambre des Comptes le 22. Decembre de la même année.

Mortain Comté-Pairie. La Châtellenie de *Condé-ſur-Noireau* fut unie au Comté de Mortain, & ce Comté érigé en Pairie, par Lettres Patentes données à Chartres au mois de Mars 1408. en faveur de Pierre d'Evreux, dit *de Navarre*.

Les Seigneuries de *Coulommiers*, de *Bray*, de *Nogent*, de *Pons*, & de *S. Florentin*, aïant été diſtraites du Duché de Nemours, & delaiſſées par Charle d'Evreux, Roy de Navarre, à Pierre d'Evreux, dit *de Navarre*, Comte de Mortain, cette diſtraction fut confirmée par Lettres Patentes, données à Paris le 6. Novembre 1410. & érigées en Pairie en faveur du même Pierre d'Evreux.

Guienne, Duché, *Toulouſe*, Comté,

Isles, *Villemor*, *Chaourse*, *Partenay*, & autres Terres, que Loüis de France, Dauphin de Viennois, possedoit dans le Roïaume, furent érigées en Pairie, par Lettres Patentes données à Paris le 15. Decembre 1410.

Le Duché de *Touraine* fut donné à Jean de France, par Lettres Patentes, données en l'Abbaïe de Saint Jean des Vignes de Soissons le 24. May 1414. pour en joüir par provision, & le tenir en Pairie jusques à ce qu'il eût le Duché de Berry & le Comté de Poitou.

Le Duché de *Touraine* fut donné à Charle de France, Dauphin de Viennois, par Lettres Patentes, données à Paris le 15. Juillet 1416. pour en joüir par provision, & le tenir en Pairie.

Le Duché de *Berry*, & le Comté de *Poitou* furent aussi donnez au même Charle de France, Dauphin de Viennois, Duc de Touraine, par Lettres Patentes données à Paris le 17. May 1417. pour les tenir en Pairie.

Le Duché de *Touraine* fut donné par Lettres Patentes de Charle de France, Regent du Roïaume, Dauphin de Viennois, dattées à Bourges le 19. Avril 1423. regiſtrées au Parlement séant à Poitiers le dernier jour du même mois, à Archambaut, Comte de Douglas Ecossois, pour le tenir en Pairie.

Le Comté d'*Evreux* fut donné par Lettres Patentes, dattées à Montluçon au mois de Janvier 1426 à Jean Stuart, Conêtable de l'Armée d'Ecosse, pour le tenir en Pairie.

Le Comté de *Xaintonge*, & la Seigneurie de *Rochfort* sur Charante, furent données par Lettres Patentes du mois de Novembre 1428 à Jâque Stuart, Roy d'Ecosse, pour les tenir en Pairie.

Le Comté de *Mâcon*, le Comté d'*Auxerre*, & les Seigneuries de *Bar-sur-Seine*, de *Péronne*, de *Montdidier*, & de *Roye*, furent cedez à Philippe, III. du nom, Duc de Bourgogne, pour les tenir en Pairie, par le Traité conclu à Arras le 21 Septembre 1435. confirmé par Lettres Patentes données à Tours le 10. Decembre suivant, registrées au Parlement le 23. Janvier, & en la Chambre des Comptes le 10. Fevrier suivant.

Le Comté de *Foix* fut érigé en Pairie, en faveur de Gaston, Comte de Foix & de Bigorre, par Lettres Patentes données à Vendôme au mois d'Avril 1458.

Le Comté d'*Eu* fut érigé en Pairie, en faveur de Charle d'Artois, Comte d'Eu, par Lettres Patentes données à Vendôme au mois d'Août 1458. Cette érection fut confirmée par d'autres Lettres dés 19. Mars & 6. Avril 1551.

Le Comté de *Nivernois* fut érigé en Pairie, en faveur de Charle de Bourgogne, Comte de Nevers, par Lettres Patentes données au Bourg de Champigny au mois de Juillet 1459. regiſtrées au Parlement le 12. Novembre ſuivant. Cette Pairie fut éteinte par ſon decés, arrivé ſans enfans en l'année 1464.

Le Duché de *Berry* fut donné à Charle de France, pour le tenir en Pairie, par Lettres Patentes dattées à Montrichart au mois de Novembre 1461.

Le Comté de *Nivernois* fut érigé de nouveau en Pairie, en faveur de Jean de Bourgogne, Comte de Nevers, par Lettres Patentes dattées à Mauny le 30. Juillet 1464.

Le Duché de *Normandie* fut donné à Charle de France, pour le tenir en Pairie au lieu de celui de Berry, par Lettres Patentes données à Paris au mois d'Octobre 1465. regiſtrées au Parlement le... Novembre ſuivant.

Le Duché de *Guienne*, entre la Riviere de Charante, avec le Païs d'*Agénois* & *Perigord*, de *Quercy*, de *Xaintonge*, le Gouvernement de la Rochelle & le Païs d'*Aul-*

nis, fut donné à Charle de France, pour le tenir en Pairie, au lieu du Duché de Normandie, par Lettres Patentes données à Amboise le 29. Avril 1469. aprés Pâques.

La Châtellenie de *Villefranche*, fut érigée en Comté Pairie, & donnée à Frederic d'Arragon, Prince de Tarente, & à Charlotte d'Arragon sa fille, par Lettres Patentes données à la Mothe d'Esgry au mois d'Août 1480. regiſtrées en la Chambre des Comptes le 19. Septembre, & au Parlement de Paris le 17. Janvier de la même année, confirmées par d'autres Lettres des 2. Decembre & 11. Fevrier 1481. regiſtrées au Parlement de Tholoſe le 5. Mars 1481.

Les Seigneuries de *Civray*, *Uſſon*, *S. Maixant*, & *Vitrezay*, furent données à François d'Orleans Comte d'Angoulême, pour les tenir en Pairie, au lieu de la troiſiéme partie du Comté de Perigord, par Lettres Patentes données à Paris le 14. Août 1498. regiſtrées le 26. Avril 1499.

Le Comté de *Valois* fut érigé en Duché & Pairie, & donné à François d'Orleans, Comte d'Angoulême, par Lettres Patentes du mois de Fevrier 1498. regiſtrées le 26. Avril 1499. aprés Pâques.

Le Comté de *Nivernois* fut de nouveau

rigé en Pairie, en faveur d'Engilbert
e Cleves, par Lettres Patentes du mois
de May 1505. regiftrées le 18 Août de
la même année.

La Baronie de *Coucy*, le Comté de
Soiſſons, & les Châtellenies de *Ham*, de
Pinon & de *Montcornet*, furent données,
à Claude de France, fille aînée de Loüis
d'Orleans, XII. du nom, Roy de France, & d'Anne, Ducheſſe de Bretagne,
pour les tenir en Pairie, par Lettres Patentes du mois de Fevrier 1505. regiſtrées
le 19. Mars ſuivant. Elle fut mariée le
18. May. 1514. avec François d'Orleans,
Duc de Valois, & Comte d'Angoulême,
depuis Roy de France.

Les Seigneuries de *Nemours*, de *Dun*,
& de *Châteaulandon*, furent delaiſſées par
Lettres Patentes, données à Blois au mois
de Novembre 1507. regiſtrées le 14. Janvier ſuivant, à Gaſton de Foix, pour les
tenir en Duché-Pairie.

Le Comté de Vendômois fut érigé en
Duché-Pairie, en faveur de Charle de
Bourbon, Comte de Vendôme, par Lettres Patentes du mois de Fevrier 1514. regiſtrées au Parlement le 6. Mars ſuivant,
& en la Chambre des Comptes le 23.
May 1516. Ce Duché a été uni au Domaine de la Couronne, & la Pairie étein-

te, lorsque Henry de Bourbon, Roy de Navarre, succeda à Henry III. du nom, Roy de France & de Pologne, decedé le 2. Août 1589.

La Vicomté de *Châtelleraut* fut érigée en Duché & Pairie, en faveur de François de Bourbon, Vicomte de Châtelleraut, par Lettres Patentes du mois de Fevrier 1514. regiſtrées au Parlement le 4. Avril 1514. avant Pâques. Cette Pairie fut éteinte par la mort de Charle Duc de Bourbonnois, d'Auvergne & de Châtelleraut, Pair & Conêtable de France, arrivée le 6. May 1527.

Le Duché de *Berry* fut donné à Marguerite d'Orleans, femme de Charle Duc d'Alençon, pour le tenir en Pairie, par Lettres Patentes du 11. Octobre 1517. regiſtrées au Parlement le 4. en la Chambre des Comptes le 6. & en la Cour des Aides le 10. Fevrier 1517. Ce Duché fut réüni au Domaine de la Couronne par ſa mort, arrivée le 21. Decembre 1549. & la Pairie éteinte.

Le Duché d'*Alençon* fut donné à Henry d'Albret, Roy de Navarre, & Marguerite d'Orleans, veuve de Charle Duc d'Alençon, pour le tenir en Pairie, par leur Contrat de Mariage du 24. Janvier 1526.

DES PAIRS DE FRANCE.

François de Bourbon, Comte de S. Paul, se trouvant au Parlement le 27. Juillet 1527. le Roy le créa Pair de France pour cette fois seulement, & sans qu'il pût dans la suite se dire Pair de France.

Le Comté de *Guise* fut érigé en Duché & Pairie, en faveur de Claude de Lorraine, Comte de Guise & d'Aumale, par Lettres Patentes du mois de Janvier 1527. registrées au Parlement le 12. Août, & en la Chambre des Comptes le 5. Septembre 1528. Cette Pairie est éteinte par la mort de François-Joseph de Lorraine, Duc d'Alençon, de Guise, &c. arrivée le 16. Mars 1675.

Le Comté de *Nivernois* fut érigé en Duché & Pairie, en faveur de Marie d'Albret, Comtesse de Nivernois, & de ses hoirs tant mâles que femelles, &c. par Lettres Patentes du mois de Janvier 1538. registrées au Parlement le 17. en la Chambre des Comptes le 26. Fevrier suivant. Charle de Gonzague Duc de Mantoüe, de Montferrat, de Nivernois, de Rethelois & de Mayenne, aïant vendu ce Duché à Jules Mazarini, Cardinal de la Sainte Eglise Romaine, la Pairie a été éteinte.

Le Comté de *Montpensier* fut érigé en Duché & Pairie, en faveur de Loüise de

Bourbon, veuve de Loüis de Bourbon Prince de la Roche-sur-Yon, & de Loüi de Bourbon, Prince de la Roche-sur-Yo leur fils, & des hoirs mâles dudit Loüi, de Bourbon; par Lettres Patentes du moi de Fevrier 1538. regiftrées au Parlement l 6. & en la Chambre des Comptes le 19 Mars fuivant. Cette Pairie a été éteint par la mort d'Henry de Bourbon, Du de Montpenfier, Pair de France, arri vée le 27 Fevrier 1608.

Les Duchez d'*Orleans*, d'*Angoulême* & de *Châtelleraut*; les Comtez de l *Marche*, de *C'ermont* en Beauvoifis, c de *Mefle*, le Vicomté d'*Aulnay*, & le Baronies de *Civray*, *Chizay*, *Uffon*, c *S. Maixant*, furent données à Charle d France, pour les tenir en Pairie, par Let tres Patentes du 12. Juin 1540. Ce Princ mourut fans alliance le 9. Septembre 1545.

Le Duché de *Bourbonnois* fut donné ce même Prince, pour le tenir en Pai rie par autres Lettres Patentes du 5. Fe vrier 1543.

Le Comté d'*Aumale* fut érigé en Du ché & Pairie, en faveur de François de Lorraine, Comte d'Aumale, & de Clau de de Lorraine, Marquis de Mayenne, fon frere, & de fes fuccefleurs mâles; par Lettres Patentes du mois de Juillet

1547. regiſtrées au Parlement le 5. & en la Chambre des Comptes le 12. Janvier 1547. Cette Pairie a été éteinte par la mort de Charle de Lorraine, Duc d'Aumale, Pair & Grand Veneur de France arrivée en l'année 1618.

La Baronie de *Montmorency* fut érigée en Duché & Pairie, en faveur d'Anne, Baron de Montmorency, Conêtable & Grand-Maître de France, & de ſes hoirs & ſucceſſeurs mâles, par Lettres Patentes du mois de Juillet 1551. regiſtrées au Parlement & en la Chambre des Comptes le 4. Août ſuivant. Ce Duché & cette Pairie furent éteintes par la mort d'Henry, ᵈᵘᶜ de Montmorency & de Damville, Pair & Maréchal de France, arrivée le 30. Octobre 1632.

Les Duchez d'*Anjou*, & de *Bourbonnois* & le Comté de *Foreſt*, furent donnez à Henry de France, pour les tenir en Pairie, par Lettres Patentes du 8. Fevrier 1566. regiſtrées le 21. Mars 1566. Ils furent réünis au Domaine de la Couronne, lorſqu'il ſucceda à Charle, IX. du nom ſon frere, le 30. May 1574.

Le Duché d'*Alençon*, & les Terres & Seigneuries de *Château-Thierry*, de *Châtillon ſur Marne*, & d'*Epernay*, créées & érigées en Duché. Les Comtez du *Per-*

chés, de *Gisors*, de *Mantes*, & de *Meulan*, furent donnez à François de France, pour les tenir en Pairie, par Lettres Patentes du 8. Fevrier 156. regiſtrées le 21. Mars 1566. Ces Duchez & Comtez furent réünis au Domaine de la Couronne par la mort de ce Prince, arrivée le 10. Juin 1584.

Le Comté de *Penthiévre* fut érigé en Duché & Pairie, en faveur de Sebaſtien de Luxembourg, Comte de Penthiévre & de ſes hoirs & ſucceſſeurs tant mâles que femelles par Lettres Patentes du mois de Septembre 1569. regiſtrées au Parlement de Paris le 15. du même mois, en la Chambre des Comptes le 6 Octobre ſuivant, & au Parlement de Bretagne l 25. du même mois d'Octobre. Cette Pairie & ce Duché aïant été démembrez par Contrat du 18. May 1657. Il y eut des Lettres Patentes expediées au mois d'Octobre 1658. pour faire ſubſiſter ces titres de Duché & de Pairie ſur le ſurplus. Mais les Terres qui en avoient été démembrées, aïans été adjugées au Roy, il les délaiſſa par Contrat du 28. May 1665 à Françoiſe de Lorraine, Ducheſſe Doüairiaire de Vendôme; & par des Lettres Patentes du mois de Decembre 1668. regiſtrées le 7. dudit mois, ces Terres furent réünies

DES PAIRS DE FRANCE.

à ce Duché, & les titres de Duché & de Pairie confirmez sans aucune innovation, tant pour l'ancienneté de l'érection que pour les rangs. Ce Duché a été vendu à Marie Anne de Bourbon, légitimée de France, veuve de Loüis de Bourbon, Prince de Conty, qui l'a vendu à Loüis-Alexandre de Bourbon, Comte de Toulouse.

Le Comté d'*Evreux* fut érigé en Duché, & donné avec le Comté de Dreux, à François de France, Duc d'Alençon, pour les tenir en Pairie, par Lettres Patentes du mois d'Octobre 1569. registrées au Parlement de Paris le 10. Décembre suivant, & au Parlement de Roüen le 2. du même mois de Decembre. Ces Duché & Comté furent réünis au Domaine de la Couronne par sa mort, arrivée le 10. Juin 1584.

La Principauté de *Mercœur* fut érigée en Duché & Pairie, en faveur de Nicolas de Lorraine, Comte de Vaudemont & de ses successeurs mâles & femelles, par Lettres Patentes du mois de Decembre 1569. confirmées par d'autres du 20. Août 1575. registrées le 8. Mars 1576.

Le Duché d'*Uses* fut érigé en Pairie, en faveur de Jaque de Crussol, Duc d'Ufés, par Lettres Patentes du mois de Janvier 1572. regiftrées au Parlement le 31. Mars 1572. & en la Chambre des Comptes le 2. Janvier 1577.

Le Marquifat de *Mayenne* fut érigé en Duché & Pairie, en faveur de Charle de Lorraine, Marquis de Mayenne, Grand Chambélan de France, & de fes fucceffeurs & aïans caufe mâles & femelles, par Lettres Patentes du mois de Septembre 1573. regiftrées le 24. du même mois. Charle de Gonzague, Duc de Mantouë, de Montferrat, de Nivernois, de Réthelois & de Mayenne, aïant vendu ce Duché à Jules Mazarini, Cardinal de la Sainte Eglife Romaine, cette Pairie a été éteinte.

Le Comté de *S. Fargeau* fut érigé en Duché & Pairie, en faveur de François de Bourbon, Prince Dauphin d'Auvergne, par Lettres Patentes du mois d'Avril 1575. regiftrées le 28 Mars 1576. Cette Pairie fut éteinte par la mort d'Henry de Bourbon, Duc de Montpenfier, de Châtelleraut & de S. Fargeau, arrivée le 27. Fevrier 1608.

Le Vicomté de *Joyeufe* fut érigé en Duché & Pairie, en faveur d'Anne, Vicomte de Joyeufe, Chambelan ordinaire du Roy, par Lettres Patentes du mois

Août 1581. regiſtrées le 7. Septembre 1581, Cette Pairie a été éteinte par la mort de François-Joseph de Lorraine, Duc d'Alençon, de Guiſe, & de Joyeuſe, Pair de France, arrivée le 16. Mars 1675.

Le Duché de *Piney* fut érigé en Pairie, en faveur de François de Luxembourg, Duc de Piney, par Lettres Patentes du mois d'Octobre 1581. regiſtrées le 30. Décembre de la même année.

La Baronie d'*Epernon* fut érigée en Duché & Pairie, en faveur de Jean-Loüis de Nogaret de la Valette, Seigneur de Fontenay & d'Epernon, &c. par Lettres Patentes du mois de Novembre 1581. regiſtrées le 27. du même mois. Cette Pairie fut éteinte par la mort de Bernard de Nogaret, de la Valette & de Foix, Duc d'Epernon, de la Valette & de Candale, arrivée le 25. Juillet 1661.

Les Païs, Comté & Baronie de *Retz* furent érigez en Duché & Pairie, en faveur d'Albert de Gondy, Comte & Baron de Retz, &c. par Lettres Patentes du mois de Novembre 1581. regiſtrées le 20. Mars 1582. Cette Pairie fut éteinte par la mort d'Henry de Gondy, Duc de Retz, Pair de France, arrivée le ...

Le Marquiſat d'*Elbeuf* fut érigé en Duché & Pairie, en faveur de Charle de

Lorraine, Marquis d'Elbœuf, &c. pa[r] Lettres Patentes du mois de Novembr[e] 1581. regiſtrées le 23. Mars 1582.

Le Comté de *Rethelois* fut érigé en Duché & Pairie, en faveur de Loüis de Gonzague, & Henriette de Cleves ſon épouſe, Duc & Ducheſſe de Nivernois pa[r] Lettres du mois de Decembre 1581. regiſtrées le 19. du même mois. Ce Duch[é] aïant été vendu avec ceux de Nivernois de Mayenne à Jules Mazarini, Cardina[l] de la Sainte Egliſe Romaine, par Charl[es] de Gonzague, Duc de Mantouë, la Pairi[e] a été éteinte.

Le Marquiſat de *Magnelais* fut érigé en Duché & Pairie, ſous le nom d'Halluvin, en faveur de Charle d'Halluvin, Seigneur de Piennes, & d'Anne Chabot ſon épouſe, & de leurs enfans mâles, par Lettres Patentes du mois de May 1587. regiſtrées le 29. & dernier Fevrier 1588. Cette Pairie a été éteinte par leur[s] décés ſans enfans mâles.

Le Comté de *Montbazon* fut érigé en Duché & Pairie, en faveur de Loüis de Rohan, Comte de Montbazon, & de ſes ſucceſſeurs mâles deſcendans de lui, par Lettres du mois de May 1588. regiſtrées le 27. Avril 1589. Il mourut ſans enfans, & ainſi cette Pairie fut éteinte.

DES PAIRS DE FRANCE. 241

Le Duché de *Ventadour* fut érigé en Pairie, en faveur de Gilbert de Lévis Duc de Ventadour, &c. au mois de Juin 1589. regiſtré le 24. Janvier 1594.

Le Comté de *Montbazon* fut retabli en Duché & Pairie en faveur d'Hercule de Rohan, par Lettres Patentes du mois de Mars 1594. regiſtrées le 13. Mars 1595.

Le Duché de *Thoüars* fut érigé en Pairie, en faveur de Claude de la Tremoille, Duc de Thoüars, par Lettres du mois d'Août 1595. regiſtrées le 7. Decembre 1599.

Le Comté de *Beaufort* fut érigé en Duché & Pairie, en faveur de Gabrielle d'Etrées, Marquiſe de Monceaux, & de Ceſar *Monſieur* fils naturel du Roy, par Lettres Patentes du mois de Juillet 1597. regiſtrées le 10. du même mois. Ce Duché a été vendu à Charle François-Fréderic de Montmorency-Luxembourg, Duc de Luxembourg de Pincy & de Montmorency, & ainſi la Pairie a été éteinte.

Le Duché de *Vendômois* fut donné à Ceſar, fils naturel du Roy, par Contrat du 3. Avril 1598. pour porter le titre & qualité de Duc de Vendôme, Pair de France : confirmé par Lettres Patentes du 15. Avril 1598. regiſtrées le 24. Juillet ſuivant.

Tome II. L

La Baronie de *Biron* & autres furent érigées en Duché & Pairie, en faveur de Charle de Gontaut, Baron de Biron, Maréchal de France, par Lettres Patentes du mois de Juin 1598. regiſtrées le dernier du mois. Cette Pairie fut éteinte par ſa mort, arrivée le 31. Juillet 1602.

La Baronie d'*Aiguillon* & autres furent érigées en Duché & Pairie, en faveur d'Henry de Lorraine, par Lettres Patentes du mois d'Août 1599. regiſtrées le 2. Mars 1600. Cette Pairie fut éteinte par ſon decés ſans enfans, arrivé le 20. Septembre 1621.

Le Vicomté de *Rohan* fut érigé en Duché & Pairie en faveur d'Henry Vicomte de Rohan, Prince de Leon, &c. par Lettres Patentes du mois d'Avril 1603. regiſtrées le 7. Août 1603. Cette Pairie fut éteinte par ſa mort, arrivée le 13. Avril 1638.

La Baronie de *Sully* fut érigée en Duché & Pairie, en faveur de Maximilian de Béthune, Marquis de Rhoſny, par Lettres Patentes du mois de Fevrier 1606. regiſtrées le 9. Mars ſuivant.

Le Marquiſat de *Fronſac* fut érigé en Duché & Pairie, en faveur de François d'Orleans, Comte de S. Paul, par Lettres Patentes du mois de Janvier 1608, regiftrées le 18. Fevrier fuivant. Cette Pairie fut éteinte par fa mort arrivée le 7. Octobre 1631.

Le titre de Pairie fut continué au Duché de *Montpenfier*, en faveur d'Henriette-Catherine de Joyeufe, Duchesse Doüairiere de Montpenfier, & de Marie de Bourbon fa fille, & des enfans & fucceffeurs de ladite Marie de Bourbon, par Lettres Patentes du mois d'Avril 1608. regiftrées le 1. Juillet fuivant. Cette Pairie a été éteinte par la mort de Marie-Loüife d'Orleans, Duchesse de Montpenfier, arrivée le 6. Avril 1693.

La Baronie de *Damville* fut érigée en Duché & Pairie, en faveur de Charle de Montmorency, Baron de Damville, Amiral de France, Colonel General des Suiffes, Chevalier des Ordres du Roy, & en cas qu'il décede fans enfans mâles, d'Henry de Montmorency fon neveu, par Lettres Patentes du mois de Septembre 1610. regiftrées le 30. Decembre fuivant. Cette Pairie fut éteinte par la mort d'Henry, Duc de Montmorency & de Damville, Pair & Maréchal de France, arrivée le 30. Octobre 1632.

Les Titres de Duché & Pairie furent continuez à la Terre de *Magnelers*, fous le nom de Candale, en faveur d'Henry de Nogaret de la Valette, Comte de Candale, & d'Anne d'Hallvvin son épouse, par Lettres Patentes du mois de Fevrier 1611. regiſtrées le 18. Mars ſuivant, Leſquels furent continuez à ladite Anne d'Hallvvin & Charle de Schomberg, Marquis d'Epinay, Comte de Durſtal ſon époux, par autres Lettres du 9. Decembre 1620. regiſtrées le 20. Fevrier 1621. Cette Pairie fut éteinte par la mort du même Charle de Schomberg, Duc d'Hallvvin, Pair & Marêchal de France, arrivée le 5. Juin 1656.

Le Comté de *Briſſac*, fut érigé en Duché & Pairie, en faveur de Charle de Coſſé, Comte de Briſſac, Marêchal de France, par Lettres Patentes du mois d'Avril 1611. confirmées par d'autres Lettres du 7. Septembre 1616. & enregiſtrées en vertu des Lettres de ſurannation du 18. Septembre 1619. par Arreſt du 8. Juillet 1620.

Les Terres de *Leſdiguiéres* & de *Champſaur* furent érigées en Duché & Pairie, en faveur de François de Bonne, Seigneur de Leſdiguieres, Maréchal de France, & de Charle de Blanchefort, Sire de Crequy ſon gendre, par Lettres Patentes du mois de May 1611. confirmées par d'autres Lettres du 14. Septembre 1619. regiſtrées le quatorze Novembre suivant.

Le Duché de *Chevreuse* fut érigé en Pairie, en faveur de Claude de Lorraine Duc de Chevreuse, par Lettres Patentes du mois de Mars 1612. regiſtrées le 21. Août 1627. Cette Pairie fut éteinte par ſa mort, arrivée le 24. Janvier 1657.

Le Marquiſat de *Châteauroux* fut érigé en Duché & Pairie en faveur d'Henry de Bourbon, Prince de Condé, par Lettres Patentes du mois de May 1616. regiſtrées le 4. Août de la même année.

Le Comté de *Maillé* fut érigé en Duché & Pairie ſous le nom de Luynes, en faveur de Charle d'Albert, Seigneur de Luynes, Grand Fauconnier de France, par Lettres Patentes du mois d'Août 1614. regiſtrées le 14. Novembre ſuivant. La Baronie de Samblançay, & le Vicomté de Tours ont été unis à ce Duché, par Lettres Patentes du mois de Fevrier 1663. regiſtrées le 17. Avril ſuivant. Et depuis la Seigneurie de la Châtaigneraye, par autres Lettres du mois de Fevrier 1669. regiſtrées le 11. Avril 1670.

Le Marquiſat de *Seurre* fut érigé en Duché & Pairie, ſous le nom de Bellegarde, en faveur de Roger de S. Lary, Seigneur de Bellegarde, Grand Ecuïer de France, & Chevalier des Ordres du

Roy, par Lettres Patentes du mois de Septembre 1619. regiſtrées le 6. Juillet 1620. Les titres de Duché & Pairie ont été depuis tranſportez ſur la Terre de Choiſy-aux-Loges en Gâtinois, mais les Lettres n'ont pas été regiſtrées. Cette Pairie a été éteinte par ſa mort, arrivée le 13. Juillet 1646.

Le Comté de *Chaunes* fut érigé en Duché & Pairie, en faveur d'Honoré d'Albert, Seigneur de Cadenet, Maréchal de France, & Chevalier des Ordres du Roy, par Lettres Patentes du mois de Janvier 1621. regiſtrées le 9. Mars ſuivant. Cette Pairie a été éteinte par la mort de Charle d'Albert dit d'*Ailly*, Duc de Chaunes, Pair de France, arrivée au mois de Septembre 1698.

La Baronie de *Villebois* fut érigée en Duché & Pairie, ſous le nom de la Valette, en faveur de Bernard de Nogaret, Marquis de la Valette, par Lettres du mois de Mars 1622. regiſtrées le 4. Septembre 1631. Cette Pairie a été éteinte par ſa mort, arrivée le 25. Juillet 1661.

Le Comté de la *Rochefoucault* fut érigé en Duché & Pairie, en faveur de François, Comte de la Rochefoucault, par Lettres Patentes du mois d'Avril 1622, regiſtrées le 4. Septembre 1631.

DES PAIRS DE FRANCE.

Les Duchez d'*Orleans* & de *Chartres*, & le Comté de *Blois*, furent donnez à Gaston-Jean-Baptiste de France, pour les tenir en Pairie, par Lettres Patentes du mois de Juillet 1626. regiſtrées le 27. Août ſuivant. Ils ont été réünis au Domaine de la Couronne, par ſon decés ſans enfans mâles, arrivé le 2. Fevrier 1660.

Le Duché de *Valois* fut donné à Gaston-Jean-Baptiste de France, Duc d'Orleans, pour les tenir en Pairie, par Lettres Patentes du mois de Janvier 1630. regiſtrées le 6. Fevrier ſuivant. Il a été réüni au Domaine de la Couronne par ſon decés, arrivé le 2. Fevrier 1660.

La Terre de *Richelieu* & autres furent érigées en Duché & Pairie, en faveur d'Armand-Jean du Pleſſis, Cardinal du S. Siege Apoſtolique, &c. par Lettres Patentes du mois d'Août 1631. regiſtrées le 4. Septembre ſuivant.

La Terre & Seigneurie de *Montmorency*, &c. fut érigé en Duché & Pairie, en faveur d'Henry de Bourbon, Prince de Condé, Premier Prince du Sang, & de Charlotte-Marguerite de Montmorency ſon épouſe, &c. par Lettres Patentes du mois de Mars 1633. regiſtrées le 9. du même mois. Le nom de Montmorency a été changé en celui d'Anguien, par autres Lettres Patentes du mois de Septembre 1689. regiftrées le 2. Janvier 1690.

Les titres de Duché & Pairie furent retablis au Marquifat de *Fronzac*, en faveur d'Armand Jean du Pleffis, Cardinal Duc de Richelieu, par Lettres Patentes du mois de Janvier 1634. regiftrées le 5. Juillet fuivant.

Les titres de Duché & Pairie furent retablis au Comté de *Retz*, en faveur de Pierre de Gondy, Comte de Joigny, &c. par Lettres Patentes du mois de Fevrier 1634. regiftrées le 4. Mars 1634. Cette Pairie eft éteinte par fa mort, arrivée fans enfans mâles le....

La Terre d'*Aiguillon* fut érigé en Duché & Pairie fous le nom de *Puy-Laurens*, en faveur d'Antoine de Lage, Seigneur de Puy-Laurens, par Lettres Patentes du mois de Decembre 1634. regiftrées le 7. du même mois. Il mourut peu de tems aprés fans enfans, & cette Pairie fut éteinte.

La Terre & Seigneurie de *S. Simon* & autres fut érigée en Duché & Pairie, en faveur de Claude de Rouvroy, Seigneur de S. Simon, Premier Ecuïer du Roy & Chevalier de fes Ordres, par Lettres Patentes du mois de Janvier 1635. regiftrées le 1. Fevrier 1635.

DES PAIRS DE FRANCE. 249

Le Marquisat de la *Force* fut érigé en Duché & Pairie, en faveur de Jâques ompar de-Caumont, Marquis de la Force, Maréchal de France, par Lettres Patentes du mois de Juillet 1637. regiſtrées le 3. Août 1637.

La Terre d'*Aiguillon* fut érigée en Duché & Pairie, en faveur de Marie de Vignerot, veuve d'Antoine de Roure, Sr de Combalet, & de ſes heritiers & ſucceſſeurs tant mâles que femelles, tels qu'elle voudra choiſir, par Lettres Patentes du mois de Janvier 1638. regiſtrées le 9. May 1638. Cette Pairie eſt éteinte par la mort de Marie-Magdeleine de Vignerot, Ducheſſe d'Aiguillon, arrivée au mois de Decembre 1704.

Les Baronies de *Bins*, &c. furent érigées en Duché & Pairie, ſous le nom de Valentinois, en faveur d'Honoré Grimaldy, Prince de Monaco, par Lettres Patentes du mois de May 1642. regiſtrées le 18. Juillet 1642.

Le Comté de la *Rocheguyon* fut érigé en Duché & Pairie, en faveur de Roger du Pleſſis, Seigneur de Liancourt, & d'Henry Roger du Pleſſis, Comte de la Rocheguyon, ſon fils, par Lettres Patentes du mois de Mars 1647. regiſtrées le 15. Decembre 1663. en conſequence des Lettres

L v

de surannation du 11. du même mois. Cette Pairie a été éteinte par sa mort.

Le Marquisat de *Cœuvres* fut érigée en Duché & Pairie, sous le nom d'*Etrées*, en faveur de François-Annibal d'Etrées, Marquis de Cœuvres, Maréchal de France, par Lettres Patentes du mois de 1648. regiftrées le 15. Decembre 1663. en conséquence des Lettres de surannation du 11 du même mois.

Le Comté de *Grammont* fut érigé en Duché & Pairie en faveur d'Antoine, Comte de Grammont, Maréchal de France, par Lettres Patentes du mois de Novembre 1648. regiftrées le 15. Decembre 1663. en conséquence des Lettres de surannation du 11. du même mois.

Le Comté de *Trêmes* fut érigé en Duché & Pairie, en faveur de René Potier, Comte de Trêmes, par Lettres Patentes du mois de Novembre 1648. regiftrées le 15. Decembre 1663. en conséquence des Lettres de surannation du 11. du même mois.

Les titres de Duché & Pairie furent retablis à la Terre de *Rohan*, en faveur d'Henry Chabot, par Lettres Patentes du mois de Decembre 1648. regiftrées le 15 Juillet 1652.

Le Marquisat de *Mortemar* fut érigé

en Duché & Pairie, en faveur de Gabriel de Rochechoüart, Marquis de Mortemart, par Lettres Patentes du mois de Decembre 1650. regiſtrées le 15. Decembre 1663. en conſequence des Lettres de ſurannation du 11. du même mois.

Les Duchez d'*Albret* & de *Château-Thierry* furent cedez à Frederic-Maurice de la Tour, Vicomte de Turenne, en échange de la Principauté de Sedan, par Contrat du 20. Mars 1651. pour tenir ces deux Duchez en Pairie, des jours des anciennes érections, ce qui fut confirmé par Lettres Patentes du mois d'Avril 1651. regiſtrées par Arrêt du 20. Fevrier 1652. à la charge que les Ducs d'Albret & de Château-Thierry, n'auroient rang que dudit jour 20. Fevrier 1652. & d'obtenir de nouvelles Lettres d'érection en Pairie, en conſequence duquel il fut expedié des Lettres Patentes, données à Saumur au même mois de Fevrier 1652. qui furent confirmées par d'autres du mois d'Août 1662. & furent regiſtrées le 2. Decembre 1665. en conſequence des Lettres de ſurannation du 27. Novembre 1665.

Le Marquiſat de *Villeroy* fut érigé en Duché & Pairie, en faveur de Nicolas de Neufville, Marquis de Villeroy, Maréchal de France, par Lettres Patentes du mois de Septembre 1651. regiſtrées le 15. Decembre 1662. en conſequence de Lettres de ſurannation du 11. du même mois.

La Principauté de *Poix* fut érigée en Duché & Pairie, en faveur de Charle de Blanchefort, Sire de Créquy, ſous le nom de *Créquy*, par Lettres Patentes du mois de Juin 1652. regiſtrées le 15. Decembre 1663. en conſequence des Lettres de ſurannation du 11. du même mois. Cette Pairie eſt éteinte par ſa mort ſans enfans mâles, arrivée le 11. Fevrier 1687.

Le Marquiſat de *Verneüil* fut érigé en Duché & Pairie, en faveur d'Henry de Bourbon, Evêque de Metz, par Lettres Patentes du mois de Juillet 1652. regiſtrées le 15. Decembre 1663. en conſequence des Lettres de ſurannation du 11. du même mois. Cette Pairie a été éteinte par ſa mort, arrivée le 28. May 1682.

Le Duché de *Villars* fut érigé en Pairie, en faveur de George de Brancas, Duc de Villars, par Lettres Patentes du mois de Juillet 1652. regiſtrées au Parlement d'Aix le 15. Decembre 1657.

Le titre de Pairie fut retabli au Comté d'*Eu*, en faveur de Marie-Loüiſe d'Orleans, Ducheſſe de Montpenſier, par Lettres Patentes du 15. May 1660. regiſtrées le 30. Juillet ſuivant. Cette Pairie a été éteinte par sa mort, arrivée le 6. Avril 1693.

Le Duché de *Bourbonnois* fut délaissé en échange du Duché & Pairie d'Albret, à Loüis de Bourbon, Prince de Condé, par Contrat du 26. Fevrier 1661. pour en joüir ainsi qu'il joüissoit du Duché d'Albret, ce qui fut confirmé par Lettres Patentes du 7. Mars 1661. regiſtrées le 15. Avril suivant.

Le Comté de *Rendan* fut érigé en Duché & Pairie, en faveur de Marie-Catherine de la Rochefoucault, Marquise de Sençcey, de la Comtesse de Fleix sa fille, & de Gaston-Jean-Baptiste de Foix de Candale, son petit-fils, par Lettres Patentes du mois de Mars 1661. confirmées par d'autres Lettres du mois de Decembre 1663. regiſtrées le 15. du même mois.

Les Duchez d'*Orleans*, de *Chartres* & de *Valois*, furent donnez à Philippe de France, pour les tenir en Pairie, par Lettres Patentes du mois de Mars 1661. regiſtrées le 10. May de la même année.

La Terre de la *Meilleraye* fut érigée en Duché & Pairie, en faveur de Charle de la Porte, Seigneur de la Meilleraye, Maréchal & Grand-Maître de l'Artillerie de France, par Lettres Pa-

tentes du mois de Decembre 1663. regiſtrées le 15. du même mois.

Le Comté de *Réthelois* fut érigé en Duché & Pairie, ſous le nom de *Mazarini*
en faveur d'Armand-Charle de la Porte-
Mazarini, Grand-Maître de l'Artillerie
de France, par Lettres Patentes du mois
de Decembre 1663. regiſtrées le 15. du
même mois.

Le Comté de *S. Aignan* fut érigé en
Duché & Pairie en faveur de François
de Beauvilliers, Comte de S. Aignan,
&c. par Lettres Patentes du mois de Decembre 1663. regiſtrées le 15. du même
mois.

Le Comté d'*Ayen* fut érigé en Duché
& Pairie, ſous le nom de *Noailles*, en
faveur d'Anne de Noailles, Comte d'Ayen,
par Lettres Patentes du mois de Decembre 1663. regiſtrées le 15. du même mois.

Le Marquiſat de *Coſlin* fut érigé en
Duché & Pairie, en faveur d'Armand du
Cambout, Marquis de Coſlin, par Lettres Patentes du mois de Decembre 1663.
regiſtrées le 15. de même mois.

Le Marquiſat de *Montauſier* fut érigé
en Duché & Pairie, en faveur de Charle
de Sainte-Maure, Marquis de Montauſier, par Lettres Patentes du mois d'Août
1664. regiſtrées le 2. Decembre 1663. en

consequence des Lettres de surannation du 27. Novembre precedent. Cette Pairie a été éteinte par la mort, arrivée sans enfans mâles le 17. May 1690.

Le Marquisat de *Polisy* fut érigé en Duché & Pairie, sous le nom de *Choiseul* en faveur de Cesar de Choiseul, Comte du Plessis-Pralin, Maréchal de France, &c. par Lettres Patentes du mois de Novembre 1665. registrées le 2. Decembre suivant. Cette Pairie a été éteinte par la mort d'Auguste, Duc de Choiseul, Pair de France, Chevalier des Ordres du Roy, arrivée le jour de Pâques 12. Avril 1705.

Le Marquisat d'*Isles* fut érigé en Duché & Pairie, sous le nom d'*Aumont* en faveur d'Antoine d'Aumont-de-Rochebaron, Maréchal de France, par Lettres Patentes du mois de Novembre 1665. registrées le 2. Decembre suivant.

La Baronie de la *Ferté-Senneterre* fut érigée en Duché & Pairie, en faveur d'Henry de Senneterre, Maréchal de France, &c. par Lettres Patentes du mois de Novembre 1665. registrées le 2. Decembre suivant. Cette Pairie est éteinte par la mort sans enfans d'Henry de Senneterre, Duc de la Ferté Senneterre, arrivée le 1. Août 1703.

La Terre de *Vaujours*, &c. fut érigée

en Duché & Pairie, en faveur de Loüise-Françoise le Blanc-de-la Baume, de la Valliere, & de Marie-Anne légitimée de France, &c. par Lettres Patentes du mois de May 1667. regiſtrées le 14. du même mois.

La Seigneurie de *Charroſt*, &c. fut érigée en Duché & Pairie, sous le nom de *Béthune-Charroſt*, en faveur de Loüis de Béthune, Comte de Charroſts, &c. par Lettres Patentes du mois de Mars 1672. regiſtrées le 11. Aout 1690.

Le Duché de *Nemours* fut donné à Philippe de France, Duc d'Orleans, par Lettres Patentes du 24. Avril 1672. regiſtrées au Parlement le 3. Septembre en la Chambre des Comptes le 22. Decembre 1672. & en la Cour des Aydes le 9. Janvier 1673. pour le parfourniſſement de son Apanage, & les tenir aux mêmes droits, autoritez & privileges portez par celles du mois de Mars 1661.

La Seigneurie de *S. Cloud*, &c fut érigée en Duché & Pairie, en faveur de François de Harlay, Archevêque de Paris, & de ses Succeſſeurs Archevêques de Paris, par Lettres Patentes du mois d'Avril 1674. regiſtrées le 18. Août 1690.

Le titre de Pairie fut rétabli au Comté d'*Eu*, en faveur de Loüis-Auguſte de ourbon, Duc du Maine &c. par Lettres Patentes du 5. May 1694. regiſtrées le 8. du même mois.

Les titres de Duché & Pairie furent rétablis à la Baronie de *Damville*, en faveur de Loüis Alexandre de Bourbon, Comte de Toulouze, &c. par Lettres Patentes du mois de Septembre 1694. regiſtrées le   Novembre de la même année.

Les titres de Duché & Pairie, furent rétablis à la Seigneurie de *Montpenſier*, en faveur de Philippe de France, Duc d'Orleans, &c. par Lettres Patentes du mois de Mars 1695. regiſtrées le 20. Avril ſuivant.

Les titres de Duché & Pairie furent rétablis au Comté d'*Eu* … en faveur de Loüis-Auguſte de Bourbon, Duc du Maine, &c. par Lettres Patentes du mois de Juin 169.. regiſtrées le 1. Juillet ſuivant.

La Terre & Seigneurie de Penthievre fut érigée en Duché & Pairie en faveur de Loüis-Aléxandre de Bourbon, Comte de Touloufe, Duc de Damville, Pair & Amiral de France, & de ſes hoirs & ſucceſſeurs tant mâles que femelles, par Lettres Patentes du mois d'Avril 1697. regiſtrées le 16. Décembre 1698.

Le Marquisat d'*Arc* & le Comté de Châteauvilain furent érigées en Duché & Pairie sous le nom de *Châteauvilain*, en faveur de Loüis-Aléxandre de Bourbon, Comte de Toulouse, Duc de Damville & de Penthievre, Pair & Amiral de France & de ses enfans mâles & femelles, &c. par Lettres Patentes du mois de May 1703. registrées le 29. Août de la même année. Le Comté de *Guise* fut érigé en Duché & Pairie en faveur d'Henry-Jules de Bourbon, Prince de Condé, premier Prince du Sang, Pair & Grand Maître de France, & d'Anne de Baviere, Comtesse Palatine du Rhin son épouse, & de leurs enfans & descendans mâles & femelles, &c. par Lettres Patentes du mois de Juillet 1704. registrées le 30. du même mois.

Le Duché de *Boufflers* fut érigé en Pairie en faveur de Loüis-François, Duc de Boufflers, Maréchal de France, &c. & de ses descendans mâles en ligne directe, &c. par Lettres Patentes du mois de Décembre 1708. registrées le 19. Mars 1709.

Le Duché de *Villars* fut érigé en Pairie en faveur de Loüis-Hector, Duc de Villars, Maréchal de France, &c. & de ses descendans mâles, &c. par Let-

DES PAIRS DE FRANCE. 259
tres Patentes du mois de Septembre 1709. regiſtrées le 7. Avril 1710.

Le Duché d'*Harcourt* fut érigé en Pairie en faveur d'Henry, Duc d'Harcourt, Maréchal de France, &c. & de ſes deſcendans mâles, &c. par Lettres Patentes du mois de Septembre 1709. regiſtrées le 1710.

La Terre & Seigneurie de *Warty* fut érigée en Duché & Pairie, ſous le nom de *Filzjems* en faveur de Jâque Filzjems, Duc de Bervvick, de Leria & de Xerica, Pair d'Angleterre, Grand d'Eſpagne, Chevalier des Ordres de la Jaretiere, de la Toiſon d'Or, &c. & de Jâque Filzjems ſon ſecond fils & de ſes deſcendans mâles, &c. par Lettres Patentes du mois de May 1710. regiſtrées le   ſuivant.

Les Duchez d'*Alençon* & d'*Angoulême*, Le Comté de *Ponthieu*, les Châtellenies de *Coignac* & de *Meprus*, les Terres & Seigneuries de *Noyelles*, *Herman*, *Coutteville* & *le Mesnil*, ont été donnez en apanage à Charle de France, Duc de Berry pour les tenir en Pairie, par Lettres Patentes du mois de Juin 1710. regiſtrées le 10. Juillet ſuivant.

Le Comté de *Ponthieu*, & les Terres Seigneuries de *Noyelles*, *Herman*, *Coutteville* & *le Meſnil*, ont été diſtraits de l'apanage de Charle de France, Duc de Berry, par Lettres Patentes du mois de Septembre 1710. regiſtrées au Parlement le 2. en la Chambre des Comptes le 16. Octobre, & en la Cour des Aides le 13. Décembre de la même année, par leſquelles les Vicomtez d'*Andely*, *de Vernon*, & *de Giſors* lui ſont donnez pour en joüir avec les mêmes prérogatives & prééminences qu'il joüiſſoit du Comté de Ponthieu & des Seigneuries de Noyelles, Hierman, Goutteville & le Meſnil.

Le Marquiſat d'*Antin*, &c. fut érigé en Duché & Pairie, en faveur de Loüis-Antoine de Pardaillan, Marquis d'Antin, &c. & de ſes hoirs mâles deſcendans de lui, &c. par Lettres Patentes du mois de May 1711. regiſtrées le 5. Juin ſuivant.

Le Marquiſat de *Rambouillet*, fut érigé en Duché & Pairie en faveur de Loüis-Aléxandre de Bourbon, Comte de Toulouſe, Duc de Penthievre, de Damville & de Châteauvillain, Pair & Amiral de France, & de ſes enfans tant mâles que femelles, &c. par Lettres Patentes du mois de May 1711. regiſtrées le...

Les titres de Duché & Pairie furent rétablis à la Seigneurie de Chaulnes en faveur de Loüis-Auguste d'Albert d'Ailly, Capitaine-Lieutenant des Chevaux-Legers de la Garde du Roy, & de ses descendans mâles, par Lettres Patentes du 17. Octobre 1711. registrées le 1. Decembre suivant.

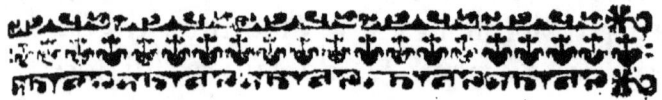

CHAPITRE VII.

Du Rang des Pairs de France.

Es Princes du Sang Roïal n'avoient point autrefois séance au Parlement de Paris, s'ils n'étoient pas Pairs de France; & on voit que le 27. Juillet 1527. François I. créa Pair de France, François de Bourbon, Comte de S. Paul, à l'effet qu'il pût prendre place dans cette Auguste Compagnie : les Pairs de France, qui n'étoient pas de la Maison Roïale, qui possedoient d'anciennes Pairies, prétendoient même autrefois preceder les Princes du Sang Roïal, dont les Pairies étoient nouvelles, & cette question se forma au Sacre d'Henry II. qui adjugea par provision par sa Déclaration du 15. Juillet 1547. la préséance aux Ducs de

Guise & de Nevers sur le Duc de Montpensier, parce que leurs Pairies étoient plus anciennes que la sienne ; mais enfin cette question fut décidée en faveur des Princes du Sang Roïal, par l'Edit donné à Blois au mois de Décembre 1576. regiftré au Parlement le 8. Janvier suivant.

Henry III. érigeant le Vicomté de Joyeuse en Duché & Pairie, en faveur d'Anne, Vicomte de Joyeuse, par ses Lettres Patentes du mois d'Août 1581. ordonna qu'il auroit féance immédiatement après les Princes du Sang, & avant tous les autres Ducs & Pairs & Officiers de la Couronne. Et quand il érigea la Baronie d'Epernon en Duché & Pairie, par ses Lettres Patentes du mois de Novembre de la même année, en faveur de Jean-Loüis de Nogaret de la Valette, Seigneur de Fontenay & d'Epernon ; il lui accorda aussi son rang de féance après le Duc de Joyeuse, & avant tous les autres Ducs & Pairs & Officiers de la Couronne. Mais Henry Duc de Montmorency obtint une Déclaration donnée à Roüen au mois de Septembre 1596. qui fut regiftrée au Parlement le 14. Mars 1597. par laquelle il fut rétabli dans son rang & féance du jour de l'érection du Duché & Pairie de Montmorency. Henry IV. érigeant le Comté de Beaufort en Duché & Pairie, par ses Lettres Patentes du mois de Juillet 1597 ordonna que les Ducs de Beaufort précéderoient tous ceux qui étoient précédez par les Ducs & Pairs de Montmorency; mais aïant donné depuis à César, son fils naturel, le Duché & Pairie de Vendôme, par Contrat du 3. Avril 1598. il lui accorda & à ses enfans, nez en legitime mariage, le rang & séance immédiatement après les Princes du Sang, par une Déclaration donnée à Paris le 18. Avril 1610. regiſtrée en Parlement le 4. May de la même année: lequel rang & séance a été accordé à Loüis-Auguſte de Bourbon, Duc du Maine, & à Loüis-Aléxandre de Bourbon, Comte de Toulouse, & à leurs enfans nez en legitime mariage, par le Roy, par ſa Declaration du 5. May 1694. regiſtrée le 8. du même mois.

Il n'eſt plus préſentement queſtion des rangs des Ducs de Montmorency, de Joyeuſe, d'Epernon & de Beaufort, parce que ces Pairies ſont éteintes, & la ſeule choſe qu'il faut obſerver, eſt que les Princes du Sang Roïal ont tous ſéance au Parlement, quoyqu'ils ne poſſedent aucune Pairie, & aprés eux M. le Duc du Maine, en qualité de Comte d'Eu, & de Duc d'Aumale, ensuite M. le Comte de Toulouse, en qualité de Duc de Damville, de Penthievre, de Châteauvillain & de Rambouillet. M. le Duc de Vendosme prend place aprés lui, en qualité de Duc de Vendosme, & il est suivi par les Pairs Ecclesiastiques & Laïcs, suivant l'ordre & le rang de leurs Pairies.

Ceux qui possedent les Pairies (subsistantes) ont rang & séance du jour de l'enregistrement des Lettres Patentes, portant érection de leurs Pairies en l'ordre qui suit.

Rheims, Duché-Pairie. François de Mailly, Archevêque & Duc de Rheims, Pair de France.

Laon, Duché-Pairie. François-Loüis de Clermont, Evêque & Duc de Laon, Pair de France, prit place au Parlement le 16. May 1696.

Langres, Duché-Pairie. François de Clermont-Tonnerre, Evêque & Duc de Langres, Pair de France.

Beauvais, Comté-Pairie. Toussaint de Fourbin-de-Janson, Cardinal du titre de Sainte Agnés, Evêque & Comte de Beauvais, Pair de France, Commandeur des

DES DUCS ET PAIRS. 265
des Ordres du Roy, & Grand Aumônier de France, prit place au Parlement le 27 Novembre 1679.

Châlons, Comté-Pairie, Jean-Baptiste-Loüis-Gaston de Noailles, Evêque & Comte de Châlons, Pair de France, prit place au Parlement le 30 Juillet 1696.

Noyon, Comté-Pairie. François de Châteauneuf de Rochebonne, Evêque & Comte de Noyon, Pair de France.

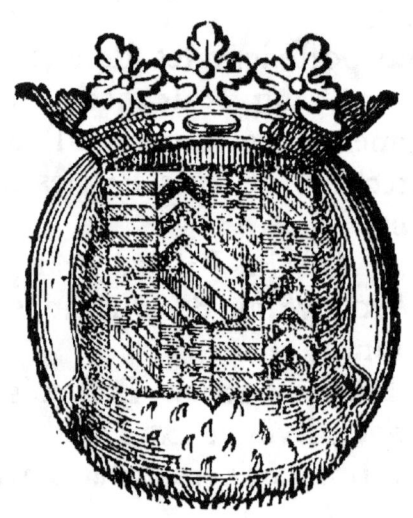

Usês 31. *Mars* 1572.

Jean-Charle de Cruſſol, Duc d'Usês, Pair de France, Prince de Soïons, Comte de Cruſſol, d'Apcher, & de S. Chély, Baron de Lévis, de Florenſac, de ellegarde, de Remoulins, d'Aimargues

Tome II. M

& de S. Geniés, Seigneur d'Assier & de Capdenac, Gouverneur de Xaintonge & d'Angoumois, Gouverneur particulier d'Angoulême & de Saintes, prit place au Parlement le Vendredy 14. May 1706. Il a été marié deux fois; la première le 18. Janvier 1696. avec Anne-Hipolite Grimaldi, fille de Loüis Grimaldy, Prince de Monaco, Duc de Valentinois, Pair de France, & de Catherine-Henriette de Grammont, morte le 23. Juillet 1700. La feconde le 13. Mars 1706. avec Anne-Marie-Marguerite de Bullion, fille de Charle-Denys de Bullion, Marquis de Bonnelles & de Galardon, Prévôt de Paris, & de Marie-Anne Roüillé.

Ses frères & sœurs font, 1. Felix-Loüis de Cruſſol, Chanoine de l'Egliſe Cathédrale de Strasbourg, Abbé de Lézit. 2. François de Cruſſol, Comte d'Uſès Maréchal de Camp, marié le 27. Decembre 1705. avec Charlotte-Madelaine Paſquier de Franclieu des Bergeries, veuve de Nicolas Hamelin. 3. N......de Cruſſol, dit le Chevalier d'Uſês. 4. Loüiſe-Julie de Cruſſol, mariée le 21. Août 1686. avec Loüis-Antoine de Pardaillan, Duc d'Antin, Pair de France, Marquis de Montespan, Lieutenant Général des Armées du Roy, & de la Haute &

Baſſe Alſace, Directeur Général des Bâtimens du Roy, Gouverneur de l'Orléanois & d'Amboiſe, Ch. L.

L'oncle & les tantes du Duc d'Usês, ſont Loüis de Cruſſol, Baron de Florenſac, Marêchal de Camp. Il a épouſé Loüiſe-Thérêſe de Sennetere, le 20. Janvier 1688. morte en 1704.

Marguerite-Anne de Cruſſol, mariée au Marquis de Merviel.

Loüiſe-Roſe, Carmelite au Fauxbourg Saint Jâque à Paris.

Suſanne de Cruſſol, Abbeſſe d'Hyeres.

Le Duc d'Usês ſon grand pere, avoit quatre fréres & une ſœur, dont il reſte poſterité. 1. le Marquis de S. Sulpice. 2. le Marquis de Cruſſol. 3. le Marquis de Monſalais. 4. le Comte d'Usês de Cuzieux.

Elbeuf, 23. *Mars* 1582.

Henry de Lorraine, Duc d'Elbeuf, Pair de France, ci-devant avec les Princes.

Vantadour, 24. Janvier 1594.

Loüis-Charle de Lévis, Duc *de Vantadour*, Pair de France, Marquis d'Annonay, de S. Géran, Comte de la Voute, de Tournon & de Roussillon, Baron de Doüan, de Donzenac, de Mesilhac & de Montagne, Prince de Maubuisson, Seigneur de Lers, de Vigny en Vexin, de la Mothe en Berry. Il a été marié le 14. Mars 1671. avec Charlotte-Eléonore de la Mothe-Houdancourt, Gouvernante de Messeigneurs les Enfans de France, fille de Philippe de la Mothe-Houdancourt, Duc de Cardonne, Maréchal de France, Viceroy de Catalogne, & de Loüise de Prie, Gouvernante de Feu Monseigneur

DES DUCS ET PAIRS.

le Dauphin, de Meſſeigneurs les Enfans de France, des Enfans de Feu Monſeigneur le Dauphin, & des Enfans de Monſeigneur le Dauphin. De laquelle il a Anne-Geneviéve de Lévis, mariée en premieres nôces le 26. Fevrier 1691. avec Loüis de la Tour-d'Auvergne, Prince de Turenne, mort le 4. Août 1692. & en ſecondes nôces, le 15. Fevrier 1694. à Hercules-Mériadec de Rohan, Prince de Soubize.

Ses deux ſœurs, Marie-Henriette de Lévis, Religieuſe au Monaſtere de la Viſitation de Sainte Marie à Moulins, & Marguerite-Félice de Lévis, veuve de feu Jâque-Henry de Durfort, Duc de Duras, Marêchal de France, & Capitaine des Gardes du Corps.

Les Marquis de Mirepoix, & de Leyran, le Comte de Charlus, & le Baron de Coſan, ſont de la même Maiſon de Lévis.

Montbazon, 24. Mars 1595.

Charle de Rohan, Duc de Montbazon, Pair de France prit place au Parlement le 30. Juin 1692. ci-devant avec les Princes.

Vendôme 24. Juillet 1598.

Loüis-Joſeph, Duc de Vendôme, de Mercœur & d'Etampes, Pair de France,

prit place au Parlement le 8. Juin 1694.
ci-devant avec les Princes.

Thoüars, 7. *Décembre* 1599.

Charle-Loüis Bretagne, de la Tremoille, Duc de Thoüars, Pair de France, prit place au Parlement le 3. Janvier 1710. ci-devant avec les Princes.

Sully 9. *Mars* 1606.

Maximilian-Pierre-François-Nicolas de Béthune, Duc *de Sully*, Pair de France, Prince d'Enrichemont & de Boisbelles, Marquis de Rosny & de Conty, Seigneur Chatelain, Vicomte de Bretheüil & de Meaux, Lieutenant de Roy du Véxin-François, Gouverneur du Château & Ville de Mante & de Gien sur Loire, né le 25. Septembre 1664. Il a épousé le

18. Avril 1689. Madelaine-Armande du Cambout, fille d'Armand du Cambout, Duc de Coiſlin, Pair de France, Chevalier de l'Ordre du S. Eſprit, Lieutenant Général des Armées du Roy, & de Madeleine de Halgoet. Il a pour frére & fœur, Maximilian-Henry de Béthune, Chevalier de Saint Jean de Jeruſalem, & Loüiſe-Eliſabeth de Béthune, Religieuſe aux filles de Sainte Marie, à S. Denys en France.

Il eſt fils de Maximilian Pierre-François de Béthune, Duc de Sully, Pair de France, Chevalier des Ordres du Roy, décedé au mois de Juin 1694. & de Marie Antoinette Servien, morte le 15. Janvier 1702.

Le défunt Duc de Sully avoit deux fœurs. 1. Madelaine-Françoiſe de Béthune, Religieuſe Carmelite à Pontoiſe. 2. Marguerite-Loüiſe de Béthune, qui a été mariée deux fois. La premiere, le 23 Janvier 1658. avec Armand de Grammont, Comte de Guiche. La ſeconde, avec Henry de Daillon, Duc du Lude, Grand-Maître de l'Artillerie de France, & Chevalier des Ordres du Roy, décedé le 30. Août 1685. Dame du Palais de la feuë Reine Marie-Thérêſe d'Autriche, preſentement Dame d'Honneur de Madame la Dauphine.

272 L'ETAT DE LA FRANCE.
Châteauroux, 4. *Août* 1616.

Loüis-Henry de Bourbon, Prince de Condé, Premier Prince du Sang, Duc de Châteauroux, d'Anguien, &c. prit place au Parlement le 19. Mars 1709. ci-devant avec les Princes.

Luynes, 14. *Novembre* 1619.

Charles-Honoré d'Albert, Duc de Luynes, de Montfort, de Chevreuse, Pair de France, Gouverneur & Lieutenant Général de la Province de Guienne, Chevalier des Ordres du Roy, fut marié le 1. Février 1667. avec Jeanne-Marie Colbert, fille de Jean-Baptiste Colbert, Marquis de Seignelay, Ministre & Sécrétaire d'Etat, & de Marie Charron. Il prit place au Parlement le dernier Decembre 1688. de laquelle il a eu,

1. Honoré-Charle d'Albert, Duc de Montfort, tué dans un combat proche Landau, le 9. Septembre 1704. qui avoit épousé le 16. Fevrier 1694. Anne-Marie de Courcillon, fille de Philippe de Courcillon, Marquis de Dangeau, Gouverneur de Touraine, Chevalier des Ordres du Roy & Chevalier d'Honneur de Madame la Dauphine, & de Françoise Morin, de laquelle il a laissé. 1. Charle-Philippe d'Albert, Duc de Luynes, marié le 25. Fevrier 1710. avec Loüise-Leontine-Jaqueline de Bourbon, fille de Loüis-Henry de Bourbon, Prince de Neufchâtel, & d'Angélique Cunegonde de Montmorency-Luxembourg. 2. Paul d'Albert, Comte de Montfort. 3. Mademoiselle de Luynes. 4. Mademoiselle d'Albert.

2. Loüis-Auguste d'Albert, d'Ailly, Duc de Chaulnes, Lieutenant de Roy en Picardie, Capitaine Lieutenant des Chevaux-Légers de la Garde du Roy, Maréchal de Camp, marié le 21. Janvier 1704. avec Marie-Anne-Romaine de Beaumanoir, fille d'Henry-Charle de Beaumanoir, Marquis de Lavardin, & de Loüise-Anne de Noailles sa seconde femme, dont il a,

3. Marie-Thérèse d'Albert, mariée deux fois. La premiere, le 2. Avril 1693. avec Michel Adelbert de Morstein, Comte de Châteauvilain, tué au Siege de Namur le 18. Juillet 1695. La seconde le 6. Août 1698. avec Ismidon-René, Comte de Sassenage, dont il a N...... de Sassenage, Comte de Brion.

4. Marie-Françoise d'Albert, mariée le 27. Janvier 1698. avec Charle-Eugene de Lévis, Comte de Charlus, Lieutenant Général de Bourbonnois, Ch. L. Maréchal de Camp, dont il a une fille & le Comte de Charlus.

Loüis-Charle d'Albert, Duc de Luynes, Pair de France & Chevalier des Ordres du Roy, mort le 10. Octobre 1690. avoit été marié trois fois. La premiere, avec Loüise-Marie Séguier, fille de Pierre Séguier, Marquis d'O, Maître des Requêtes ordinaire de l'Hôtel du Roy, & de Marie de la Guesle, dont il a eu, 1. Charle-Honoré d'Albert, Duc de Luynes & de Chevreuse. 2. Marie-Loüise d'Albert, Prieure perpetuelle de Torcy. La seconde, avec Anne de Rohan, morte le 29. Octobre 1684. fille d'Hercule de Rohan, Duc de Montbazon, & de Marie de Bretagne sa seconde femme, dont il eu, 1. Loüis-Joseph, Comte d'Albert

2. Charle-Hercule d'Albert, Chevalier de Luynes, Capitaine de Vaisseau. 3. Cathetherine-Angélique d'Albert, mariée à Charle-Antoine, Marquis de Gouffier, Brigadier d'Armée, Enseigne des Gendarmes de la Garde du Roy, tué à la Bataille de Ramilly en 1706. dont il a.... 4. Jeanne-Baptiste-Geneviéve d'Albert, mariée à Auguste-Manfroy Scaglia, Comte de Véruë. 5. Jeanne-Thérèse-Pélagie d'Albert, mariée le 15. Mars 1698. à Loüis de Guilhem de Castelnau, Comte de Clermont-Lodeve, & Marquis de Seslac, mort au mois de May 1705. dont il a le Comte de Clermont. La troisiéme, avec Marguerite d'Aligre, veuve du Marquis de Manneville, fille d'Etienne d'Aligre, Chancelier de France, & de Jeanne l'Huillier.

Briſſac, 8. *Juillet* 1620.

Charles Timoleon de Coſſé, Duc de *Briſ-ſac*, Pair & Grand Panetier de France, Baron de Montreüil-Bellay, né le premier Fevrier 1693. Il est fils d'Artus-Timoleon Loüis de Coſſé, Duc de Briſſac, Pair & Grand Panetier de France, & de N.... de Bechameil.

DES DUCS ET PAIRS.

Richelieu, 4. Septembre 1631.

Armand-Jean de Vignerot, dit du Plessis, Duc *de Richelieu & de Fronsac*, Pair de France, Chevalier des Ordres du Roy, Marquis de Pontcourlay, Comte de Cosnac, Prince de Mortagne, Baron de Barbesieux, de Coze, de Saugeon & d'Albert, heritier d'Armand Jean du Plessis, Cardinal Duc de Richelieu, mort le 4. Décembre 1642. à condition de porter le nom & les armes de du Plessis-Richelieu. Il prêta serment, & prit place au Parlement le 14. Janvier 1657. Il a été marié trois fois. La premiere le 26. Décembre 1649. avec Anne Poussart, morte le 28. May 1684. veuve de François-Aléxandre d'Albret, Sire de Pons, Fille de François Pouſſart, Marquis de Fors, & Baron du Vigean, & d'Anne de Neufbourg. La ſeconde le 30. Juillet 1684. avec Anne-Marguerite d'Acigné, morte le 19. Août 1698. fille de Jean-Léonard, Marquis d'Acigné, & d'Anne-Marie d'Acigné, dont il a eu. 1. Loüis-François-Armand de Vignerot du Pleſſis, Duc de Fronſac, Pair de France, marié le 12. Fevrier 1711. avec N... de Noailles, fille de Jean-François, Marquis de Noailles, & de Marguerite-Thereſe Roüillé. 2. N.... de Vignerot du Pleſſis, Religieuſe au Monaſtere des Filles du S. Sacrement de la ruë Saint Loüis à Paris. 3. N...... de Vignerot du Pleſſis, dite Mademoiſelle de Fronſac. 4. N...... de Vignerot du Pleſſis, dite Mademoiſelle de Chinon. La troiſiéme le 20. Mars 1702. avec Marguerite-Thereſe Roüillé, veuve de Jean-François, Marquis de Noailles, Maréchal de Camp, mort le 23. Juin 1696. fille de Jean Roüillé, Seigneur de Meſlay, Conſeiller d'Etat ordinaire, & d'Anne de Comans d'Aſtrick.

Loüis de Vignerot, Duc d'Aiguillon, Marquis de Richelieu, Gouverneur de la Fere, ſon neveu, a épouſé Marie-Char-

DES DUCS ET PAIRS. 279
lote de la Porte-Mazarini, fille d'Armand-Charle de la Porte Mazarini, Duc de Mazarini, de la Meilleraye & de Mayenne, Pair de France, & d'Hortense Mancini. Il a trois sœurs, la premiere est Françoise, Prieure de S. Nicolas de Noéfort à Meaux. La seconde, Religieuse & la troisiéme a épousé en 1697. N..... de Quelain, Seigneur du Plessis.

La Rochefoucauld, 4. Septembre 1631.

François, Duc de *la Rochefoucauld*, Pair de France, Prince de Marsillac, Baron de Verteüil, Grand Veneur de France, Grand Maître de la Garderobe du Roy, Chevalier de l'Ordre du S. Esprit, fut marié le 13. Novembre 1659. avec Jeanne-Charlote du Plessis, morte le 1. Août

1674. fille d'Henry-Roger du Plessis, Comte de la Rocheguyon, & d'Elisabeth de Lannoy, de laquelle il a eu, 1. François de la Rochefoucauld, Duc de la Rocheguyon, Marquis de Guercheville, Comte de Durestal, Maréchal de Camp, reçeû en survivance des Charges de Grand Maître de la Garderobe du Roy & de Grand Veneur de France, marié le 23. Novembre 1679, avec Magdelaine-Charlote le Tellier, fille de François-Michel le Tellier, Marquis de Louvois, Ministre & Sécretaire d'Etat, & d'Anne de Souvré, de laquelle il a des enfans. N.... Abbé du Bec, & de Fronfroide, Prieur de Lanville. 2. Henry de la Rochefoucauld, Marquis de Liancourt, Lieutenant Général des Armées du Roy, Ch. L.

Le frere de M. le Duc de la Rochefoucauld, est Charle de la Rochefoucauld, Abbé de Molême & de Beauport.

Montmorency-Anguien, 9. *Mars* 1633.

Loüis Henry de Bourbon, Prince de Condé, Premier Prince du Sang, Duc de Bourbonnois, de Châteauronx & d'Anguien, Pair de France, &c. ci-devant avec les Princes.

DES DUCS ET PAIRS. 281

Fronsac, 5. *Juillet* 1634.

Armand-Jean de Vignerot-du Plessis, Duc de Richelieu & de Fronsac, Pair de France, &c. ci-devant.

Saint Simon, 1. *Février* 1635.

Louis de Rouvroy, Duc de Saint Simon, Pair de France, Gouverneur des Ville, Citadelle & Comté de Blaye, Grand Bailly & Gouverneur de Senlis, Capitaine de la Ville du Pont Sainte-Maixance & Ménil les Ponts, Capitaine & Concierge du Château du Pont Sainte Maixance & du Château de Fécam, Vidame de Chartres, Seigneur Châtelain de la Ferté-Arnaut, de Beauflait, du Vitrezay, du Marais de Saint Simon, & Comtau de Blaye, & de la Ville de la Rochelle en partie, né le 15. Janvier 1675. marié le 8. Avril 1695. avec Marie-Gabrielle de Durfort, Dame d'honneur de Madame la Duchesse de Berry, fille de Guy-Aldonce de Durfort, Duc de Quintin, Comte de Lorge, Maréchal de France, Chevalier des trois Ordres du Roy, Capitaine des Gardes du Corps, & de Genevieve de Frémont. Il prêta serment & prit place au Parlement le 3. Février 1702. de laquelle il a eu Jâque-Loüis de Rouvroy de Saint Simon, Vidame de Chartres né le 29. Juillet 1698. Armand-Jean de Rouvroy de Saint Simon, Marquis de Ruffec, né le 12. Août 1699. & Charle de Rouvroy-de Saint Simon, né le 8. Septembre....

Charlote de Laubespine sa mere, Marquise de Ruffec, Baronne d'Aisye, Empuré, Martreüil & Verriere, est fille aînée de François de Laubespine, Marquis de Châteauneuf & d'Hauterive Lieutenant Général des Armées du Roy, Gouverneur de Bréda & Forts en dépendans, & premier Colonel des troupes Françoises qui servoient en Hollande, & de Dame Éléonore de Voluire, Marquise de Ruffec.

DES DUCS ET PAIRS. 283

Le Chef de cette noble Maison, est le Seigneur de Vaux, qui a épousé la fille de M. le Clerc de Lesseville, dont il a un fils, Titus, Marquis de Saint Simon, Capitaine au Régiment des Gardes, Brigadier d'Armée, Ch. L.

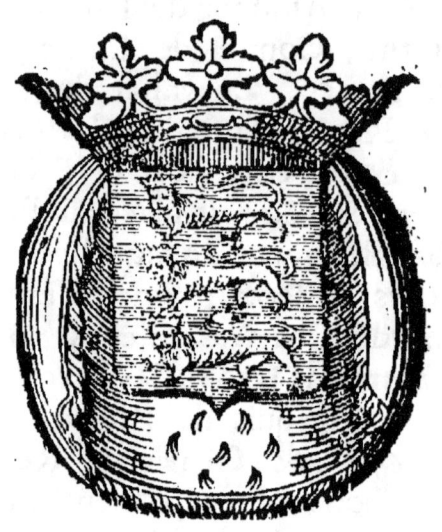

La Force, 3. *Août* 1637.

Henry Jâque. Nompar de Caumont, Duc *de la Force*, Pair de France, Comte de Mucidan, Baron de Castelnau, de Caumont, Thonnins, Sus, Aimmet, Feüillet, Taillebourg, Boisse, Cugnac, Roquepine, Maduran, la Boulaye, né le 5. Mars 1675. prêta le serment & prit place au Parlement le 5. Août 1730. Il a épousé le 19. Juin 1698. Anne-Marie Busselin, fille de Jean Busselin, sieur de Bosmelet, Président au Parlement de Normandie, décedé au mois de May 1706. & de Renée Bouthillier-Chavigny, morte le 20. Mars 1711.

Jâque-Nompar de Caumont, Duc de la Force, Pair de France, son pere, décedé le 19. Avril 1699. avoit été marié deux fois. La premiere, avec Marie de Saint Simon, fille de Cirus-Antoine de Saint Simon, Marquis de Courtomer, & de N...... le Cocq Magdelaine, dont il a eu: 1. Jeanne de Caumont, veuve de Claude-Antoine de Saint Simon, Marquis de Courtomer. 2. Loüise de Caumont, veuve de Loüis de Beauvoir, Comte du Roure, Capitaine dans le Régiment du Maine, tué à la Bataille de Fleurus le 1. Juillet 1690. La seconde, le 12. Mars 1673. avec Suzanne de Béringhen, fille de Jean de Béringhen, Seigneur de Plohédel, dont il a eu. 1. Henry-Jâque-Nompar de Caumont Duc de la Force, duquel il vient d'être parlé. 2. Armand, Marquis de Caumont, ci-devant Colonel. 3. Charlote de Caumont, Religieuse de Saint Sauveur d'Evreux. 4. Jeanne de Caumont, Religieuse à la Visitation de S. Denis en France.

DES DUCS ET PAIRS. 285

Valentinois, 18. Juillet 1642.

Antoine Grimaldy, Prince de Monaco, &c. ci-devant avec les Princes.

Albret, 20. Février 1652.

Godefroy-Maurice de la Tour d'Auvergne, Duc de Boüillon, d'Albret & de Château-Thierry, Pair de France, ci-devant avec les Princes.

Château-Thierry, 20. Février 1652.

Godefroy-Maurice de la Tour d'Auvergne, Duc de Boüillon, d'Albret & de Château-Thierry, Pair de France, ci-devant avec les Princes.

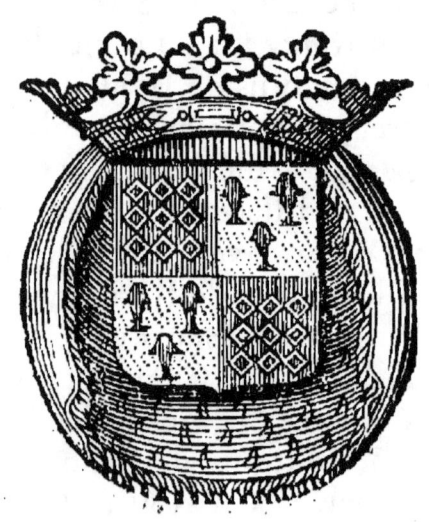

Rohan, 5. Juillet 1652.

Loüis de Rohan-Chabot, Duc de Rohan, Pair de France, Prince de Leon,

Comte de Porrhoet & de Moret, Marquis de Blain, de Montlieu, & de Sainte Aulaye, mariée le 28. Juillet 1678. avec Marie-Elifabeth du Bec Crefpin, fille de François-René du Bec-Crefpin, Marquis de Vardes, Chevalier des Ordres du Roy, & de Catherine-Nicolaï, de laquelle il a eu, 1. Loüis-Bretagne-Alin de Rohan-Chabot, Prince de Léon, né le 26. Septembre 1679. marié au mois d'Août 1708. avec N... de Roquelaure, fille d'Antoine Gafton Duc de Roquelaure, Pair de France, & de Marie-Loüife de Laval-Montmorency. 2. Guy-Augufte de Rohan-Chabot, né le 18. Avril 1683. 3. Charle-Annibal de Rohan-Chabot, né le 14. Juin 1687. 4. Françoife-Gabrielle de Rohan-Chabot, Religieufe en l'Abbaïe de Nôtre Dame de Soiffons. 5. Julie-Victoire de Rohan-Chabot. 6. Conftance - Eléonore de Rohan-Chabot. 7. Marie-Armande de Rohan-Chabot.

Bourbonnois 15. *Avril* 1661.

Loüis-Henry de Bourbon, Prince de Condé, Prince du Sang, Duc de Bourbonnois, de Châteauroux & d'Anguien, ci-devant avec les Princes.

Orleans 10. *May* 1661.

Philippe Duc d'Orleans, de Chartres, de Valois, de Nemours, de Montpen-

DES DUCS ET PAIRS. 287

sier, Pair de France, ci-devant.

Chartres, 10. May 1661.

Philippe, Duc d'Orleans, de Chartres, de Valois, de Nemours, de Montpensier, Pair de France, ci-devant.

Valois, 10. May. 1661.

Philippe Duc d'Orleans, de Chartres, de Valois, de Nemours, de Montpensier, Pair de France, ci-devant.

Piney 20. *May* 1662.

Charle-François-Frédéric de Montmorency-Luxembourg, Duc de Luxembourg, de Piney & de Montmorency, Pair de France, Prince d'Aigremont & de Tingry, Comte de Bouteville, de Ligny, de Dangu & de Luffe, Seigneur de Précy, Premier Baron & Premier Chrêtien de France, Gouverneur de Normandie, Lieutenant Général des armées du Roy, Ch. L. né le 28. Fevrier 1662. receu au Parlement le 4. May 1696. a été marié deux fois. La premiere, le 28. Août 1686. avec Marie-Anne d'Albert, décedée le 17. Septembre 1694. fille de Charle-Honoré d'Albert, Duc de Luynes, de Chevreufe & de Montfort, Pair de France, & de Jeanne-Marie Colbert. La feconde le 15. Fevrier 1696. avec Marie-Gilone Gillier, fille de René Gillier, Marquis de Clérambaut, & de Marie le Loup de Bellenave, morte en Septembre 1709. dont il a eu N.... de Montmorency-Luxembourg, Duc de Montmorency, né le 9. Juin 1700.

Ses freres & fœur font. 1. Paul Sigifmont de Montmorency-Luxembourg, Duc de Châtillon, & Comte de Luffe, Brigadier d'armée, Grand Sénéchal de Poitou, Capitaine du Château de Poitiers, né le 2. Septembre 1664. qui a épousé en 1696 Marie-Anne de la Tremoille, morte le 2. Juillet 1708. fille de François de la Tremoille, Marquis de Royan, & d'Yolande-Julie de la Tremoille. 2. Chriftian-Loüis de Montmorency-Luxembourg, Chevalier de l'Ordre de S. Jean de Jerufalem, né le 9. Fevrier 1675. Lieutenant Général des armées du Roy, Gouverneur de Valenciennes-Lieutenant Général en Flandres. 3. Angélique-Cunegonde de Montmorency-Luxembourg,

DES DUCS ET PAIRS

bourg, mariée le 7. Octobre 1694. avec Loüis-Henry, légitimé de Bourbon.

Estrées le 15. *Decembre* 1663.

Loüis-Armand Duc d'Eſtées, Pair de France, Marquis de Cœuvres, de Thémines & de Cardaillac, Comte de Nanteüil, Vicomte de Soiſſons & de Pierre-fonds, Baron de Gourdon, Gouverneur de l'Iſle de France & Soiſſonnois, Gouverneur particulier des Villes & Citadelles de Laon, Noïon, Soiſſons & Dommes ; il a épouſé en 1727. Diane-Adelaïde-Philippe Mancini, fille de Philippe-Jules Mancini, Duc de Nevers & de Diane-Gabrielle de Damas de Thianges.

Ses sœurs sont. 1. Constance-Eléonore d'Estrées. 2 Marie-Yolande d'Estrées. 3. Perpetuë-Felicité d'Estrées. 4. Loüise-Helene d'Estrées. 5. Françoise-Diane-Thérêse d'Estrées. 6. Felicité-Eléonore d'Estrées.

César d'Estrées, Cardinal, Evêque d'Albano, Ancien Evêque & Duc de Laon, Pair de France, Commandeur des Ordres du Roy, Abbé de S. Germain des Prez, de Longpont, de S. Nicolas des Bois, de Staffarda en Piemont & d'Anchin, est leur Grand Oncle.

Grammont, 15. Decembre 1663.

Antoin-Charle, Duc de Grammont appellé Duc de *Guiche*, Colonel du R giment des Gardes Françoises, Lieutenant Général des armées du Roy, Ch. L. prêta serment & prit place au Parlement le 5. Août 1700. Il a été marié le 13. Avril 1687. avec Marie-Christine de Noailles, fille de feu Anne-Jules, Duc de Noailles, Pair & Maréchal de France, & de Marie-Françoise de Bournonville, de laquelle il a. 1. Loüis-Antoine-Armand de Grammont, Comte de Louvignies, Colonel du Régiment de Piemond Inf. né le 20. Mars 1688. marié le 3. Mars 1710. avec Loüise-Françoise d'Aumont d'Humieres, fille de Loüis d'Aumont, Duc d'Humieres, & de Julie de Crévant d'Humieres. 2. Loüis de Grammont, Comte de Lesparres, Colonel du Régiment de Bourbonnois Infanterie, né le 29. May 1689.

Il a pour sœur Catherine-Charlotte de Grammont, mariée le 17. Decembre 1693. avec feu Loüis-François, Duc de Boufflers, Pair & Maréchal de France, Chevalier des trois Ordres du Roy & de la Toison d'Or, Gouverneur de Flandres, Capitaine des Gardes du Corps.

Ils sont enfans d'*Antoine-Charle*, Duc de Grammont, Chevalier de l'Ordre du Saint-Esprit, & de la Toison d'Or, Souverain de Bidache, Comte de Louvignies, de Guiche, Baron de Hagemau, Gouverneur pour le Roy en son Roïaume de Navarre, & en sa Principauté de Bearn, aussi Gouverneur de la Ville & Château de Baïonne, & Païs de Labourt, de la Citadelle de S. Jean Pié de-Port.

M. le Duc de Grammont avoit épousé le 15. May 1668. Marie-Charlotte de Castelnau, morte le 29. Janvier 1694. de laquelle il a eu les deux enfans ci-dessus.

La Meilleraye, 15. Decembre 1663.

Paul-Jules de la Porte-Mazarini, Duc de la Meilleraye, Pair de France, Grand Bailly d'Haguenau, Gouverneur du Port Loüis, de Blavet, d'Hennebon & de Kymperlé, né le 25. Janvier 1666. prêta serment & prit place au Parlement le 23. Août 1700. Il a été marié au mois de Decembre 1685. avec Félice-Charlotte-Armande de Durfort, fille de Jâque-Henry de Durfort, Duc de Duras, Maréchal de France, & de Marguerite-Félice de Lévis-Venradour, dont il a Félice-Armande de la Porte-Mazarini.

DES DUCS ET PAIRS

Réthel-Mazarini, 15. Decembre 1663.

Armand-Charle de la Porte-Mazarini, Duc *de Réthel-Mazarini*, Pair de France, Chevalier de l'Ordre du Saint-Esprit, Comte de Ferette, Tannes, Betfort, Martes, Secondigny & la Fere, Baron d'Alkircq, Marquis de Montcornet, Prince de Château-Portien, Gouverneur de la Haute & Basse Alsace, Gouverneur de Vitré & Port Loüis, Surintendant des poudres & salpêtre. Il a été marié le 28. Fevrier 1661. avec Hortanse Mancini, fille de Laurens Mancini, Gentilhomme Romain, & d'Hieronime Mazarini, morte le 2. Juillet 1699. de laquelle il a eu. 1. Paul-Jules de la Porte-Mazarini, Duc de la Meilleraye, Pair de France, duquel il vient d'être parlé. 2. Marie-Charlotte de la Porte-Mazarini, née le 28. Mars 1662. mariée avec Loüis de Vignerot du Plessis, Marquis de Richelieu, Gouverneur de la Fére. 3. Marie-Anne de la Porte-Mazarini, Abbesse du Lis, née en 1663. 4. Marie-Olimpe-Emmanuel de la Porte-Mazarini, née en 1665. mariée le 30. Novembre 1681. avec Loüis Christophe Gigault, Marquis de Bellefonds, mort des blessures receuës à la bataille de Steinkerke le 3. Août 1692.

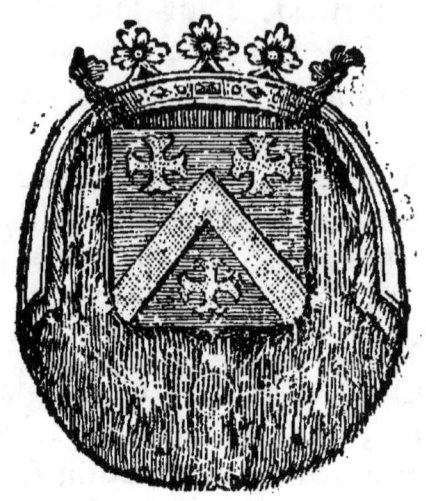

Villeroy 15. Décembre 1663.

Loüis-Nicolas de Neufville, Duc de Villeroy, Pair de France, Capitaine des Gardes du Corps, Lieutenant Général des armées du Roy, Colonel du Regiment de Lyonnois, Lieutenant Général des Provinces de Lyonnois, Forêt & Beaujolois, Ch. L. prêta serment & prit séance au Parlement le 11. Avril 1696. Il a été marié le 20. Avril 1694. avec Marguerite le Tellier, morte le 22. Avril 1711. fille de François-Michel le Tellier, Marquis de Louvois, Ministre & Secrétaire d'Etat, & d'Anne de Souvré, de laquelle il a eu 1. Loüis-François-Anne de Neufville, Marquis de Villeroy. 2. Marguerite-Loüise de Neufville

L'ETAT DE LA FRANCE.

Il est fils de François de Neufville, Duc de Villeroy & de Beaupreau, Pair & Maréchal de France, Chevalier des trois Ordres du Roy, Gouverneur des Provinces de Lyonnois, Forêt & Beaujolois, & de Marie-Marguerite de Coffé morte le 20. Octobre 1708.

Il a pour frères & sœurs. 1. François-Paul de Neufville, Abbé de Fécam, né le 15. Septembre 1677. 2. Madeleine de Neufville Religieuse au Calvaire à Paris. 3. Madeleine de Neufville, mariée au mois de Decembre 1688. avec Jean de Souza, Comte de Prades, Grand de Portugal. 4. N.... de Neufville, Religieuse Carmelite.

Mortemar, 15. Decembre 1663.

Loüis de Rochechoüart, Duc de Mortemar, Pair de France, Prince de Tonnay-Charente, Seigneur du Bouschet, Migné & Dasdé, Premier Gentilhomme de la Chambre du Roy, Maréchal de Camp, né le 3. Octobre 1681. a été marié le 20. Decembre 1703. avec Marie-Henriette de Beauvilliers, fille de Paul de Beauvilliers, Duc de S. Aignan, Pair de France & d'Henriette Colbert.

Il a pour frére & sœurs. 1. Jean-Baptiste de Rochechoüart, Comte de Maure, ci-devant Colonel du Regiment Dauphin, né le 15. Octobre 1682. qui a épousé N... Colbert, fille de feu Jules-Armand Colbert, Marquis de Blainville, Grand-Maître des Cérémonies de France, Lieutenant Général des armées du Roy, & de Marie Gabrielle de Rochechoüart. 2. Marie-Anne de Rochechoüart née le 22. Novembre 1683. 3. Gabrielle-Loüise de Rochechoüart née le 31. Decembre 1684. 4. Marie-Françoise de Rochechoüart, née le 7. Janvier 1686. mariée le 12. Janvier 1708. avec Michel Chamillart, Marquis de Cany, Colonel du Regiment de la Marine Infanterie. Ils sont enfans de Loüis de Rochechoüart Duc de Mortemar, Pair & Général des Galeres de France, mort le 4. Avril 1688. & de Marie-Angélique Colbert. Ils ont pour Tantes. 1. Gabrielle de Rochechoüart, Abbesse de Beaumont les Tours. 2. Anne-Charlotte de Rochechoüart, mariée le 28. Janvier 1677. avec Henry de Lorraine Duc d'Elbeuf, Pair de France, Gouverneur de Picardie. 3. Marie-Elisabeth de Rochechoüart, mariée le 22. May 1693. avec François-Joseph de la Croix, Marquis de Castries, Maréchal de Camp, Chevalier d'Honneur de Madame la Duchesse d'Orleans, Gouverneur de Montpellier; elle est Dame d'Atour de Madame la Duchesse d'Orleans. 4. N… de Rochechoüart, mariée le 12. Septembre 1702. avec Alphonse de

Blanchefort, dit de Créquy, Duc de Lesdiguéres, Pair de France, Comte de Canaples, mort sans enfans le 5. Août 1711.
5. Gabrielle de Rochechoüart, Abbesse Chef Générale de l'Ordre de Fontevrault.

Ils sont petits-enfans de Loüis-Victor de Rochechoüart, Duc de Mortemar, Pair & Maréchal de France, mort au mois de Decembre 1688. & d'Antoinette-Loüise de Mesmes, morte au mois de Mars 1709.

Loüis-Victor de Rochechoüart, Duc de Mortemar, Pair & Maréchal de France avoit pour sœurs. 1. Gabrielle de Rochechoüart, morte le 12. Septembre 1693. qui avoit épousé en 1655. Claude Léonor de Damas, Marquis de Thianges, Comte Palatin de Dio, Seigneur de Chalançay, dont elle a eu Claude-Philbert de Damas, Marquis de Thianges, Lieutenant Général des armées du Roy, Ch. L. mort en 1708. 2. Diane-Gabrielle de Damas, mariée en 1670. avec Philippe-Jules-Mancini Duc de Nevers, Chevalier du Saint-Esprit, mort en May 1707. 3. Loüise-Adelaïde de Damas, mariée le 30. Octobre 1678. avec Loüis-François-Marie Sforce, Duc d'Ognano & de Ségny, Comte de Santafior, Souverain de Castel Arquato en Lombardie, & de la Sforzesca, Seigneur de Procéno, Chevalier de l'Ordre du S. Esprit, mort le 7. Mars 1685. 4. Françoise-Athenaiste de Rochechoüart, Chef du Conseil & Surintendante de la Maison de la défunte Reine, Dame du Palais de Sa Majesté, morte le 26. May 1707. avoit épousée feu Loüis-Henry de Gondrin, de Pardaillan, Marquis de Montespan, duquel elle a eu Loüis-Antoine de Gondrin de Pardaillan, Duc d'Antin, Pair de France.

Saint Aignan, 15. Decembre 1663.

Paul-Hyppolite de Beauvilliers, Duc de S. Aignan, Pair de France, Mestre de Camp de Cavalerie, prêta serment & prit place au Parlement le 22. Janvier 1711. il a été marié le 22. Janvier 1707. avec Marie-

Anne de Montlezun, fille de Jean-Baptiste-François de Montlezun, Marquis de Besmaux, & de Marguerite Colbert.

François de Beauvilliers, Duc de S. Aignan, Pair de France, Chevalier des Ordres du Roy, Premier Gentilhomme de sa Chambre, a été marié deux fois. La premiere avec Antoinette Servient, dont il reste 1. Paul de Beauvilliers, Duc de S. Aignan, dont il va être parlé. 2. Anne de Beauvilliers, Abbesse de la Joye, prés Nemours. 3. Marie-Antoinette de Beauvilliers, mariée le 10. Janvier 1678. avec Loüis Sanguin, Marquis de Livry, Premier Maître d'Hôtel du Roy, Capitaine des Chasses de la Forêt de Livry & Bondis. La seconde le 9. Juillet 1680. avec Françoise de Géré de Rancé, dont il a eu François-Honorat-Antoine de Beauvilliers, Abbé de S. Germer de Flaix, né au mois d'Août 1681. & Paul-Hyppolite de Beauvilliers, Duc de S. Aignan, Pair de France, dont il vient d'être parlé, & Marie Françoise de Beauvilliers, mariée deux fois. La premiere au mois de Janvier 1703. à Jean de Marillac, Brigadier d'armée, Gouverneur de Béthune, & Colonel du Regiment de Toulouse, tué à la bataille d'Hochstet l'année 1704. La seconde à N... de Laubespine.

Paul de Beauvilliers, Duc de S. Aignan, Pair de France, Comte de Buzançois, Grand d'Espagne, Chevalier de l'Ordre du Saint-Esprit, Chef du Conseil Roïal des Finances, Ministre d'Etat, Premier Gentilhomme de la Chambre de Monseigneur le Dauphin, Maître de sa Garderobe, Surintendant de la Maison de Monseigneur le Duc de Berry, Premier Gentilhomme de sa Chambre, Gouverneur & Lieutenant Général pour le Roy, de la Ville & Citadelle du Havre de Grace & Païs en dépendans, Gouverneur des Villes & Château de Loches & Beaulieu. Prêta serment & prit place au Parlement le 2. Mars 1679. a été marié le 21 Janvier 1671. avec Henriette-Loüise Colbert, fille de Jean-Baptiste Colbert, Ministre & Sécrétaire d'Etat, & de Marie Charron, de laquelle il a eu. 1. Marie-Antoinette de Beauvilliers, Religieuse aux Bénédictines de Montargis. 2. Marie-Anne de Beauvilliers, Religieuse au même Monastere. 3. Marie-Loüise de Beauvilliers, Religieuse au même Monastere. 4. Marie-Henriette de Beauvilliers, Religieuse au même Monastere. 5. N.... de Beauvilliers, Religieuse au même Monastere. 6. Marie-Henriette de Beauvilliers, mariée le 20. Decembre 1703. avec Loüis de Rochechoüart, Duc de Mortemar,

DES DUCS ET PAIRS. 303
Pair de France, 7. Geneviéve de Beauvilliers.

Rendan, 15. Decembre 1663.

Henry-François de Foix de Candale, Duc de Rendan, Pair de France, Chevalier de l'Ordre du S. Esprit, Prince Captale de Bucs, Marquis de Seneçay, Comte de Bénauges, de Gurson & de Fleix; il a épousé Marie-Charlotte de Roquelaure, fille de Jean Baptiste-Gaston, Duc de Roquelaure, Pair de France, Chevalier des Ordres du Roy, & de Marie-Charlotte de Daillon du Lude, morte le 22. Janvier 1710.

Trêmes ; 15. Décembre 1663.

François-Bernard Potier, Duc de Trêmes, Pair de France, Marquis de Gêvres, d'Annebaut, de Gandelus & de Fontenay-Marcüil, Premier Gentilhomme de la Chambre du Roy Gouverneur de Paris, Gouverneur & Grand Bailly de Valois, aussi Gouverneur & Capitaine des Chasses du Château Roïal de Monceaux, & de la Varenne de Meaux & Plaines en dépendantes, né le 3. Juillet 1655. prêta serment & prit place au Parlement le 23. Juillet 1703. Il avoit été marié le 15. Juin 1690. avec Marie-Madeleine-Loüise-Geneviéve de Seigliere de Bois-franc, morte le 3. Avril 1702. fille de Joachim de Seigliere,

Seigneur de Bois-franc, & de Geneviéve de Gédoüin, de laquelle il a eu 1. Joachim-Bernard Potier, Marquis de Gêvres, Seigneur de S. Oüin, né le 29. Septembre 1692. Mestre de Camp de Cavalerie, marié le 2. Juin 1709. avec Marie-Madeleine-Emilie Mascaranny, fille de Barthelmy Mascaranny, Maître des Requêtes, & de Jeanne Baptiste le Févre de Caumartin. 2. Loüis-Léon Potier, Marquis de Gandelu, né le 28. Juillet 1695. 3. Etienne-René Potier, Comte de Trêmes, né le 2. Janvier 1697. 4. Marie-Françoise Potier, née le 5. Decembre 1697.

Léon Potier, Duc de Trêmes, Pair de France, Chevalier des Ordres du Roy, dit le Duc de Gêvres, mort le 1. Decembre 1704. avoit été marié deux fois. La premiere, avec Marie-Françoise-Angelique du Val, morte le 24. Octobre 1702. fille de François du Val, Marquis de Fontenay-Mareüil, & de Suzanne de Monceaux d'Auxi, de laquelle il a eu 1. François-Bernard Potier, Duc de Trêmes, duquel il vient d'être parlé. 2. Léon Potier, Archevêque de Bourges, Abbé d'Aurillac & de Bernay, né le 15. Août 1656. 3. Jules Auguste Potier, Chevalier de l'Ordre de S. Jean de Jérusalem, Lieutenant de Roy au Bailliage de

Roüen & de Caux, & Gouverneur du Ponteau-de-Mer, né le 6. Novembre 1662. 4. Jeanne-Félice Potier, dite Mademoiselle de Gêvres, née le 20. Septembre 1657. 5. Suzanne-Angélique Potier, Religieuse au Monastere de la Visitation de Sainte Marie, du Fauxbourg S. Germain à Paris, née le 7. Juin 1659. 6. Loüise-Armande Potier, Religieuse au même Monastere, née le 22. Juillet 667. & Loüise-Julienne Potier, dite Mademoiselle de Marcüil, née le 2. Novembre 1669.

Noailles, 15. Decembre 1663.

Adrien-Maurice, Duc de Noailles, Pair de France, Comte d'Ayen, Chevalier de

DES DUCS ET PAIRS.

la Toison d'Or, Lieutenant Général des Armées du Roy, Capitaine de la premiere Compagnie des Gardes du Corps, Ch. L. il a prêté serment & prit place au Parlement le 13. Decembre 1708. & a épousé le 15. Avril 1698. Françoise d'Aubigné, fille de feu Charle, Comte d'Aubigné, Gouverneur de Berry, Chevalier de l'Ordre du S. Esprit, & de Geneviéve Pietre, dont il a Françoise-Adelaïde de Noailles, née en 1704. & Amable-Gabrielle de Noailles.

Anne Duc de Noailles, Pair de France, Chevalier des Ordres du Roy, mort le 15. Février 1677. avoit épousé Loüise Boyer, décedée le 22. May 1697. fille d'Antoine Boyer, Seigneur de Sainte Geneviéve des Bois, & de Françoise de Vignacourt, sa seconde Femme, de laquelle il a eu 1. Anne Jules Duc de Noailles, qui suit. 2. Loüis-Antoine de Noailles, Cardinal au titre de Sainte Marie sur la Minerve, Archevêque de Paris, Duc de S. Cloud, Pair de France, Commandeur du S. Esprit, né le 27. May 1651. 3. Jâque de Noailles, Chevalier de S. Jean de Jérusalem, Ambassadeur de Malthe en France, né le 3. Novembre 1653. 4. Jean-Baptiste-Loüis Gaston de Noailles, Evêque & Comte de Châlons, Pair de France, Abbé d'Hauvilliers.

Anne Jules, Duc de Noailles, Pair & Maréchal de France, Chevalier des trois Ordres du Roy, né le 5. Fevrier 1650. & mort en Octobre 1708. fut marié au mois d'Octobre 1671. avec Marie-Françoise de Bournonville, fille d'Ambroise Duc de Bournonville, Pair de France, & de Lucresse Françoise de la Viéville, de laquelle il a eu. 1. Adrien-Maurice, Duc de Noailles, Pair de France, duquel il a été parlé ci-devant. 2. Jules-Adrien, Marquis de Noailles, Mestre de Camp de Cavalerie. 3. Jules-Emmanuel de Noailles, Marquis de Mouchy, 4. Marie-Christine de Noailles, mariée le 13. Avril 1687. avec Antoine-Charle de Grammont, Pair de France. 5. Marie-Charlotte de Noailles mariée le 20. Novembre 1696. avec Malo-Auguste, Marquis de Coëtquen, la Marzeliere & Bain, Comte de Combourg, Baron de Vaurufier, du Fretay de Rongé & d'Aubigné, Seigneur des Châtellenies d'Usel, de la Mothe-Dannon, & des Terres & Seigneuries de Bonnefontaine, Maréchal de Camp, Ch. L. 6. Lucie-Félicité de Noailles, mariée le 30. Janvier 1698. avec Victor-Marie d'Estrées, Maréchal de France, Grand d'Espagne, Vice-Amiral de France, Chevalier des trois Ordres du Roy, Lieutenant Général au

Comté Nantois & Gouverneur de Nantes.
7. Marie-Thérèse de Noailles, mariée le 16. Juin 1698. avec Charle-François le Blanc-de la Baume, Marquis de la Valliere, Gouverneur de Bourbonnois, Lieutenant Général des armées du Roy, Ch. L. Commissaire Général de la Cavalerie. 8. Marie Françoise de Noailles, mariée au mois de Fevrier 1703. avec Henry-Emmanuel de Beaumanoir, Marquis de Lavardin, Lieutenant Général de Bretagne, tué à la Bataille de Spire le 15. Novembre 1703. 9. Marie-Victoire-Sophie de Noailles, mariée le 25. Janvier 1707. avec Loüis de Gondrin Marquis d'Antin, Brigadier d'armée, Colonel. 10. Emilio de Noailles. 11. Anne-Loüise de Noailles.

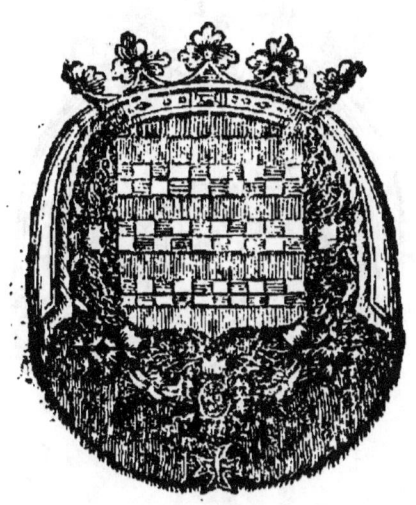

Coiflin, 15. Decembre 1663.

Henry-Charle du Cambout, Duc de Coiflin, Pair de France, Evêque & Prince de Metz, Commandeur des Ordres du Roy, & son Premier Aumônier, Abbé de S. George de Bauquerville, Docteur en Théologie de la Faculté de Paris, prêta serment & prit place au Parlement le 31. Mars 1711. Sa sœur Madeleine-Armande du Cambout, mariée en Avril 1689. avec Maximilien-Pierre-François-Nicolas de Béthune, Duc de Sully, Pair de France.

Aumont, 2. Decembre 1665.

Loüis d'Aumont de Rochebaron, Duc d'Aumont, Pair de France, Maréchal de Camp, Ch. L. Premier Gentilhomme de la Chambre du Roy, Marquis de Villequier, d'Isles & Nollay, Comte de Berzé, Baron de Chappes, de Rochetaillé, Joncy, Estrabonne, Cenves, Molinot, de Lis, la Mote sous Sigy, Gouverneur particulier de Boulogne, & du Païs Boulonois, Tour d'Ordre, Estapes, Fort de Monthulin, prêta serment & prit place au Parlement le 3 Juillet 1704. Il a été marié le 17. Decembre 1690. avec Olimpe de Broüilly, Marquise de Piennes, fille d'Antoine de Broüilly, Marquis

L'ETAT DE LA FRANCE,

de Piennes, Chevalier des Ordres du Roi, & de Françoise Godet, de laquelle il a eu N... d'Aumont, Marquis de Villequier, Meſtre de Camp de Cavalerie, marié au mois de Juin 1708. avec Catherine de Guiſcard, fille de Loüis de Guiſcard, Marquis de Magny, & Comte de la Bourlie, Chevalier des trois Ordres du Roy, & d'Eliſabeth de Langlée.

Loüis-Marie d'Aumont, de Rochebaron, Duc d'Aumont, Pair de France, Chevalier des Ordres du Roy, mort le 19. Mars 1704. avoit été marié deux fois. La premiere, le 21. Novembre 1660. avec Madeleine Fare le Tellier, morte le 22. Juin 1668. de laquelle il a eu Loüis d'Aumont de Rochebaron, Duc d'Aumont, Pair de France, duquel il vient d'être parlé. 2. Eliſabeth Madeleine-Fare d'Aumont, mariée le 14. Octobre 1677. avec Jâque-Loüis de Béringhen, Marquis de Châteauneuf, Chevalier de l'Ordre du Saint-Eſprit, Premier Ecüïer du Roy. 3. Anne-Charlotte d'Aumont, mariée le 4. Fevrier 1683. avec François Joſeph de Blanchefort, Marquis de Créquy, Lieutenant Général des armées du Roy, tué à Luzzara le 15. Août 1702. La ſeconde, le 28. Novembre 1660. avec Françoiſe Angélique de la Mothe-Houdancourt,

DES DUCS ET PAIRS.

dancourt, morte le 5. Avril 1711. fille de Philippe de la Mothe Houdancourt, Duc de Cardonne, Maréchal de France, & de Loüise de Prie, Gouvernante des Enfans de France, de laquelle il a eu Loüis d'Aumont, Duc d'Humiéres.

Vaujours 14. May 1667.

Marie-Anne de Bourbon, Duchesse de Vaujours, Pair de France, veuve de Loüis-Armand de Bourbon, Prince de Conty, Prince du Sang, mort sans enfans le 9. Decembre 1685. ci-devant avec les Princes.

Nemours, 3. Septembre 1672.

Philippe, Duc d'Orléans, de Chartres, de Valois, de Nemours & de Montpensier, Pair de France, ci-devant avec les Princes.

Béthune-Charrosts, 9. Août 1690.

'Armand de Béthune, Duc de Charrosts, Pair de France, Baron d'Ancenis, ancien Baron, Pair & Président de la Noblesse aux Etats de la Province de Bretagne, Lieutenant Général du Roy en ses Provinces de Picardie, Boulonois, anciennes Conquêtes du Hainaut, Gravelines, & Païs reconquis, Lieutenant Général des armées du Roy, Capitaine des Gardes du Corps, Ch. L. prêta serment prit place au Parlement le 16. Janvier 1698. a été marié deux fois. La première le 23. Octobre 1680. avec Loüise-Marie Thérèse de Melun, morte le derni Octobre 1683. fille d'Alexandre-Guilla me de Melun, Prince d'Epinoy, Chevalier des Ordres du Roy, & de Loüise-Anne de Béthune sa premiere femme, de laquelle il a eu 1. Loüis-Joseph de Béthune-Charrost, Marquis de Charrost, né au mois d'Août 1681. mort au mois d'Août 1711. avoit été marié au mois de Decembre 1704. avec Marie Bruslart, fille de Nicolas Bruslart, Premier Président au Parlement de Dijon, & de Marie Bouthillier. 2. Paul-François de Béthune-Charrost, Marquis d'Ancenis, né en 1682. Brigadier d'armée, Gouverneur de Dourlens, Mestre de Camp du Régiment de Monseigneur le Dauphin, marié le 3. Avril 1709. à N... de Gorge. La seconde le 27. Mars 1692. avec Catherine de Lamet, fille d'Augustin de Lamet, Baron de la Queuë, Marquis de Baule, Gouverneur de Dourlens, & de Madeleine Gillot, de laquelle il a Michel-François de Béthune.

Armand de Béthune, Duc de Charrost, Pair de France, Chevalier du S. Esprit, Gouverneur de la Ville & Citadelle de Calais, Fort de Nieulé & du Païs reconquis, a été marié le 12. Fevrier 1657. avec Marie-Fouquet, fille de Nicolas Fouquet, Vicomte de Vaux & de Melun, Marquis de Belle-Isle, Ministre d'Etat, Surintendant des Finances,

O ij

& Procureur Général au Parlement de Paris, & de Marie Fourché sa premiere femme, de laquelle il a eu. 1. Armand de Béthune, Duc de Charrosts, dont il vient d'être parlé. 2. Loüis-Basile de Béthune-Charrosts, Chevalier de l'Ordre de S. Jean de Jérusalem, Capitaine de Vaisseau. 3. Marie-Hippolite de Béthune-Charrosts, Religieuse au Convent des Carmelites du Faux-bourg Saint Jâque à Paris.

Saint Cloud, 18. *Août* 1690.

Louis-Antoine de Noailles, Cardinal du titre de Sainte Marie sur la Minerve, Archevêque de Paris, Duc de S. Cloud, Pair de France, Commandeur de l'Ordre du Saint-Esprit, Docteur en Théologie de la Faculté de Paris, prêta serment & prit place au Parlement le 9. May 1695.

Eu, 8. *May* 1694.

Loüis Auguste de Bourbon, Duc du Maine, & d'Aumale, Comte d'Eu, Pair de France, prêta serment & prit place au

Parlement le 8. May 1694. ci-devant aux Princes.

Damville, 27. *Novembre* 1694.

Loüis-Alexandre de Bourbon, Comte de Toulouse, Duc de Damville, de Penthiévre, de Châteauvilain, & de Ramboüillet, Pair de France, prêta ferment & prit place au Parlement le 24. Novembre 1694. ci-devant aux Princes.

Montpenfier, 20. *Avril* 1695.

Philippe Duc d'Orléans, de Chartres, de Valois, de Nemours & de Montpenfier, Pair de France, ci-devant aux Princes.

Aumale, 1. *Juillet* 1695.

Loüis-Augufte de Bourbon, Duc du Maine, & d'Aumale, Comte d'Eu, Pair de France, ci-devant aux Princes.

Penthiévre, 16. *Decembre* 1698.

Loüis-Alexandre de Bourbon, Comte de Toulouse, Duc de Damville, de Penthiévre, de Chateauvilan & de Ramboüillet, Pair de France, ci-devant aux Princes.

Chateauvilain, 29. *Août* 1703.

Loüis-Alexandre de Bourbon, Comte de Toulouse, Duc de Damville, de Penthiévre, de Châteauvilain, & de Ramboüillet, Pair de France, ci-devant aux Princes.

DES DUCS ET PAIRS.

Guise, 30. *Juillet* 1704.

Anne de Baviére, Comtesse Palatine du Rhin, Duchesse de Guise, Paire de France, veuve d'Henry-Jules de Bourbon, Prince de Condé, Duc d'Anguyen, de Châteauroux, & de Guise, ci-devant aux Princes.

19. *Mars* 1708.

Joseph Marie, Duc de Boufflers, Pair de France, fils de Loüis François, Duc de Boufflers, Comte de Ponches, Seigneur Châtelain de Milly, Pair & Maréchal de France, Chevalier des trois Ordres du Roy, & de la Toison d'Or, Capitaine des Gardes du Corps, Grand Bailli & Gouverneur héreditaire de la Ville de Beauvais & du Beauvoisis, Gouverneur & Lieutenant Général pour le Roy des Provinces de Flandres, & du Hainaut, qui prêta serment & prit place au Parlement le 19. Mars 1708. & de Catherine-Charlotte de Grammont, fille d'Antoine-Charle Duc de Grammont, Pair de France, & de Marie-Charlotte de Castelnau.

Villars, 7. *Avril* 1710.

Loüis-Victor Duc de Villars, Pair & Maréchal de France, Chevalier des trois Ordres du Roy, Gouverneur de la Ville de Metz, & des Païs & Evêchez de Metz & de Verdun, prêta serment & prit place au Parlement le 7. Avril 1710. Il a été marié le 23. Janvier 1702. à Jeanne-Angélique Roque, fille de Jâque Roque, Seigneur de Varangeville, Ambassadeur à Venise, & de Charlotte Angélique Courtin.

Harcourt, 9. *Août* 1710.

Henry Duc d'Harcourt, Pair & Maréchal de France, Chevalier des trois Ordres du Roy, Capitaine des Gardes du Corps, Lieutenant Général au Gouvernement de Normandie & Gouverneur du vieux Palais de Roüen, prêta serment & prit place au Parlement le 9. Août 1710. il a été marié le dernier Juillet 1687. avec Marie-Anne-Claude Bruslard, fille de Charle Bruslard, Marquis de Genlis, & d'Angélique, Fabert de laquelle il a 1. François d'Harcourt. 2. Loüis-Henry d'Harcourt. 3. Anne-Pierre d'Harcourt. 4. Henry d'Harcourt. 5. Henry-Charlotte-Françoise-Eléonore d'Harcourt. 6. Claude-Lidie d'Harcourt. 7. Angélique-Loüise de la Croix d'Harcourt.

Alençon, 10. *Juillet* 1710.

Charle de France, Duc de Berry, d'Alençon, & d'Angoulême, Seigneur Châtelain de Coignac, & de Merpuis, Vicomte d'Andely, de Vernon & de Gisors, ci-devant aux Princes.

DES DUCS ET PAIRS.

Angoulême, 10. Juillet 1710.

Charle de France, Duc de Berry, d'Alençon & d'Angoulême : ci-devant aux Princes.

Filzjame 11. Decembre 1710.

Jâque Filzjame, Duc de Berwick, de Filzjame, de Leria & de Xerica, Pair de France, & d'Angleterre, Grand d'Espagne, Maréchal de France, Chevalier des Ordres de la Jarretiere, & de la Toison d'Or, Gouverneur du haut & bas Limosin, prêta serment & prit place au Parlement le 11. Decembre 1710. a été marié deux fois. La premiere avec Honoré de Burg, morte le 16. Janvier 1698. La seconde avec N... Bocley.

Antin, 5. Juin 1711.

Loüis-Antoine de Pardaillan, Duc d'Antin, Pair de France, Lieutenant Général des armées du Roy & de la Haute & Basse Alsace, Gouverneur & Lieutenant Général des Ville & Duché d'Orléans, Païs Orléanois & Chartrain, & de la Ville & Château d'Amboise, Directeur Général des Bâtimens du Roy, prêta serment & prit place au Parlement le 5. Juin 1711. Il a été marié le 21. Août 1696. avec Julie-Françoise de Crussol, fille d'Emmanuel de Crussol, Duc d'Usès, Pair de France, & de Marie de Sainte Maure.

Rambouïllet, 29. Juillet 1711.

Loüis-Aléxandre de Bourbon, Comte de Touloufe, Duc de Damville, de Penthiévre, de Châteauvilain, & de Ramboüillet, Pair de France, ci-devant aux Princes.

Chaulnes 17. Octobre 1711.

Loüis-Augufte d'Albert d'Ailly, Duc de Chaulnes, Capitaine-Lieutenant des Chevaux Legers de la Garde du Roy, Maréchal de Camp, Pair de France; il a été marié le 21. Janvier 1704. avec Marie-Anne-Romaine de Beaumanoir, fille d'Henry-Charle de Beaumanoir, Marquis de Lavardin, & de Loüife-Anne de Noailles fa feconde femme.

CHAPITRE VIII.
Des Duchez & Pairies enregistrées à d'autres Parlemens qu'à celui de Paris.

Villars regiſtrée au Parlement de Provence le 15. Février 1657.

LOUIS de Brancas, Duc de Villars, Pair de France Comte de Maubec, Baron d'Oiſe, Seigneur de Champtercier & de l'Iſle, a épouſé Marie de Brancas, fille de Charle, Comte de Brancas, Chevalier d'Honneur d'Anne d'Autriche, Reine de France, & de Suzanne Garnier, dont il a 1. Loüis-Antoine de Brancas, Comte de Maubec, né le 12. Août 1682. 2. Marie-Joſeph de Brancas, Marquis d'Oiſe, né le 18. Octobre 1687.

George de Brancas, Duc de Villars, Pair de France, mort le 23. Janvier 1657. avoit épouſé Julienne-Hipolite d'Etrées, fille d'Antoine d'Etrées, Marquis de Cœuvres, Chevalier des Ordres du Roy, Grand Maître de l'Artillerie de France,

& de Françoise Babou de la Bourdaisiére, de laquelle il a eu. 1. Loüis-François de Brancas, Duc de Villars, qui suit 2. Charle, Comte de Brancas, Chevalier d'Honneur d'Anne d'Autriche, Reine de France, qui épousa Suzanne Garnier. 3. Marie de Brancas, femme d'Henry de Castellane, Marquis d'Ampus. 4. Madeleine de Brancas, Religieuse Urseline.

Loüis-François de Brancas, Duc de Villars, Pair de France, Marquis de Graville & de Grandchamp, Comte de Maubec, a été marié trois fois. La premiere, avec Madeleine-Claire de Lénoncourt, morte sans enfans le 16. Juin 1661. fille d'Antoine de Lénoncourt, Seigneur de Marolles. La seconde, au mois d'Avril 1662. avec Madeleine Girard, morte au mois d'Avril 1674. fille de Loüis Girard, Seigneur de Villetaneuse, Procureur Général de la Chambre des Comptes à Paris, & de Marie Royer, dont il a eu. 1. Loüis de Brancas Duc de Villars, duquel il vient d'être parlé. 2. Loüis-Etienne-Joseph de Brancas, Abbé de Nôtre-Dame des Alleurs. 3. Marie-Madeleine de Brancas, mariée le 26. Octobre 1694. avec Loüis Gabriel-Henry de Beauveau, Marquis de Rivarenes, & de Montgoget. La troisiéme avec Loüise-Catherine-Angélique de Fautereau de Meiniéres, morte le 11. Fevrier 1701. dont il a eu Elisabeth-Charlotte - Candide de Brancas, mariée le 30. Janvier 1696. avec Loüis - Henry de Brancas, Marquis de Cereste, & de Forcalquier, Baron de Castelet, Seigneur de Robion, Monjustin, & Vitrol, Lieutenant Général des armées du Roy, Ch. L.

Marie Françoise de Brancas, mariée le 21. Fevrier 1667. avec Alphonse-Henry-Charle de Lorraine, Prince d'Harcourt, est aussi fille de Charle, Comte de Brancas, & de Suzanne Garnier.

CHAPITRE IX.

De la Fonction des Pairs de France, au Sacre du Roy.

L'ARCHEVÊQUE de Reims, sacre le Roy de l'huile de la Sainte Ampoule.

L'Evêque de Laon, porte la Sainte Ampoule.

L'Evêque de Langres porte le Sceptre.

L'Evêque de Beauvais, porte le Manteau Roïal.

L'Evêque de Châlons, porte l'Anneau.

L'Evêque de Noïon, porte le Ceinturon ou le Baudrier.

Le Duc de Bourgogne, porte la Couronne Rôïale, & ceint l'Epée au Roy.

Le Duc de Guiènne, porte la premiere Banniere Carrée.

Le Duc de Normandie, porte la seconde.

Le Comte de Touloufe, porte les Eperons.

Le Comte de Champagne, porte la Banniere Rôïale ou l'Etendart de Guerre.

Le Comte de Flandres porte l'Epée du Roy.

Au jour du Sacre & Couronnement, & durant la Cérémonie, ces Pairs ont sur la tête un Cercle en forme de Couronne. Et parce que les six Pairies Laïques, sont réünies au Domaine de la Couronne, à la reserve d'une partie de la Flandres, qui est encore en la possession du Roy d'Espagne, on choisit six Princes ou Ducs Seigneurs, pour représenter les anciens Pairs Laïques, & faire leurs Fonctions. Et la même chose se fait pour les Pairs Ecclésiastiques, quand ils ne peuvent assister au Sacre, & que les Evêchez sont vacans.

Quand l'Archevêché de Reims est vaéant, ou que celuy qui est nommé n'est pas Sacré ou est absent, c'est l'Evêque de Soissons qui est en droit de le représenter, & de Sacrer le Roy.

On en va voir les exemples dans ce qui suit, observé au Sacre & Couronnement de nôtre Monarque, à présent heureusement regnant, Loüis le Grand XIV. du nom le 7. Juin 1654.

Simon le Gras, Evêque de Soissons, representa l'Archevêque de Rheims, attendu que le Siége étoit vacant. Il Sacra & Couronna le Roy, il avoit pour Diacre l'Evêque d'Amiens & pour Soûdiacre son Coadjuteur à l'Evêché de Soissons.

Les Evêques assistans étoient ceux de Rennes, de Coutances, de Rhôdes, de S. Paul trois Châteaux, d'Agde & de Leon.

Anne-Marie de Lévis de Vantadour, Archevêque de Bourges, représenta l'Evêque & Duc de Laon.

François de Harlay, Archevêque de Roüen, & depuis de Paris, représenta l'Evêque & Duc de Langres.

Nicolas-Choart de Buzanval, Evêque & Comte de Bauvais.

Felix Vialart, Evêque & Comte de Châlons.

Henry de Baradas, Evêque & Comte de Noïon, y assisterent en Personne.

Philippes de France, Duc d'Anjou, & depuis Duc d'Orleans, représenta le Duc de Bourgogne.

César Duc de Vendôme, Pair de France, représenta le Duc de Normandie.

Charle de Lorraine, Duc d'Elbeuf, Pair de France, représenta le Duc de Guienne.

Bernard de Nogaret de la Valette, Duc d'Epernon, Pair de France, représenta le Comte de Champagne.

Artus Gouffier, Duc de Roüannois, représenta le Comte de Flandres.

Ambroise, Duc de Bournonville, représenta le Comte de Toulouse.

François Annibal, Duc d'Etrées, Pair & Marêchal de France, représentoit le Conestable de France.

François de l'Hôpital, Comte de Rhosnay, Marêchal de France, portoit le Sceptre.

César de Choiseul, Pair & Marêchal de France, portoit la Couronne.

Antoine, Duc de Grammont, Pair & Marêchal de France, portoit la main de Justice.

Pierre Séguier, Chancelier de France, faisoit sa Charge.

DES DUCS ET PAIRS.

Nicolas de Neufville, Duc de Villeroy, Pair & Maréchal de France, faisoit la fonction de Grand Maître de France.

Loüis de Lorraine, Duc de Joyeuse, Pair & Grand Chambellan de France, faisoit sa Charge.

Loüis-Victor de Rochechoüart, Comte de Vivonne, & premier Gentilhomme de la Chambre du Roy, faisoit la Charge de premier Chambellan.

Philippe Mancini Mazarini, Duc de Nevers, portoit la queüe du Roy.

Les Otages qui furent donnez pour la Sainte Ampoule, furent les Marquis de Vardes, de Richelieu, de Biron, & de Coiflin.

CHAPITRE X.

Des Ducs & Pairs, dont les Lettres n'ont point été enregistrées.

Omme il y a eu en differens temps des créations de Terres, n Duchez & Pairies, qui n'ont point été enregistrées au Parlement, & que ceux qui en ont aujour-

d'huy, ou les Veuves de ceux qui en avoient obtenu, joüissent des honneurs dus à la qualité de Duc, il est bon d'en faire mention en cet endroit.

Le Comté de *Dunois*, érigé en Duché & Pairie, en faveur de Claude d'Orleans, Duc de Longueville, par Loüise de Savoye, Duchesse d'Angoulême, Régente du Royaume, par Lettres Patentes du 25. Juillet 1525.

Le Comté de *Clermont*, fut érigé en Duché & Pairie en faveur d'Henry, Comte de Clermont, Vicomte de Tallard, le 1. May 1571. ce qui fut confirmé le 10. Juin 1572.

Le Comté de *Brienne*, érigé en Duché & Pairie en faveur de Charles de Luxembourg, Comte de Brienne, par Lettres Patentes du mois de May 1587. Le Parlement refusa de les enregistrer, par Arrêt du 4. Mars 1588. & persista dans son refus nonobstant les Lettres de Jussion, des 29. Mars & 13. Août 1588.

Le Duché de *Roüannois*, érigé en Pairie en faveur de Loüis Gouffier, Duc de Roüannois, par Lettres Patentes du 8. Avril 1620.

La Baronie de *Frontenay*, érigée en Duché & Pairie en faveur de Benjamin de Rohan, Seigneur de Soubize, par

DES DUCS ET PAIRS.

Lettres Patentes du mois de Juillet 1626.

Le Duché d'*Aumale*, érigé en Pairie en faveur d'Henry de Savoye, Duc de Nemours, & d'Anne de Lorraine, Duchesse d'Aumale son épouse, par Lettres Patentes du mois d'Août 1631.

Le Duché de *Cardonne* en Catalogne, érigé en Pairie en faveur de Philippes de la Mothe-Houdancourt, Maréchal de France par Lettres Patentes du mois d'Avril 1642.

Les Terres & Seigneuries de *Pavant*, *Nogent*, &c. érigées en Duché & Pairie, sous le nom de la Viéville, en faveur de Charle, Marquis de la Viéville, par Lettres Patentes de 1642.

Le Comté de *Châteauvilain*, fut érigé en Duché & Pairie, sous le nom de Vitry, en faveur de Nicolas de l'Hôpital, Marquis de Vitry, Maréchal de France, par Lettres Patentes de 1644.

Le Marquisat de *Noirmonstier* fut érigé en Duché & Pairie, en faveur de Loüis de la Tremoille, Marquis de Noirmonstier, par Lettres Patentes du mois de Mais 1650. Les titres furent transférez sur la Terre de Montmirail, par d'autres Lettres Patentes du 8. Février 1657.

La Terre de *Navailles* érigée en Duché

& Pairie, en faveur de Philippe de Montaut, Marquis de Navailles, par Lettres Patentes de 1650.

La Terre d'*Arpajon* érigée en Duché & Pairie, en faveur de Loüis, Marquis d'Arpajon, Chevalier des Ordres du Roy, par Lettres Patentes de 1650. Il est décedé au mois de May 1679. & a laissé de Catherine-Henriette d'Harcourt-Beuvron sa troisiéme femme, qu'il épousa le 24. Avril 1659. Catheri[ne] d'Arpajon, mariée le 8. Février 1689. à François de la Rochefoucault, Comte de Roucy.

Les Terres & Seigneuries de *Nogent-le-Rotrou*, *Montigny*, *Réginalart* & *Champrond*, furent érigées en Duché & Pairie, sous le nom de *Béthune*, par Lettres Patentes du mois de Juin 1652. [en] faveur de François de Béthune, Comte d'Orval, de Muret & de Villebon, Marquis de Nogent le-Rotrou, Baron de Courville, Seigneur de Molandon, V[i]tray, Nonvilliers, Aponvilliers, L[eu]beloüis, Chevalier des Ordres [du] Roy, Lieutenant Général des Armées [du] Roy, Premier Ecuïer d'Anne d'Autrich[e] Reine de France, Lieutenant Général en Province de Chartres & Païs Chartrai[n] décedé le 7. Juillet 1678. Il avoit marié deux fois. La premiere, par Contrat du 19. Décembre 1620. avec Jacqueline de Caumont, fille de Jâque Nomar de Caumont, Duc de la Force, Pair & Marêchal de France, & de Charlotte Gontaut, dont il a eu 1. Maximilien-Alpin de Béthune qui suit. 2. Philippe de Béthune, Vicomte de Meaux, qui avoit épousé Geneviéve de Mié, fille du Baron de Guépré, de laquelle il a laissé Marie-Angélique de Béthune, Religieuse au Port Roïal à Paris. 3. Marguerite-Angélique de Béthune, Abbesse de S. Pierre de Rheims. 4. Françoise de Béthune, Prieure de N. D. de Pié de Joinville. 5. Anne de Béthune, Religieuse en l'Abbaïe de S. Pierre de Rheims. La seconde, avec Anne d'Harville, fille d'Antoine d'Harville, Marquis de Paloiseau, Chevalier des Ordres du Roy, & d'Isabelle Favier, du Bouly, de laquelle il eu. 1. Loüis de Béthune, Abbé d'Orval. 2. Armand de Béthune, Abbé de Senengue. 3. Anne-Eleonore de Béthune, Abbesse de N. D. du Val de Gif.

Maximilien-Alpin, Marquis de Béthune, a épousé Catherine de la Porte, fille de Georges de la Porte, Maître des Requêtes, &. de Françoise Chevalier, dont il a eu Maximilien-François de Béthune qui fuit, & Anne de Béthune.

Maximilien-François, Marquis de Béthune, mort au mois de Décembre 1684. avoit épousé Jeanne-Catherine-Henriette d'Orleans, fille d'Henry-Auguste d'Orleans, Marquis de Rothelin, & de Marie le Bouteiller de Senlis, dont il a eu Loüis-Pierre-Maximilien, Marquis de Béthune, Colonel du Régiment de la Reine.

La Terre & Seigneurie de *Roquelaure*, fut érigée en Duché & Pairie, en faveur de Gaston-Jean-Baptiste de Roquelaure, Marquis de Biran, Chevalier des Ordres du Roy, Lieutenant Général des Armées du Roy, par Lettres Patentes du mois de Juin 1652. Il avoit épousé le 17. Septembre 1653. Marie-Charlotte de Daillon, morte le 15. Décembre 1657 fille de Thimoléon de Daillon, Comte du Lude, dont il a eu. 1. Antoine-Gaston, Duc de Roquelaure. 2. Marie-Charlotte de Roquelaure, mariée Henry-François de Foix de Candale Duc de Rendan, Pair de France, Chevalier de l'Ordre du S. Esprit, mort 22. Janvier 17.0.

Le Duché de *Bournonville* fut érigé Pairie, par Lettres Patentes du mois

Septembre 1652. en faveur d'Ambroise, Duc de Bournonville, Chevalier d'Honneur de la Reine Anne d'Autriche, & Gouverneur de Paris, mort le 12. Septembre 1693. Il avoit épousé Lucrece-Françoise de la Viéville, morte le 22. Janvier 1678. fille de Charle, Duc de la Viéville & de Marie Bouhier, dont il a eu Marie-Françoise de Bournonville, mariée au mois d'Octobre 1671. avec feu Anne-Jules, Duc de Noailles, Pair & Maréchal de France, Chevalier des trois Ordres du Roy.

Le Duché de *Nivernois* fut érigé en Pairie, en faveur de Jules Mazarini, Cardinal de la sainte Eglise Romaine, par Lettres Patentes du mois d'Octobre 1660. confirmées par d'autres Lettres du mois de Janvier 1676. accordées à Philippe-Jules Mancini-Mazarini, Duc de Nevers, Chevalier des Ordres du Roy, mort en May 1707. sur lesquelles il a obtenu des Lettres de surannation le 29. Avril 1692. Il fut marié le 15. Décembre 1670. avec Diane-Gabrielle de Damas, fille de Claude-Léonor de Damas, Marquis de Thianges, & de Gabrielle de Rochechoüart, dont il a eu. I. Jules-François-Mancini-Mazarini, Prince de Vergagne, né à Venise au mois de

May 1675. 2. Jâque-Hippolitte Mancini-Mazarini. 3. Diane-Gabrielle-Victoire Mancini-Mazarini mariée le 6. May 1699. à Charle-Loüis-Antoine Galeas de Hennin-Liétard, Comte de Boffu, Prince de Chimay & du Saint Empire 4. Diane Adelaïde - Philippe - Mancini-Mazarini qui a épousé Loüis-Armand Duc d'Etrées, Pair de France.

La Seigneurie de *Duras* fut érigée en Duché & Pairie, en faveur de Jâque-Henry de Durfort, Marquis de Duras, Marêchal de France, Chevalier des trois Ordres du Roy, Gouverneur du Comté de Bourgogne, Capitaine des Gardes du Corps, par Lettres Patentes du mois de May 1668.

Le Comté du *Lude* fut érigé en Duché & Pairie, en faveur d'Henry d Daillon, Comte du Lude, Chevalier d Ordres du Roy, Gouverneur du Château de S. Germain en Laye, Grand Maître de l'Artillerie de France, Premier Gentilhomme de la Chambre d Roy par Lettres Patentes du 31. Juillet 1675. Il est mort le 30. Août 168 Il avoit été marié deux fois. La premi re, avec Eléonore de Boüillé, fille de R né de Boüillé, Comte de Créancé, de Jaqueline de la Guiche S. Géran morte le 12. Janvier 1681. La seconde, avec Marguerite-Loüise de Béthune, veuve d'Armand de Grammont, Comte de Guiche, Dame d'Honneur de Madame la Dauphine, fille de Maximilien-François de Béthune, Duc de Sully, Pair de France, & de Charlotte Séguier.

La Terre & Seigneurie de *Roquelaure* a été de nouveau érigée en Duché & Pairie, par Lettres Patentes du mois de May 1683. en faveur d'Antoine-Gaston de Roquelaure, Marquis de Biran, Gouverneur de la Ville & Citadelle de Laitoure, Lieutenant Général des Armées du Roy, Ch. L. Commandant en Languedoc, qui a été marié le 20. May 1683. avec Marie Loüise de Laval-Montmorency, fille de Guy de Laval, Baron de la Plesse, & de Françoise de Sesmaisons.

La Terre & Seigneurie d'*Aubigny* fut érigée en Duché & Pairie, par Lettres Patentes du mois de Janvier 1684. en faveur de Loüise Renée de Pennencoüet, de Querroüalle, de Plocuc, Duchesse de Portsmouth en Angleterre, & de Charle Stuart, Duc de Lenos & de Richemont, Chevalier de l'Ordre de la Jartiére.

Tome II.   P

CHAPITRE XI.

Des Duchez.

APRE's avoir parlé des Pairies, il faut connoître les Duchez, & observer qu'il y a des Duchez simples; il y a des Duchez qui ont des Pairies qui y sont attachées; il y en a qui ont été érigez pour durer à perpetuité, & d'autres qui ont dû ou doivent être éteintes par le deffaut d'hoirs mâles. Il y en a dont les Lettres d'érection ont été regiſtrées au Parlement de Paris, d'autres qui ont été regiſtrées ſeulement dans d'autres Parlemens, d'autres qui n'ont été regiſtrées dans aucun Parlement. Nous allons rapporter les Duchez, dont les Lettres d'érection ont été regiſtrées au Parlement de Paris, & qui ont subſiſté.

Bourgogne, Duché.
Normandie, Duché.
Guyenne, Duché.
Rheims, Duché.
Laon, Duché.
Langres, Duché.
Bretagne fut érigé en Duché, en ſ

veur de Pierre de Dreux, qui épousa en l'année 1213. Alix, Comtesse de Bretagne.

Orleans, Duché donné en l'année 1255. à Philippe de France. Il est à présent possedé par Philippe, Duc d'Orleans.

Guyenne, Duché érigé par le Traité du mois d'Octobre 1259.

Bourbon, Duché érigé par Lettres Patentes du mois de Decembre 1327. Il est à présent possedé par Loüis-Henry, Duc de Bourbon.

Bar, Duché, érigé en l'année 1257. en faveur de Robert, Comte de Bar.

Anjou, Duché, érigé par Lettres Patentes du mois d'Octobre 1360. Il est uni au Domaine de la Couronne.

Berry, Duché, érigé par Lettres Patentes du mois d'Octobre 360. Il est uni au Domaine de la Couronne.

Auvergne, Duché, érigé avec Berry, par Lettres Patentes du mois d'Octobre 1360. Il est uni au Domaine de la Couronne.

Touraine, Duché, érigé par Lettres Patentes du mois d'Octobre 1360. Il est uni au Domaine de la Couronne.

Nemours, Duché, érigé par Lettres Patentes du 9. Juin 1404. Il est possedé par Philippe, Duc d'Orleans.

Alençon, Duché, érigé par Lettres Patentes du 1. Janvier 1414. Il est possedé par Charle de France, Duc de Berry.

Valois, Duché érigé par Lettres Patentes du mois de Fevrier 1498. Il est possedé par Philippe, Duc d'Orleans.

Valentinois, Duché, érigé en l'année 1499. en faveur de César Borgia. Il est uni au Domaine de la Couronne.

Longueville, Duché, érigé par Lettres Patentes du mois de May 1505. en faveur de François d'Orleans, Comte de Longueville, registrées au Parlement de Rouen le 18. Novembre 1505. Il est réuni au Domaine de la Couronne.

Nemours, Duché, érigé par Lettres Patentes du mois de Novembre 1507. registrées au Parlement de Paris le 14. Janvier 1537.

Angoulême, Duché, érigé par Lettres Patentes du mois de Fevrier 1514. registrées au Parlement de Paris le 12. Mars 1514. Il est possedé par Charle de France, Duc de Berry.

Vendômois, Duché, érigé par Lettres Patentes du mois de Fevrier 1514. registrées au Parlement de Paris le 6. Mars 1514. Il est possedé par Louis-Joseph, Duc de Vendôme.

Châtellerault, Duché, érigé par Lettres Patentes du mois de Fevrier 1514. regiſtrées au Parlement de Paris le 4. Avril 1514. Il eſt poſſedé par Guillaume-Fréderic de la Tremoille, Prince de Talmont, qui a épouſé Anne-Eliſabeth-Antoinette de Bullion, fille de Charle-Denis de Bullion, Marquis de Gallardon & de Fervaques, Prevôt de Paris, & de Marie-Anne Roüillé.

Guiſe, Duché, érigé par Lettres Patentes du mois de Janvier 1527. regiſtrées au Parlement de Paris le 12. Août 1528.

Chartres, Duché, érigé par Lettres Patentes du 25. Juillet 1528. regiſtrées au Parlement de Paris, le 30. du même mois, en faveur d'Hercules d'Eſt, Duc de Ferrare, & de Renée de France ſon épouſe. Il eſt poſſedé par Philippe, Duc d'Orleans.

Eſtouteville, Duché, érigé par Lettres Patentes du mois d'Août 1534. en faveur d'Adrienne Dame d'Eſtouteville, elle épouſa par Contrat du 9. Fevrier 1534. François de Bourbon, Comte de Saint Paul, à la charge de prendre le nom & les Armes d'Eſtouteville, lequel Contrat fut regiſtré au Parlement de Paris, par Arrêt du 16. Avril 1540.

Etampes, Duché, érigé par Lettres Patentes du mois de Janvier 1536. regiſtrées au Parlement de Paris le 18. du même mois & an Il est possedé par Loüis-Joseph, Duc de Vendôme.

Nivernois, Buché, érigé par Lettres Patentes du mois de Janvier 1538. regiſtrées au Parlement de Paris le 17. Fevrier suivant. Il est éteint, & cette Terre est possedée par Jules-François Mancini-Mazarini, Prince de Vergagne.

Montpensier, Duché, érigé par Lettres Patentes du mois de Fevrier 1538. regiſtrées au Parlement de Paris le 6. Mars suivant. Il appartient à Philippe, Duc d'Orleans.

Beaumont, Duché, érigé en faveur de Françoise d'Alençon, veuve de Charles de Bourbon, Duc de Vendôme, Pair de France, par Lettres Patentes du mois de Septembre 1543. regiſtrées au Parlement de Paris le 16. Octobre de la même année. Il est uny au Domaine de la Couronne.

Chevreuse, Duché, érigé par Lettres Patentes du mois de Decembre 1545. en faveur de Jean de Brosse, Duc d'Etampes, & d'Anne de Pisseleu son épouse, confirmées par d'autres Lettres Patentes du mois d'Avril 1555. en faveur de Charle de Lorraine, Cardinal, Archevêque & Duc de Rheims, regiſtrées au Parlement de Paris le 10. May. 1555.

Aumale, Duché, érigé par Lettres Patentes du mois de Juillet 1547. regiftrées au Parlement de Paris le 5. Janvier 1547.

Montmorency, Duché, érigé par Lettres Patentes du mois de Juillet 1551. regiftrées au Parlement de Paris le 4. Août fuivant.

Abret, Duché, érigé en faveur d'Antoine de Bourbon, & Jeanne d'Albret fon époufe, Roy & Reine de Navarre, par Lettres Patentes du mois de Decembre 1555. regiftrées au Parlement de Paris le 11. Janvier 1556.

Beaupreau, Duché, érigé en faveur de Charle de Bourbon, Prince de la Roche-fur-Yon, & de Philippe de Montefpedon fon époufe, par Lettres Patentes du mois de Juin 1561. regiftrées au Parlement de Paris le 21. Janvier 1562.

Thouars, Duché, érigé en faveur de Loüis, Seigneur de la Tremoille, Prince de Talmont, par Lettres Patentes du mois de Juillet 1563. regiftrées au Parlement de Paris le 21. Octobre fuivant.

Uféz, Duché, érigé en faveur d'Antoine Comte de Cruffol & de Tonnerre, par Lettres Patentes du mois de May 1565. regiftrées au Parlement le 3. May 1576.

P iiij

Château Thierry, Duché, érigé par Lettres Patentes du 8. Fevrier 1566. regiftées au Parlement de Paris le 21. Mars 1567.

Roüannois, Duché, érigé en faveur de Claude Couffier, Marquis de Boiffy, par Lettres Patentes du mois de Novembre 1566. regiftrées au Parlement de Paris le 14. Janvier 1567.

Penthiévre, Duché, érigé par Lettres Patentes du mois de Septembre 1569. regiftrées au Parlement de Paris le 15. des même mois & an.

Evreux, Duché, érigé par Lettres Patentes du mois d'Octobre 1569. regiftrées au Parlement de Paris le 10. Decembre fuivant.

Mercœur, Duché, érigé par Lettres Patentes du mois de Decembre 1569. regiftrées au Parlement de Paris le 8. Mars 1576.

Mayenne, Duché, érigé par Lettres Patentes du mois de Septembre 1573. regftrées au Parlement de Paris le 24. du même mois.

Saint Fargeau, Duché, érigé par Lettres Patentes du mois d'Avril 1575. regiftrées au Parlement de Paris le 28. Mars 1576.

Piney, Duché, érigé en faveur de

François de Luxembourg, Comte de Rouffy, par Lettres Patentes du mois de Septembre 1576. regiftrées au Parlement de Paris le 19. Septembre 1577.

Vantadour, Duché, érigé en faveur de Gilbert de Lévis, Comte de Vantadour, par Lettres Patentes du mois de Fevrier 1578. regiftrées au Parlement de Paris le 13. May fuivant.

Joyeufe, Duché, érigé par Lettres Patentes du mois d'Août 1581. regiftrées au Parlement de Paris le 7. Septembre fuivant.

Epernon, Duché, érigé par Lettres Patentes du mois de Novembre 1581. regiftrées au Parlement de Paris le 27. du même mois.

Retz, Duché, érigé par Lettres Patentes du mois de Novembre 1581. regiftrées au Parlement de Paris le 20. Mars 1582.

Elbeuf, Duché, érigé par Lettres Patentes du mois de Novembre 1581. regiftrées au Parlement de Paris le 29. Mars 1582.

Réthelois, Duché, érigé par Lettres Patentes du mois de Decembre 1581. regiftrées le 19. du même mois.

Halluyn, Duché, érigé par Lettres Patentes du mois de Mars 1587. regiftrées au Parlement de Paris le dernier Fevrier 1588.

Montbazon, Duché, érigé par Lettres Patentes du mois de May 1588. regiſtrées au Parlement de Paris, Séant à Tours le 27. Avril 1589.

Loudun, Duché, érigé en faveur de Françoiſe de Rohan Dame de la Garnache, par Lettres Patentes du 10. Avril 1591. regiſtrées au Parlement de Paris, Séant à Tours le 20. May ſuivant.

Montbazon, Duché, érigé par Lettres Patentes du mois de Mars 1594. regiſtrées au Parlement de Paris le 13. Mars 1595.

Beaufort, Duché, érigé par Lettres Patentes du mois de Juillet 1597. regiſtrées au Parlement de Paris le 10. du même mois.

Biron, Duché, érigé par Lettres Patentes du mois de Juin 1598. regiſtrées au Parlement de Paris le dernier du même mois.

Croüy, Duché, érigé en faveur de Charle de Croüy, Duc d'Arſcot par Lettres Patentes du mois de Juillet 1598. regiſtrées au Parlement de Paris le 18. du même mois.

Aiguillon, Duché, érigé par Lettres Patentes du mois d'Août 1599. regiſtrées au Parlement de Paris le 2. Mars 1600.

Rohan, Duché, érigé par Lettres Patentes du mois d'Avril 1603. regiſtrées au Parlement de Paris le 7. Août de la même année.

DES DUCS ET PAIRS. 347

Sully, Duché, érigé par Lettres Patentes du mois de Fevrier 1606. regiſtrées au Parlement de Paris le 9. Mars ſuivant.

Fronſac, Duché, érigé par Lettres Patentes du mois de Janvier 1608. regiſtrées au Parlement de Paris le 18. Fevrier ſuivant.

Damville, Duché, érigé par Lettres Patentes du mois de Septembre 1610. regiſtrées au Parlement de Paris le 30. Decembre ſuivant.

Briſſac, Duché, érigé par Lettres Patentes du mois d'Avril 1611. confirmées par d'autres Lettres Patentes du 7. Septembre 1616. & 18. Septembre 1619. regiſtrées au Parlement de Paris le 8. Juillet 1620.

Leſdiguieres, Duché, érigé par Lettres Patentes du mois de May 1611. confirmées par Lettres du 14. Septembre 1619. regiſtrées au Parlement de Paris le 14. Novembre 1619.

Châteauroux, Duché, érigé par Lettres Patentes du mois de May 1616. regiſtrées au Parlement de Paris le 4. Août de la même année.

Luynes, Duché, érigé par Lettres Patentes du mois d'Août 1619. regiſtrées au Parlement de Paris le 14. Novembre ſuivant.

P vj

Bellegarde, Duché, érigé par Lettres Patentes du mois de Septembre 1619. regiſtrées au Parlement de Paris le 6. Juillet 1620.

Chaunes, Duché, érigé par Lettres Patentes du mois de Janvier 1621. regiſtrées au Parlement de Paris le 9. Mars ſuivant.

La Valette, Duché, érigé par Lettres Patentes du mois de Mars 1622. regiſtrées au Parlement de Paris le 4. Septembre 1631.

La Rochefoucault, Duché, érigé par Lettres Patentes du mois d'Avril 1622. regiſtrées au Parlement de Paris le 4. Septembre 1631.

Richelieu, Duché, érigé par Lettres Patentes du mois d'Août 1631. regiſtrées au Parlement de Paris le 4. Septembre ſuivant.

Montmorency, Duché, érigé par Lettres Patentes du mois de Mars 1633. regiſtrées au Parlement de Paris le 9. du même mois & an. Le nom de Montmorency a été changé en celui d'Anguien, par Lettres Patentes du mois de Septembre, 1689. regiſtrées au Parlement de Paris le 2. Janvier 1690.

Fronſac, Duché, érigé par Lettres Patentes du mois de Fevrier 1634. regiſtrées

DES DUCS ET PAIRS

au Parlement de Paris le 5. Juillet de la même année.

Retz, Duché, érigé par Lettres Patentes du mois de Fevrier 1634. regiftrées au Parlement de Paris le 4. Mars 1634.

Puylaurens, Duché, érigé par Lettres Patentes du mois de Décembre 1634. regiftrées au Parlement de Paris le 7. du même mois & an.

Saint Simon, Duché, érigé par Lettres Patentes du mois de Janvier 1635. regiftrées au Parlement de Paris le 1. Fevrier 1635.

La Force, Duché, érigé par Lettres Patentes du mois de Juillet 1637. regiftrées au Parlement de Paris le 3. Août suivant.

Aiguillon, Duché, érigé par Lettres Patentes du mois de Janvier 1638. regiftrées au Parlement de Paris le 19. Mars suivant.

Valentinois, Duché, érigé par Lettres Patentes du mois de May 1642. regiftrées au Parlement de Paris le 18. Juillet suivant.

La Rocheguyon, Duché, érigé, par Lettres Patentes du mois de Mars 1643. confirmées par d'autres Lettres Patentes du 11. Decembre 1663. regiftrées au Parlement de Paris le 15. Decembre 1663.

Saint Aignan, Duché, érigé par Lettres Patentes du mois de Decembre 1663. regiftrées au Parlement de Paris le 15. du même mois.

Noailles, Duché, érigé par Lettres Patentes du mois de Decembre 1663. regiftrées au Parlement de Paris le 15. du même mois.

Coiflin, Duché, érigé par Lettres Patentes du mois de Decembre 1663. regiftrées au Parlement de Paris le 15. du même mois.

Montaufier, Duché, érigé par Lettres Patentes du mois d'Août 1664. confirmées par celles du 27. Novembre 1665. regiftrées au Parlement de Paris le 2. Decembre fuivant.

Choifeul, Duché, érigé par Lettres Patentes du mois de Novembre 1665. regiftrées au Parlement de Paris le 2. Decembre fuivant.

Aumont, Duché, érigé par Lettres Patentes du mois de Novembre 1665. regiftrées au Parlement de Paris le 2. Decembre fuivant.

La Ferté-Senneterre, Duché, érigé par Lettres Patentes du mois de Novembre 1665. regiftrées au Parlement de Paris le 2. Decembre fuivant.

Roüannois, Duché, érigé par Lettres

Patentes du mois d'Avril 1666. regiſtrées au Parlement de Paris le 30. Août ſuivant.

Vaujours, Duché, érigé par Lettres Patentes du mois de May 1667. regiſtrées au Parlement de Paris le 14. du même mois.

Chevreuſe, Duché, érigé en faveur de Charle-Honoré, Marquis d'Albert, par Lettres Patentes du mois de Decembre 1667. regiſtrées au Parlement de Paris le 16. Mars 1668. Ce Duché aïant été cédé à la Communauté de S. Loüis, établie à S. Cyr, le titre de Duché eſt éteint.

Bethune Charroſts, Duché, érigé par Lettres Patentes du mois de Mars 1672. regiſtrées au Parlement de Paris le 9. Août 1690.

Nemours, Duché, érigé par Lettres Patentes du 24. Avril 1672. regiſtrées le 3. Septembre ſuivant.

S. Cloud, Duché, érigé par Lettres Patentes du mois d'Avril 1674. regiſtrées au Parlement le 18. Août 1690.

La Rocheguyon, Duché, érigé en faveur de François de la Rochefoucauld, Comte de la Rocheguyon, par Lettres Patentes du mois de Novembre 1679.

Etrées, Duché, érigé par Lettres Patentes du mois de 1648. confirmées par d'autres Lettres Patentes du 11. Decembre 1663. regiftrées au Parlement de Paris le 15. Decembre 1663.

Grammont, Duché, érigé par Lettres Patentes du mois de Novembre 1648. confirmées par d'autres Lettres Patentes du 11. Decembre 1663. regiftrées au Parlement de Paris le 15. Decembre 1663.

Trêmes, Duché, érigé par Lettres Patentes du mois de Novembre 1648. confirmées par d'autres Lettres Patentes du 11. Decembre 1663. regiftrées au Parlement de Paris le 15. Decembre 1663.

Rohan, Duché, érigé par Lettres Patentes du mois de Decembre 1648. regiftrées au Parlement de Paris le 15. Juillet 1652.

Mortemart, Duché, érigé par Lettres Patentes du mois de Decembre 1650. confirmées par d'autres Lettres Patentes du 11. Decembre 1663. regiftrées au Parlement de Paris le 15. Decembre 1663.

Albret, Duché, érigé par le Contrat du 20. Mars 1651. confirmé par les Lettres Patentes du mois d'Avril 1651. regiftrées au Parlement de Paris le 20. Fevrier 1652. confirmées par Lettres Patentes du mois de Fevrier 1652. Août 1652. & 27.

DES DUCS ET PAIRS.

Novembre 1663. regiſtrées au Parlement de Paris le 2. Decembre 1665.

Château-Thierry, Duché, érigé conjointement avec Albret & confirmé de même.

Villeroy, Duché, érigé par Lettres Patentes du mois de Septembre 1651. confirmées par celles du 11. Decembre 1663. regiſtrées au Parlement de Paris le 15. Decembre 1663.

Créquy, Duché, érigé par Lettres Patentes du mois de Juin 1652. confirmées par celles du 11. Decembre 1663. regiſtrées le 15. Decembre 1663.

Verneüil, Duché, érigé par Lettres Patentes du mois de Juillet 1652. confirmées par celles du 11. Decembre 1663. regiſtrées au Parlement de Paris le 15. Decembre 1663.

Rendan, Duché, érigé par Lettres Patentes du mois de Mars 1661. & Decembre 1663. regiſtrées au Parlement de Paris le 15. Decembre 1663.

La Meilleraye, Duché, érigé par Lettres Patentes du mois de Decembre 1663. regiſtrées au Parlement de Paris le 15. du même mois.

Mazarini, Duché, érigé par Lettres Patentes du mois de Decembre 1663. regiſtrées au Parlement de Paris le 15. du même mois.

Beaufort, Duché, érigé en faveur de Charle François-Fréderic de Montmorency-Luxembourg, Prince de Tingry, par Lettres Patentes du mois de May 1688. regiftrées au Parlement de Paris le 13. Juillet fuivant. Le nom de Beaufort a été changé en celui de Montmorency, par d'autres Lettres Patentes du mois de Septembre 1689. regiftrées au même Parlement le 2. Janvier 1690.

Duras, Duché, érigé par Lettres Patentes du mois de Février 1689. regiftrées au Parlement de Paris le 1. Mars de la même année.

Humières, Duché, érigé par Lettres Patentes du mois d'Avril 1690. regiftrées au Parlement de Paris le 23. du même mois.

Quintin, Duché, érigé par Lettres Patentes du mois de Mars 1691. regiftrées au Parlement de Paris le 23. du même mois ; le nom de Quintin a été changé en celui de Lorges par d'autres Lettres Patentes du mois de Decembre 1706.

Lauzun, Duché, érigé par Lettres Patentes du mois de May 1692. regiftrées au Parlement de Paris le 13. du même mois.

Damville, Duché, érigé par Lettres Patentes du mois de Septembre 1694. re-

DES DUCS ET PAIRS

ſtrées au Parlement le 27. Novembre ſuivant.

Montpenſier, Duché, érigé par Lettres Patentes du mois de Mars 1695. regiſtrées le 20. Avril ſuivant.

Aumale, Duché, érigé par Lettres Patentes du mois de Juin 1695. regiſtrées au Parlement de Paris le 1. Juillet de la même année.

Boufflers, Duché, érigé par Lettres Patentes du mois de Septembre 1695.

Penthiévre, Duché, érigé par Lettres Patentes du mois d'Avril 1697. regiſtrées 16. Decembre 1698.

Châtillon, Duché, érigé par Lettres Patentes du mois de Fevrier 1698.

Harcourt, Duché, érigé par Lettres Patentes du mois de Novembre 1700. regiſtrées le 19. Mars 1701.

Châteauvilain, Duché, érigé par Lettres Patentes du mois de May 1703. regiſtrées le 29. Août ſuivant.

Guiſe, Duché, érigé par Lettres Patentes du mois de Juillet 1704. regiſtrées 30. du même mois.

Villars, Duché, érigé par Lettres Patentes du mois de Septembre 1705.

Royan, Duché, érigé par Lettres Patentes du mois d'Avril 1707. regiſtrées le mois May ſuivant, en faveur d'Antoine

L'ETAT DE LA FRANCE.

François de la Trémoille.

Filsjame, Duché, érigé par Lettres Patentes du mois de May 1710.

Ant.n, Duché, érigé par Lettres Patentes du mois de May 17 1 regiſtrées le 5. Juin ſuivant.

Rambouillet, Duché, érigé par Lettres Patentes du mois de May 1711. regiſtrées le 29. Juillet ſuivant.

Chaulnes, Duché, érigé par Lettr Patentes du mois d'Octobre 1711. regiſtrées au mois de Decembre ſuivant.

CHAPITRE XII.

Du rang des Ducs.

LEs Ducs non Pairs ont leu rang comme les Pairs, du jou que les Lettres d'Erection d leurs Terres en Duchez o été enregiſtrées au Parlement de Paris & cela eſt ainſi reglé par l'Article X de l'Edit du mois de May 1711. regiſt le 21. du même mois.

Rheims.

François de Mailly, Archevêque Duc de Rheims, Pair de France cy-d vant aux Pairs.

DES DUCS ET PAIRS,

Laon.

François Loüis de Clermont, Evêque & Duc de Laon, Pair de France, cy-devant aux Pairs.

Langres.

François Loüis de Clermont de Tonnerre, Evêque & Duc de Langres, cy-devant aux Pairs.

Bar 1357.

Leopol-Ignace-Dominique-Agapit Hyacinthe, Duc de Lorraine & de Bar, Roy de Jerusalem, marié le 13. Octobre 1698. avec Elisabeth-Charlotte d'Orleans, fille de Philippe de France, Duc d'Orleans, & de Charlotte-Elisabeth de Bavières.

Etampes 18. Janvier 1536.

Loüis-Joseph Duc de Vendôme, de Mercœur & d'Etampes, &c. cy-devant aux Princes.

Thoüars 21. Octobre 1563.

Charle-Loüis-Bretagne de la Trémoille, Duc de Thoüars, Pair de France, &c. ci-devant aux Princes Etrangers.

Usés 3. May 1576.

Jean-Charle de Cruffol, Duc d'Usés, Pair de France, &c. ci-devant aux Pairs.

Ventadour 13. May 1578.

Loüis-Charle de Levis, Duc de Ventadour, Pair de France, & ci-devant aux Pairs.

Elbeuf 29. *Mars* 1582.

Henry de Lorraine, Duc d'Elbeuf, Pair de France, & ci-devant aux Princes Etrangers.

Montbazon 13. *Mars* 1595.

Charle de Rohan, Duc de Montbazon, Pair de France, & ci-devant aux Princes Etrangers.

Vendômois 24. *Juillet* 1598.

Loüis-Joseph Duc de Vendôme, de Mercœur & d'Etampes, Pair de France, & ci-devant aux Princes.

Sully 9. *Mars* 1606.

Maximilien-Pierre-François-Nicolas de Bethune, Duc de Sully, Pair de France, & ci-devant aux Pairs.

Châteauroux 4. *Août* 1616.

Loüis-Henry Duc de Bourbon, d'Anguien & de Châteauroux, Pair de France, & ci-devant aux Princes.

Luynes 14. *Novembre* 1619.

Charle-Honoré d'Albert, Duc de Luynes, Pair de France, & ci-devant aux Pairs.

Brissac. 8. *Juillet* 1620.

Charle-Timoleon de Cossé, Duc Brissac, Pair de France, & ci-dev. aux Pairs.

DES DUCS ET PAIRS.

Richelieu 4. Septembre 1631.

Jean-Armand de Vignerot du Plessis, Duc de Richelieu & de Fronsac, Pair de France, & ci-devant aux Pairs.

La Rochefoucault 4. Septembre 1631.

François Duc de la Rochefoucault, Pair de France, & ci-devant aux Pairs.

Montmorency Anguien 9. Mars 1633.

Loüis-Henry Duc de Bourbon, d'Anguien & de Châteauroux, Pair de France, & ci-devant aux Princes.

Fronsac 5. Juillet 1634.

Jean-Armand de Vignerot du Plessis, Duc de Richelieu & de Fronsac, Pair de France, & ci-devant aux Pairs.

Saint Simon. 1. Fevrier 1635.

Loüis de Rouvroy, Duc de S. Simon, Pair de France, & ci-devant aux Pairs.

La Force. 3. Août 1637.

Jâque Nompar de Caumont, Duc de la Force, Pair de France, & ci-devant aux Pairs.

Valentinois 18. Juillet 1642.

Antoine Grimaldy, Prince de Monaco, Duc de Valentinois, Pair de France, & ci-devant aux Princes Etrangers.

Albret 20. Février 1652.

Godefroy-Maurice de la Tour d'Auvergne, Duc de Boüillon, d'Albret, de Château-Thierry, Pair de Fran-

&c, &c. ci-devant aux Princes Etrangers.

Château-Thierry 20. *Février* 1652.

Godefroy-Maurice de la Tour d'Auvergne, Duc de Boüillon, d'Albret & de Château-Thierry, Pair de France, &c, ci-devant aux Princes Etrangers.

Rohan 15. juillet 1652.

Loüis-Chabot de Rohan, Duc de Rohan, Pair de France, &c. ci-devant aux Pairs.

Bourbonnois 15. *Avril* 1661.

Loüis-Henry Duc de Bourbon, d'Anguien, & de Châteauroux, Pair de France, &c. ci-devant aux Princes.

Orléans 10. *May* 1661.

Philippe Duc d'Orleans, de Chartres, de Valois, de Nemours & de Montpensier, Pair de France, &c. ci-devant aux Princes.

Chartres 10. *May* 1661.

Philippe, Duc d'Orleans, de Chartres, de Valois, de Nemours, & de Montpensier, Pair de France, &c. ci-devant aux Princes.

Valois 10. *May* 1661.

Philippe Duc d'Orleans, de Chartres de Valois, de Nemours & de Montpensier, Pair de France, &c. ci-dev aux Princes.

Pine

DES DUCS ET PAIRS.

Piney 20. *May* 1662.

Charles-François-Fréderic de Montmorency-Luxembourg, Duc de Luxembourg, de Piney, de Montmorency, Pair de France, &c. ci-devant aux Pairs.

Etrées 15. *Decembre* 1663.

Loüis-Armand Duc d'Etrées, Pair de France, &c. ci-devant aux Pairs.

Grammont 15. *Decembre* 1663.

Antoine Duc de Grammont, Pair de France, &c. ci devant aux Pairs.

La Meilleraye 15. *Decembre* 1663.

Armand Charle de la Porte Mazarini, Duc de la Meilleraye, Pair de France, &c. ci-devant aux Pairs.

Mazarini 15. *Decembre* 1663.

Paule-Jules de la Porte-Mazarini, Duc de Mazarini, Pair de France, &c. ci-devant aux Pairs.

Villeroy 15. *Decembre* 1663.

François de Neufville, Duc de Villeroy, Pair de France, &c. ci-devant aux Pairs.

Mortemar 15. *Decembr* 1663.

Loüis de Rochechoüart, Duc de Mortemar, Pair de France, &c. ci-devant aux Pairs.

Saint Aignan 15. *Decembre* 1663.

Paul-Hippolitte de Beauvilliers, Duc de Saint-Aignan, Pair de France, &c.

Tome II. Q

ci - devant aux Pairs.

Rendan 15. *Decembre* 1663.

Henry-François de Foix, Duc de Rendan, Pair de France, &c. ci-devant aux Pairs.

Tresmes 15. *Decembre* 1663.

Bernard-François Potier, Duc de Tresmes, Pair de France, &c. ci-devant aux Pairs.

Noailles, 15. *Decembre* 1663.

Adrien-Maurice, Duc de Noailles, Pair de France, &c. ci-devant aux Pairs.

Coiflin 15. *Decembre* 1663.

Henry-Charle du Cambout, Duc de Coiflin, Pair de France, Evêque & Prince de Mets, &c. ci-devant aux Pairs.

Aumont 2. *Decembre* 1665.

Loüis Duc d'Aumont, Pair de France, &c. ci-devant aux Pairs.

Roüannois 30. *Août* 1666.

Loüis d'Aubuſſon, Duc de Roüannois dit le Duc de la Feüillade, Lieutenant Général des Armées du Roy, & Gouverneur de Dauphiné a été marié deu' fois, la premiére avec Charlotte-There ſe-Phélypeaux morte le 5. Septembr 1697. fille de Balthazar Phelypeaux Ma quis de Châteauneuf, Secretaire d'Etat & de Marie de Fourcy. La ſeconde 24. Novembre 1701. avec Marie-Th rese Chamillart, fille de Michel Chamillart, Ministre d'Etat, & d'Elisabeth-Therese le Rebours.

Vaujours 14. *May* 1667.

Marie-Anne de Bourbon, Duchesse de Vaujours, Pair de France, veuve de Loüis Armand de Bourbon, Prince de Conty, Prince du Sang, mort le 9. Decembre 1685.

Nemours 3. *Septembre* 1672.

Philippe Duc d'Orleans, de Chartres, de Valois, de Nemours & de Montpensier, Pair de France, &c. ci-devant aux Princes.

Beaufort-Montmorency 13. *Juillet* 1688.

Charle-François-Frederic de Montmorency-Luxembourg, Duc de Luxembourg, de Piney & de Montmorency, Pair de France, &c. ci-devant aux Pairs.

Duras 1. *Mars* 1689.

Jean de Durfort, Duc de Duras, Marêchal de Camp, marié le 5. Janvier 1706. avec Angelique Victoire de Bournonville, fille d'Alexandre Albert-Barthelemy, Prince de Bournonville, & de Marie-Charlotte d'Albert de Luynes.

Humiéres 23. *Avril* 1690.

Loüis d'Aumont d'Humiéres, Duc d'Humieres, Lieutenant Général des Armées du Roy, marié au mois d'Avril 1690. avec Julie de Crevant d'Humiéres, fille de Loüis de Crevant, Duc d'Humiéres Maréchal & Grand-Maître de l'Artillerie, de France, Chevalier des Ordres du Roy, & d'Antoinette-Therese de la Chaftre, de laquelle il a eu Loüise-Françoise d'Aumont-d'Humiéres, mariée le 3. Mars 1710. avec Loüis-Antoine-Armand Duc de Grammont, Pair de France, Comte de Louvignies.

Béthune-Charrofts 9. *Août* 1690.

Armand de Béthune, Duc de Charrofts, Pair de France, &c. ci-devant aux Pairs.

Saint Cloud 18. *Août* 1690.

Loüis-Antoine de Noailles, Cardinal Prêtre du Titre de Sainte-Marie fur la Minerve, Archevêque de Paris, Duc de S. Cloud, Pair de France, &c. ci-devant aux Pairs.

Quintin-Lorge.

Gui Nicolas de Durfort, Duc de Lorge a été marié le 14. Decembre 1702. avec Elisabeth-Henriette-Chamillart, fille de Michel Chamillart, Miniftre d'Etat, & d'Elifabeth-Therefe le Rebours, dont il a Guy-Michel de Durfort, Comte de Lorge, né le 26. Août 1704.

Lauzun 13. *May* 1692.

Antonin-Nompar de Caumont, Duc

DU RANG DES DUCS.

de Lauzun, Chevalier de l'Ordre de la Jarretiere, &c. a été marié le 21. May 1695. avec Magdelaine-Geneviéve de Durfort, fille de Guy-Aldonc de Durfort, Duc de Quintin, Maréchal de France, & de Geneviéve de Fremont.

Damville 27. Novembre 1694.

Loüis-Alexandre de Bourbon, Comte de Touloufe, Duc de Damville, de Penthiévre, de Châteauvillain, & de Rambouillet, Pair de France, &c. ci-devant aux Princes.

Montpenfier 20. Avril 1695.

Philippe Duc d'Orleans, de Chartres, de Valois, de Nemours & de Montpenfier, Pair de France, &c. ci-devant aux Princes.

Aumale 1. Juillet 1695.

Loüis-Augufte de Bourbon, Duc du Maine & d'Aumale, Comte d'Eu, Pair de France, &c. ci-devant aux Princes.

Boufflers 1695.

Joseph Marie Duc de Boufflers, Pair de France, &c. ci-devant aux Pairs.

Penthiévre 16. Decembre 1698.

Loüis-Alexandre de Bourbon, Comte de Touloufe, Duc de Damville, de Penthiévre, de Châteauvilain & de Rambouillet, Pair de France, &c. ci-devant aux Princes.

Chatillon 1698.

Paul-Sigifmond de Montmorency-Luxembourg, Duc de Châtillon, Comte de Luffe, Grand-Sénéchal de Poitou a été marié le 5. Mars 1696. avec Marie-Anne de la Tremoille, Marquife de Royan, morte le 2. Juillet 1708. fille de François de la Trémoille, Marquis de Royan & d'Yolande-Lucie de la Trémoille, de laquelle il a eu N....... de Montmorency-Luxembourg, Comte de Luffe, né le 20. Fevrier 1697.

Harcourt 19. *Mars* 1701.

Henry Duc d'Harcourt, Pair & Maréchal de France, &c. ci-devant aux Pairs.

Châteauvillain 29. *Août* 1703.

Loüis-Alexandre de Bourbon, Comte de Touloufe, Duc de Damville, de Penthiévre, de Châteauvilain & de Ramboüillet, Pair de France, &c. ci-devant aux Princes.

Guife 30. *Juillet* 1704.

Anne de Baviére, Comteffe Palatine du Rhin, Duchefle de Guife, Pair de France, veuve d'Henry-Jules de Bourbon, Prince de Condé, &c. ci-devant aux Princes.

Villars 1705.

Loüis-Hector, Duc de Villars, Pair & Maréchal de France, &c. ci-devant aux Pairs.

DU RANG DES DUCS.

Royan, May 1707.

Antoine-François de la Tremoille, Duc de Royan a été marié deux fois, la premiere au mois de Fevrier 1688. avec Marguerite de la Grange, morte au mois d'Août 1683. veuve de Martin de Bermond Conseiller au Parlement de Paris, fille de Loüis de la Grange, sieur de Marconville, Président aux Requêtes du Palais du même Parlement, & de Margueritte Martineau. La seconde le 22. Mars 1700. avec Marie Elisabeth Duret fille de N.... Duret, sieur de Chevry Président de la Chambre des Comptes de Paris, & de Marie-Elisabeth Bellier de Platbuisson.

Alençon 10 *Juillet* 1710.

Charle de France, Duc de Berry, d'Alençon & d'Angoulême, Pair de France, &c. ci-devant aux Princes.

Angoulême 10. *Juillet* 1710.

Charle de France, Duc de Berry, d'Alençon & d'Angoulême, Pair de France, &c. ci-devant aux Princes.

Filzjems. 1710.

Jâque Filzjems Duc de Bervvick, de Filzjems, de Leria, de Xerica, Pair de France & d'Angleterre & Grand-d'Espagne, &c. ci-devant avec les Pairs.

Antin 5. *juin* 1711.

Loüis-Antoine de Pardaillan, Duc

d'Antin, Pair de France, &c. ci-devant aux Pairs.

Rambouillet 29. Avril 1711.

Loüis-Alexandre de Bourbon, Comte de Toulouse Duc de Damville, de Penthiévre, de Châteauvillain & de Ramboüillet, Pair de France, &c. ci-devant aux Princes.

CHAPITRE XIII.

Des Duchez enregiſtrez en d'autres Parlemens qu'à celuy de Paris.

ONTDEVAUX Duché, érigé en faveur de Charle-Emanuel de Gorrenod, Comte de Pontdevaux par Lettres Patentes du mois de Fevrier 1623. regiſtrées au Parlement de Dijon le 17. Decembre 1627.

Villars, Duché, érigé en faveur de George de Brancas, Marquis de Villars par Lettres Patentes du mois de Septembre 1627. regiſtrées au Parlement d'Aix le 24. Juillet 1628.

Carignan, Duché, érigé en faveur d'Eugene-Maurice de Savoye, Comte de

Soissons par Lettres Patentes du mois de Juillet 1662. registrées au Parlement de Mets le 26. du même mois.

CHAPITRE XIV.

Des Ducs, dont les Lettres n'ont point été enregistrées.

DUNOIS, Duché, érigé par Lettres Patentes du 25. Juillet 1625.

Albret, Duché, érigé en faveur d'Henry d'Albret Roy de Navarre, par Lettres Patentes du 24. Avril 1550.

Montargis, Duché, érigé le 24. Decembre 1570. en faveur de Renée de France, veuve d'Hercule d'Este, Duc de Ferrare.

Clermont, Duché, érigé le 1. May 1571. confirmé le 10. Juin 1572.

Brienne, Duché, érigé par Lettres Patentes du mois de May 1587.

Bournonville, Duché, érigé en faveur d'Alexandre de Bournonville, Comte de Hennin, par Lettres Patentes du mois de Septembre 1600. confirmées par d'autres Lettres des 4. Avril 1602. & 22. Octobre 1608.

Grancey, Duché, érigé en faveur de Guillaume de Hautemer, Comte de Grancey, Seigneur de Fervacques, Maréchal de France, par Lettres Patentes du mois de Decembre 1611.

Frontenay, Duché, érigé par Lettres Patentes du mois de May 1626.

Cardonne, Duché, érigé par Lettres Patentes du mois d'Avril 1642.

La Vieville, Duché, érigé par Lettres Patentes du .... 1642.

Vitry, Duché, érigé par Lettres Patentes du mois de .... 1644.

Villemor, Duché, érigé en faveur de Pierre Seguier, Chancelier de France, Comte de Gien, &c. par Lettres Patentes du mois de Janvier 1650.

Noirmonstier, Duché, érigé par Lettres Patentes du mois de Mars 1650. confirmées par d'autres Lettres Patentes du 8. Fevrier 1657.

Navailles, Duché, érigé par Lettres Patentes de ...... 1650.

Arpajon, Duché, érigé par Lettres Patentes du mois de .... 1651.

Béthune, Duché, érigé par Lettrres Patentes du mois de Juin 1652.

Roquelaure, Duché, érigé par Lettres

DES DUCS ET PAIRS

Patentes du mois de Juin 1652.

Duras, Duché, érigé par Lettres Patentes du mois de May 1668.

Le Lude, Duché, érigé par Lettres Patentes du mois de .... 1675.

La Rocheguyon, Duché, érigé en faveur de François de la Rochefoucault, Comte de la Rocheguyon, par Lettres Patentes du mois de Novembre 1679.

Roquelaure, Duché, érigé par Lettres Patentes du mois de May 1683.

Aubigny, Duché, érigé par Lettres Patentes du mois de Janvier 1689.

Après les Ducs & Pairs de France, nous mettrons ici les Chevaliers des Ordres du Roy, aussi ne vois-je point en tout ce Livre, de lieu plus commode pour les placer qu'en cet endroit.

CHAPITRE XV.

Des Ordres du Roy.

LEs Ordres de Chevalerie ont toûjours été des récompenses honorables, données à ceux qui avoient bien servi l'Etat & le Prince, en reconnoissance de leurs mérites. Aussi les Princes ont-ils coûtume de ne les donner qu'à ceux qui ont l'honneur d'être de leurs parens, & aux personnes les plus considérables de l'Etat.

A présent il y a trois Ordres du Roy, l'Ordre de S. Michel, l'Ordre du Saint Esprit, & l'Ordre de S. Loüis.

L'Ordre de S. Michel, fut institué le premier jour d'Août 1469. par le Roy Loüis XI. en l'honneur de l'Archange S. Michel. Il ordonna que cet Ordre seroit composé de trente-six Chevaliers.

Les Chevaliers de cet Ordre portent un Collier d'or, fait à doubles coquilles, entrelassées l'une avec l'autre, en lacs d'amour, d'un double lacs d'aiguilettes de soie, à bouts ou ferêts d'or ; au bas de ce Collier il y a un rocher, sur lequel est Saint Michel, combattant le dragon. Mais le Roy François I. changea les lacs d'amour en cordeliéres d'or, parce qu'il portoit le nom de l'Instituteur des Cordeliers.

Tous les Chevaliers du S. Esprit, reçoivent cet Ordre de Saint Michel, avant que de recevoir celui du Saint Esprit, & c'est pourquoi leurs armes sont entourées de deux Colliers.

L'Ordre du Saint Esprit, fut institué à Paris le premier jour de l'an, 1579. par Henry III Roy de France & de Pologne, pour marque d'une éternelle pieté, & de la reconnoissance qu'il desiroit rendre à Dieu, des bienfaits qu'il avoit reçûs au jour de l'envoi du Saint Esprit: aïant en ce même jour été élû Roy de Pologne, & succedé à la Couronne de France, par le decés du Roy Charle IX. Le feu Roy Loüis XIII. à Fontainebleau, en 1633. donna l'Ordre à cinquante Seigneurs, & il y en a eu soixante & dix de la création de 1662. & soixante & quatorze en 1689. Les Chevaliers de cet Ordre portent une Croix de velours orangé, présentement toute d'argent, sur le côté gauche de leurs manteaux & habits, au milieu de laquelle doit être une Colombe en broderie d'argent, & aux quatre angles, autant de fleurs-de-lis, & des raïons aussi d'argent. Et une autre croix toute d'or pendante au bout d'un ruban bleu celeste : cette Croix émaillée de blanc par les bords, dans les angles une fleur-de-lis, & dans le milieu une Colombe de part & d'autre.

Le grand Collier de cet Ordre est composé de fleurs-de-lis d'or, cantonnées de flammes d'or, émaillées de rouge, entrelassées de trois chiffres, pareillement d'or émaillé de blanc. Le premier chiffre est une H. & un double M., le tout double, qui se peut lire haut & bas, la lettre H. pour Henry III. la lettre L pour Loüise de Lorraine sa femme. La Croix de l'Ordre est d'or, au milieu de laquelle est une Colombe émaillée de blanc, comme l'orle de la Croix : & de l'autre côté est l'image de Saint Michel. Le dernier Juin de l'an 1594. le Roy Henry le Grand changea quelque chose à ce Collier de l'Ordre, y faisant entrelasser des trophées d'armes, entremêlez d'H. couronnées.

Les Chevaliers, le jour de leur reception, sont habillez de toile d'argent, les chausses troussées avec le bas de soie blanc, & l'escarpin de velours blanc, la

DES ORDRES DU ROY.

toque de velours noir, & le manteau fait avec une cappe à l'antique, de velours ras noir, & la fraize gaudronnéé. Quand ils sont receus, on leur ôte la cappe pour leur mettre sur le dos un manteau de velours verd, traînant à terre, parsemé de trophées d'or aux Chevaliers, & de flammes aux Officiers, & doublé de satin orangé. Ils se mettent à genoux devant le Roy, qui leur prend les mains jointes entre les siennes, les frappe legerement de l'épée sur l'épaule, & les baise à la jouë.

Le jour que le Roy donne l'Ordre en quelque Eglise ou Chapelle, il se va asseoir auprés de l'Autel, au milieu des Officiers de l'Ordre, alors le Grand-Maître des Ceremonies de l'Ordre, accompagné de l'Huissier & du Héraud, va avertir les Princes & Seigneurs qui doivent recevoir l'Ordre : lesquels viennent l'un aprés l'autre, ou deux à deux. S'étant mis à genoux, ils font le serment entre les mains de Sa Majesté, mettant les deux mains sur le Livre des Evangiles que tient le Chancelier : puis ils signent le serment.

Aprés, le Prevôt & Grand-Maître des Ceremonies de l'Ordre, donne au Roy le manteau & le mantelet, pour en revêtir le Chevalier : puis Sa Majesté prend le Collier de l'Ordre de la main du Grand Tresorier, & le met au col du même Chevalier, lui disant: *Recevez de nôtre main le Collier de nôtre Ordre, du Benoît Saint Esprit*, &c. *Au nom du Pere, du Fils, & du Saint Esprit.*

L'*Ordre* purement militaire *de Saint Loüis*, institué en 1693. par Loüis le Grand, comme nous dirons ci-aprés.

Les Croix de cet Ordre sont d'or, émaillées de blanc, cantonnées de fleurs-de-lis d'or : d'un côté S. Loüis cuirassé d'or, & couvert de son manteau Roïal, tenant de la main droite une couronne de laurier, & de la gauche, la couronne d'épines, & les clouds de Nôtre Seigneur en champ de gueules, & ces lettres d'or sur une bordure d'azur, LUD. M. INSTI. 1693.

Au revers une épée nuë flamboïante, soûtenant de sa pointe une couronne de laurier, liée d'argent. Ces lettres d'or sur la bordure d'azur, BELL. VIRTUTIS PRÆM.

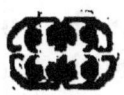

CHAPITRE XVI.

Des Chevaliers de l'Ordre du Roy, sous le Titre & Milice de Saint Michel.

E Roy en l'année 1665. a fixé son ancien Ordre & Milice de Saint Michel, au nombre de cent Chevaliers.

Chevaliers reçûs en Octobre 1661.

François-Marie Sevin, sieur de Cheries, Doïen.

Antoine de la Cheze. Le sieur d'Estourmel. Le sieur de Thieux.

Chevaliers reçûs à la derniere promotion, en Avril 1666.

On reçût le Comte de Montluc. Le Comte de Sourdis. Le Comte de Sanzay. Le Comte de Sanzay-Crissé. Le Comte d'Hautefeüille. Le sieur de Langlée. Le Comte d'Auteüil. Le Marquis de Rabodange. Le Comte d'Assigné. Le Marquis de Creve-cœur. Et depuis on a reçû le sieur le Sens de Folleville. Le sieur de Lumbres.

L'ETAT DE LA FRANCE.

Le Roy en 1665. voulut qu'il y eût six Commandeurs Ecclesiastiques en cet Ordre, & six Chevaliers de Robe, Officiers de ses Cours Superieurs. L'Abbé de Burtio, Docteur de la Maison & Societé de Sorbonne, est un des Commandeurs d'Eglise. Un de Robe, M. Antoine de la Chese, Baron d'Ambez, Vicomte de le Menaude, Conseiller en la Grand Chambre du Parlement de Bourdeaux.

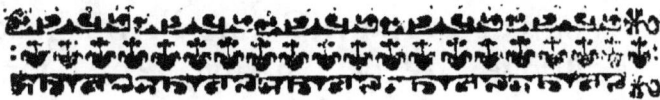

CHAPITRE XVII.

Les cent Chevaliers de l'Ordre, & Milice du Saint Esprit, compris les quatre Grands Officiers.

LE ROY est Grand-Maître & Chef souverain de l'Ordre, & n'est point du nombre des cent Chevaliers.

Commandeurs & Chevaliers des Ordres de S. Michel & du S. Esprit, suivant le rang de leur nomination.

Du 2. Juin 1686.

Philippe Duc d'Orleans, de Chartres,

CHEVALIERS DES ORDRES.

de Valois, de Nemours & de Montpensiers, Pair de France, &c.

Loüis-Auguste de Bourbon, Duc du Maine & d'Aumale, Comte d'Eu, Pair de France, &c.

Du 3. Decembre 1688.

César d'Estrées, Evêque d'Albano, Carmelingue du Sacré College, Abbé de S. Germain des Prez, Pair de France, &c.

Loüis-Joseph Duc de Vendôme & d'Etampes, Pair & Général des Galeres de France, &c.

Loüis de Lorraine, Comte d'Armagnac, de Brione, & de Charny, &c. Grand Ecuïer de France, &c.

Henry de Lorraine, Comte de Brione.

Charle Honoré d'Albert, Duc de Luynes & de Chevreuse, Pair de France, &c.

Armand-Jean de Vignerot du Plessis, Duc de Richelieu & de Fronsac, Pair de France, &c.

François Duc de la Rochefoucault, Pair & Grand Veneur de France, &c.

Antoine-Charle Duc de Grammont, Pair de France, Souverain de Bidache, Comte de Guiche, &c.

Armand-Charle de la Porte Mazarini Duc de Mazarini, de la Meilleraye & de Mayenne, Pair de France, &c.

François de Neufville, Duc de Villeroy

& de Beaupreau, Pair & Maréchal de France.

Paul de Beauvilliers, Duc de Saint-Aignan, Pair de France, &c.

Henry-François de Foix, Duc de Rendan, Pair de France, &c.

Armand de Béthune, Duc de Béthune-Charrost, Pair de France, &c.

Loüis de Caillebot, Marquis de la Salle, Maître de la Garderobe du Roy, &c.

Jâque-Loüis de Beringhen, Marquis de Châteauneuf, & Comte du Plessis-Bertrand.

Philippes de Courcillon, Marquis de Dangeau, Comte de Mesle & de Civray, Baron de Sainte Hermine, &c.

François Adhemar de Monteil, de Castelane-d'Ornano, Comte de Grignan, Lieutenant Général en Provence.

Jâque de Matignon, Comte de Thorigny & de Montmartin, Lieutenant Général en Basse Normandie.

Antoine-Ruzé, Marquis d'Effiat, de Chilly & de Longjumeau, Vicomte d'Ennesen, Baron de Massy.

Philippe-Emmanuel-Ferdinand de Croy, Comte de Solre & de Buren, Baron de Beaufort & de Condé, Grand Veneur Héréditaire du Païs & Comté de Hainault, Lieutenant Général des Armées du Roy, &c.

Alexandre Henry Comte de Châtillon, Seigneur de Chantemerle, de la Rainbaudiere, &c.

Nicolas Chalon-du-Blé, Marquis d'Uxelles & de Cormartin, Maréchal de France, &c.

René de Froulay, Comte de Teffé, Grand d'Espagne, Baron d'Ambrieres & de Vernie, &c.

Charle d'Etampes, Marquis de Mauny & de la Ferté-Imbaud, &c.

Jean d'Audibert, Comte de Luffan, Baron de Valeroze, Seigneur de Saint Marcel, &c.

Du 29. May 1689.

Touffaint de Fourbin de Janfon, Cardinal Prêtre du Titre de Sainte Agnés, Evêque & Comte de Beauvais, Pair de France, & Grand Aumônier de France, &c.

Du 2. Fevrier 1693.

Loüis-Alexandre de Bourbon, Comte de Toulouse, Duc de Damville, de Penthiévre, de Chateauvilain, & de Rambouïllet, Pair & Amiral de France, &c,

Du 22. May 1695.

Loüis de France, Dauphin de Viennois, &c.

Philippe de France, Roy de Castille, de Leon, d'Arragon, &c.

Du 1. Janvier 1696.

Loüis Comte de Guiscard, Marquis de Magny, Lieutenant Général des Armées du Roy, &c.

Du 4. Decembre 1696.

Antonio Lanti, Prince de Belmont, Duc de Bomarcio, &c.

Du 1. Janvier 1698.

Loüis-Anroine de Noailles, Cardinal Prêtre du Titre de Sainte-Marie sur la Minerve, Archevêque de Paris, Duc de Saint Cloud, Pair de France.

Du 2. Fevrier 1699.

Charle de France, Duc de Berry, d'Alençon & d'Angoûlême, Vicomte de Gisors, de Vernon & d'Andely, Pair de France.

Du 7. Juin 1699.

Guido Vaini, Prince de Candaloup,

CHEVALIERS DES ORDRES.

Duc de Celſi, Marquis de Vacon, Seigneur de Garignano.

Du 19. Decembre 1700.

Alexandre-Benoît-Staniſlas Sobieski, Prince de Pologne.

Conſtantin-Philippe Uladiſlas Sobieski, Prince de Pologne.

Du 15. May 1701.

Henry-Charle du Cambout, Duc de Coiſlin, Pair de France, Evêque & Prince de Mets, Premier Aumônier du Roy.

Camille de Hoſtung, Comte de Tallard, Maréchal de France, Gouverneur du Comté de Bourgogne, Lieutenant Général pour le Roy en Dauphiné.

Du   Juin 1701.

Roſtaing Cantelmi, Duc de Pepoli, fils de Fabrice Cantelmi, Duc de Pepoli, & de Beatrix Brancia. Il a épouſé Beatrix Cantelmi ſa niéce, fille de Joſeph Cantelmi, Duc de Pepoli, & de Diane Cajetan, fille d'Alphonſe Cajetan Duc de Lorenzano.

Du 3. Juin 1702.

Jean Claro-Alaiſo Perez de Guſman, Duc de Medina-Sidonia, Grand d'Eſpagne, Conseiller d'Etat, & Grand Ecuyer de la Maison du Roy d'Espagne.

Jean-François Pacheco, Geniez de Sandoval, Mendoca, Arragon, Tolede, Velasco, Duc d'Uzeda, Grand d'Espagne, Président des Ordres.

Du 1. Janvier 1705.

Jean d'Etrées, Abbé d'Evron, de Preaux & de S. Claude.

Roger Bruslart, Marquis de Puisieux, Lieutenant Général des Armées du Roy, Gouverneur d'Huningue.

Du 2. Fevrier 1705.

Loüis-Hector, Duc de Villars, Pair & Marêchal de France, &c.

Noël Bouton, Marquis de Chamilly, Marêchal de France, Gouverneur de Strasbourg.

Victor-Marie Comte d'Etrées, Marêchal & Vice Amiral de France, Grand d'Espagne.

François-Loüis de Rousselet, Comte de Châteaurenaut, Marêchal & Vice-Amiral de France.

Conrad de Rosen, Marêchal de France.

Jâque de la Baulme, Comte de Montrevel, Marêchal de France.

CHEVALIERS DES ORDRES.

Du 8. Mars 1705.

Isidore Juan-Joseph Domingo de la Cuetta, Marquis de Bedmar, Grand d'Espagne, Viceroy de Sicile.

Henry Duc d'Harcourt, Pair & Maréchal de France, Capitaine des Gardes du Corps.

Du 21. Septembre 1706.

Jâque-Léonor Rouxel de Medavy, Comte de Medavy & de Grandcey, Gouverneur de Dunkerque, & Lieutenant Général des Armées du Roy.

Du 27 May 1708.

Joseph de la Trémoille, Cardinal, Abbé de Lagny, de Grand Selve, de Bonecombe & de Sorêze.

Du 1. Janvier 1709.

Loüis Henry Duc de Bourbon, d'Anguien, de Châteauroux, Pair & Grand-Maître de France, Gouverneur de Bourgogne.

Du 7. Septembre 1709.

Eleonor-Marie du Maine, Comte du Bourg, Lieutenant Général des Armées du Roy, & Gouverneur de Bapaume.

Tom. II.   R

Du .... Juillet 1710.

François-Zenobe-Philippe Albergotti, Lieutenant Général des Armées du Roy, & Gouverneur de Saar-Loüis.

Du ... Novembre 1710.

Loüis-Vincent, Marquis de Goesbriand, Lieutenant Général des Armées du Roy, Gouverneur de Verdun & du Fort & Château de Torro.

Du 2. Fevrier 1711.

Loüis-Armand de Bourbon, Prince de Conty, Comte d'Alais, Prince du Sang, Pair de France.

Le 17. Decembre 1675. le Roy & les Chevaliers de ses Ordres, porterent le Cordon bleu par dessus le juste-au corps, qu'auparavant ils ne portoient que dessous, & depuis ce temps-là quelques-uns ont continué, les autres le portent sous le juste-au-corps, comme on faisoit auparavant.

Comme les Princes précédent les Ducs dans l'Ordre du S. Esprit, aussi les Ducs, dont les Lettres sont vérifiées précédent les Gentilshommes. Et les Ducs, entr'eux, ont rang selon l'ancienneté de la verification de leur Duché, sans qu'on

CHEVALIERS DES ORDRES. 387
ait aucun égard, ni de l'ancienneté de la réception dans l'Ordre, ni à la Pairie, ni aux lettres de Duché qui ne font pas verifiées.

Les Chevaliers des Ordres du Roy, aux jours des Fêtes de l'Ordre, se rendent du matin à la Chambre du Roy, & marchent deux à deux devant lui, depuis la Chambre jusqu'à la Chapelle. Que si ces jours-là Sa Majesté alloit à la Messe en quelque Eglise éloignée, les Chevaliers vont se rendre à cette Eglise, où ils reçoivent le Roy à la porte en dedans : Puis tous les Chevaliers & Officiers marchent deux à deux devant Sa Majesté : les Officiers à la tête l'accompagnant jusqu'à son Prie-Dieu. Ensuite, comme le Roy leur permet de s'asseoir, ils vont prendre séance aux places qui leur sont préparées.

CHAPITRE XVIII.

Des Officiers de l'Ordre du Saint Esprit.

E Chancelier de l'Ordre, M. Jean-Baptiste Colbert, Marquis de Torcy, Ministre & Sécrétaire d'Estat.

Le Prevôt & Maître des Cérémonies de l'Ordre, M. Jerôme Phelypeaux, Comte de Pontchartrain, Sécrétaire d'Etat.

Le Grand Tréforier de l'Ordre, M. Michel Chamillart.

Le Sécrétaire de l'Ordre, M. Loüis Phelypeaux, Marquis de la Vrilliére, Sécrétaire d'Etat.

M. de Pontchartrain, Chancelier de France, a eu à la mort de M. de Châteauneuf, Sécrétaire de l'Ordre, cette Charge pendant huit jours, & s'en étant démis entre les mains du Roy, il lui fut expédié une permission de porter le Cordon bleu.

M. Jean-Baptiste de Mesme, Président au Mortier du Parlement de Paris, Comte d'Avaux & de Neuf-Châtel, ayant vendu à M. de Pontchartrain, Sécrétaire d'Etat, sa Charge de Prevôt & Maître des Cérémonies de l'Ordre du S. Esprit, le Roy lui a fait expedier une Permission de porter le Cordon bleu.

Ces quatre Grands Officiers portent la Croix de l'Ordre attachée à un large ruban bleu, pendu au col & brodé sur leurs habits, comme les Chevaliers, & à leurs armes.

Le Heraud Roy d'Armes de l'Ordre, M. Vincent de Beauce, 1512. liv. 10. s.

L'Huissier de l'Ordre, M. Adrien Motel, sieur de Valbrun, 1248. l. 10. s.

Ces deux Officiers portent la Croix de l'Ordre attachée à la boutonniere, sans aucune marque, ni sur leurs habits, ni à leurs armes.

Henry IV. en l'année 1593. a créé un Intendant pour apostiller les Comptes de l'Ordre, M. François Morizet de la Cour, 4800. l.

En l'année 1595. il créa le Généalogiste de l'Ordre, pour dresser & mettre en ordre le Généalogies des Chevaliers nommez par Sa Majesté, M. de Clairambault, 2700. l.

Loüis le Grand, heureusement régnant, a créé en 1656. quatre Offices de Tréforiers Généraux du Marc d'or, pour recevoir le droit de serment, ou Marc d'or dû par tous les Officiers du Roïaume à Sa Majesté, avant que d'obtenir des provisions du grand Seau, & faire les dépenses necessaires de l'Ordre, suivant les Etats du Roy, & les ordres de M. le Chancelier, Surintendant des deniers d'iceux : lequel droit de serment ou du Marc d'or a été de tout temps affecté à l'Ordre du Saint Esprit, par divers Edits & Déclarations du Roy Henry III. Fondateur d'icelui, d'Henry IV. & de Loüis XIII. & enfin qui lui a été donné, cedé, & transporté à perpétuité par le Roy au mois de Decembre 1656. pour lui tenir lieu de trois cent soixante mil livres que le Roy Henry III. avoit promis pour payer les distributions de tous Messieurs les Commandeurs.

Trésorier Général, Ancien & Triennal, M. Nicolas-Augustin Chuppin. Trésorier Général, Alternatif & Quatriennal, M. Loüis-François Moufle, sieur de Champigny.

En 1656. ont été aussi créez quatre Contrôleurs Généraux du Marc d'or. Contrôleur Ancien & Triennal, M. Eustache Bousselin. Alternatif & Quatriennal, M. Guillaume le Juge, sieur de Bouzonville.

En 1658. ont été créez quatre Commis des Contrôleurs Généraux du Marc d'or.

Commis Ancien & Triennal du Trésorier du Marc d'or, M. Guillaume Chifaudel. Commis Alternatif & Quatriennal, M. Jean Bizet.

Commis Ancien & Triennal du Contrôleur du Marc d'or, N.... Commis Alternatif & Quatriennal du Contrôleur du Marc d'or, M. Pierre de Mouchy.

Leur fonction consiste à recevoir les deniers du Marc d'or, des Officiers de France, dont les Tréforiers comptent tous les ans pardevant le Grand Tréforier de l'Ordre.

Tous lesdits Officiers joüissent des mêmes privileges, franchises, exemptions & immunitez que les Officiers créez dés l'Institution, & portent la Croix & Email de l'Ordre penduë à la boutonniere de leur juste-au-corps, avec un ruban de couleur bleuë celeste, qui est la couleur & livrée de l'Ordre. Et les provisions desdits Officiers sont séellées en cire blanche par le Chancelier Garde des Seaux de l'Ordre, entre les mains de qui ils prétent serment, en présence du Souverain suivant les Statuts.

CHAPITRE XIX.

De l'Ordre du Roy, sous le Titre de Saint Loüis.

L'ORDRE de Saint Loüis purement militaire, doté de trois cens mil livres de rente, créé par le Roy Loüis le Grand, au mois d'Avril 1693. l'Edit de création regiftré au Parlement le 10. du même mois d'Avril.

LE ROY, Chef Souverain, Grand-Maître & Fondateur.

Monſeigneur le Dauphin, ou le Prince h'ritier préſomptif de la Couronne.

Les Princes du Sang, qui feront admis à cet Ordre.

Les Marêchaux de France. L'Amiral de France, le Général des Galeres, le Grand-Maître de l'Artillerie.

Huit Grand-Croix. Vingt-quatre Commandeurs. Tel nombre de Chevaliers que Sa Majeſté jugera à propos d'y admettre.

Tous les Grand-Croix, Commandeurs & Chevaliers, auront été Officiers dans les Troupes de France, fur terre ou fur mer : en forte qu'il y aura toûjours un des huit Grand-Croix, trois des Commandeurs, & le huitiéme du nombre des Chevaliers qui feront pris tirez des Officiers de la Marine & des Galeres.

Ils feront tous de la Religion Catholique, Apoftolique & Romaine : & chacun d'eux portera une Croix d'or, fur laquelle il y aura l'image de S. Loüis.

Les Grands-Croix la porteront attachée à un ruban large, couleur de feu, qu'ils mettront en écharpe : & auront encore une Croix en broderie d'or, fur le manteau & le jufte-au-corps.

Les Commandeurs porteront feulement le ruban couleur de feu, en écharpe, avec la Croix qui y fera attachée, fans qu'ils puiffent porter la Croix en broderie fur le jufte-au-corps, ni fur le manteau.

Les fimples Chevaliers, qui auront fervi au moins dix années, en qualité d'Officiers, auront feulement la Croix d'or attachée fur l'eftomac, avec un petit ruban couleur de feu ; & ne pourront porter le ruban en écharpe comme les Grands-Croix & les Commandeurs.

Ceux qui auront auffi l'Ordre du Saint Efprit, précéderont les Grands-Croix,

Commandeurs & Chevaliers de l'Ordre de Saint Loüis.

Le Roy, Monseigneur le Dauphin, Monseigneur le Duc de Berry, les Princes du Sang, & autres Chevaliers du Saint Esprit, porteront la Croix de l'Ordre de S. Loüis, attachée avec un petit ruban rouge au bas du Cordon bleu, avec la Croix du S. Esprit.

Quand il y aura des places vacantes par mort, les Grands-Croix ne pourront être tirez que du nombre des Commandeurs ; ni les Commandeurs que du nombre des Chevaliers. Le tout par choix, & comme Sa Majesté le jugera à propos, sans qu'elle s'oblige d'observer l'ordre d'ancienneté.

Ils se rendront tous auprés du Roy, le jour & fête de S. Loüis, pour l'accompagner à la Messe, qu'ils entendront, celebrée dans la Chapelle du Palais où Sa Majesté sera. Et l'aprés-dînée, l'assemblée de cet Ordre se tiendra.

Le Trésorier, le Greffier, & l'Huissier de cet Ordre, porteront seulement la Croix d'or, comme les simples Chevaliers.

C'est le Sécretaire d'Etat, qui a le département de la Guerre, lequel fait expédier les provisions de cet Ordre un

ORDRE DE S. LOUIS.

Officiers qui servent dans les Troupes de terre, & qui fait lecture du serment quand ces Officiers le font entre les mains du Roy. Et c'est le Secrétaire d'Etat, aïant le département de la Marine & des Galéres qui fait expédier les provisions aux Officiers de mer, & qui leur fait lecture du serment quand ils le prêtent à Sa Majesté. Ensuite le Roy leur donne à tous l'accolade & la Croix.

Les archives & papiers de l'Ordre de S. Loüis, seront gardez dans une Chambre du Château du Louvre à Paris.

LE ROY.

Monseigneur le Dauphin.

Monseigneur le Duc de Berry.

Monsieur le Duc d'Orleans.

Monsieur le Duc du Maine, Grand-Maître de l'Artillerie.

Monsieur le Comte de Toulouse, Amiral.

M. le Duc de Vendôme, Général des Galéres.

M. le Maréchal de Villeroy.

M. le Maréchal de Catinat.

M. le Maréchal de Villars.

M. le Maréchal de Chamilly.

M. le Maréchal d'Etrées.

M. le Maréchal de Château-Renault.

M. le Maréchal d'Uxelles.

M. le Maréchal de Rosen.
M. le Maréchal de Tessé.
M. le Maréchal de Montrével.
M. le Maréchal de Tallard.
M. le Maréchal d'Harcourt.
M. le Maréchal de Bervvick.
M. le Maréchal de Gacé Matignon.
M. le Maréchal de Bezons.
M. le Maréchal de Montesquiou.

Huit Grands-Croix, 6000. liv. chacun.

M. de Château-Renault. M. de Rosen. M. de Chamlay. M. de Besons. M. de Caraman. M. de Maupertuis. M. des Alleurs. M. de Laumont. M. Lée.

Huit Commandeurs, 4000. liv. chacun.

M. de S. Silvestre. M. de Massot. M. de Mégrigny. M. de Boisveau. M. d'Asfeld. M. de Muret. M. du Rozel.

Seize autres Commandeurs, 3000. l. chacun.

M. de Préchac. M. Darbon. M. de Castéja. M. de Fourille. M. Dupuy-Vauban. M. du Luc. M. de Valeille. M. de Régnac. M. de la Viéruës. M. de Gasquet. M. de Coëtlogon. M. de Montroux. M. de S. Hilaire. M. de Sailly. M. d'Anlezy. M. de Brancas.

ORDRE DE S. LOUIS.

Afin qu'on ait plûtôt trouvé le nom d'un Chevalier de S. Loüis, sans être obligé de parcourir toute la Liste, on a jugé plus à propos de les arranger par ordre Alphabétique, & même les Commandeurs & les Grands-Croix.

Il faut encore avertir que 93. veut dire que ces Chevaliers ont été nommez par le Roy en 1693. & 7co. veut dire en mil sept cent. De plus, *Gr. C.* veut dire, *Grand-Croix. Co*, signifie *Commandeur*.

La pension que touchent les Grands-Croix, les Commandeurs & quelques Chevaliers, sera marquée après leur nom.

A

94. M. de l'*Abadie*, Lieutenant Général des Armées du Roy.

703. M. *Abel*, Major de la Ville de Mets.

707. M. *Ackhlin*, Capitaine au Régiment de Brendlé Suisse.

705. M. d'*Affry*, Capitaine au Régiment des Gardes Suisses, Brigadier d'Armée.

703. M. d'*Agoult*, Lieutenant de Roy de Broüage.

705. M. d'*Aigremont*, ci-devant Capitaine des Grenadiers au Régiment de Périgort, Inf.

703. M. d'*Aigremont*, Lieutenant Colonel du Régiment de Cajeu, Cav.

703. M. d'*Aighuil*, Lieutenant Colonel du Régiment de Bourbonnois, Inf.

710. M. *Akyman*, Capitaine Général du Canton d'Undervvaldens.

707. M. d'*Alba*, Brigadier d'Armée, Colonel du Régiment d'Auvergne, Inf.

709. M. *Albergotti*, Lieutenant Colonel du Régiment Roïal Italien; Inf.

700. M. le Marquis d'*Alegre*, Lieutenant Général au haut Languedoc, & des Armées du Roy, Gouverneur de S. Omer.

95. M. d'*Alesme*, ci-devant soû Brigadier des Chevaux Legers de la Garde du Roy. 800. l.

94. M. d'*Aigny*, Brigadier d'Armée, Gouverneur d'Autun.

94. M. le Marquis d'*Aligre* S. Lit, Chef d'Escadre des Armées Navales.

9... M. des *Alleurs*, Lieutenant Général des Armées du Roy. Gr. Cr. 6000. l.

705. M. *Aliez*, Ingénieur.

94. M. *Alphonse*, Lieutenant de Roy, du Château de Dinan. 2000. l.

95. M. d'*Altera*, Chevau-Léger de la Garde du Roy.

94. M. *Altermat*, Capitaine Lieutenant, qui commande la Générale du Ré-

ORDRE DE S. LOUIS.

giment des Gardes Suisses, Brigadier d'Armée, Inspecteur Général d'Inf. 2000. l.

M. *Altermat*, Capitaine au Régiment de Castelas, Suisse.

708. M. de S. *Amand*, Brigadier des Gardes du Corps.

709. M. de S. *Amand*, ci-devant Capitaine des Grenadiers du Régiment de Lorraine. Inf.

703. M. d'*Amigny*, Brigadier d'Armée.

711. M. *Anastasie*, Capitaine au Régiment de Vendôme. Inf.

705. M. *Ancelet*, Ingénieur.

94. M. d'*Andigné*, du Halay, ci-devant Capitaine au Régiment de Lyonne. Inf.

94. M. de S. *André-Marnais*, Gouverneur de Vienne. 800. l.

710. M. de S. *André*, Mestre de Camp réformé à la suite du Régiment Dauphin, Cav.

711. M. des *Androvins*, Capitaine au Régiment de Champagne. Inf.

700. M. d'*Anglure*, ci-devant Lieutenant-Colonel du Régiment de Bourbon, Cav.

705. M. *Ango*, ci-devant Capitaine des Grenadiers au Régiment de Ménou. Inf.

705. M. le Comte d'*Anlezy*, Maréchal de Camp. Co.   3000. l.

709. M. *Anselme*, ci-devant Capitaine des Grenadiers, au Régiment Roïal de la Marine Inf.

704. M. le Duc d'*Antin*, Lieutenant Général des Armées du Roy, & Lieutenant Général en Alsace, Directeur Général des Bâtimens du Roy, Gouverneur de l'Orléanois & d'Amboise.

710. M. de S. *Antoine*, Lieutenant au Régiment Roïal des Carabiniers de la Brigade de Rouvray.

703. M. d'*Aoust*.

93. M. le Marquis d'*Arbouville*, Brigadier d'Armée.   2000. l.

M. d'*Arcicourt*, ci-devant Major du Régiment de Bouzols. Ca.

94. M. d'*Arene*, Lieutenant Général des Armées du Roy.

703. M. d'*Arene*, Lieutenant Colonel réformé de Dr.

700. M. des *Arenes*, Brigadier d'Armée, Commandant à S. Quentin.

710. M. des *Arennes*, Lieutenant au Régiment de Tourotte Ca.

704. M. d'*Arfeüil*, ci-devant Lieutenant au Régiment Roïal des Carabiniers.

710. M. d'*Argenteüil*, ci-devant Lieutenant Colonel du Régiment de la fonds la Ferté, Inf.

ORDRE DE S. LOUIS.

705. M. d'*Argentine*, de Braſſac, ci-devant Exempt des Gardes du Corps.

94. M. d'*Argouſt*, ci devant Major de la Ville de Tournay. 1000. l.

703. M. d'*Arnault*, Lieutenant Colonel du Régiment de Gouffier, Ca.

703. M. d'*Arnault*, ci-devant Lieutenant de Roy de S. Venant.

70... M. *Arnoult*, Lieutenant de Roy de la Citadelle de Straſbourg. 800. l.

703. M. d'*Aroulin*.

705. M. le Marquis d'*Arpajon*, Maréchal de Camp.

703. M. d'*Arpentiny*.

94. M. le Comte d'*Artagnan*.

94. M. d'*Artagnan*, Lieutenant Général des Armées du Roy, Soû-Lieutenant de la premiere Compagnie des Mouſquetaires.

707. M. d'*Artaignan*, Colonel.

709. M. de S. *Artemy*, Major du Régiment de Bugey, Inf.

70.. M. le Baron d'*Asfeld*, l'aîné, Maréchal de Camp.

703. M. d'*Asfeld*, le jeune, Lieutenant Général des Armées du Roy, Co. 4000. l.

703. M. le Comte d'*Aſſy*, Capitaine au Régiment des Gardes Françoiſes.

703. M. d'*Aſtore*, Lieutenant de Roy de Blaye.

707. M. de *S. Auban*, Capitaine de Fregate.

705. M. d'*Aubarède*, Commandant du Fort du Risban de Dunkerque.

711. M. *Aubart*, Commandant le second Bataillon du Régiment d'Angoumois, Inf.

704. M. le Comte d'*Aubeterre*, Lieutenant Général des Armées du Roy, Gouverneur de Colioure.

94. M. des *Aubrières*, ci-devant Cornette de la premiere Compagnie des Mousquetaires.

709. M. *Aubry*, Capitaine des Grenadiers du Regiment de la Reine, Inf.

703. M d'*Audiffre*, Capitaine au Regiment des Gardes-Françoises. 1000. l.

703. M. d'*Avesnes*.

94 M. d'*Avignon*, Gouverneur du Pont de l'Arche & de Salins, Lieutenant Général des Armées du Roy, Major de Senlis, Major des Gardes du Corps, 2000. l.

707. M. d'*Avignon*, Lieutenant de Roy de Charlemont.

704. M. de *S. Aulais*, Brigadier d'Armée.

705. M. d'*Aulteroch*, ci-devant Capitaine des Grenadiers du Regiment d'Orleans, Inf.

704. M. le Duc d'*Aumont*, Premier

ORDRE DE S. LOUIS.

Gentilhomme de la Chambre du Roy, Maréchal de Camp, Gouverneur de Boulogne.

70. M. *Auné*, Capitaine au Regiment de la Tour, Ca.

703. M. d'*Aunoux*, Capitaine au Regiment de la Reine, Ca.

703. M. de *S. Avy*, ci-devant Aide-Major des Gardes du Corps.

703. M. d'*Auzerville*, ci-devant Lieutenant Colonel du Regiment de S. Pntz, Dr.

M. le Baron d'*Ayguines*, Lieutenant de Roy du Pont S. Esprit.

B

705. M. *Babijon* Lieutenant de Roy, de S. Jean Pied de Port

705. M. de la *Babinière*, Lieutenant Colonel du Regiment de Chambaut, Inf.

704. M. *Bachelet*, Lieutenant Colonel du Regiment Desgrigny, Inf.

94. M. de *Bachevilliers*, Lieutenant Général des Armées du Roy, Gouverneur du Fort de Baraut.

711. M. Joseph *Brachman*, Capitaine au Regiment de May Suisse. 1000. l.

705 M. *Bagneaux*, ci-devant Capitaine des Grenadiers du premier Bataillon de Picardie, Inf.

701. M. *Bagneux*, Capitaine de Vaisseau,

703. M. de *Bailleul*, ci-devant Major du Regiment de Nice, Inf.

704. M. de *Bailleul*, ci-devant Capitaine au Regiment Roïal Comtois, Inf.

93. M. de *Bains*, Capitaine au Regiment de Vaudray, Ca.   1000. l.

709. M. *Baker*, Capitaine des Grenadiers du Regiment de Bourk, Inf.

94. M. le Marquis de *Baliviéres*, Lieutenant des Gardes du Corps, Lieutenant Général des Armées de Roy.

703. M. de *Bambiny*, ci-devant Capitaine de Mineur.

706. M. de *Bandeville*, S. Perrier, Capitaine de Fregate.

700. M. de *Bar*, Brigadier d'Armée, Chevalier de S. Lazare.

705. M. de *Bar*, Capitaine des Grenadiers du Regiment de du Beüil, Inf.

711. M. *Bara*, Brigadier des Chevau Legers de la Garde du Roy.

708. M. de *Baradas*, Soû-Lieutenant au Regiment des Gardes.

711. M. de *Baralis*, Capitaine au Regiment de Monroux, Inf.

703. M. de *Baravy*, Brigadier d'Armée, Commandant au Fort de Kell.

703. M. de *Barbazan*, Lieutenant Colonel du Regiment Meſtre de Camp Général de Dr.   800. l.

ORDRE DE S. LOUIS.

704. M. de *Barbazan*, ci-devant Major d'Avenes.

705. M. de *Barbazan*, Major de la Vieille-Ville de Nancy.

704. M. de *Barberet*, Lieutenant Colonel du Regiment de Navarre. Inf.

703. M. de *Bareau*, Lieutenant Colonel réformé d'Inf.

707. M. de *Barentin*, Lieutenant de Vaisseau. 800. l.

710. M. de *Barentin*, Capitaine au Regiment de Languedoc, Dr.

703. M. *Barere*, Capitaine au second Bataillon du Regiment de Bonnetot, Inf.

711. M. de *Baretrie*, Capitaine au Regiment Roïal Artillerie.

705. M. *Barjon*.

703. M. de *Barnont de Thoiras*, Lieutenant Colonel réformé d'Inf.

700. M. le *Baron*, Cornette de la seconde Compagnie des Mousquetaires.

709. M. *Baron*, Major du Regiment de Greder, Suisse.

700. M. du *Barrail*, Maréchal de Camp.

707. M. du *Barrailh*, Capitaine de Brulot.

701. M. *Barras*, de la Penne, Capitaine de Galére.

705. M. de la *Barre*, Capitaine de Vaiſſeau.

708. M. de la *Barrecontré*, Maréchal des Logis des Chevaux-Legers de la Garde du Roy.

709. M. de la *Barre*, Lieutenant Colonel réformé, d'Inf.

710. M. de la *Barre*, Capitaine Lieutenant de la Meſtre de Camp, du Régiment de Pourieres, Dr.

710. M. des *Barres*, Capitaine au Regiment de Marcillac, Ca.

703. M. de *Barette*, Lieutenant Colonel du Régiment de Bourgogne, Inf.

703. M. de *Barrere*, ci-devant Commandant à Féneſtrelle.

707. M. de *Barriere*, ci-devant Lieutenant Colonel du Régiment de Villeneuve, Inf.

705. M. *Barry*, Capitaine au Régiment de Rottembourg, Ca.

707. M. de la *Barte*, ci-devant Brigadier des Gardes du Corps.

705. M. de la *Barthe*, d'*Eſcarlian* Commandant au Fort Saint André d Salins.

705. M. de *Barthés*, ci-devant Major du Mont Dauphin.

94. M. de *Bartillat*, Lieutenant Général des Armées du Roy, Gouverneur d Rocroy.

ORDRE DE S. LOUIS.

703. M. de *Barville*, ci-devant Major d. Boüillon.

705. M. de *Barville*, Colonel du Régiment de Soiſſonnois, Inf. Brigadier d'Armée.

707. M. du *Bary* Lieutenant Colonel du Régiment d'Anjou, Inf.

94. M. de *Barzum*, Brigadier d'Armée.   1500. l.

709. M. de la *Baſſée*, Maréchal des Logis des Gendarmes d'Anjou.

707. M. de *Baſſtard*, Lieutenant Colonel du Régiment Dauphin, Etranger, Ca,

709. M. de la *Baſtide*, Major du Régiment de Miromeſnil, Inf.

711. M. de la *Baſtide*, Capitaine au Régiment de Nivernois, Inf.

705. M. de *Baſſompré*, Lieutenant Colonel réformé, d'Inf.

95. M. de la *Baſtie*, Lieutenant de Roy de la Ville de Strasbourg, Brigadier d'Armée.

709. M. de la *Baſtie*, Maréchal des Logis des Gendarmes de Bretagne.

705. M. de *Baſville*, Commiſſaire Provincial d'Artillerie.

711. M. de la *Batie*, Capitaine au Régiment de Lyonnois, Inf.

703. M. de la *Batute*, Lieutenant de

L'E'TAT DE LA FRANCE.

Roy de Nancy, Brigadier d'Armée.

710. M. de *Baubel*, Lieutenant au Régiment de Condé, Ca.

94. M. *Baudigné* de Tralay, Lieutenant d'Artillerie.

700. M. *Baudot*.

705. M. *Baudoüin*, Lieutenant Colonel du Régiment de Vendôme, Inf. Brigadier d'Armée.

705. M. *Baudran de Gribaldy*, Capitaine au Régiment de Sourches, Inf.

706. M. de *Baudreuun*, Commissaire ordinaire d'Artillerie.

709. M. *Baujat-la-Guitterie*, Capitaine des Grenadiers du Régiment de Blaisois, Inf.

704. M. de la *Baume*.

710. M. de la *Baume*, Lieutenant au Régiment de S. Aignan, Cav.

709. M. de *Baumgartner*, Capitaine Lieutenant du Régiment de Castelas, Suisse.

705. M. de *Bauveau*, Capitaine au Régiment de Toulouse, Inf.

700. M. *Baüyn*, Maréchal de Camp, Gouverneur de Furnes.

705. M. *Bauzin*, d'*Hautefort*, Brigadier d'Armée, Colonel du Régiment d Toulouse, Inf.   2000.

707. M. *Bayar:*, Capitaine de Port a Havre.   7º

ORDRE DE S. LOUIS. 409

705. M. de la *Bayette*, Lieutenant de Roy d'Aiguemortes.

703. M. de *Beauchamp*, Exempt des Gardes du Corps. 800. l.

705. M. de *Beauchesne*, Commandant le second Bataillon du Régiment de Bassigny, Inf.

711. M. de *Beaucire*, Lieutenant Colonel Réformé.

703. M. de *Beaucoroy*, Lieutenant de Roy de Monaco, Brigadier d'Armée, 800. l.

94. M. de *Beaujeu*, Brigadier d'Armée, Gouverneur de S. Dizier.

94. M. de *Beaujeu*, Capitaine de Vaisseau. 800. l.

703. M. le Comte de *Beaujeu*, Lieutenant Colonel réformé de Dr.

704. M. de *Beaujeu*, Mestre de Camp de Cavalerie, Brigadier d'Armée.

705. M. de *Beaujeu*, Lieutenant Colonel du Régiment de Flandres, Inf.

703. M. de *Beaulieu*, de *Bethomas* Lieutenant Colonel du Régiment de Foix Inf.

705. M. de *Beaulieu*, Lieutenant au Régiment Roïal des Carabiniers, de la Brigade de Verneüil.

709. M. de *Beaulieu*, Lieutenant au Régiment des Gardes.

Tome II. S

709. M. de *Beaulieu*, Capitaine des Grenadiers, du Régiment de Picardie, Inf.

709. M. de *Beaulieu de Coupry*, Major du Régiment de Bresse, Inf.

710. M. de *Beaulieu*, Capitaine au Régiment de Bessey, Cav.

710. M. de *Beaulieu*, Commandant au Fort-Loüis de Dunkerque.

703. M. de *Beaumanoir*, Capitaine au Régiment d'Anjou, Inf.

705. M. de *Beaumanoir*, Capitaine de Frég.

705. M. de *Beaumont*, Capitaine au Régiment de Limosin, Inf.

705. M. de *Beaumont*, ci-devant Major du Régiment de Clermont, Dr.

706. M. de *Beaumont*, Chevau-Léger de la Garde du Roy.

708. M. de *Beaumont*, Major du Régiment Roïal, Inf.

710. M. de *Beaumont*, Capitaine au Régiment de Bourbon, Ca.

711. M. de *Beaumont*, Capitaine au Régiment Roïal Artillerie.

707. M. de *Beaune*, Lieutenant de Vaisseau.

705. M. de *Beaupré*, Capitaine au Régiment de S. Valier, Inf.

708. M. de *Beaupré*, Brigadier de Gardes du Corps.

703. M. de *Beaupuy*, Lieutenant Colonel du Régiment du Roy, Inf. Brigadier d'Armée.

ORDRE DE S. LOUIS.

707. M. de *Beauquaire*, Inspecteur des Compagnies Franches de la Marine.

703. M. de *Beauregard*, Ingénieur.

704. M. de *Beauregard*, Capitaine de Port, au Port-Loüis.

705. M. de *Beauregard*, ci-devant Capitaine des Grenadiers du Régiment de Lannoy, Inf.

706. M. de *Beauregard*.

705. M. de *Beaurepaire*, Colonel réformé d'Inf.

705. M. de *Beauffe*, Capitaine au Régiment de Toulouse, Inf.

93. M. *Beauffier-Félix*, Capitaine de Vaisseau.   1000. l.

95. M. de *Beauvais*, Brigadier d'Armée, Lieutenant de Roy d'Antibe.

704. M. le Comte de *Beauvau le Rivau*, Capitaine Lieutenant des Chevaux-Legers de Bretagne, Maréchal de Camp. 2000. l.

705. M. de *Beauvezet-Tourtour*, Major du Rgiment de Provence, Inf.

710. M. de *Beauville*, Major du Régiment de Beffey, Ca.

705. M. de *Beauvoir*, Lieutenant Colonel du Régiment d'Anguien, Inf.

711. M. de *Beauvoir*, Capitaine au Régiment Roïal Artillerie.

709. M. *Becheron*, Exempt des Gardes du Corps.

705. M. le *Begue*, ci-devant Lieutenant de Roy de la Martinique.

703. M. de *Bellair*.

711. M. de *Bellair*, Capitaine au Régiment de Vivarais, Inf.

709. M. de *Bellebat*, Capitaine des Grenadiers du Régiment de du Beüil, Inf.

710. M. de *Bellebat-Froidour*, Capitaine au Régiment de Villeroy, Ca.

93. M. de *Bellecroix d'Argenteau*. 2000. l.

711. M. de *Belledame*, Brigadier des Chevaux-Legers de la Garde du Roy.

703. M. de *Bellefonds*, Lieutenant de Roy du Château-Trompette, Brigadier d'Armée.

705. M. de *Bellefonds de Neuville*, Brigadier d'Armée, Lieutenant Colonel réformé de Dr.

705. M. de *Bellegarde*, Capitaine d'une Compagnie détachée du Régiment de Piémond, Inf.

705. M. de *Belle-Isle*, Brigadier d'Armée, Colonel.

70... M. de *Belle-Isle*, Capitaine de Brulot.

706. M. le Marquis de *Bellemont*, Capitaine Garde Côte.

705. M. de *Belleville*, Capitaine au Ré-

ORDRE DE S. LOUIS. 413

giment de Pouriere, Dr.

705. M. de *Belleville*, Capitaine réformé au Régiment de la Trémoille, Ca.

705. M. de *Bellefme*, ci-devant Capitaine des Grénadiers au Régiment de Sanzay, Inf.

704. M. de *Bellet de la Maury*, ci-devant Major du Régiment de Bonelle, Dr.

705. M. de *Bellicourt*, Capitaine de Vaiſſeau.

705. M. de *Belliére*, Commandant le ſecond Bataillon du Régiment de Bonnetot, Inf.

711. M. de *Belloy*, Brigadier d'Armée, Lieutenant de Roy de Mets.

709. M. *Belly*, Capitaine au Régiment de Brendlé, Suiſſe.

705. M. de *Belnoé*, Commandant le ſecond Bataillon du Régiment de Ponthieu, Inf.

703. M. de *Belocier*, Lieutenant Colonel réformé de Dr.

705. M. de *Belrieu*, Colonel du Régiment du Maine, Inf. Brigadier d'Armée.

700. M. de *Belſunce*, Brigadier d'Armée.

94. M. *Belvêſe*, ci-devant Lieutenant Colonel du Régiment Dauphin.

704. M. de *Bemelin*, Capitaine au Ré-

S iij

giment de Greder Allemand, Inf.

705. M. de Bemesme, Capitaine des Grenadiers du Régiment de Xaintonge, Inf.

706. M. Bénaben, Major de Guise.

706. M. de Benat, Capitaine de Galére.

703. M. Benoist, Capitaine au Régiment de Brie, Inf.

95. M. Béquaine, Lieutenant d'Artillerie.

703. M. Béranger, Capitaine au Régiment de Lyonne, Inf.

700. M. des Bérangeries, ci devant Maréchal des Logis des Gendarmes de la Garde du Roy.

704. M. Berault, ci-devant Major du Régiment de S. Vallier, Inf.

94. M. Berchin, Commandant le second Bataillon du Régiment de Vermandois, Inf.

705. M. Berger, Commandant à Queiras.

709. M. de Bergeret, Gouverneur de la Citadelle de Strasbourg.

94. M. des Bergeries, Brigadier d'Armée.

708. M. de Bermont, Maréchal des Logis de la seconde Compagnie des Mousquetaires.

99. M. Bernard, Lieutenant-Colonel

du Régiment des Dragons Dauphins.

700. M. *Bernard*, ci-devant Major du Régiment de Montoison, Inf.

703. M. *Bernard*, Lieutenant au Régiment de Monteils, Ca.

707. M. *Bernard*, Major du Régiment de S. Aignan, Ca.

709. M. *Bernard*, Brigadier des Gardes du Corps.

711. M. *Bernard*, Lieutenant Colonel réformé, d'Inf.

707. M. de *Bernede*, ci-devant Capitaine au Régiment Roïal des Carabiniers, de la Brigade de Verneüil.

709. M. de *Berre*, Major de Veiffembourg.

711. M. de *Berfigny*, Capitaine au Régiment Roïal Artillerie.

703. M. *Bert*, Capitaine au Régiment de Lyonne, Inf.

703. M. de *Berthelot*.

707. M. de *Berthelot*, Lieutenant au Régiment Dauphin, Ca.

711. M. *Berthelot de Rebourceau*, Colonel du Régiment de Bretagne Inf, Brigadier d'Armée.

703. M. *Berthier*, Capitaine au Régiment de Ligondez, Ca.

703. M. *Bertou*, Lieutenant au Régiment Roïal Piémond, Ca.

416 L'ETAT DE LA FRANCE.

709. M. *Bertrand*, Mousquetaire du Roy.

709. M. de *Berville*, Mestre de Camp Lieutenant du Régiment Colonel Général des Dragons de France, Brigadier d'Armée.

703. M. de *Bérulle*, Lieutenant Général des Armées du Roy.

705. M. de *Bérulle*, Capitaine au Régiment de la Fere, Inf.

703. M. de *Berzieux*, Lieutenant Colonel du Régiment de Foix, Dr.

707. M. de *Besche*, ci-devant Capitaine des Grenadiers du Régiment d'Auvergne, Inf.

705. M. de *Besenval*, Capitaine au Régiment des Gardes Suisses, Maréchal de Camp.

705. M. de *Besenval*, Major du Régiment des Gardes Suisses.

93. M. de *Besombes*, Major de l'Isle de Ré.   800. l.

70.... M. de *Bessac*, Capitaine de Vaisseau.

705. M. le Comte de *Bessey*, Mestre de Camp de Cav.

705. M. de la *Bessière*, Capitaine au Régiment de Caubons, Ca.

709. M. de la *Bessière*, Lieutenant Colonel du Régiment de Roüergue, Inf.

ORDRE DE S. LOUIS. 417

705. M. de *Bethune*, Capitaine & Aide-Major du Régiment de Tourotte, Cav.

705. M. le Comte de *Béthune Selles*, Capitaine de Vaisseau.

705. M. le *Beuf*, l'aîné, ancien Lieutenant Général d'Artillerie.

705. M. le *Beuf*, le cadet, Lieutenant Général d'Artillerie.

705. M. de du *Beüil*, Maréchal de Camp, Colonel.

708. M. de *Beynat*, Capitaine des Grenadiers du Régiment du Mayne, Inf.

710. M. de *Bezanne*, Capitaine des Grenadiers du Régiment de Miromefnil, Inf.

710. M. de *Bezinval*, Major du Régiment d'Orléans, Cav.

709. M. *Biache*, Capitaine des Grenadiers du Régiment de Lorraine, Inf.

704. M. *Biard*, Major du Régiment Roïal des Carabiniers de la Brigade de Pugeol.

703. M. *Bibion*, Capitaine au Régiment de Bourgogne, Inf.

703. M. *Bidou*, Lieutenant Colonel du Régiment d'Heudicourt, Ca.

703. M. *Bidou*, Capitaine dans le même Régiment.

S v

710. M. de *Biéville*, ci-devant Capitaine des Grenadiers du Régiment d'Agenois, Inf.

710. M. *Bigois*, Maréchal des Logis des Gendarmes de la Reine.

703. M. *Biliar*, ci-devant Capitaine au Régiment d'Albaret, réformé.

705. M. de la *Billarderie*, Enseigne des Gardes du Corps, Brigadier d'Armée.

705. M. de la *Billarderie*, Aide Major des Gardes du Corps, Brigadier d'Armée.

709. M. *Bellat*, Capitaine des Grénadiers du Régiment d'Auxerois, Inf.

703. M. de la *Billonnière*.

705. M. *Billy*, Ingénieur.

707. M. de *Billy*, Lieutenant Colonel du Régiment de Champagne, Inf.

706. M. *Bionneau*, *Dairargues*, Lieutenant de Vaisseau.

704. M. le Marquis de *Biron*, Lieutenant Général des Armées du Roy.

700. M. le Marquis de *Bissy*, Lieutenant Général des Armées du Roy, Gouverneur d'Auxonne.

709. M. de *Bitry*, Ingénieur.

710. M. de *Blamont*, Capitaine réformé à la suite du Régiment de Lénoncourt, Ca.

703. M. le *Blanc*, Lieutenant Colonel du Régiment de Saumery, Dr.

705. M. le *Blanc*, ci-devant Maréchal

des Logis des Chevaux-Légers de la Garde du Roy.

705. M. le *Blanc*, Capitaine au Régiment de Normandie, Inf.

705. M. le *Blanc*, ci-devant Capitaine des Grenadiers du Régiment de Condé, Inf.

707. M. de *Blanchelande*, Commandant le second Bataillon du Régiment de la Chenelaye, Inf.

709. M. de *Blancheton*, Lieutenant Colonel du Régiment de Tournaisis, Inf.

709. M. de *Blanchol*, Capitaine au Régiment de Poitou, Inf.

703. M. *Blanchon des Bardes*.

710. M. de *Blangy*, Lieutenant Colonel du Régiment de Bouzols, Ca.

703. M. *Blanzy*, Ingénieur.

700. M. de *Blécourt*, Brigadier d'Armée, Gouverneur de Navarrins.

94. M. le Comte de *Blénac*, Capitaine de Vaisseau.

701. M. le Marquis de *Blénac*, Commandant des Gardes de la Marine.

705. M. de *Blénau*, ci-devant Capitaine au Régiment de la Chenelaye, Inf.

70... M. de *Blénau*, le cadet, Ingénieur.

709. M. *Blet*, Soû-Brigadier de la seconde Compagnie des Mousquetaires.

703. M. Camus de *Bligny*, Maréchal de Camp.

420 L'ETAT DE LA FRANCE.

708. M. *Blin*, Chevau-Léger de la Garde du Roy,

705. M. de *Blois*, Capitaine au Régiment de Toulouse, Inf.

707. M. de *Blofft*, Maréchal des Logis des Chevaux-Legers de Bretagne.

704. M. de la *Blotiére*, Ingénieur.

709. M. *Bocher*, Maréchal des Logis des Chevaux-Legers de la Reine.

710. M. *Bocquemasié*, Brigadier des Gardes du Corps.

709. M. *Boden*, Capitaine au Régiment Roïal des Carabiniers de la Brigade de du Rozel.

710. M. *Bognac*, Capitaine au Régiment de Lorraine, Inf.

703. M. de *Bogue*, Lieutenant des Cent Suisses.

94. M. *Bohan*, Maréchal de Camp, Gouverneur de Longvvy.

705. M. *Boileau*, Chevau-Léger de la Garde du Roy.

704. M. du *Bois*, Huissier de la Chambre du Roy.

705. M. du *Bois*, ci-devant Major du Régiment de S. Chaumont, Dr.

705. M. du *Bois*, Ingénieur.

709. M. du *Bois*, Premier Lieutenant de la Compagnie des Mineurs.

711. M. du *Bois*, Capitaine au Régi-

ORDRE DE S. LOUIS.

nent de Boulonnois, Inf.

705. M. du *Bois-André*, Lieutenant au égiment de Noailles, Ca.

707. M. de *Bois-André*, Exempt des ardes du Corps.

703. M. de *Boisclairs*, Capitaine de aiſſeau.

705. M. de *Boisdais*, Capitaine au Régiment Roïal, Inf.

703. M. de *Boiſdeſ:e*, Maréchal des Logis, & Aide-Major des Chevaux-Légers e la Garde du Roy.

94. M. du *Bois de Perche*, Capitaine-Aide-Major au Régiment Dauphin.

700. M. de *Boisfermé*, Gouverneur de l'Iſle de Marie-Galande.

705. M. de *Boishéroult*, Brigadier des Gardes du Corps.

705. M. de *Boisjolly*, ci-devant Brigadier des Gardes du Corps.

704. M. du *Bois la pierre*, Capitaine au Régiment de la Reine, Inf.

707. M. de *Boislaval*, Lieutenant de Vaiſſeau.

706. M. du *Boiſlogé*, Lieutenant d'Artillerie.

700. M. *Boiſot*, Lieutenant Colonel du Régiment de Daultanne, Ca.

705. M. de *Boiſpinault*, Capitaine de Vaiſſeau.

703. M. de *Boisquignen*, Lieutenant de Vaisseau.

707. M. de *Boisrargues*, Capitaine de Brulot.

703. M. de *Boisreslou la Grandière*, ci-devant Lieutenant-Colonel du Régiment de Beauce, Inf.

706. M. de *Boisricher*, Lieutenant d'Artillerie.

703. M. de *Boisricheux*, Capitaine au Régiment de la Reine, Inf.

710. M. de *Boisrigny*, Commissaire Provincial d'Artillerie.

710. M. de *Boisrond*, Capitaine au Régiment de Daultanne, Ca.

709. M. de *Boissablon*, Capitaine au Régiment de Tourville, Inf.

703. M. de *Boisse*, Lieutenant au Régiment des Cravates, Ca.

709. M. *Boisset*, Capitaine & Ayde-Major du Régiment de la Reine, Dr.

705. M. de la *Boissière*, Capitaine au Régiment de Foix, Dr.

709. M. de la *Boissière*, ci-devant Major du Régiment de Tarneau, Ca.

70.. M. de la *Boissière*, Capitaine de Vaisseau.   1500. l.

710. M. de la *Boissière*, Lieutenant au Régiment de Vaudrey, Ca.

710. M. de la *Boissière de Fenix*, Com-

mandant le second Bataillon du Régiment de Beauce, Inf.

704. M. de *Boissoneau*, ci-devant Aîé-Major du Régiment Roïal des Carabiniers.

94. M. de *Boissy*, du Régiment de Champagne, Inf.

711. M. de *Boissy*, Capitaine des Grenadiers du Régiment de Santerre, Inf.

709. M. *Boistache*, Commandant le second Bataillon du Régiment de Ponthieu, Inf.

707. M. de *Boistel de Romainville*, Commissaire Provincial d'Artillerie.

93. M. de *Boisveau*, Gouverneur de l'Hôtel Roïal des Invalides Co. 4000. l.

707. M. de *Bollioud*, Lieutenant de Vaisseau.

94. M. de *Bombelles*, Major de Galéres.

703. M. de *Bombelles*, Lieutenant de Roy du Fort de Péquay.

707. M. de *Bombelles*, Major du Régiment de Boufflers, Inf.

705. M. *Bon*, ci-devant Capitaine au Régiment d'Albigeois, Inf.

705. M. le Marquis de *Bonas Gondrin*, Brigadier d'Armée, Lieutenant Colonel du Régiment de Marcillac, Ca.

705. M. de *Bondoüere*, ci-devant Ma-

jor de la Citadelle de Tournay.

709. M. de *Bondretun*, Commissaire Provincial d'Artillerie.

95. M. *Bonet*, Capitaine au Régiment des Aides, Dr.

705. M. *Bonet*, ci-devant Lieutenant Colonel du Régiment de Nice, Inf.

705. M. *Bongard*, Lieutenant Colonel du Régiment du Roy, Ca.

705. M. *Bonhée*, Capitaine au Régiment Roïal, Ca.

710. M. de *Boniface*, Capitaine au Régiment de Bouville, Dr.

710. M. de *Bonnabry*, Maréchal des Logis des Gendarmes Dauphins.

711. M. de *Bonnaire*, Capitaine au Régiment de Verseilles Houssarts.

706. M. *Bonneau*, Lieutenant d'Artillerie.

707. M. de *Bonnechose*, ci-devant Brigadier des Gardes du Corps.

705. M. de *Bonnemie*, Gouverneur du Fort de l'Ecluse, Lieutenant Colonel du Régiment de Lorraine, Inf.

710. M. *Bonnet*, Capitaine Aide-Major du Régiment de Beaufremont, Dr.

709. M. *Bonnet*, ci-devant Commandant au Fort S. Sauveur de l'Isle.

709. M. *Bonnet*, Commandant le second Bataillon du Régiment de la Couronne, Inf.

ORDRE DE S. LOUIS. 425

709. M. de *Bonneval*, ci-devant Mes-re de Camp des Cuirassiers du Roy.

710. M. de *Bonneval*, Commandant à Chamberry.

705. M. de *Bonneville*, ci-devant Lieu-enant Colonel du Régiment Colonel énéral de Dr.

703. M. *Bono*, Commandant le troi-siéme Bataillon du Régiment Roïal Roussillon, Inf.

710. M. de *Bonrepas*, Capitaine au Régiment de Grammont, Ca.

709. M. de *Bonroy*, Capitaine au Ré-iment de Razilly, Inf.

707. M. de *Bonsantier*, Capitaine au Régiment Roïal des Carabiniers de la rigade de Pugeol.

707. M. *Bonté*, Maréchal des Logis des Chevau-Legers d'Anjou.

710. M. de *Bontoux*, Capitaine d'une Compagnie détachée du Régiment Roïal, Inf.

700. M. du *Boquet*, ci-devant Comman-ant le second Bataillon du Régiment de la Reine, Inf.

703. M. de la *Borde*, Capitaine au Ré-iment de S. Priez, Dr.

709. M. de la *Borde*, Brigadier des hevaux Legers de la Garde du Roy.

711. M. de la *Borde*, Enseigne au Régiment des Gardes.

706. M. de la *Borde-Mesières*, Major du Régiment de Sourches, Inf.

711. M. de *Borde-Nave*, Capitaine des Grenadiers du Régiment de Cottentin, Inf.

708. M. de la *Bordene*, Gouverneur de Vic, Lieutenant au Régiment des Gardes.

703. M. des *Bordes*, Major du Régiment Meftre de Camp Général de Ca.

705. M. des *Bordes*, Ingénieur.

709. M. des *Bordes de la Maunerie*, Ingénieur.

709. M. des *Bordes*, Capitaine au Régiment de Belle-Isle, Dr.

706. M. *Bordier*, Ingénieur.

93. M. *Borelli*, ci-devant Lieutenant au Régiment de Bonelle, Dr.

710. M. *Borgat de la Guitterie*, Capitaine au Régiment de Blaisois, Inf.

711. M. du *Borne*, Capitaine au Régiment de Bonnetot, Inf.

707. M. de *Borye*, Maréchal des Logis de la seconde Compagnie des Mousquetaires.

709. M. de *Bosanquet*, Capitaine des Grenadiers du Régiment d'Anjou, Inf.

703. M. du *Bosc*, Lieutenant Colonel du Régiment de du Troncq, Ca. Brigadier d'Armée.

ORDRE DE S. LOUIS.

708. M. du *Boscq*, Brigadier de la Premiere Compagnie des Mousquetaires.

704. M. *Bossernd*, Capitaine au Régiment d'Alsace, Inf.

707. M. *Bosset*, Capitaine au Régiment de Surbeck Suisse.

703. M. de *Bossio*, ci-devant Commandant au Château d'Aire.

705. M. de *Bossuges*, Lieutenant Colonel du Régiment de Vivarais, Inf.

94. M. de *Botemont*, ci-devant Lieutenant de Roy d'Exille.

709. M. *Boubert*, Mousquetaire du Roy.

703. M. *Bouchard de Rigal*, ci devant Lieutenant Colonel du Régiment d'Auvergne, Inf.

705. M. de *Bouchet*, Capitaine des Grenadiers du Régiment Roïal, Inf.

710. M. du *Bouchet*, Major du Régiment de Noailles, Ca.

709. M. du *Bouchet*, Major du Régiment Roïal Comtois, Inf.

705. M. *Bouchen*, ci-devant Capitaine des Grenadiers au Régiment de Toulouse, Inf

710. M. *Bouchot*, Capitaine au Régiment de Bessey, Ca.

703. M. *Boudeville*, Lieutenant de Roy de Joux.

705. M. *Boüet*, ci-devant Lieutenant de Frégate.

709. M. *Boüet*, Major du Régiment Roïal des Carabiniers de la Brigade de Rouvray.

705. M. *Boufié*, ci-devant Commandant au Château de Véruë.

709. M. le Marquis de *Boufflers Remiencourt*, Colonel du Régiment de Barrois, Inf.

709. M. *Bougier*, Capitaine des Grénadiers du Régiment d'Iffaghien, Inf.

705. M. *Bouju*, Sieur de la Croix, ci-devant Brigadier des Gardes du Corps.

70. M. de *Boulainvilliers*, Capitaine de Vaiſſeau.

700. M. de la *Boulaye*, Enſeigne des Gardes du Corps, Brigadier d'Armée.

700. M. de *Boulenne*, ci-devant Lieutenant Colonel du Régiment Roïal Piémont, Ca.

700. M. de *Bouleville*, ci-devant Lieutenant Colonel des Cuiraſſiers.

703. M. des *Bouliers*, Capitaine Commandant le troiſiéme Bataillon, du Régiment de la Marine, Inf.

705. M. de *Bouloc*, Gouverneur de la Grenade.

709. M. *Boulon*, Capitaine des Grénadiers, du Régiment Dauphin, Inf.

ORDRE DE S. LOUIS. 429

711. M. *Boulon*, Capitaine, Lieutenant du Régiment de Châtillon, Dr.

709. M. *Boulon*, ci-devant Lieutenant Colonel du Régiment Roïal la Marine, nf.

710. M. *Bournefort*, Capitaine au Régiment du Prince de Lambesch, Ca.

709. M. de la *Bourbeliere*, Capitaine des Grenadiers du Régiment de Flandres Inf.

70.... M. *Bourbibtou*, Lieutenant au Régiment des Gardes.

711. M. *Bourbon*, Commandant au Réduit de la Porte-Blanche de Strasbourg.

705. M. *Bourck*, Colonel Irlandois, Maréchal de Camp.

705. M. le Comte du *Bourdet*, Brigadier d'Armée.

705. M. de la *Bourdine*, Major du Régiment des Cravates, Ca.

703. M. de *Bourges Surmaison*, ci-devant Capitaine des Grenadiers du Régiment de Dauphiné, Inf.

709. M. de *Bourneuf*, Lieutenant Colonel du Régiment de Choiseul Beaupré, nf.

705. M. *Bourquy*, Major du Régiment des Gardes Suisses.

709. M. *Bourquy*, Lieutenant au Régiment des Gardes Suisses.

93. M. de *Boursonne*, ci-devant En-

seigne au Régiment des Gardes, 1000.l

705. M. du *Bousquet*, Lieutenant Colonel du Régiment de Blaisois, Inf.

709. M. *Bousquet*, Brigadier des Gard du Corps.

710. M. *Bousquet*, Capitaine des Grenadiers du Régiment de Lorraine, Inf.

711. M. *Bousquet*, Capitaine au Régiment de Perrin, Inf.

705. M. de la *Bousquette*, Capitain au Régiment de Cambresis, Inf.

94. M. *Boutet*, de Franconville, Capitaine au Régiment de Navarre, In

705. M. de *Bouteville de Sebeville*, Capitaine de Vaisseau.

705. M. de *Bouteville*, *Malorly*, Inspecteur Général des Dragons, Brig dier d'Armée, Lieutenant Colonel Régiment de Rouvroy, Dr.

710. M. de la *Bouvière*, Lieutenant Régiment du Maine, Ca.

710. M. de *Bouvigny*, Capitaine au Régiment Meftre de Camp Général des Dr

705. M. *Boux*, Capitaine au Régiment de Valgrand, Ca.

703. M. le Marquis de *Bouzols*, Lieutenant Général des Armées du Roy.

709. M. de *Bouzols*, Meftre de Ca de Ca. Brigadier d'Armée.

703. M. de *Bouzonval*, Lieutenant

ORDRE DE S. LOUIS.

onel du Régiment de Quélus, Dr.

703. M. de *Brach*, Lieutenant des Grenadiers à Cheval du Roy.

700. M. de *Bragelonne*, Brigadier d'Armée.

705. M. de *Bragirat*, Capitaine au Régiment de Bretagne, Ca.

707. M. le Marquis de *Brancas*, Lieutenant Général des Armées du Roy. Co. 3000. l.

708. M. *Brancolelly*, Ingénieur.

710. M. de *Bray*, Capitaine à la suite de la Compagnie France-d'Halany, Ca.

703. M. de *Brazilly*, Lieutenant Coonel du Régiment de Medoc, Inf.

705. M. de *Breante*, Capitaine au Régiment Roïal Artillerie.

711. M. de *Brechenie*, Capitaine des renadiers du Régiment Roïal la Maine, Inf.

708. M. de *Brécourt*, Exemp des Gares du Corps.

700. M. de *Bremont*, ci-devant Meftre e Camp, dans le Régiment de Marcillac.

705. M. de *Bremoy*, Lieutenant de aiffeau.

700. M. *Brendlé*, Colonel Suiffe, ieutenant Général des Armées du Roy.

703. M. de *Brefine*, Capitaine de Vaiffeau.

705. M. de *Bressé*, Lieutenant au Régiment de Rohan, Dr.

710. M. de *Bressolles*, ci devant Major du Régiment Roïal, Dr.

707 M. de *Brisson*, Capitaine des Grenadiers du Régiment de Poitou, I

707. M. de *Brissy*, ci-devant Lieutenant de Roy de Doüay.

710. M. de *Brissy*, Capitaine au Régiment de Chartres, Ca.

710. M. le *Bret*, Lieutenant Colonel réformé au Regiment de S. Sernin, Dr

703. M. le Marquis de la *Bretêche* Gouverneur de Poitiers.

700. M. de la *Bretêche*, ci-devant Colonel.

708. M. de la *Bretêche*, Brigadier de Gardes du Corps.

706. M. le *Breton*, Soû-Lieutenant d Grenadiers à Cheval du Roy.

707 M. de la *Bretonniére Surville*, Chevau Léger de la Garde du Roy,

708. M. de la *Bretonniére*, Capitaine au Régiment de Caïeu, Ca.

703. M. de *Bretteville*, Capitaine au Régiment de Villeroy, Ca.

710. M. de *Bretoux*, Brigadier des Gardes du Corps.

710. M. de *Brevau*, Capitaine au Régiment de Piémond.

709.

ORDRE DE S. LOUIS. 433

709. M. du *Brëuil*, Major du Régiment de la Saarre, Inf.

704. M. de *Brialle*, Capitaine de Dragons en Franche-Comté.

700. M. de *Briçonet*, Capitaine au Régiment des Gardes,

704. M. de *Briçonet*, Capitaine au Régiment du Roy, Inf.

705. M. de *Brie*, Capitaine au Régiment Roïal, Inf.

711. M. de *Brie*, Capitaine au Régiment de Monroux, Inf.

708. M. de *Brie Chavanne*, Commandant le second Bataillon du Régiment de la Marche, Inf.

708. M. le Marquis de *Brilhac*, Capitaine des Grenadiers du Régiment des Gardes, Brigadier d'Armée.

711. M. de *Brion*, Capitaine au Régiment de Lyonnois, Inf.

710. M. de *Brison*, ci-devant Lieutenant Colonel du Régiment de Simiane, Ca.

94. M. de *Brissac*, Lieutenant Général des Armées du Roy, Gouverneur de Guise.

703. M. de *Brissac*, Lieutenant des Gardes du Corps, Maréchal de Camp.

704. M. de *Brissard*, Aide-Major au Régiment des Gardes.

Tom. II.   T

705. M. de S. Briſſon, ci-devant Lieutenant Colonel du Régiment de Gondrin, Inf.

706. M. Brocard, Capitaine au Régiment de S. Chaumont, Dr.

703. M. le Marquis de Broglio, Maréchal de Camp.

707. M. de Broglio, Capitaine de Vaiſſeau.

709. M. le Comte de Broglio, Lieutenant Général des Armées du Roy, Inſpecteur de Ca.

709. M. le Marquis de Broglio, Maréchal de Camp, Inſpecteur Général d'inf.

703. M. de Broiſſart, ci-devant Lieutenant Colonel du Régiment de Condé, Ca.

705. M. Broſſard, Lieutenant au Régiment de Cappy, Ca.

710. M. de la Broſſardiére, Brigadier des Gendarmes de la Garde du Roy.

703. M. de la Broſſe, Capitaine de Canoniers au Régiment Roïal Artillerie.

705. M. de la Broſſe, ci-devant Major du Régiment de Simiane, Ca.

707. M. de la Broſſe, Ingénieur.

709. M. des Broſſes, ci-devant Capitaine au Régiment de la Motte, Inf.

705. M. des Broſſes, Lieutenant Colonel du Régiment de Noailles, Cav.

ORDRE DE S. LOUIS.

704. M. de la *Brouë*, Ingénieur à S. Domingue.

707. M. *Broüillard*, Lieutenant au Régiment du Maine, Ca.

710. M. de *Brousse*, Capitaine & Major du Régiment de d'Heudicourt, Ca.

94. M. de *Broyart*, ci-devant Sous-Aide-Major de la Gendarmerie.

710. M. le Marquis de *Brucourt de Sobbeville*, Soû-Lieutenant des Gendarmes de Bretagne.

710. M. du *Bruelh*, Brigadier d'Armée, Gouverneur de Bellegarde.

705. M. de *Brugières*, Capitaine au Régiment d'Aubusson, Ca.

709. M. de *Bruières*, ci-devant Major du Régiment de Beauce, Inf.

708. M. *Brüillet*, Capitaine au Régiment de Limosin, Inf.

703. M. le *Brun*, Chevau-Léger de la Garde du Roy.

707. M. le *Brun*, Commandant le second Bataillon du Régiment de Bigorre, Inf.

703. M. de la *Brunie*, Major du Régiment de Bourbon, Inf.

711. M. de *Brunie* le fils, Capitaine au Régiment de Bourbon, Inf.

709. M. de la *Bruniére*, Commandant le second Bataillon du Régiment de Touraine, Inf.

705. M. de *Brunville*, Capitaine au Régiment Dauphin, Inf.

703. M. de *Brufac*, Aide-Major des Gardes du Corps, Gouverneur d'Obernheim, Maréchal de Camp.

710. M. de *Bruflard*, Major de la Ville de Dunkerque.

705. M. de *Eruye*, Capitaine des Grenadiers du Régiment de Tallard, Inf.

700. M. de la *Bruyére*, Lieutenant de Roy de Maubeuge, Brigadier d'Armée.

705. M. de la *Bruyére*, Capitaine au Régiment de Tallard Inf.

94. M. *Bruys*, du Régiment de Navarre, Inf.

705. M. de *Bruys*, Lieutenant Colonel du Régiment de Lyonne, Inf.

703. M. de *Buade*, Capitaine au Régiment Roïal Artillerie.

711. M. de *Buade*, Capitaine au Régiment de Bonnetot, Inf.

703. M. du *Buiffon*, Lieutenant des Grenadiers du Régiment de Bourgogne, Inf.

704. M. du *Buiſson*, Commandant le second Bataillon du Régiment de Greder Allemand, Inf.

704. M. le Marquis de *Bully*, ci-devant Gouverneur de Menin.

7.0. M. de la *Bunellerie*, Brigadier

ORDRE DE S. LOUIS.

des Gardes du Corps.

705. M. de *Baranlure*, Colonel du Régiment de l'Isle de France, Inf.

700. M. *Burkeval*, ci-devant Major du Régiment de Rottembourg, Ca.

707. M. de *Burgniae*.

94. M. de Montlezun, Baron de *Busca*, Lieutenant Général des Armées du Roy, Gouverneur d'Aiguemortes.

709. M. de *Bussavant*, ci-devant Major de Strasbourg.

94. M. de la *Bussiére*, Lieutenant Colonel du Régiment de Villemort, Inf.

705. M. de la *Bussiére*, ci devant Lieutenant Colonel du Régiment de Bretagne, Inf.

707. M. de la *Bussiére*, Gentilhomme ordinaire de la Maison du Roy, Capitaine & Aide Major du Régiment du Roy, Inf.

711. M. de la *Bussiére*, Capitaine Commandant le second Bataillon du Régiment de Bearn, Inf.

705. M. *Bussy*, Brigadier d'Armée.

707. M. le Comte de *Bussy*, Capitaine de Vaisseau.

709. M. de *Bussy*, Major du Régiment de Poyanne, Inf.

711. M. de *Butirou*, Capitaine au Régiment d'Anghien, Inf.

T iij

94. M. le Marquis de *Buzanval*, Lieutenant Général des Armées du Roy.

705. M. de *Buzanval*, Capitaine Lieutenant des Chevaux-Légers de la Reine.

700. M. *Buzelet*, Major du Régiment Dauphin, Dr.

C.

705. M. *Cabart*, Capitaine au Régiment de Forsat, Cav.

708. M. de *Cadarcé*, ci-devant Sous-Lieutenant au Régiment des Gardes.

710. M. *Cacaud*, Major de Furnes.

707. M. de *Cadeville*, Capitaine au Régiment du Roy, Inf.

710. M. *Cadolle*, Capitaine au Régiment de Lyonne, Inf.

703. M. de *Cadrieux*, Maréchal de Camp, 1500. l.

705. M. *Caffaro* l'ainé, Capitaine de Vaisseau.

706. M. de la *Caffinière*, Capitaine de Frégate.

705. M. *Cahoüet*, Capitaine de Frégate.

93. M. du *Caila*, Capitaine au Régiment de Picardie, Inf. 1000. l.

710. M. de *Caillouet*, ci-devant Lieutenant Colonel du Régiment d'Esclainvilliers, Ca.

703. M. du *Cairon*, Lieutenant de la Compagnie des Grenadiers à Cheval du Roy.

705. M. du *Cairon*, Commandant le second Bataillon du Régiment de Xaintonge, Inf.

703. M. de *Caissac*, ci-devant Capitaine des Grenadiers du Régiment Roïal, Inf.

709. M. de *Caissargue de Bernières*, Lieutenant Colonel du Régiment de le Coigneux, Dr.

710. M. de *Caissargues*, Lieutenant au Régiment, Mestre de Camp Général de Dr.

705. M. *Cal*, ci-devant Capitaine au Régiment de Condé, Inf.   800. l.

709. M. de *Calignon*, Capitaine des Grenadiers du Régiment Roïal Comtois, Inf.

709. M. le Marquis de *Calonne de Courtibourne*, Enseigne des Gendarmes de Berry.

707. M. de *Cambe*, Soû-Brigadier des Gardes du Corps.

705. M. de *Cambray*, Capitaine au Régiment de Tourville, Inf.

705. M. de *Cambronne*, ci-devant Lieutenant Colonel du Régiment de Lorraine, Inf.

705. M. de *Camecourt*, Capitaine au Régiment Colonel Général de Dr.

706. M. de *Camfort*, Commissaire Provincial d'Artillerie.

706. M. de *Camfort*, Commissaire ordinaire d'Artillerie.

707. M. de *Camlers*, Commissaire Provincial d'Artillerie.

705. M. de *Campagnac*, Soû-Lieutenant des Grenadiers à Cheval du Roy.

710. M. de *Campagne*, Capitaine & Aide-Major du Régiment de Lorraine, Inf.

704. M. de *Campagnette*, ci-devant Capitaine des Grenadiers du Régiment de Piémond, Inf.

707. M. de *Campagnol*, Major du Régiment de Gondrin, Inf.

702. M. de *Camviels*, Major du Régiment de Ponthieu, Inf.

98. M. le *Camus*, de Fromentiéres.

709. M. *Camus des Touches*, Brigadier d'Armée.

709. M. *Camus* l'aîné, Commissaire Provincial d'Artillerie.

709. M. *Camus* le cadet, Commissaire Provincial d'Artillerie.

711. M. *Camus*, Ingénieur.

90. M. *Canault*, ci-devant Capitaine au Régiment de Champagne, Inf. 1000. l.

704. M. de *Candau*, Ingénieur.

705. M. de *Candau*, Gentilhomme de a Manche de Monseigneur le Duc de erry.

709. M. de *Candilargue*, Capitaine des Grenadiers du Régiment de Bonnetot, Inf.

711. M. des *Canes*, Commandant un ataillon du Régiment Roïal Artillerie.

705. M. de *Canferan*, Major du Régiment de Bellaceüil, Ca.

703 M. le Marquis de *Canillac*, Soûlieutenant de la seconde Compagnie des Mousquetaires, Lieutenant Général des rmées du Roy, Gouverneur du fort de Brescon.

705 M. le Comte de *Canillac*, Maréchal de Camp.

705 M. de *Cantagrel*, Capitaine des Grenadiers du Régiment d'Orleans, Inf.

93. M. *Cantan*, ci-devant Commandant au Fort de l'Isle de Strasbourg.

703. M. de *Cuny*, Capitaine au Régiment de la Couronne, Inf.

704. M. *Cuny*, Aide-Major de Metz.

710. M. du *Cap d'Yssette*, Capitaine au Régiment de Vaudray, Ca.

710 M. de *Capdeville*, Capitaine au Régiment de Rouvroy, Dr.

703. M. de *Capestan*, Commandant à Nieuport.

T v

709. M. *Cappel*, Capitaine des Grenadiers du Régiment Roïal des Vaisseaux, Inf.

703. M. *Cappy*, Brigadier d'Armée, Meſtre de Camp de Ca.

705 M. *Capres*, Capitaine au Régiment de Tallard, Inf.

705. M *Captan*, Capitaine au Régiment de Condé, Ca.

94 M. le Comte de *Caraman*, Lieutenant Général des Armées du Roy. Gr. Cr. 5000. l.

705. M. de *Carbonnel*, Capitaine des Grenadiers du Régiment de Poitou, Inf.

705: M. le Marquis de *Carcado*, Lieutenant Général des Armées du Roy.

711. M. de *Cardailhac*, Capitaine au Régiment Roïal Artillerie.

705. M. de *Cardaillac*, Lieutenant Colonel du Régiment d'Orleanois, Inf.

703. M. *Cardon*, Lieutenant Colonel du Régiment des Bombardiers, Inf.

703. M. *Careſſe*, Lieutenant Colonel du Régiment de Montoiſon, Inf.

703. M. *Carles*, ci-devant Major de Scheleſtat.

707. M. de *Carles de Roquebrune*, ci-devant Capitaine des Grenadiers du Régiment Roïal des Vaiſſeaux.

703. M. de *Carrière*, Commandant le second Bataillon du Régiment de la Saarre, Inf.

705. M. de *Carrion*, Lieutenant de Vaisseau.

710. M. de la *Carte*, Capitaine au Régiment de Boncile, Dr.

709. M. de *Carroll*, Lieutenant Colonel du Régiment de Berwick, Inf.

706. M. des *Cartes*, Capitaine de Vaisseau.

705. M. de *Casaux*, Capitaine au Régiment Dauphin, Inf.

710. M. de *Casemont*, Major du Régiment de Bouville, Dr.

705. M. de la *Cassaigne*, ci-devant Major du Régiment de Piémont, Inf.

97. M. du *Casse*, Lieutenant Général des Armées Navales, 2000. l.

705. M. de *Castagnier*, Lieutenant Colonel du Régiment de Boulonnois, Inf.

705. M. *Castun*, Lieutenant Colonel du Régiment du Prince Marcillac, Ca.

705. M. *Castane*, Aide-Major de Dunkerque.

93. M. de *Castéja*, Gouverneur de la Ville de Toul. Co. 3000. l.

700. M. de *Castéja*, Lieutenant de Roy de Furnes, Brigadier d'Armée.

705. M. de *Castéja*, ci-devant Capitaine des Grenadiers du Régiment de Navarre, Inf. T vj

93. M. *Castelas*, Colonel Suisse.

700. M. *Castella*, Lieutenant Colonel du Régiment des Gardes Suisses, Lieutenant Général des Armées du Roy.

708. M. Rodolphe *Castela*, Capitaine au Régiment des Gardes Suisses.

708. M. le Marquis de *Castel-Moron*, Capitaine-Lieutenant des Gendarmes de Bretagne, Brigadier d'Armée.

703. M. de *Castelnau de Cordes*, Capitaine au Régiment de la Marine, Inf.

705. M. de *Castelnau* Lieutenant Colonel du Régiment de Monroux, Inf.

705. M. de *Castelnau*, Capitaine au Régiment de Bourbonnois, Inf.

703. M. le Marquis de *Castries*, Gouverneur de Montpellier, Maréchal de Camp, Chevalier d'Honneur de Madame la Duchesse d'Orleans.

711. M. *Castor*, Capitaine au Régiment de Monroux, Inf.

711. M. *Castron*, Capitaine des Grenadiers du Régiment du Perche, Inf.

704. M. de *Catelin*, Ingénieur.

706. M. de *Catteron*, Lieutenant des Grenadiers à Cheval du Roy.

70?. M. de *avaudon*, ci devant Lieutenant Colonel du Régiment de Montauban, Ca.

710. M. de *Cavaniat*, Lieutenant Co-

ORDRE DE S. LOUIS.   445

onel du Régiment de Caubous, Ca.

704. M. de *Caubous*, Mestre de Camp
 Ca. Brigadier d'Armée.

711. M. de *Caudeville*, Capitaine au
égiment de Lyonnois, Inf.

705. M. le Marquis de *Caumont Daires*,
apitaine de Vaisseau.

706. M. de *Caumont*, Ingénieur.

707. M. de *Caussade*, Major du Régiment de Beaujollois, Inf.

705. M. du *Caux*, Soû-Aide-Major
 la Gendarmerie.

703. M. de *Cavy*, Capitaine au Régiment de la Couronne, Inf.

709. M. le Marquis de *Caylus*, Maêchal de Camp, Colonel de Dr.

705. M. de *Cazac de Reinald*, ci-deant Exempt des Gardes du Corps.

711. M. de *Cazaledde*, Lieutenant de
oy à Roze.

705. M. de *Cazaledes*, ci-devant Lieuteant Colonel du Régiment de Sanzay.
nf.

94. M. de la *Caze Balaguier*, ci devant
apitaine des Grenadiers du Régiment
de Brie, Inf.

705. M. de la *Caze*, Major de Schelest t.

705. M. de la *Caze*, ci-devant Capiaine des Grenadiers du Régiment de
Laonnois, Inf.

709. M. de la *Caze*, Capitaine des Grenadiers du Régiment de Foix, Inf.

709. M. de la *Caze*, Brigadier des Gardes du Corps.

710. M. de *Cazenauve*, ci-devant Lieutenant Colonel du Régiment d'Heudicourt, Ca.

705. M. de *Ceberet*, Brigadier d'Armés, Colonel du Régiment du Perche. Inf.

705. M. de *Celerics*, Capitaine au Régiment de Leuville, Inf.

710. M. *Cellier*, Major du Régiment de Bellabre, Dr.

710. M. de *Cerfontaine*, Capitaine Régiment Roïal des Carabiniers de Brigade de Cloys.

94. M. de *Cereify*, ci-devant Mestre de Camp, Lieutenant du Régiment de Condé, Ca.

710. M. de *Cerlau*, Capitaine au Régiment de Beringhen, Ca.

710. M. le Comte de *Cernay*, Enseigne des Gendarmes de Bretagne.

703. M. de *Certemont*, Major du Régiment Roïal Artillerie, Inf.

709. M. *Céfary*, ci-devant Capitaine de Grenadiers du Régiment Roïal Italien, Inf.

705. M. *Chaban*, Capitaine au Régiment de Simiane, Ca.

710. M. de *Chablignac*, Capitaine

ORDRE DE S. LOUIS. 447

Régiment de du Beüil, Inf.

705. M. *Chabo la Serre*, Capitaine au Régiment de Valgrand, Ca.

705. M. *Chabroüillet*, Lieutenant au Régiment Colonel Général de Dr.

707. M. de *Chabroüilly*, Capitaine au Régiment d'Auxerois, Inf.

703. M. de la *Chaise*, ci-devant Major de Joux.

703. M. du *Chaiseau*, Capitaine au Régiment de Vendôme, Inf.

707. M. du *Chaist*, ci-devant Capitaine des Grenadiers du Régiment d'Esgrigny, Inf.

705. M. de la *Chaize*, Capitaine au Régiment de Villepreux, Ca.

705. M. de la *Chaize*, Capitaine des Grenadiers du Régiment de Tourville, Inf.

710. M. de *Chalacé*, Lieutenant d'Artillerie.

709. M. de *Chalancourt*, Capitaine des Grenadiers au Régiment de Toulouse, Inf.

703. M. de *Chalieux*, ci-devant Lieutenant Colonel du Régiment de Lannoy, Inf.

705. M. de *Challoüet*, Capitaine au Régiment de la Couronne, Inf.

94. M. le Marquis de *Chalmazel*, Brigadier d'Armée, Commandant à Toulon.

705. M. de S. *Chamant*, Brigadier d'Armée, Enseigne des Gardes du Corps.

705. M. de *Chamarande*, Lieutenant Général des Armées du Roy, Gouverneur de Phaltzbourg.

710. M. de *Chambly*, ci-devant Major de Doüay.

705. M. de *Chambon*, Capitaine au Régiment de Flandres, Inf.

705. M. de *Chambon*, Lieutenant Colonel du Régiment du Perche, Inf.

705. M. de *Chambon*, Capitaine au Régiment de Quercy, Inf.

708. M. de *Chambon*, Maréchal des logis des Gendarmes de la Garde du Roy.

94. M. de *Chambonas*, Premier Gentilhomme de la Chambre de M. le Duc du Maine.

95. M. de la *Chambre*, Lieutenant au Régiment de Montoison, Inf.

706. M. de la *Chambre*, Lieutenant de Vaisseau.

710. M. de la *Chambre*, ci-devant Major de S. Venant.

710. M. de *Chambry*, Major du Régiment de S. Poüenges, Ca.

705. M. le Comte de *Chamillart*, Maréchal de Camp.

705. M. le Comte de *Chamilly*, Gouverneur du Château de Dijon, Lieutenant Général des Armées du Roy.

ORDRE DE S. LOUIS.

93. M. Jule-Loüis Bolé, Marquis de hamlay, Maréchal Général des Logis es Camps & Armées du Roy. Gr. Cr. 6000. l.

709. M. de *Champagne*, Commissaire rovincial d'Artillerie.

705. M. de *Champbourdon*, ci-devant apitaine des Grenadiers au Régiment 'Auvergne, Inf.

708. M. de *Champellière*, Capitaine u Régiment de Normandie, Inf.

700. M. de *Champereux*, Lieutenant de oy de Valenciennes, Brigadier d'Armée.

704. M. de *Champerose*, Capitaine de anoniers.

704 M de *Champsort*, Commandant u réduit de la Porte d'Haguenau de trasbourg.

703. M. de *Champier*, Capitaine au égiment de Cottentin, Inf.

700. M. de *Champigny*, Chef d'Esca-re des Armées Navales.

705. M. de *Champigny Bourdonné*, ci-evant Colonel.

708. M. de *Champigny*, Capitaine au égiment de Lyonnois, Inf.

710. M. de *Champinas*, Capitaine au égiment de Belle-Isle, Inf.

805. M. de *Champigny Bourdonné*.

705. M. de *Champlin*, Capitaine

au Régiment de Berry, Ca.

704. M. des *Champs*, ci-devant Capitaine des Grenadiers du Régiment de Perrin, Inf.

705. M. des *Champs*.

703. M. de *Chanceaux Barville*.

705. M. de *Charfleur*, Mestre de Camp réformé de Ca.

707. M. de *Changuefier*, Major de S. Jean, Pied de Port.

705. M. de *Charlatte*, Capitaine au Régiment de Touraine, Inf.

703. M. de *Chantarège*, Capitaine réformé dans le Régiment de Choiseul, Ca.

705. M. de *Chantciou*, Lieutenant d'Artillerie.

703. M. de *Chantcloube*, Capitaine de Galiottes.

703. M. de *Chantoiseau*, Commandant du Fort de S. Vincent.

703. M. le Marquis de *Chapiseaux*, Gouverneur de la Ville & Château de Loir, ci-devant Enseigne des Gardes du Corps.

701. M. de *Chapiseaux*, Major de Marine.

703. M. de *Chaponet*.

710. M. de *Chaponnet*, Major du Commissaire Général de la Ca.

709. M. de la *Charasse*, ci-devant Ca

ORDRE DE S. LOUIS.

[i]taine des Grenadiers du Régiment de [M]ortemart, Inf.

704. M. le Marquis de *Charce*, ci-devant Lieutenant Colonel du Régiment [d]e Bellafaire, Inf.

9?. M. de *Charite*, Gouverneur de [l']Isle de Sainte Croix, Lieutenant de [V]aisseau.

709. M. de *Charlou*, ci-devant Major du Régiment de Touraine, Inf.

711. M. de *Charmagniéres*, Brigadier [d]es Gendarmes de la Garde du Roy.

703. M. de la *Charme*, ci-devant Capitaine des Grenadiers du Régiment [d'] Orleans, Inf.

705. M. de *Charmont*, Capitaine des [G]renadiers du Régiment de Navarre, [I]nf.

709. M. de *Charnacé*, Commandant [le] second Bataillon du Régiment de Périgord, Inf.

710. M. de *Charpagne*, Major d'Huningue.

711. M. de *Charpay*, Capitaine des [G]renadiers du Régiment de Boulonois, [I]nf.

710. M. de *Charraule*, Capitaine au [R]égiment de Cappy, Ca.

710. M. de *Charrault*, Lieutenant au [R]égiment Roïal des Carabiniers de la

Brigade de Pugeol.

707. M. *Charron de Ville-Sablon*, Lieutenant de Vaisseau.

704. M. le Duc de *Charrost*, Lieutenant Général des Armées du Roy, Lieutenant Général de Picardie, Capitaine de Gardes du Corps.

705. M. de *Charroul*, Capitaine a Régiment de la Tour, Ca.

703. M. de *Chartogne*, Lieutenant Colonel du Régiment de Bourbon, Ca

704. M. de *Chartogne*, ci-devant Capitaine au Régiment Roïal des Carabiniers

705. M. de *Chartogne*, ci devant Capitaine au Régiment de Piémont, Inf.

705. M. de *Chartogne*, Capitaine a Régiment de Normandie, Inf.

707. M. de *Charvary*, Lieutenant Colonel du Régiment de Verseilles Houssarts,

704. M. de *Chasel*, Colonel de Dragons.

705. M. de *Chasey*, Capitaine d'une Compagnie détachée du Régiment d'Anjou, Inf.

710. M. de *Chassagnard*, Capitaine des Grenadiers au Régiment Roïal, Inf.

708. M. de la *Chassagne*, ci-devant Major du Régiment Roïal des Carabiniers de la Brigade de Cloys.

709. M. de *Chassagne*, Capitaine au

giment du Maine, Inf.

09. M. de Chassagne, Lieutenant Co-
e du Régiment de Bretagne, Inf.

09. M. de Chasse, Capitaine des Gre-
iers du Régiment de la Couronne,
f.

705. M. de Chassebras, Capitaine au
égiment de Dauphiné, Inf.

705. M. de Chassingre, Lieutenant au
giment Dauphin, Ca.

710. M. de Chasteignié, ci-devant Ma-
r du Château d'Aire.

705. M. du Chastel, Lieutenant de Roy
e Marie-Galande.

706. M. de la Chastelaise, Lieutenant
olonel du Régiment de Chalmasel,
nf.

702. M. de Chastelan, Chevau-Leger
e la Garde du Roy.

705. M. du Chastelier, Capitaine Lieutenant de Galére.

703. M. de Chastenay, Lieutenant Coonel du Régiment de Xaintonge, Inf.
rigadier d'Armée.

707. M. de Chastenay, Maréchal des
ogis des Chevaux Légers de la Garde
u Roy.

702. M. de Chastenay, Commandant le
second Bataillon du Régiment de Tallard, Inf.

704. M. de *Chaftiére*, Maréchal d Logis de la Première Compagnie de Mousquetaires.

703. M. de *Chaftreix*, Brigadier d'Armée, Commandant à Givet.

705. M. de *Châteaubourg*, Lieutenan Colonel du Régiment de Picardie, Inf

705. M. de *Châteaubrun*, ci-devan Major du Régiment d'Albigeois, In

703. M. de *Châteaufort*, Capitai des Grenadiers du Régiment d'Artois Inf.

705. M. de *Châteaufort*, Capitain d'une Compagnie franche de Fuseliers

709. M. de *Château-Morand*, Maréchal de Camp.

703. M. de *Châteauneuf*, Capitaine a Régiment de Bourbon, Inf.

705. M. de *Châteauregnard*, Capitaine au Régiment de Languedoc, Dr.

703. M. de *Château-Thierry*, ci-devant Lieutenant Colonel du Régimen d'Anjou, Inf.

704. M. de *Châteauvieux*, ci-devant Major du Régiment d'Orleanois, Inf.

705. M. de *Châteauvieux*, ci-devan Lieutenant Colonel du Régiment de Mortemart, Inf.

705. M. de *Châteauvieux*, ci-devan Maréchal des Logis des Gendarmes

ORDRE DE S. LOUIS.

la Garde du Roy.

700. M. de la *Chateigneraye*, ci-devant Maréchal des Logis des Gendarmes de la Garde du Roy.

700. M. le Marquis du *Châtelet*, Lieutenant Général des Armées du Roy, Gouverneur de Vincennes.

707. M. de *Châtenet*, Lieutenant d'Artillerie.

704. M. de *Châtillon*, Maréchal de Camp.

709. M. de *Châtillon*, ci-devant Capitaine des Grenadiers du Régiment de Champagne, Inf.

94. M. le Marquis de la *Châtre*, Lieutenant Général des Armées du Roy, Lieutenant Général au Païs & Duchez d'Orlanois, Dunois & Vendômois.

705. M. le Comte de *Chavagnac*, Comandant des Gardes de la Marine.

700. M. de *Chavanne*, ci-devant Lieutenant Colonel du Régiment d'Anjou, Inf.

705. M. de *Chavanias*, ci-devant Major du Régiment de Medoc, Inf.

707. M. de *Chaubruere*, Lieutenant Artillerie.

710. M. de *Chaudru*, Capitaine au Régiment de Bugey, Inf.

94. M. le Comte de *Chavigny*, ci-de-

vant Capitaine de Vaisseau.

705. M. de *Chavigny*, Commandant Colmar.

710. M. de *Chaulieu*, Sous-Aide Major au Régiment des Gardes.

705. M. de *Chaulny*, Major du Régiment de Foix, Inf.

707. M. de *Chaunes*, Lieutenant d'Artillerie.

94. M. de *Chaumouffaud*.

707. M. de la *Chauffée*, Capitaine a Régiment des Bombardiers, Inf.

705. M. *Chauvel*, ci devant Soû-Lieutenant des Mendarmes d'Orleans.

710. M. *Chauvel*, Major du Régimen des Cuirassiers, Ca.

705. M. *Chauvelin de Beauregard*, ci-d vant Lieutenant Colonel du Régiment Beaujollois, Inf.

705. M. de la *Chauverie*, Lieutena Colonel du Régiment de Charrosts, In

708. M. *Chauvet*, Maréchal des L gis des Mrenadiers à Cheval du Ro

93. M. de la *Chauviniére*, ci-devar Capitaine au Régiment du Roy. 1000

94. M. le Marquis de *Chazeron*, Lieu tenant des Mardes du Corps, Mouv neur de Brest, Lieutenant Général d Armées du Roy.

94. M. de *Chéladet*, Lieutenant Gé
nér

ORDRE DE S. LOUIS.

néral des Armées du Roy.

708. M. de *Chélas*, Ingénieur.

703. M. de *Cheyladet*, Lieutenant des Gardes du Corps, Maréchal de Camp.

707. M. de la *Chenaye*, Brigadier des Gardes du Corps.

707. M. de *Chenelette*, ci-devant Capitaine des Grenadiers au Régiment de Piémont, Inf.

700. M. *Chenevières*, ci-devant Commandant à Bich.

707. M. de *Chepy*, Lieutenant Colonel du Régiment d'Orleans. Inf.

94. M. de *Chérigny*, Colonel réformé, d'Inf.

710. M. de *Chevifey*, ci-devant Meftre de Camp de Ca.

705. M. du *Chefne*, Capitaine au Régiment d'Artois, Inf.

705. M. du *Chefneau*, Capitaine de Frégate.

703. M. *Chevalier*.

704. M. de la *Chevallerie*, ci-devant Capitaine des Grenadiers du Régiment u Roy, Inf.

710. M. de la *Chevardiére*, Maréchal es Logis des Chevaux Legers d'Orleans.

705. M. de *Chevillart*, Capitaine au égiment de Pery, Inf.

Tome II. V

93. M. le Marquis de *Chevilly*, Lieutenant Général des Armées du Roy, Lieutenant de Roy d'Ypres. 2000. l.

705. M. de *Cheviré*, Lieutenant Colonel du Premier Régiment de Languedoc, Dr.

705. M. de la *Cheze*, Capitaine au Régiment Roïal Etranger, Ca.

709. M. de la *Chiége*, Capitaine au Régiment Roïal des Carabiniers de la Brigade de Cloys.

705. M. *Choin*, ci-devant Major du Régiment de Mortemart, Inf.

705. M. le Marquis de *Choiseüil-Beaupré*, Maréchal de Camp, Bailly de Vitry.

705. M. le Comte de *Choiseüil Beaupré* Gouverneur de S. Domingue, Capitaine de Vaisseau.

710. M. le Comte de *Choiseüil*, Brigadier d'Armée, Mestre de Camp Ca.

704. M. de *Choisy*, Lieutenant Colon réformé.

710. M. *Chollier*, Aide-Major de l'Armée d'Allemagne.

709. M. *Chovignac*, Capitaine de Grenadiers du Régiment de Perigord Inf.

705. M. de *S. Cierge* Capitaine

ORDRE DE S. LOUIS.

Régiment de Tourotte Ca.

703. M. de *Cilly*, Lieutenant Général des Armées du Roy, Lieutenant Général de la Marche.

710. M. de *Cilly*, Lieutenant Colonel du Régiment Colonel Général des Dr.

705. M. de *S. Cirez*, Commandant le second Bataillon du Régiment de Charroft, Inf.

703. M. de *S. Cyr*, Capitaine au Régiment de Grammont, Ca.

703. M. de *S. Clair*, Capitaine de Vaiffeau.

709. M. *Clavel*, Lieutenant au Régiment Colonel Général des Dragons de France.

704. M. de *Clavelles*, ci-devant Capitaine des Grenadiers du Régiment du Roy, Inf.

705. M. de *Claverie*, Major du Régiment de Médoc, Inf.

707. M. de *Clavigny*, ci-devant Exemt des Gardes du Corps.

707. M. de *Claufirs*, Capitaine des Grenadiers au Régiment de Normandie, Inf.

700. M. de *Clayes*, ci-devant Meftre de Camp au Régiment des Carabiniers.

704. M. de *Claye*, Commandant à l'Ifle d'Aix proche la Rochelle.

V ij

710. M. de *S. Clement*, *d'Exca*, Capitaine au Régiment de Canferan, Ca.

700. M. de *Clérac la Mamie*, Brigadier d'Armée, Lieutenant de Roy de Saint Omer.

709. M. de *Clerac*, Major du Régiment de Montviel, Inf.

709. M. de *Clérac*, Capitaine au Régiment de Razilly, Inf.

705. M. le *Clerc*, Ingénieur.

707. M. de *Clergeolt*, Aide-Major de l'Isle d'Aix.

705. M. de *Clermont de Geiſſans*, Capitaine de Galére.

94. M. de *Cléry*, Capitaine au Régiment de Dalzau, Ca.

703. M. de *Cléry Poiſſy*, Commiſſaire Provincial d'Artillerie.

706. M. de *Cléry*, Lieutenant d'Artillerie.

707. M. de *Cleyne*, Capitaine au Régiment d'Eſpinay, Dr.

711. M. de *Clinchamp*, Capitaine au Régiment Roïal Artillerie.

700. M. le Comte de *Cliſſon*, Capitaine au Régiment des Gardes.   1000.

710. M. du *Cliſſon*, Aide-Major de Dunkerque.

703. M. de *Clodoré*, Major Général d'Infanterie, Brigadier d'Armée, Gou

ORDRE DE S. LOUIS. 451

verneur du Fort S. André en Languedoc.

705. M. du *Clos*, Exempt des Gardes du Corps.

709. M. du *Co*, Major du Régiment de la Fere, Inf.

709. M. du *Clos*, ci-devant Capitaine au Régiment de Lambesc, Ca.

710. M. du *Clos*, Brigadier des Chevaux Légers de la Garde du Roy.

711. M. du *Cluseau*, Capitaine des Grenadiers du Régiment d'Agenois, Inf.

703. M. le Marquis de *Coadelet*, Capitaine au Régiment des Gardes.

703. M. de *Coeffal*, Lieutenant au Régiment des Gardes.

703. M. le Marquis de *Coétenfao*, Soû-Lieutenant des Chevaux-Légers de la Garde du Roy, Lieutenant Général des Armées du Roy.

705. M. le Comte de *Coétenfao*, Aide-Major de la Gendarmerie, Brigadier d'Armée.

94. M. le Marquis de *Coetlogon*, Lieutenant Général des Armées Navales. Co. 3000. l.

709. M. le Marquis de *Coetquen*, Maréchal de Camp.

94. M. de *Cœurly*, ci-devant Enseigne de la seconde Compagnie des Mousquetaires.

V iij

703. M. de *Cœurs*, Lieutenant Colonel du Régiment de Ponthieu, Inf.

99. M. de *Cogolin*, Capitaine de Vaisseau.

705. M. de *Colabro*, Capitaine au Régiment de Monroux, Inf.

709. M. de *Colandre*, Brigadier d'Armée, Colonel du Régiment Roïal des Vaisseaux, Inf.

708. M. *Colas*, Maréchal des Logis des Gendarmes de Berry.

94. M. *Colbert de S. Mar*, Capitaine de Vaisseau.

711. M. de *Coldassau*, Capitaine au Régiment Roïal Roussillon, Inf.

703. M. de *Colembert*, Lieutenant de Roy du Boulonois.

710. M. de *Colibert*, Lieutenant au Régiment de Caylus, Dr.

710. M. de la *Colinière*, Chevau-Léger de la Garde du Roy.

705. M. *Collart*, Lieutenant réformé de Dr.

710. M. *Collart*, Lieutenant Colonel réformé de Dr.

705. M. *Collet*, Major de la Martinique, Enseigne de Vaisseau.

703. M. des *Collins*, Commandant du Vieux-Château de Bayonne.

710. M. *Colombet*, Lieutenant Colonel

ORDRE DE S. LOUIS.

u Régiment de Beringhen, Ca.

709. M. Coluet, Capitaine au Régiment de Tourville, Inf.

709. M. Coluet, Major du Régiment de Blaisois, Inf.

93. M. de la Combe, ci-devant Capitaine au Régiment de la Marine, Inf.
800. l.

703. M. de la Combe, Major du Régiment de du Beüil, Inf.

703. M. de la Combe, ci-devant Capitaine des Grenadiers du Régiment d'Artois, Inf.

94. M. de Combes, ci-devant Cornette de la seconde Compagnie des Mousquetaires.

94. M. de Combes, Ingénieur.

700. M. de la Combes, Ingénieur, Brigadier d'Armée.

705. M. de Combes, Commissaire Général de l'Artillerie de la Marine.

703. M. de Comia, Lieutenant de Roy de Montloüis.

708. M. Comping de la Tourgirard, Capitaine au Régiment d'Artois, Inf.

710. M. Conches, Mestre de Camp réformé à la suite du Régiment de Bretagne, Dr.

704. M. de la Concy du Fort. Major réformé à la suite du Régiment Roïal Dr.

V iiij

710. M. de la *Condamine*, Capitaine au Régiment de Beaufremont, Dr.

710. M. de la *Condamine*, Capitaine au Régiment de Piémond, Inf.

707. M. de *Condé*, Capitaine au Régiment Roïal des Carabiniers de la Brigade de Verneüil.

705. M. de *Condé*, Capitaine au Régiment de Tallard, Inf.

705. M. de *Condé*, ci devant Capitaine des Grénadiers au Régiment Dauphin, Inf.

708. M. de *Condomie*, Maréchal des Logis, des Gendarmes de Bretagne.

700. M. de la *Conelaye*, Maréchal de Camp, Gouverneur de Belle-Isle.

703. M. de *Conflans*, Lieutenant Général des Armées du Roy.

705. M. le Marquis de *Congny*, Colonel Général des Dragons de France, Gouverneur de la Ville & Château de Caën, Lieutenant Général des Armées du Roy.

705. M. *Conquerant*, ci-devant Commandant le second Bataillon du Régiment de Xaintonge, Inf.

705. M. de *Conros*, Capitaine au Régiment d'Anjou, Inf.

705. M. du *Conseil*, Exemt des Gardes Flamans du Roy Catholique.

704. M. le Marquis de *Contade*, Ma-

ORDRE DE S. LOUIS.

Br du Régiment des Gardes Françoises, Brigadier d'Armée.

708. M. du *Contant*, Capitaine des Grénadiers du Régiment du Mayne, Inf.

93. M de la *Contardiére*, Commandant à Entrevaux.   1000. l.

705. M. le *Conte*, Capitaine au Régiment de Beaufremont, Ca.

711. M. de la *Conty*, Capitaine au Régiment de Poitou, Inf.

704. M. *Coock*, Brigadier d'Armée.

708. M. *Coquet*, Capitaine au Régiment de S. Aignan, Ca.

709. M. *Coraille*, Capitaine au Régiment de la Reine, Dr.

709. M. de la *Corcelle-Percy*, Commandant au Fort du Rhin de Strasbourg.

709. M. de *Corgy*, Capitaine au Régiment du Mayne, Inf.

710. M. de *Cormier*, Capitaine au Régiment Roïal Piémont, Ca.

705. M. de *Cormis*, ci-devant Major du Régiment de Bretagne, Inf.

710. M. de *Cornibotte*, Capitaine au Régiment des Cravattes, Ca.

709. M. le *Cornier*, ci-devant Capitaine au Régiment de Soolre, Inf.

710. M. de *Cornier*, Capitaine au Régiment de Soolre, Inf.

L'ETAT DE LA FRANCE.

710. M. de *Cornier*, Capitaine & Aide-Major du Régiment de Charrosts, Inf.

711. M. de *Cornoailles*, Capitaine des Grénadiers du Régiment d'Artois, Inf.

704. M. de *S. Cosme*, Maréchal des Logis des Gendarmes Anglois.

709. M. de *Costabadie*, Lieutenant Colonel du Régiment de Charollois, Inf.

703. M. de la *Coste-Pompadour*, Colonel réformé d'Inf.

705. M. de la *Coste du Plantier*, Mestre de Camp de Ca.

705. M. de la *Coste*, ci-devant Capitaine des Grenadiers au Régiment Doppeville, Inf.

710. M. de la *Coste*, Capitaine au Régiment de Provence, Inf.

711. M. de la *Coste*, Major du Régiment de Bonnetot, Inf.

711. M. de la *Coste*, Aide-Major à Besançon.

702. M. de la *Coste*, Commandant le second Bataillon du Régiment de Sancerre, Inf.

703. M. de la *Coture*, ci-devant Capitaine des Grenadiers du Régiment de Languedoc, Inf.

702. M. *Cotton*, Commandant des Gardes de l'Etendart des Galéres, Lieu-

ORDRE DE S. LOUIS. 467
enant de Roy de S. Tropez.

705. M. Coudar, Capitaine au Régiment de Villequier, Ca.

708. M. de Coudert-Pierrefort, Brigadier des Gardes du Corps.

707. M. du Coudray-Génier, Capitaine de Vaisseau.

707. M. du Coudray, Capitaine de Vaisseau.

707. M. de Coudreau, Lieutenant d'Artil.

703. M. de Coulange, ci-devant Capitaine des Grénadiers du Régiment de Vexin, Inf.

705. M. de Coulanges, Aide-Major de la Citadelle de l'Isle de Ré.

705. M. Coulet, Capitaine des Grénadiers du Régiment de Chartres, Inf.

703. M. de Covorde, Capitaine au Régiment Roïal Roussillon, Inf.

709. M. de Covorde, Capitaine des Grénadiers du Régiment de Berry, Inf.

710. M. de la Coupette Poinsegut, Capitaine au Régiment de Livry, Ca.

703. M. de la Cour, Ingénieur, Maréchal de Camp.

706. M. de Courbon S. Léger, Capitaine de Vaisseau.

705. M. de Courcelles, Capitaine de Bombardiers.

705. M. de Corelles, Capitaine des Grénadiers du Régiment Roïal des Vaisseaux, Inf.

V vj

709. M. de *Courcelles*, Capitaine au Régiment Roïal Artillerie.

705. M. de *Courdier*, Lieutenant Colonel du Régiment de l'Isle de France, Inf.

708. M. de la *Couriere*, Capitaine au second Bataillon du Régiment de Soissonnois, Inf.

706. M. de la *Cour Maréchaux*, ci-devant Major du Château de Joux & de Pontcarlier.

711. M. de la *Courneuve*, Capitaine au Régiment du Mayne, Inf.

707. M. le Comte de *Courfe de Laur*, Capitaine de Vaisseau.

707. M. de *Courserac*, Lieutenant de Vaisseau.

710. M. de *Courserac*, Capitaine au Régiment de la Reine, Inf.

705. M. de *Court*, Lieutenant de Roy d'Avenes.

70.... M. de *Court de Bruyère*, Capitaine de Vaisseau.

703. M. de *Courtade*, Commandant au Fort de Binch.

703. M. de *Courtade*, Brigadier d'Armée, Lieutenant Colonel du Régiment de Melun, Ca.

705. M. de *Courtais*, Lieutenant Colonel du Régiment de Chartres, Ca

705. M. de *Court-Bruyères*, Capitaine de Vaisseau.

705. M. de *Courteilles*, Capitaine réformé au Régiment de Villeroy, Ca.

709. M. de *Courtemanche-Bressac*, Brigadier des Gardes du Corps.

705. M. de *Courten*, Capitaine au Régiment de Courten Suisse.

710. M. de *Courville*, Capitaine au Régiment de Mortemart, Inf.

709. M. de *Cousrivault*, Capitaine-Lieutenant de la Compagnie, Mestre de Camp du Régiment d'Aubeterre, Ca.

706. M. de *Coussan*, Lieutenant Colonel du Régiment de Bellabre, Dr.

709. M. de *Coussy*, Lieutenant Colonel du Régiment de Touraine, Inf.

705. M. de *Crény*, Capitaine au Régiment de Navarre, Inf. Commandant au Castelet.

710. M. de *Créquy*, Major du Régiment de Berry, Ca.

700. M. de *Cresnay*, Maréchal des Logis de la première Compagnie des Mousquetaires. 800. l

709. M. de *Cressent*, Lieutenant au Régiment Roïal des Carabiniers de la Brigade de Pugeol.

705. M. de *Cressy*, Ingénieur.

708. M. le Marquis de *Cressy*, Soû-

Lieutenant des Gendarmes d'Anjou.

705. M. du *Crest de Chigy*, Lieutenan de Vaisseau.

704. M. de *Crevecœur*, Capitaine des Grenadiers du Régiment du Roy, Inf.

704. M. de *Crevecœur*, ci-devant Capitaine des Grenadiers du Régiment de Soolre, Inf.

705. M. de *Crevecœur*, ci-devant Capitaine des Grenadiers du Régiment de Bearn, Inf.

707. M. de *Crézolle*, Exemt des Gardes du Corps.

707. M. de *S. Cricq Daspis*, Enseigne de Vaisseau.

98. M. *Crisasy*, *de Grimaldy*, Gouverneur des trois Riviéres.

710. M. de *Croiset*, Capitaine au Régiment Mestre de Camp Général de la Ca.

705. M. de *Croissy*, Lieutenant Général des Armées du Roy.

97. M. de la *Croix*, Brigadier d'Armée.

705. M. de la *Croix*, Capitaine au Régiment de Simiane, Ca.

709. M. de la *Croix*, Commandant le second Bataillon du Régiment d'Aunis, Inf.

710. M. de la *Croix*, Capitaine Ai-

ORDRE DE S. LOUIS.   471

e-Major du Régiment de Gévres, Ca.

700. M. de *S. Croix*, ci-devant Capitaine au Régiment de Provence, Inf.

704. M. de *S. Croix*, Capitaine au Régiment de Nugent, Ca.

706. M. de *Cros*, Maréchal des Logis es Grenadiers à Cheval du Roy.

709. M. le Comte de *Crouy*, Maréchal de Camp.

707. M. de *Crouzillac*, Exemt des Gares du Corps.

705. M. de *Croze*, Lieutenant Colonel u Régiment de Rennepont, Ca.

94. M. du *Cruzel*, Maréchal des Lois de la première Compagnie des Mousquetaires.   1000. l.

705. M. du *Cruzel*, Lieutenant Colonel du Régiment de Leuville, Inf.

705. M. du *Cruzel*, ci-devant Capitaine des Grenadiers au Régiment de Carn, Inf.

709. M. de *Cugnac*, ci-devant Major u Régiment de Poyanne, Inf.

705. M. de *Cuigy S. Gobert* Major du Régiment de Xaintonge, Inf.

94. M. de *Curdechêne*, Lieutenant Colonel du Régiment de Normandie, Inf.

710. M. de *Curgy*, Capitaine des Grenadiers du Régiment de Beauce, Inf.

710. M. de *Curmont*, Maréchal des

Logis des Gendarmes d'Anjou.

705. M. de Cur'y, Lieutenant Colonel du Régiment de la Ferronnaye, Ca.

709. M. de Cuſſol, ci-devant Major du Régiment de Luxembourg, Inf.

704. M. de Curty, Lieutenant Colonel du Régiment de Provence, Inf. Brigadier d'Armée.

705. M. de Cuſtine, Capitaine au Régiment de du Beüil, Inf.

700. M. de Cuvilly, ci-devant Colonel du Régiment Roïal Etranger, Ca.

705. M. le Baron de Cuy, Lieutenant de Vaiſſeau.

D

706. M. Dabin, Lieutenant Commandant la Compagnie des Mineurs de Meſgrigny.

705. M. Daccon, Major du Régiment de Flaiche, Ca.

94. M. Dachy, ci devant Meſtre de Camp des Carabiniers.

710. M. Dadoncourt, Major du Régiment de Normandie, Inf.

709. M. Daffis, Major du Régiment de Roüergues, Inf.

703. M. Daffry, Gouverneur de Neufchatel, Conſeiller d'Etat de la Ville & Canton de Fribourg.

ORDRE DE S. LOUIS.

711. M. *Dagart*, Capitaine des Grenadiers du Régiment de Bigorre, Inf.

704. M. *Dageville*, ci devant Lieutenant du Régiment Roïal des Carabiniers.

709. M. *Dagincourt*, Commiſſaire Proincial d'Artillerie.

703. M. *Daidie*, ci-devant Capitaine u Régiment de la Saare, Inf.

711. M. *Daiglun*, tenant rang de Lieutenant Colonel au Régiment de Nice, nf.

704. M. *Dailly*, Lieutenant Colonel u Régiment Roïal des Carabiniers de Brigade de Rouvray.

710. M. *Dailly*, Capitaine au Régiment du Roy Inf.

93. M. de *Dais*, ci-devant Mouſquetaire du Roy. 800. l.

705. M. *Daiſſevelles*, ci-devant Capitaine des Grenadiers au Régiment de kaifois, Inf.

710. M. *Daizières*, Capitaine au Régiment de Villeroy, Ca.

710. M. *Daldiguier*, Major du Régiment de S. Chaumont, Dr.

711. M. *Dalancourt*, Porte-Etendart es Chevaux-Légers de la Garde du Roy.

705. M. *Dalibert*, Lieutenant au Régiment de Dragons du Roy.

707. M. *Dalion*, Capitaine au Régiment de Vexin, Inf.

705. M. *Dallard*, Lieutenant d'Artillerie.

710. M. *Dallemers*, Capitaine au Régiment du Roy, Inf.

705. M. le Marquis *Dalongny*, de la Groye, Commandant des Troupes en Canada, Lieutenant de Vaisseau.

710. M. *Da'ot*, Soû-Brigadier de la première Compagnie des Mousquetaires.

709. M. *Da'quier*, Commandant le second Bataillon du Régiment de Bearn, Inf.

709. M. *Dalsace*, Lieutenant Colonel du Régiment de Bigore, Inf.

70... M. le Comte de *Damas*, Brigadier d'Armée.

709. M. *Damblart*, Commandant le second Bataillon du Régiment de Bearn, Inf.

710. M. *Damelicourt*, Capitaine au Régiment Roïal Comtois.

709. M. *Damiens*, Major du Régiment de Soolre, Inf.

709. M. *Dandingan*, ci-devant Capitaine des Grenadiers, du Régiment de Charrost, Inf.

703. M. *Damoiseau*, Ingénieur.

93. M. *Damorésan*, ci-devant Lieute-

ant au Régiment des Gardes. 1500. l.

705. M. *Dandiran*, ci-devant Capiaine des Grenadiers au Régiment de
amas, Inf.

709. M. *Dandreſt*, Soû-Brigadier des
ardes du Corps.

709. M. *Dangerville*, Lieutenant Coonel du Régiment de Soiſſonnois, Inf.

700. M. *Dangoſſe*, Capitaine détaché
ans le Régiment de Piémont, Inf.

709. M. *Dangouſſure*, Major du Ré-
iment de Razilly, Inf.

709. M. *Daniel*, ci-devant Capitai-
e des Grenadiers au Régiment de Cham-
agne, Inf.

703. M. *Danier*, Lieutenant de Roy
e Condé.

709. M. *Danjony de Foix*, Exemt des
ardes du Corps.

704. M. *Dannezay*, Lieutenant Coonel du Régiment de S. Poüenges, Ca.

707. M. *Danois*, Capitaine au Régiment du Roy Inf.

706. M. *Danuſſanty*, ci-devant Lieutenant d'Artillerie.

709. M. *Dantremaux*, Lieutenant Colonel du Régiment de Bonnetot, Inf.

705. M. *Danzel*, Capitaine au Régiment de Lorraine, Inf.

705. M. *Dapcher*, ci-devant Capitai-

rie au Régiment de Brie, Inf.

711. M. *Dapchin*, Capitaine au Régiment de Soolre, Inf.

705. M. *Daquet*, ci-devant Maréchal des Logis des Chevaux-Légers de la Garde du Roy.

93. M. *Darbon*, Commandant dans la Citadelle de Verdun.   Co. 3000 l.

705. M. *Darbonne*, Capitaine au Régiment de Pardaillan, Ca.

710. M. *Darbora*, Maréchal des Logis des Gendarmes de Bretagne.

710. M. *Darbricourt*, Capitaine au Régiment de Lautreck, Dr.

707. M. *Darconville*, ci-devant Capitaine des Grenadiers du Régiment d Perigort, Inf.

709. M. *Darcouffe*, Capitaine au Régiment de la Fond la Ferté, In.

705. M. *Darcuffias Desparon*, Capitaine de Frégate.

94. M. *Darcy*, ci-devant Gouverneur d'Ebrebourg.

700. M. *Darcy*, ci-devant Capitai des Grenadiers au Régiment de du Beüil Inf.

703. M. *Darcy*, ci-devant Capitain au Régiment Roïal des Vaiffeaux, Inf.

705. M. *Daremberg*, Lieutenant Colonel du Régiment Roïal Allemand, Ca

709. M. *Dargenson*, Colonel réformé au Régiment de Leuvilles, Inf.

709. M. *Dargillemont*, Lieutenant Coonel du Régiment de Barrois, Inf.

705. M. *Dargoust*, ci-devant Lieutenant Colonel du Régiment de Vauge Inf.

703. M. *Darifat*, Brigadier d'Armée, nseigne de la premiére Compagnie des Mousquetaires. 1500. l.

705. M. *Darimont*, Maréchal des Lois des Chevaux-Légers Dauphins.

704. M. *Darmand*, ci-devant Lieutenant Colonel du Régiment Roïal, Dr.

705. M. *Darmand*, ci-devant Aide-Major de Furnes.

710. M. *Darmnd*, Lieutenant Colonel du Régiment de Monteils, Ca.

710. M. *Darmand*, Capitaine des renadiers du Régiment de Beauce, Inf.

708. M. *Darmanville*, Brigadier des Gardes du Corps.

705. M. *Darminville*, Lieutenant au Régiment de S. Priez, Dr.

706. M. *Darnau*, Brigadier des Gardes du Corps.

703. M. *Darquez*, Lieutenant de Roy de Marsal.

705. M. le Comte *Darquian*, Capitaine de Vaisseau.

710. M. *Darran*, Lieutenant au Ré-

giment de Montrevel, Ca.

705. M. *Darros*, Commandant le second Bataillon du Régiment de Barrois, Inf.

710. M. *Dartaut*, Capitaine au Régiment de Villeroy, Ca.

706. M. *Dartigalon*, Capitaine au Régiment du Roy, Inf.

711. M. *Dartigues*, Capitaine au Régiment Roïal Artillerie.

705. M. *Dartigny*, ci-devant Capitaine des Grenadiers au Régiment de Damas, Inf.

705. M. *Dascy*, Lieutenant de Roy du Château de Saumur.

703. M. *Dassier des Brosses*, Capitaine au second Bataillon du Régimen Roïal Artillerie.

709. M. *Dassigny*, ci-devant Capitaine des Grenadiers du Régiment de Reine, Inf.

705. M. le Baron, *Dassy*, Capitain de Frégate.

710. M. *Dasté*, Ingénieur.

711. M. *Dasté*, Capitaine des Grenadiers du Régiment de Limosin, Inf.

703. M. *Dastier*, Lieutenant de Ro de la Rochelle.

705. M. *Dastier*, Major du Régimen de Toulouse, Inf.

ORDRE DE S. LOUIS. 479

708. M. *Daftier*, Commandant à Montauban.

708. M. *Daftron*, Commiffaire & Sindic Provincial des Commiffaires d'Artillerie.

705. M. *Daftuart*, Commandant le fecond Bataillon du Régiment de la Fere, Inf.

700. M. *Davaray*, Lieutenant Général des Armées du Roy.

709. M. le Marquis *Davaugourt*, Soû-Lieutenant des Gendarmes Dauphins

710. M. *Daubigny-Glinchamp*, Major du Régiment de Rohan, Dr.

708. M. *Daucourt*, Capitaine au Régiment de la Reine, Dr.

705. M. *Davenay*, ci-devant Major du Régiment Roïal Etranger Ca.

703. M. *Daugicourt*, Capitaine au Régiment Roïal de Dr.

703. M. *Dauger*, Major Général de la Gendarmerie, Brigadier d'Armée.

706. M. *Daugny*, Capitaine au Régiment d'Alface, Inf.

709. M. *Davignière*, Moufquetaire du Roy.

705. M. *Daulnay*, ci-devant Commandant l'Artillerie de Malines.

705. M. *Daultanne*, Brigadier d'Armée, Meftre de Camp de Ca.

708. M. *Daumont*, Ingénieur.

709. M. *Daumont*, Soû-Brigadier de la

première Compagnie des Mousquetaires.

710. M. le Comte *Daunay*, Colone d'Inf.

710. M. *Daunery Gamache*, Major Régiment de la Reine, Ca.

705. M. *Daunouhe*, Maréchal des Logis des Gendarmes Anglois.

705. M. *Davogadre*, Capitaine réformé au Régiment de Villiers, Ca.

705. M. *Dauphin*, ci-devant Capitaine des Grenadiers au Régiment d Gensac, Inf.

703. M. *Dauroux*, ci-devant Lieutenant Colonel du Régiment de Blaisois n f.

709. M. *Dautecourt*, Capitaine au Régiment Roïal des Carabiniers de la Brigade de Cloys.

710. M. *Dautiniac*, Major du Régiment de Cayeu, Ca.

710. M. *Dauvel*, Lieutenant Colonel d Régiment de Clermont, Dr.

703. M. *Dauze*, Capitaine des Grenadiers du Régiment d'Artois, Inf.

710. M. *Dauzelle*, ci-devant Garde d Corps.

705. M. *Daymar*, ci-devant Capitain des Grénadiers du Régiment de Perigort, Inf.

705. M. *Dayron*, ci-devant Lieute

ORDRE DE S. LOUIS.

nant Colonel du Régiment de l'Isle de France, Inf.

95. M. *Decamp*, Capitaine au Régiment de Lautrec, Dr.

704. M. *Dechay*, ci-devant Capitaine au Régiment Roïal des Carabiniers.

700. M. du *Deffand de Becy*, ci-devant Lieutenant Colonel de Ca.

710. M. du *Deffand*, ci-devant Lieutenant Colonel du Régiment d'Orléans Ca.

710. M. *Delphiny*, Major du Régiment de Dampierre, Inf.

711. M. *Demeure de Vernay*, Capitaine au Régiment d'Auvergne, nf.

705. M. *Demoulins*, Capitaine au Régiment des Cuirassiers.

703. M. *Demus*, Ingénieur, Brigadier d'Armée.

705. M. de *S. Denys*, Capitaine au Régiment Roïal Comtois, Inf.

703. M. *Denise*, Lieutenant de Roy de la Ville de Verdun.

711. M. *Denisit*, Capitaine au Régiment de Lyonnois, Inf.

703. M. *Denonville*, Ingénieur.

703. M. *Deppeville*, ci-devant Capitaine des Grenadiers du Régiment de la Reine, Inf.

705. M. *Dequet*, Ingénieur.

705. M. *Derep*, ci-devant Capitaine

Tom. II.   X

des Grenadiers au Régiment d'Auvergne, Inf.

707. M. *Derville*, Brigadier de la première Compagnie des Mousquetaires.

710. M. *Defalleurs*, Capitaine au Régiment des Gardes.

701. M. *Defadrets*, Capitaine de Vaisseau.

705. M. *Defalis*, Capitaine au Régiment de Navarre, Inf.

710. M. *Defandrieux*, Major du Régiment d'Aubusson, Ca.

711. M. *Defendrieux*, Capitaine des Grenadiers du Régiment de Bonnetot, Inf.

709. M. *Defarmans*, Major du Régiment de Quercy, Inf.

704. M. *Defaunais*, ci-devant Capitaine au Régiment Roïal des Carabiniers.

709. M. *Defaunoy*, ci-devant Aide-Major de la Citadelle de S. Martin de Ré.

709. M. *Defaunoy*, Lieutenant Colonel du Régiment de Fontaines, Ca.

708. M. *Desbergeries*, Ingénieur.

705. M. *Desbordes*, Capitaine au Régiment d'Heudicourt, Ca.

705. M. *Deschamps*, Aide-Major de Saarloüis.

ORDRE DE S. LOUIS.

711. M. *Deschanières*, Brigadier des Gendarmes du Roy.

709. M. *Deschaux*, Commandant le second Bataillon du Régiment de Flandres, Inf.

705. M. *Deschesneaux*, ci-devant Major du Régiment de Bourbon, Inf.

706. M. *Deschilais*, Capitaine de Frégate.

709. M. *Desclusselles*, Capitaine réformé à la suite du Régiment des Cuirassiers du Roy.

703. M. *Descoux*, Capitaine de Vaisseau.   800. l.

705. M. *Descorailles*, Maréchal de Camp, Mestre de Camp du Régiment d'Anjou, Ca.

704. M. *Descoffares*, ci-devant Maréchal des Logis des Chevaux Légers de la Reine.

705. M. *Descrilles*, ci-devant Capitaine des Grenadiers du Régiment Roïal Comtois, Inf.

705. M. *Desdilliers*, Capitaine au Régiment d'Artois, Inf.

710. M. du *Desert*, ci devant Capitaine des Portes de Tournay.

709. M. *Desfilieux*, Major du Régiment de Bourgogne, Inf.

94. M. *Desfrancs*, Chef d'Escadre des Armées Navales.

705. M. *Desfesnes*, Capitaine au Régiment de Verac, Dr.

705. M. *Désgots*, Capitaine de Vaisseau.

705. M. *DesHayes*, Major du Régiment de Leflanles, Inf.

710. M. *Deshigueriéres*, Major du Régiment de Foix, Inf.

705. M. *Defilleaux*, Capitaine au Régiment de Clermont, Ca.

709. M. *Desmarettes*, Gendarme de la Garde du Roy.

70. M. *Desmarques*, Lieutenant de Vaisseau.

705. M. *Desmars*, ci-devant Capitaine des Grénadiers du second Bataillon du Régiment de Périgord, Inf.

705. M. *Desmuserais*, Capitaine au Régiment de Damas, Inf.

707. M. *Desnasy*, Commissaire Provincial d'Artillerie.

711. M. *Desmontieux*, Capitaine des Grénadiers du Régiment de Vivarais, Inf.

709. M. *Desondes*, Capitaine au Régiment de Tourville, Inf.

711. M. *Desorangeries*, Capitaine au Régiment d'Agenois, Inf.

709. M. *Desorbs*, Lieutenant Colonel du Régiment de Vexin, Inf.

94. H. Desnos-Champmeslin, Capitaine de Vaisseau.

703. M. Desnoües Beaumont, ci-devant Lieutenant de Vaisseau.

705. M. le Marquis Despennes, Lieutenant de Galéres.

703. M. Desperous, ci-devant Major du Régiment de Charrosts, Inf.

710. M. Despinay, Colonel du Régiment de Charollois, Inf.

705. M. Despiny, ci-devant Major du Régiment de Rosiéres, Inf.

705. M. Despiaces, Lieutenant Colonel du Régiment de la Reine, Inf.

705. M. Desplassons, Capitaine au Régiment des Dragons Dauphins.

704. M. Desples, Capitaine au Régiment de Vermandois, Inf.

711. Desponceaux, Capitaine au Régiment de Champagne, Inf.

704. M. Desponty, Capitaine au Régiment des Gardes, Brigadier d'Armée.

710. M. Desprez de Grandmaison, Capitaine au Régiment de Lyonne, Inf.

703. M. Desquilles, Lieutenant de Vaisseau.

706. M. Desradrais, Lieutenant de la Compagnie, Mestre de Camp du Régiment d'Orleans, Ca.

705. M. Destombes, ci-devant Major

du Régiment du Roy.

709. M. *Destival*, ci-devant Capitaine des Grenadiers au Régiment Roïal Inf.

707. M. *Destoüilly*, ci-devant Capitaine des Grenadiers du Régiment de Champagne, Inf.

705. M. *Destreval*, ci-devant Lieutenant Colonel du Régiment de Marteville, Ca.

700. M. *Desvard*, ci-devant Lieutenant Colonel du Régiment d'Alsace, Inf.

705. M. *Desventes*, Ingénieur.

705. M. *Desvergnes*, Capitaine au premier Bataillon du Régiment de Nivernois, Inf.

711. M. *Détrée*, Capitaine au Régiment Roïal Artillerie.

703. M. *Devaries*, ci-devant Commandant à Givet.

94. M. de la *Devêze*, Capitaine au Régiment Roïal, Inf.

703. M. de la *Devêze*, Lieutenant Colonel du Régiment Roïal Artillerie, Brigadier d'Armée.

705. M. de la *Devêze*, ci-devant Lieutenant Colonel du Régiment de Daftour, Inf.

709. M. *Deurre*, Capitaine au Ré-

giment du Maine, Inf.

706. M. *Deuxfontaines*, Lieutenant au Régiment de Livry, Ca.

705. M. *Dyzier*, Major du Régiment Dauphin, Ca.

70). M. *Dhangbirn*, Major du Régiment d'Orington, Inf.

705. M. *Diauville*, ci-devant Capitaine au Régiment de Leuville, Inf.

94. M. *Didier*, Major de Clermont.

709. M. de *S. Didier*, Capitaine au Régiment de le Coigneux, Dr.

700. M. *Digulville*, Inspecteur des Troupes qui sont en Normandie, Brigadier d'Armée. 2900. l.

705. M. *Diguet*, Ingénieur.

709. M. *Diverny*, Brigadier d'Armée.

709. M. *Doblet*, Capitaine au Régiment de Razilly, Inf.

710. M. *Doblet*, Capitaine Lieutenant de la Mestre de Camp, du Régiment Roïal des Carabiniers de la Brigade de Rozel, Ca.

703. M. *Doctville*, Capitaine au Régiment de Nivernois, Inf.

709. M *Doizac*, Soû-Brigadier de la seconde Compagnie des Mousquetaires.

700. M. *Dolet*, Gouverneur de Montloüis, Maréchal de Camp.

709. M. *Dombal*, Lieutenant Colonel

X iiij

du Régiment de Cottentin, Inf.

709. M. *Dompa*, ci-devant Capitaine des Grénadiers du Régiment de Médoc, Inf.

94. M. de *Doncourt*, Lieutenant au Régiment de Toulouze, Ca.

705. M. *Doncel*, Lieutenant Colonel réformé au Régiment Roïal Allemand, Ca.

704. M. *Dorbiſſan*, Major du Régiment du Roy, Inf. Brigadier d'Armée.

707. M. *Dorgnon Tirras*, Capitaine de Frégate.

705. M. *Dormoy*, Exemt des Gardes Flamans du Roy Catholique.

707. M. *Dornaiſon*, Capitaine des Grénadiers du Régiment de Picardie, Inf.

704. M. *Doro*, ci devant Soû-Brigadier de la premiére Compagnie des Mouſquetaires.

710. M. *Dortaiſe*, Capitaine au Régiment de Gêvres, Ca.

709. M. *Dortan*, Commandant le second Bataillon du Régiment du Maine, Inf.

703. M. *Dorthu*, Capitaine réformé dans le Régiment d'Orleans, Inf.

709. M. *Doüarné*, Capitaine au Régiment de Guienne, Inf.

ORDRE DE S. LOUIS.

711. M. *Doublon*, Capitaine au Régiment de Nivernois, Inf.

703. M. *Doucet*, Maréchal des Logis de la seconde Compagnie des Mousquetaires.

705. M. *Doucet Destriphons*, Lieutenant au Régiment de Valgrand, Ca.

703. M. *Douxménil*, Capitaine au Régiment des Gardes.

710. M. du *Doyer*, Brigadier des Gendarmes de la Garde du Roy.

710. M. *Dozier*, Aide-Major du Régiment de du Beüil, Inf.

703. M. du *Dresnay*, Capitaine de Vaisseau.

707. M. le Marquis de *Dreux*, Grand Maître des Cérémonies de France, Lieutenant Général des Armées du Roy.

97. M. *Drouart*, Capitaine de Vaisseau. 1000. l.

705. M. *Drouillet*, ci-devant Capitaine des Grénadiers au Régiment de Normandie, Inf.

94. M. le Comte de *Druy*, Lieutenant Général des Armées du Roy.

710. M. *Dubec*, ci-devant Capitaine des Portes de la Citadelle de Tournay.

705. M. *Ducheron*, ci-devant Capitaine au Régiment de Vivarais, Inf.

705. M. *Duhamel*, ci-devant Capitaine

X v

au Régiment de Quercy, Inf.

705. M. *Duhamel*, Capitaine réformé au Régiment de Beaujeu, Ca.

709. M. *Duhoussel*, Commandant le second Bataillon du Régiment de Luxembourg, Inf.

710. M. *Dujart*, Major du Régiment de Clermont, Ca.

707. M. *Dumainet*, Ingénieur.

70;. M. *Dumas*, Maréchal des Logis de la première Compagnie des Mousquetaires.

709. M. *Dumenil, la Chaise*, Capitaine-Lieutenant de la Compagnie Colonelle du Régiment d'Angennes, Inf.

705. M. *Dumoulin*, ci-devant Major du Régiment de Toulouse, Ca.

711. M. *Duplex*, Capitaine au Régiment de Champagne, Inf.

709. M. *Duprat*, Capitaine au Régiment de Tourville, Inf.

704. M. *Dupré*, Lieutenant d'Artillerie.

93. M. *Dupuy-Vauban*, Lieutenant Général des Armées du Roy, Co. 3000.

704. M. *Dupuy*, ci-devant Capitaine des Grénadiers du Régiment de Bourbon, Inf.

705. M. *Durand Eustack*, Inspecteur

Général des Milices du haut Languedoc.

705. M. *Durand*, Capitaine Lieutenant de la Compagnie, Mestre de Camp du Régiment d'Heudicourt, Ca.

705. M. *Durand*, Capitaine au Régiment de du Fort, Inf.

707. M. *Durand*, Capitaine au Régiment Roïal des Carabiniers de la Brigade de Pugeol.

705. M. *Duraffo*, Lieutenant Colonel du Régiment de Soohre, Inf.

709. M. *Durban*, ci-devant Colonel d'Inf.

709. M. *Durbife*, Capitaine des Grenadiers du Régiment de Lyonnois, Inf.

703. M. *Durcet*, Maréchal des Logis de la Ca.

704. M. *Duret*, Lieutenant au Régiment des Gardes.

705. M. *Duret de Villiers*, ci-devant Mestre de Camp de Ca.

705. M. *Durre*, ci-devant Capitaine au Régiment du Roy, Inf.

707. M. *Durry*, Major du Régiment de Louville, Inf.

705. M. *Dufaulx*, Commandant le second Bataillon du Régiment d'Agénois, Inf.

705. M. *Duval*, Capitaine au Régiment d'Isenguien, Inf.

X vj

710. M. Duzier, Capitaine au Régiment de Lyonne, Inf.

E

94. M. d'Eck, ci-devant Commandant un Bataillon en Alsace.

707. M. Eller, Capitaine Suisse.

703. M. de S. Eloy, Lieutenant-Colonel du Régiment d'Oleron, Inf.

704. M. d'Eliz, Colonel réformé d'Inf.

703. M. de l'Epinay, ci-devant Major du Régiment de Toulouse, Inf.

703. M. de l'Epinay, Capitaine réformé au Régiment de Bessey, Ca.

710. M. d'Epinay, Mestre de Camp de Dr.

705. M. de l'Epineau de S. Mars, Capitaine & Aide-Major du Régiment Roïal Inf.

703. M. de l'Epine, ci-devant Lieutenant Colonel du Régiment du Roy, Ca.

706. M. d'Equincourt, Maréchal des Logis des Chevaux Légers de la Garde du Roy.

705. M. d'Erlach, Capitaine au Régiment des Gardes Suisses.

705. M. le Comte d'Erouville, Co-

ORDRE DE S. LOUIS. 493

onel du Régiment d'Hainault, Inf. Brigadier d'Armée.

94. M. de l'*Escossois*, Gouverneur de la Citadelle de Dunkerque, Brigadier d'Armée.

94. M. le Comte de l'*Espinasse*, Major du Régiment Meſtre de Camp Général de Dr.

94. M. le Comte d'*Espinac*, Brigadier d'Armée.

94. M. des *Essars*, Capitaine des Canoniers.

703. M. des *Essars*, Capitaine au Régiment Roïal des Carabiniers de la Brigade de Verneüil.

705. M. des *Essarts*, ci-devant Porte-Etendart des Gendarmes de la Garde du Roy.

705. M. d'*Estagniol*, Lieutenant Colonel réformé d'Inf.

700. M. d'*Estagnol*, Meſtre de Camp de Cav. Brigadier d'Armée.

700. M. le Comte d'*Estaing*, Capine Lieutenant des Gendarmes Dauphins, Lieutenant Général des Armées du Roy, Gouverneur de Châlons, Lieutenant de Roy du Païs Meſſin & du Verdunois.

705. M. de l'*Estang*, Lieutenant Colonel réformé d'Inf.

707. M. d'*Estempes*, ci-devant Capitaine au Régiment Roïal des Carabiniers de la Brigade de Verneüil.

705. M. de S. *Esteve*, Capitaine au Régiment Dauphin, Inf.

705. M. le Comte d'*Estrade*, Maréchal de Camp.

705. M. d'*Estrsses*, ci-devant Lieutenant Colonel du Régiment de Noailles, Inf.

700. M. d'*Esville Bachevilliers*, Lieutenant des Gardes du Corps, Lieutenant Général en Champagne, Lieutenant Général des Armées du Roy.

F

705. M. *Fabre*, Major du Fort de Beinch.

709. M. *Fabry de la Grange*, Major du Régiment de l'Isle de France, Inf.

703. M. de la *Facy*, ci devant Maréchal des Logis des Gendarmes de la Garde du Roy.

703. M. *Fages*, ci-devant Capitaine des Grenadiers du Régiment d'Auxerrois, Inf.

705. M. de la *Fage*, Exempt des Gardes du Corps.

709. M. de *Farcy*, Capitaine des Grenadiers du Régiment de Mortemart, Inf.

700. M. de la *Farre*, Lieutenant Colonel du Régiment de la Farre, Inf.

704. M. de la *Farge*, Major du Régiment Roïal des Carabiniers de la Brigade de Cloys.

ORDRE DE S. LOUIS. 495

710. M. de la *Farge*, Capitaine au Régiment de Joyeuse, Ca.

706. M. des *Farges*, ci-devant Maréchal des Logis des Gendarmes de la Garde du Roy.

705. M. de la *Fargue*, Major du Régiment d'Angoumois, Inf.

709. M. de la *Fargue*, Major du Régiment de Gensac, Inf.

704. M. de S. *Farjeux*, Major du Régiment de Bourgogne, Ca.

94. M. de *Faronville*, ci-devant Lieutenant Colonel du Régiment de Berry, Ca.   1500. l.

705. M. le Comte de la *Farre*, Colonel du second Régiment de Languedoc, Dr.

94. M. *Farvet*, du Régiment de Bessy, Ca.

703. M. de *Favancourt*, Maréchal des Logis de la premiere Compagnie des Mousquetaires.

703. M. *Favart*, Ingénieur, Brigadier d'Armée.

711. M. de la *Fauche*, Lieutenant au Régiment de Lautrec, Dr.

711. M. *Faucheux*, Brigadier des Gendarmes de la Garde du Roy.

705. M. de *Faucocourt*, Capitaine au Régiment de Cappy, Ca.

707. M. de *Eauterie*, Commissaire Provincial d'Artillerie.

703. M. de *Faverolles*, ci-devant Capitaine au Régiment de Bugey, Inf.

705. M. de *Faverolles*, ci-devant Lieutenant Colonel du Régiment d'Auxerrois, Inf.

705. M. de *Faugairard de Brugières*, Capitaine au Régiment d'Aubusson, Ca.

703. M. *Faure*, ci-devant Capitaine au Régiment de Gensac, Inf.

705. M. *Fautrier*, Capitaine au Régiment de Bearn, Inf.

705. M. *Fauvel*, Exempt des Gardes du Corps.

709. M. *Fauvel*, Maréchal des Logis des Chevaux-Légers de la Reine.

703. M. du *Faux*, ci-devant Lieutenant du Régiment de Montal, Ca.

703. M. du *Faux*, Lieutenant Colonel du Régiment de Clermont, Ca.

96 M. du *Fay*, ci-devant Capitaine au Régiment des Gardes. 1000. l.

706. M. de *Fay*, Ingénieur.

709. M. de la *Faye*, Capitaine au Régiment de Razilly, Inf.

709. M. de la *Faye la Boulaye*, Lieutenant Colonel du Régiment de Bugey, Inf.

711. M. de la *Faye*, Capitaine au

ORDRE DE S. LOUIS.

Régiment des Gardes.

709. M. de la *Fayolle*, Aide-Major à Brest.

705. M. de *Feconnière*, ci-devant Commandant à Blicastel.

709. M. de *Felbert*, Major du Régiment de Phiffer, Suisse.

709. M. de *Feneſtranges*, ci-devant Capitaine au Régiment du Roy, Inf.

704. M. *Fenis de Turondel*, Ingénieur.

94. M. *Fenoüil*, ci-devant Lieutenant Colonel du Régiment de Tourville, Inf.

709. M. *Fernex*, Commandant le second Bataillon du Régiment de Bretagne, Inf.

94. M. *Ferrand*, ci-devant Major Général en Rouſſillon.

93. M. *Ferrand de Coſſay*, Lieutenant Général d'Artillerie, la Commandant au département Général des Coſtes de l'Océan, Brigadier d'Armée.   1000. l.

700. M. *Ferrand*, Lieutenant-Colonel réformé de Dr.

705. M. le *Feron*, Lieutenant au Régiment des Gardes.

703. M. de la *Feronnaye*, ci-devant Lieutenant-Colonel du Régiment Commiſſaire Général de la Ca.

703. M. de la *Feronnaye*, ci-devant Mestre de Camp de Ca.

705. M. de la *Feronnaye de Petitbourg*, Mestre de Camp de Ca.

705. M. *Ferret*, Commandant les Houssarts, avec Commission de Mestre de Camp.

709. M. *Ferret*, ci-devant Maréchal des Logis des Gendarmes Flaman.

709. M. de la *Ferrière*, Commandant le second Bataillon du Régiment de Languedoc, Inf.

94. M. de la *Ferté*, du Régiment Roïal.

705. M. de *Ferville*, Capitaine de Vaisseau.

709. M. de *Fetis*, Commandant le second Bataillon du Régiment de Charrollois, Inf.

703. M. le Duc de la *Feüillade*, Lieutenant Général des Armées du Roy, Gouverneur de Dauphiné.

709. M. de *Feuillage*, ci-devant Lieutenant Colonel du Régiment de Bourbon, Inf.

703. M. de *Feüillans*, Lieutenant de Vaisseau.

95. M. le *Fevre*, Capitaine au Régiment Roïal Roussillon, Inf.

703. M. le *Fevre*, Capitaine au Ré

ORDRE DE S. LOUIS.

...iment d'Orléans, Inf.

701. M. le Fevre, Lieutenant-Colonel du Régiment du Maine, Ca.

703. M. le Fevre, Capitaine au Régiment d'Hugues, Inf.

709. M. le Fevre, Capitaine au Régiment de Beaufremont, Dr.

711. M. le Fevre, Ingénieur.

709. M. de Feydie, Brigadier des Gardes du Corps.

700. M. de Fez, Lieutenant de Roy de la Citadelle de Metz.

703. M. Ficher, ci devant Lieutenant au Régiment des Gardes Suisses.

703. M. le Marquis de Fiennes, Lieutenant Général des Armées du Roy.

705. M. de Fienne, Major du Régiment Roïal, Inf.

707. M. de Fiennes, Commandant un Bataillon du Régiment de Champagne, Inf.

703. M. de Fiers, Ingénieur.

711. M. de Fierville, Porte-Etendard des Chevaux-Légers de la Garde du Roy.

709. M. de Figeac, Capitaine au Régiment du Maine, Inf.

711. M. de Figeac, Major de la Citadelle de Strasbourg.

709. M. Filhol, Major du Régiment de Putange, Ca.

705. M. *Filley la Barre*, Ingénieur

709. M. de *Filsgerard*, Capitaine Régiment de Lée, Inf.

709. M. de *Filsgerard*, Capitaine Régiment d'Obrien, Inf.

711. M. de *Filsgerard*, Capitaine reformé au Régiment de Lée, Inf.

700. M. de *Filz*, ci-devant Capitaine au Régiment des Gardes Suisses.

703. M. de *Filz*, Maréchal des Logis des Gendarmes de la Garde du Roy.

707. M. de *Filz*, ci-devant Capitaine au Régiment Royal des Carabiniers de la Brigade de Rouvray.

703. M. le Comte de *Fimarcon*, Maréchal de Camp.

705. M. *Fiva*, Capitaine au Régiment de Brendlé, Inf.

707. M. de *Fiva*, Lieutenant au Régiment des Gardes.

711. M. *Fiva*, Capitaine au Régiment de Brendlé, Inf.

709. M. de *Flacourt*, Capitaine des Grenadiers du Régiment de Piémond, Inf.

703. M. de *Flaiche*, Mestre de Camp de Ca. Brigadier d'Armée.

94. M. le Marquis de *Flamanville*, Lieutenant Général des Armées du Roy.

709. M. de *Flamartinghe*, Colonel reformé d'Inf.

ORDRE DE ST LOUIS

71. M. du *Flaux*, Capitaine des Grenadiers du Régiment de Bourbonnois, Inf.

704. M. le Marquis de la *Flocelière*, Capitaine de Vaisseau.

709. M. de S. *Florent*, Lieutenant Colonel du Régiment de Germinon, Ca.

705. M. de *Foix*, Brigadier d'Armée, Colonel de Dr.

706. M. de *Follart*, Capitaine au Régiment de Quercy.

705. M. du *Fonceau*, Maréchal des Logis des Chevaux-Légers de la Garde du Roy.

703. M. de la *Fond*, Lieutenant réformé dans le Régiment de S. Priez, Dr.

703. M. de la *Fond*, ci-devant Maréchal des Logis des Gendarmes de la Garde du Roy.

709. M. de la *Fond de Richebourg*, ci-devant Capitaine au Régiment d'Yllon, Inf.

710. M. de la *Fond*, Lieutenant Colonel du Régiment de Condé, Ca.

710. M. de la *Fond la Plenoy*, Major du Régiment de Condé, Ca.

707. M. de *Fondelin*, Capitaine de frégate.

703. M. de *Fondoux*, ci-devant Major du Régiment d'Oleron Inf.

705. M. de *Fondreval*, Lieutenant Régiment de Gêvres, Ca.

703. M. de *Fongouffier*, ci-devant Lieutenant Colonel du Régiment de Sool Inf.

709. M. de *Fonieuse*, Capitaine au Régiment de Grandville, Dr.

700. M. de la *Fons*, ci-devant Capitaine au Régiment des Gardes.

700. M. de la *Fons*.

703. M. de *Fonfermois*, Ingénieur.

94. M. des *Fontaines*, Gendarme Roy.

705. M. des *Fontaines*, Meftre de Ca de Ca.

707. M. *Fontaine*, Commandant le second Bataillon du Régiment de Poito Inf.

709. M. *Fontaine*, Maréchal des Log des Chevaux-Légers de la Garde du Ro

711. M. *Fontaine*, Capitaine des Grenadiers du Régiment de Boulonnois Inf.

701. M. de *Fontanger*, ci-devant Lieutenant de Vaiffeau.

705. M. de *Fontarget*, ci-devant Capitaine au Régiment d'Orléans, Inf.

700. M. *Fontbeaufard*, Maréchal Camp.

704. M. de *Fontelaye*, ci-devant B

ORDRE DE S. LOUIS.

gadier de la première Compagnie des Mousquetaires.

703. M. de *Fontenaille*, Capitaine au Régiment des Bombardiers, Inf.

709. M. de *Fontenailles*, Capitaine au Régiment Roïal, Inf.

703. M. de *Fontenailles*, Lieutenant d'Artillerie.

703. M. de *Fontenay*, Maréchal des Logis des Chevaux-Légers de la Garde du Roy.

705. M. le Marquis de *Fontenay*, ci-devant Enseigne des Gendarmes Bourguignons.

705. M. de *Fontenay*, ci-devant Capitaine au Régiment de Bâssigny, Inf.

705. M. le Comte de *Fontenay*, Lieutenant de Vaisseau.

709. M. de *Fontenay*, Major du Régiment de Montrevel, Ca.

709. M. de *Fonteney*, Lieutenant Colonel du Régiment d'Epinay, Dr.

705. M. de *Fontenelle*, Capitaine au second Bataillon du Régiment de Ponthieu, Inf.

705. M. de *Fontenière*, Capitaine au Régiment d'Esclainvilliers, Ca.

705. M. de *Fonteny*, Maréchal des Logis des Gendarmes Flamans.

700. M. de *Fonterroc*, ci-devant Lieu-

tenant Colonel du Régiment d'Anjo Inf.

703. M. de *Fontienne*, Capitaine Régiment de S. Poüenge, Ca.

700. M. de *Fonville*, Commandant Fontarabie Brigadier d'Armée.

99. M. le Comte de *Forbin Gardann* Chef d'Escadre des Armées Navales.

703. M. de la *Forcade*, Lieutenant Roy de Cambray. 800.

703. M. de *Forcieux*, Capitaine au Régiment de du Beüil, Inf.

705. M. *Forest*, Capitaine au Régiment des Gardes.

709. M. de la *Forest*, Capitaine au Régiment Roïal des Carabiniers de la Brigade de Rouvray.

705. M. *Forester*, Capitaine au Régiment de Bervvic, Inf.

704. M. *Forestier*, *dit du Fort*, Maréchal des Logis de la première Compagnie des Mousquetaires.

707. M. des *Forges*, Ingénieur.

710. M. des *Forces*, Capitaine au Régiment Dauphin Etranger, Ca.

704. M. de *Forgeville*, Maréchal de Logis de la première Compagnie de Mousquetaires.

705. M. de *Forgues*, Capitaine au Régiment de Soolre, Inf.

ORDRE DE S. LOUIS.

705. M. *Formy*, Lieutenant au Régiment de Canferan, Ca.

705. M. *Fornier*, ci-devant Capitaine du Régiment d'Auvergne, Inf.

709. M. de *Fornimy*, Capitaine au Régiment de Foix, Inf.

709. M. *Forster*, Capitaine au Régiment de Bervvick, Inf.

93. M. du *Fort*, Brig. d'Armée, 2000. l.

707. M. du *Fort Pibrac*, Lieutenant Colonel du Régiment du Maine, Inf.

708. M. du *Fort*, Soû-Brigadier des Gardes du Corps.

708. M. du *Fort*, ci-devant Soû-Brigadier de la seconde Compagnie des Mousq.

707. M. *Fortet*, Capitaine au Régiment Roïal des Carabiniers de la Brigade de Cloys.

707. M. de *Fortisson*, Maréchal des Logis des Chevaux-Légers de la Garde du Roy.

709. M. de *Fortunade*, Lieutenant Colonel réformé d'Inf.

94. M. le Marquis de *Forville de Piles*, Alphonce de Fortia, Lieutenant de Roy en Provence, au département d'Aix, Gouverneur Viguier de Marseille, Chef d'Escadre de Galéres.

705. M. de *Forville*, Lieutenant réformé au Régiment de Gouffier, Ca.

709. M. de *Forville*, ci-devant Aide-

Tome II. Y

L'ETAT DE LA FRANCE.
Major de la Ville de Lille.

705. M. de Forzat, Lieutenant Général des Armées du Roy.

705. M. du Fos, Lieutenant de Roy d'Ambrun.

705. M. de la Fosse-Martigny, Capitaine réformé au Régiment Meſtre de Camp Général de Dr.

707. M. des Foſſez, Ingénieur.

705. M. Foucault, Capitaine au Régiment du Roy, Inf.

705. M. Foucault, Lieutenant Colonel du Régiment de Luxembourg, Inf.

709. M. Foucault, Capitaine au Régiment de Xaintonge, Inf.

709. M. Foucault, Capitaine au Régiment de Montrevel, Ca.

703. M. des Fougéres, ci-devant Lieutenant Colonel du Régiment de la Trémoille, Ca.

703. M. de Foüilleuſe, Lieutenant de Vaiſſeau.

709. M. Foulets, Capitaine au Régiment de Fief, Ca.

705. M. Foulon, Ingénieur.

93. M. le Marquis de Fourille, Brigadier d'Armée.   Co. 3000. l.

709. M. des Fourn'aux, Lieutenant des Gardes du Corps, Gouverneur de Seyſſel Maréchal de Camp.

ORDRE DE S. LOUIS.

710. M. de *Fournilier*, Capitaine au Régiment de Perrin, Inf.

709. M. de *Fournival*, Capitaine au Régiment de Perigort, Inf.

705. M. du *Fouſſé*, Commandant le second Bataillon du Régiment de Soiſſonnois, Inf.

703. M. de *Fouville*, Capitaine au Régiment de Languedoc, Inf.

706. M. de *Frades*, Capitaine de Canoniers au Régiment Roïal Artillerie.

705. M. *Fraguier*, Capitaine au Régiment de la Marine, Inf.

709. M. de *Frahan*, Capitaine des Grénadiers au Régiment de la Marck, Inf.

705. M. de *Fraiſies*, Capitaine au Régiment de Lyonnois, Inf.

709. M. de *Francart*, Capitaine d'une Compagnie de Mineurs.

700. M. de *France*, ci-devant Maréchal des Logis des Mouſquetaires.

709. M. de *Franclieu*, Capitaine des Grénadiers du Régiment de Senneterre, Inf.

705. M. de *Franconville*, Lieutenant au Régiment Roïal Ca.

711. M. de *Franqueville*, ci-devant Aide-Major d'Ypres.

703. M. *Franſart*, Capitaine de Canoniers.

709. M. de *Franfure*, Commiffaire Provincial d'Artillerie.

705. M. *Frécart*, Ingénieur.

704. M. de *Frédeau*, Lieutenant Colonel du Régiment Roïal des Carabiniers de la Brigade de Cloys.

708. M. de *Frédiéres*, Lieutenant Colonel du Régiment de Paraberre, Ca.

705. M. de *Frégéres*.

94. M. le Comte de *S. Frémond*, Lieutenant Général des Armées du Roy, Gouverneur de Maubeuge.

711. M. de la *Frenaye*, Capitaine au Régiment de Bretagne, Inf.

700. M. du *Frefne*, Gouverneur de la Citadelle de Cambray.

704. M. du *Frefne*, ci-devant Capitaine au Régiment Roïal des Carabiniers.

709. M. du *Frefne*, Major de Gravelines.

705. M. de *Freffenville*, Lieutenant au Régiment de Rennepont, Ca.

708. M. de *Frétéville*, Capitaine au Régiment de Bourbonnois, Inf.

705. M. de *Fréville*. Ingénieur, Brigadier d'Armée.

709. M. de *Freville*, Capitaine des Grenadiers du Régiment de Languedoc, Inf.

705. M. *Fricourt Frefnelles*, ci-devant

ORDRE DE S. LOUIS.

Commandant le second Bataillon du Régiment de la Marche, Inf.

705. M. de *Frizelande*, ci-devant Major du Régiment de Malan, Ca.

709. M. de *Froidour*, Capitaine au Régiment d'Espinay, Dr.

705. M. *Froment*, Capitaine au Régiment Daultanne, Ca.

709. M. *Froment*, Lieutenant Colonel du Régiment de Thierarche, Inf.

703. M. de *Fromont*, ci-devant Lieutenant Colonel du Régiment d'Orléans, Ca.

709. M. de *Frontigny*, Gendarme de la Garde du Roy.

705. M. *Fruminy*, ci-devant Capitaine des Grenadiers au second Bataillon du Régiment de Condé, Inf.

709. M. le Baron de *Fumal*, Capitaine des Grenadiers du Régiment de la Marck, Inf.

700. M. *Fury*, Capitaine au Régiment Roïal d'Artillerie, Inf.

705. M. *Furion*, Lieutenant d'Artillerie.

93. M. de la *Fyte*, Capitaine au Régiment de Piémont, Inf.   1000. l.

G

700. M. de *Gabaret*, Lieutenant de Roy aux Isles Françoises.

701. M. de *Gabaret*, Gouverneur de la Martinique.

700. M. *Gaffard*, Brigadier d'Armée, Lieutenant Colonel réformé de Dr.

70... M. *Gaillard*, Capitaine de Galére.

703. M. *Galcan de Châteauneuf*, Lieutenant Colonel réformé d'Inf.

704. M. le Marquis de la *Gallissonnière*, Chef d'Escadre des Armées Navales.

700. M. le *Gall*, Lieutenant Général des Armées du Roy.

703. M. de *Galliat de Montagny*, Capitaine réformé du Régiment de Coulange, Ca.

705. M. de *Gallifet*, Lieutenant de Roy à Montréal.

705. M. de *Gallifet*, Lieutenant de Vaisseau.

705. M. *Gallifet*, Aide-Major de Vaisseau.

709. M. de *Galmoy*, Lieutenant Général des Armées du Roy, Colonel Irlandois.

709. M. *Galonnier*, ci-devant Brigadier des Gardes du Corps.

711. M. *Galüy*, Capitaine des Gré-

ORDRE DE S. LOUIS

nadiers du Régiment de Bearn, Inf.

94. M. le Marquis de *Gamaches*, l'un des Seigneurs que le Roy a choisis pour être assidus prés Monseigneur le Dauphin, Lieutenant Général des Armées du Roy, Gouverneur de S. Valery.

702. M. de *Gamaches*, Capitaine au Régiment de Condé, Ca.

703. M. *Ganay*, Capitaine d'une Compagnie de Galliotes.

705. M. de *Gand*, Lieutenant de Vaisseau.

94. M. de *Ganges*, Major du Régiment de Beaufremont, Dr.

704. M. de *Garagnole*, Lieutenant des Gardes du Corps, Brigadier d'Armée.

707. M. de *Garangeau*, Ingénieur.

709. M. des *Garbières*, ci-devant Maréchal des Logis des Gendarmes Dauphins.

711. M. de la *Gardette*, Capitaine au Régiment de Picardie, Inf.

709. M. de la *Garenne-Heral*, Commandant le second Bataillon du Régiment de Touraine, Inf.

94. M. de la *Garde*, des Bombardiers.

705. M. de la *Garde*, ci-devant Capitaine des Grénadiers au Régiment de Brie, Inf.

705. M. de la *Garde*, Capitaine au Ré-

L'ETAT DE LA FRANCE.
cond Bataillon du Régiment de Dauphiné Inf.

705. M. de la *Garde*, Capitaine au Régiment de Vaudremont, Ca.

706. M. de la *Garde*.

707. M. de la *Garde*, ci-devant Capitaine au Régiment Roïal des Vaisseaux, Inf.

706. M. de la *Gardére*, Lieutenant Colonel du Régiment de Dauphiné, Inf.

703. M. de *Garmand*, Commandant le second Bataillon du Régiment de du Beüil, Inf.

710. M. *Gascoin*, ci-devant Major du Régiment de Maumont, Inf.

709. M. *Gascq*, ci-devant Major du Régiment de Sansay, Inf.

711. M. *Gassaud*, Capitaine au Régiment Roïal Artillerie.

94. M. de *Gasquet*, Maréchal de Camp. Co. 3000. l.

94. M. le Comte de *Gassion*, Lieutenant Général des Armées du Roy, Gouverneur de Méziéres.

708. M. *Gaudard*, Commandant le second Bataillon du Régiment de Villars, Suisse.

703. M. des *Gaudiéres*, Lieutenant Colonel du Régiment de Laonnois, Inf.

710. M. de *Gaudreville*, Capitaine ré-

ORDRE DE S. LOUIS. 513
formé à la suite du Régiment de la Reine, Dr.

711. M. de Gaudrey, Capitaine au Régiment de la Saare, Inf.

705. M. de Gault, Soû-Lieutenant des Grenadiers à Cheval du Roy.

707. M. Gauthier.

704. M. Gautier Daunoy, Lieutenant Général d'Artillerie.

94. M. de Gauville, ci-devant Lieutenant Colonel du Régiment des Cravates.

703. M. de Gaya, Major du Régiment de Lannoy, Inf.

709. M. de Gayans, ci devant Capitaine au Régiment de Bretagne, Inf.

711. M. de Gaydon, Brigadier d'Armée.

710. M. du Gazel, Ingénieur.

703. M. le Marquis de S. Geniez Navailles, ci-devant Colonel de Houssars.

705. M. de S. Geniez, ci-devant Colonel du Régiment de Villeroy, Ca.

704. M de Génouville Lieutenant Général d'Artillerie, Brigadier d'Armée.

93. M. de Genfac, Lieutenant de Roy de Valence. 1000. l.

700. M. le Marquis de Géoffreville, Lieutenant Général des Armées du Roy.

94. M. de S. *George de Cormis*, ci-devant Cornette des Mousquetaires.

703. M. de S. *George*, Capitaine du Régiment de du Beüil, Inf.

709. M. de S. *George*, Capitaine des Grenadiers du Régiment Roïal la Marine.

710. M. de S. *George*, Capitaine au Régiment de Villepreux, Ca.

711. M. de S. *George*, Capitaine au Régiment de Limosin, Inf.

707. M. *Geraldin*, Capitaine de Vaisseau.

711. M. *Gerard*, Lieutenant Colonel du Régiment de Pezat, Inf.

709. M. de *Gerdes*, Capitaine au Régiment de Foix, Inf.

704. M. de *Gérés*, Commandant au Païs de Foix.

703. M. de *Gerfaux de Sailly*, Capitaine au Régiment de Lyonnois, Inf.

703. M. de S. *Germain*, ci-devant Major du Fort S. André prés Salins.

705. M. de S. *Germain*, ci devant Capitaine des Grenadiers au Régiment Dauphin, Inf.

705. M. de S. *Germain de Pont*, ci-devant Lieutenant au Régiment de la Tour. Ca.

707. M. de S. *Germain*, ci-devant

ORDRE DE S. LOUIS.

Capitaine au Régiment Roïal des Carabiniers de la Brigade de du Rozel.

708. M. de S. Germain, Maréchal des Logis des Gendarmes Bourguignons.

709. M. de S. Germain, Capitaine au Régiment de Xaintonge, Inf.

710. M. Germont, Capitaine au Régiment Roïal Roussillon, Ca.

705. M. de S. Géron, Lieutenant de Roy de la Citadelle de Besançon.

94. M. le Marquis de Gerzé, ci-devant Colonel d'Inf.

700. M. de la Gibaudière, Lieutenant de Roy de Bayonne, Brigadier d'Armée. 1000. l.

708. M. de Giberne, ci-devant Lieutenant au Régiment des Gardes.

711. M. Gilly, Commandant le second Bataillon du Régiment d'Auxerrois, Inf.

705. M. de Gigniac, Lieutenant au Régiment du Roy, Ca.

703. M. Gimel, Lieutenant Colonel du Régiment du Prince de Lambesc, Ca.

705. M. Giminels, Capitaine des Grenadiers au premier Bataillon du Régiment Roïal Roussillon, Inf.

711. M. de Giminels, Capitaine au Régiment Roïal Roussillon, Inf.

707. M. de Ginefte, Capitaine de Frégate.

705. M. de *Ginestet*, ci-devant Capitaine au Régiment de Canferan, Ca.

705. M. de *Giranton*, Lieutenant de Vaisseau.

711. M. de *Giranton*, Capitaine au Régiment de Brie, Inf.

710. M. de *Giraffon de Morzay*, Gendarme du Roy.

710. M. *Giraud*, Lieutenant au Régiment Roïal, Ca.

703. M. *Girault*, Brigadier d'Armée, Mestre de Camp du Régiment du Maine, Ca.

709. M. *Girault*, Capitaine au Régiment Roïal des Carabiniers de la Brigade de Rouvray.

710. M. *Girault*, Capitaine au Régiment Dauphin, Ca.

705. M. de la *Gironnie*, Aide-Major de Dunkerque.

700. M. de *Girval*, Ingénieur.

705. M. *Gifard*, Lieutenant Colonel du Régiment de Chartres, Inf.

703. M. *Cittard*, Ingénieur.

705. M. de *Givry*, ci-devant Exempt des Gardes du Corps.

705. M. de *Givry*, Capitaine au Régiment de Lautrec Dr.

711. M. des *Iacières*, Capitaine des Grenadiers du Régiment de Gondrin, Inf.

ORDRE DE S. LOUIS.

709. M. de *Glife*, Capitaine & Aide-Major du Régiment des Bombardiers du Roy.

711. M. *Glontz*, Lieutenant au Régiment des Gardes Suisses.

703. M. *Gobert*, Capitaine des Grenadiers du Régiment de Champagne, Inf.

95. M. de la *Goëme*, Gendarme du Roy.

711. M. *Goffroy*, Capitaine au Régiment de Foix, Inf.

94. M. *Gombault*, Capitaine de Galiote & d'Artillerie.

705. M. *Gombaut*, ci-devant Major du Régiment Dauphin Etranger, Ca.

710. M. *Gomin*, Lieutenant Colonel réformé du Régiment de Grammont, Ca.

705. M. *Gondet*, Lieutenant Colonel du Régiment de Leflandes, Inf.

705. M. *Godineum*, ci-devant Mestre de Camp de Ca.

703. M de *Gondras*, Gouverneur du Pont de Veile en Bresse.

708. M de *Gonez*, Chevau-Léger de la Garde du Roy.

706. M. de *Goft*, Lieutenant Colonel du Régiment de Canferan Ca.

707. M. de *Gouffier* Ingénieur.

707. M. *Goujon*, Capitaine de Frégate.

707. M. Goujon de Miniac, Lieutenant de Vaisseau.

711. M. Goulard, Soû-Lieutenant au Régiment des Gardes.

703. M. Goulet Brevanne, Ingénieur.

703. M. Goulet Montlibert, Ingénieur.

708. M. de Goulet, ci-devant Commandant le second Bataillon du Régiment de Vendôme, Inf.

709. M. de Gourlet, Major du Régiment du Maine, Ca.

707. M. de Gouftiminy, ci-devant Aide-Major de Furnes.

710. M. des Gouvetz, Major du Régiment de Beringhen, Ca.

700. M. Goüy.

706. M. de Goüy, Maréchal des Logis des Chevaux-Légers de la Reine.

701. M. de Goydidogne, Lieutenant de Vaisseau.

705. M. de Graffinière, Lieutenant d'Artillerie.

94. M. le Marquis de Gramont-Falon, Lieutenant Général des Armées du Roy.

703. M. le Comte de Grammont, Lieutenant Général des Armées du Roy.

705. M. de Grancey, Capitaine de Vaisseau.

705 de Grandchamp, ci-devant Maréchal des Logis des Mousquetaires.

ORDRE DE S. LOUIS.

704. M. de *Grandchamp*, Capitaine au Régiment de Cambresis, Inf.

707. M. de *Grandchamt*, Major du Régiment Dauphin Etranger, Cav.

710. M. de *Grandchamt*, Capitaine-Lieutenant de la Meftre de Camp, du Régiment du Roy, Ca.

705. M. de *Grandcourt*, Capitaine au Régiment Meftre de Camp Général de Dr.

711. M. de *Grandcourt*, Capitaine des Grenadiers du Régiment de Vendôme, Inf.

705. M. de *Grandjean*, Capitaine au Régiment de Flandres, Inf.

704. M. de *Grandlieu*, ci-devant Aide Major du Régiment Roïal des Carabiniers de la Brigade de Cloys.

93. M. de la *Grandmaifon*, Lieutenant de Roy d'Oleron.   1000. l.

705. M. de *Grandmaifon*, Commandant le fecond Bataillon du Régiment de Bourgogne, Inf.

707. M. de *Grandmaifon*, Gendarme de la Garde du Roy.

703. M. de *Grandpré*, Commiffaire Général de l'Artillerie de la Marine.

707. M. de *Grandpré*, Marèchal des Logis des Gendarmes de la Garde du Roy.

707. M. de *Grandville*, Capitaine ré-

formé au Régiment Dauphin Etranger, Ca.

710. M. de *Grandville*, ci-devant Aide-Major d'Aire.

705. M. de la *Grange*, Capitaine au Régiment de Provence, Inf.

705. M. de la *Grange*, Capitaine au Régiment d'Anjou, Ca.

705. M. de la *Grange de Braffac*.

705. M. de la *Grange Segonfac*, Exemt des Gardes du Corps.

705. M. de la *Grange*, ci-devant Capitaine des Grenadiers au Régiment de Navarre, Inf.

707. M. de la *Grange*, Garde du Corps du Roy.

709. M. de la *Grange*, Commandant un Bataillon du Régiment de Normandie, Inf.

94. M. de *Granges*, Lieutenant de Vaiſſeau.

95. M. *Granval*, Brigadier d'Armée, Colonel réformé de Dr.

700 M. de *Granvilliers*, ci-devant Lieutenant Colonel du Régiment Roïal Rouſſillon, Inf.

705. M. le *Gras*, Capitaine Aide-Major du premier Régiment de Languedoc, Dr.

705. M. *Graſſet*, Capitaine au Régi-

ment Roïal Piémont, Ca.

707. M. *Gratien*, Capitaine de Vaisseau.

711. M. de *Graves*, Capitaine des Grenadiers du Régiment de Languedoc, Inf.

711. M. de la *Gravière*, Capitaine au Régiment de Berry, Inf.

711. M. des *Graviers*, Capitaine d'une Compagnie composée de Soldats Invalides.

709. M. des *Graviez*, Lieutenant de Roy du Port-Loüis de Blavet.

705. M. de la *Gravole*, ci-devant Soû-Brigadier des Gardes du Corps.

704. M. de la *Graussse de Castras*.

94. M. de *Greder*, Colonel d'un Régiment Allemand, Lieutenant Général des Armées du Roy.

704. M. de *Gréder*, Colonel d'un Régiment Suisse, Brigadier d'Armée.

704. M. de la *Griffe*, Capitaine & Aide-Major du Régiment Colonel Général de la Ca.

93. M. *Grégoire*, ci-devant Commandant le second Bataillon du Régiment de Charrost, Inf.   800. l.

709. M. de *Grenedan*, Lieutenant Colonel du Régiment de Lanion, Inf.

705. M. *Grenier*, Capitaine d'une Compagnie détachée du Régiment de Picardie, Inf.

L'E'TAT DE LA FRANCE.

70.... M. de *Grenonville*, Capitaine de Vaisseau.

94. M. de *Gréfigny*, ci-devant Lieutenant Colonel du Régiment de Gondrin, Inf.   800. l.

708. M. de *Gréfigny*, Lieutenant Colonel du Régiment d'Artois, Inf.

703. M. de *Grieu*, Capitaine au Régiment d'Anjou, Inf.

705. M. de *Grieu*, Lieutenant Colonel du Régiment Roïal des Carabiniers de la Brigade de du Rozel.

711. M. de *Griffeüil*, Lieutenant Colonel du Régiment d'Agenois, Inf.

707. M. *Grillet*, Aide-Major des Gardes du Corps.

95. M. le Baron de *Grimaldy*, Lieutenant Colonel du Régiment de Nice, Inf. Maréchal de Camp.   1000. l.

705. M. le *Gros*, Capitaine Aide-Major du premier Régiment de Languedoc, Dr.

705. M. de *Grosbois*, ci-devant Colonel.

709. M. de *Grossollet*, Commissaire Provincial d'Artillerie.

707. M. de *Gruchy*, Aide-Major de Marine.

705. M. *Gruy Verloin*, Major du Régiment de Bourbon, Ca.

ORDRE DE S. LOUIS.

703. M. du *Gua Beranger*, Maréchal [d]e Camp.

707. M. du *Guay*, ci-devant Brigadier [d]es Gardes du Corps.

707. M. du *Guay Trouyn*, Capitaine de [V]aisseau.

705. M. *Guemus*.

710. M. le *Guerchois*, Maréchal de [C]amp.

94. M. le Comte de *Guerchy*, Lieutenant Général des Armées du Roy.
1500. l.

703. M. *Guerin*, Lieutenant au second [B]ataillon de l'Isle de France, Inf.

704. M. *Guerin*, Capitaine des Grenadiers du Régiment de Lyonne, Inf.

705. M. *Guerin*, Capitaine au Régiment de Lyonnne, Inf.

709. M. de la *Guerinière*, Aide-Major [d']Amiens.

705. M. de *Guermange*, Capitaine au [R]égiment de Rottembourg, Ca.

705. M. de *Gueros*, Lieutenant au Régiment des Gardes.

704. M. le Duc de *Guiche*, Colonel du [R]égiment des Gardes Françoises, Lieutenant Général des Armées du Roy.

705. M. de la *Guierche*, Commandant [l]e second Bataillon du Régiment de Périgord, Inf.

705. M. de la *Guierle*, ci-devant Capitaine des Grenadiers au second Bataillon du Régiment de Soiſſonnois, In

709. M. *Guignard*, Lieutenant Colonel du Régiment de du Thil, Inf.

709. M. *Guigne* Lieutenant Colonel d Régiment de la Fere, Inf.

711. M. *Guillain*, Lieutenant Colon du Régiment de Tiraqueau, Inf.

703. M. de *Guillebon*, Capitaine r Régiment du Roy, Ca.

705. M. de *Guillebon*, Lieutenant C lonel du Régiment de Beaujeu, Ca.

706. M. de *Guilleminei*, Capitaine Ga de-Côte.

705. M. *Guillier*, Lieutenant Colon du Régiment Roïal Comtois, Inf.

705. M. *Guillin*, Ingénieur.

708. M. *Guillin*, Ingénieur.

707. M. *Guillotin*, Capitaine de Frégate.

703. M. de *Guilly*, Capitaine au Régiment Roïal Piémont, Ca.

703. M. de *Guinigy*, Capitaine au Régiment Roïal Italien, Inf.

709. M. *Guirault*, Ingénieur.

711. M. *Guirault*, Ingénieur.

711. M. *Guirault*, Capitaine des Grenadiers du Régiment de Pezat. Inf.

709. M. de *Guiſy*, Lieutenant de la C

ORDRE DE S. LOUIS. 525

nelle du Régiment de Touraine, Inf.

711. M. de *Guify*, Capitaine au Régiment de Touraine, Inf.

705. M. *Guitard de Vefnis*, Lieutenant Colonel réformé de Dr.

707. M. *Guittard de Vozins*, Lieutenant Colonel réformé de Dr.

707. M. *Guittard*, ci-devant Lieutenant Colonel du Régiment de Vexin, Inf.

705. M. de *Guyon*, ci-devant Major du Régiment de Vaudrey, Ca.

H

707. M. du *Haget*, Major du Régiment du Maine, Inf.

710. M. d'*Halanfy*, Capitaine au Régiment de Rottembourg, Ca.

705. M. de la *Hant*, ci-devant Capitaine au Régiment de Choiseüil, Inf.

705. M. le Marquis d'*Harcourt*, Soûlieutenant des Chevaux-Légers de Bretagne.

706. M. *Hardieville*, ci-devant Brigadier des Gendarmes de la Garde du Roy.

707. M. d'*Hardivilliers*, Maréchal des Logis des Gendarmes de la Garde du Roy.

L'ETAT DE LA FRANCE.

703. M. *Hercule de la Roche*, Capitaine de Vaiſſeau.

703. M. de *Hére*, Lieutenant de Roy de Phalſbourg. Brigadier d'Armée.

704. M. *Herfoſſe*, Capitaine des Grenadiers du Régiment d'Hainaut, Inf.

705. M. le Marquis d'*Herleville*, ci-devant Gouverneur de Pignerol.

709. M. d'*Hermand*, Ingénieur.

705. M. de S. *Hermine*, Colonel réformé d'Inf.

705. M. *Heroüard*, ci-devant Brigadier des Gardes du Corps.

705. M. *Hervech*, Capitaine au Régiment Roïal Allemand, Ca.

710. M. d'*Heſéque*, Capitaine au Régiment de Courcillon, Ca.

95. M. *Heſſy*, Colonel Suiſſe, Lieutenant Général des Armées du Roy.

700. M. d'*Hiéry*, ci-devant Lieutenant de Roy d'Aiguemortes.

94. M. le Marquis de S. *Hilaire*, Lieutenant Général des Armées du Roy.
Co. 3000. l.

709. M. de S. *Hilaire*, Enſeigne des Gardes du Corps.

711. M. de S. *Hilaire*, Capitaine au Régiment des Gardes.

711. M. de S. *Hilaire*, Commandant le ſecond Bataillon du Régiment de Vendôme, Inf.
703.

703. M. de *S. Hipolite*, ci-devant Lieutenant Colonel du Régiment de Limosin, Inf.

705. M. *Hiquié*, Lieutenant au Régiment de Lée, Inf.

703. M. *Hoccart*, Colonel.

705. M. de la *Hoéliére*, Lieutenant au Régiment de Bourgogne, Ca.

705. M. *Hoën*, ci-devant Major du Régiment d'Alsace, Inf.

703. M. de *Hons*, Lieutenant Colonel réformé de Dragons, Gouverneur de M. le Prince de Conty.

700. M. d'*Houdreville*, ci-devant Lieutenant Colonel du Régiment de Greder, Inf.

705. M. d'*Houdrevile*, Lieutenant Colonel du Régiment de Périgord, Inf.

703. M. *Hoüel*, Capitaine au Régiment des Gardes, Brigadier d'Armée.

709. M. *Hourlier*, ci-devant Lieutenant Colonel du Régiment de la Trémoille, Ca.

93. M. d'*Houy*, Capitaine au Régiment de la Marine, Inf.   1000. l.

709. M. *Houzé du Vivier*, Commissaire Provincial d'Artillerie.

705. M. d'*Huard*, Capitaine Commandant le second Bataillon du Régiment de Nivernois, Inf.

711. M. des *Hubas*, Capitaine au Ré-

giment de Champagne, Inf.

94. M. d'*Hubersan*, ci-devant Lieutenant Colonel du Régiment de Vaudray, Ca.   1000. l.

704. M. *Hucy*, Ingénieur.

705. M. d'*Hugla*, Capitaine au Régiment de Nivernois, Inf.

703. M. *Hugony*, Capitaine & Aide-Major du Régiment de Mortemart, Inf.

705. M. *Hulot*, Capitaine au Régiment de Champagne, Inf.

94. M. d'*Humermont*, ci-devant Capitaine au Régiment de Beringhen, Ca.

94. M. d'*Humont*, Capitaine au Régiment de Provence, Inf.

705. M. *Hunolstein*, Lieutenant Colonel du Régiment de Rottembourg, Ca.

708. M. *Huot*, Ingénieur.

701. M. *Hurault de Villeluisant*, Capitaine de Vaisseau.

705. M. *Hurault*, Capitaine de Vaisseau.

705. M. de la *Hurliére*, Capitaine au Régiment de Blaisois, Inf.

I

711. M. *Jacquier*, Chevau-Léger de la Garde du Roy.

711. M. de *Jagny*, Soû-Brigadier de la premiére Compagnie des Mousquetaires.

ORDRE DE S. LOUIS.

94. M. *Jaillot*, Commandant le second Bataillon du Régiment de Lannoy, nf.

705. M. *Jalignier*, Capitaine des Grenadiers du Régiment de Vermandois, nf.

710. M. *Janfant*, Capitaine au Régiment du Prince de Lambesc, Ca.

94. M. de Fourbin, Marquis de *Janson*, Gouverneur d'Antibes, Maréchal de Camp.

709. M. de *Janthial*, Major du Régiment de Brie, Inf.

705. M. de la *Jarre*, Gouverneur de Puimirol.

709. M. de la *Jarrelay*, Brigadier des Gardes du Corps.

703. M. *Javary*, ci-devant Capitaine au Régiment du Maine, Inf.

703. M. de *Jaucourt de la Vaiserie*, ci-devant Colonel du Régiment de Montferrat, Inf.

703. M. de *Jaucourt*, Lieutenant Général d'Artillerie.

704. M. *Javelle*, ci-devant Lieutenant au Régiment Roïal des Carabiniers.

709. M. de la *Javellière*, Lieutenant Colonel du Régiment de Gensac, Inf.

704. M. de la *Javie*, Lieutenant de Roy des Invalides.

707. M. *Jaunay*, Commissaire Provincial d'Artillerie.

708. M. de *Jauffur*, ci-devant Capitaine des Grénadiers du Régiment de Blaisois, Inf.

709. M. le *Jay*, ci-devant Gouverneur d'Aire.

709. M. de *S. Jean*, Capitaine au Régiment Roïal des Carabiniers de la Brigade de Cloys.

708. M. le Marquis d'*Illiers*, Capitaine-Lieutenant des Chevaux-Légers de Berry, Maréchal de Camp.

705. M. le Comte d'*Illiers*, Capitaine de Vaisseau.

705. M. d'*Illon*, ci-devant Lieutenant Colonel du Régiment d'Illon, Inf.

711 M. le Comte d'*Yllon*, Lieutenant Général des Armées du Roy, Colonel Irlandois.

700. M le Marquis d'*Imécourt*, Lieutenant Général des Armées du Roy, Soû-Lieutenant des Chevaux-Légers de la Garde du Roy, Gouverneur de Montmédy.

705. M. d'*Inval*, Capitaine au Régiment Dauphin, Inf.

705. M. *Joannin*, Capitaine au Régiment de Normandie, Inf.

705. M. *Joblot*, Ingénieur.

ORDRE DE S. LOUIS.

705. M. *Johannin*, Major du Régiment de Guienne, Inf.

703. M. de *Joinville*, Ingénieur.

700. M. *Joly*, Lieutenant Colonel du Régiment de la Reine Dr. Brigadier d'Armée.

700. M. *Joly*, Capitaine-Lieutenant de la Mestre de Camp du Régiment du Maine, Ca.

708. M. *Joly*, Major des Tours de Toulon.

705. M. de *Joncoux*, Capitaine de Frégate.

709. M. de *Joncy*, ci-devant Major du Régiment de Beringhen, Ca.

94 M. de la *Jonquière*, ci-devant Capitaine de Vaisseau.

708. M. de la *Jonquière*, Lieutenant Colonel réformé du Régiment de Forsat, Ca.

709. M. de la *Jonquière*, Capitaine au Régiment d'Angoumois, Inf.

705. M. de *Jonvelle*, Capitaine au Régiment de Bouzols, Ca.

710. M. *Jost Rodolphe Reding*, ci-devant Lieutenant Colonel d'Inf.

700. M. *Joubert*, Lieutenant de Roy du Vieux Brisac.

709 M. *Joubert*, Chevau-Léger de la Garde du Roy.

Z iij

703. M. *Joul*, Maréchal de Camp.

707. M. de la *Jourdanie*, Chevau-Léger de la Garde du Roy.

705. M. *Jouve*, Lieutenant Colonel du Régiment d'Harcourt, Ca.

710. M. de *Jouve*, Major du Fort de la Kenoque.

705. M. *Joüy*, Meftre de Camp du Régiment d'Orleans, Ca. Brigadier d'Armée.

94. M. de l'*Ifle*, Infpecteur des Compagnies Franches de la Marine. 1000. l.

94. M. de l'*Ifle*, ci-devant Commandant à Crefcentin.

94. M. de l'*Ifle*, du Vigier, Brigadier d'Armée.   1000. l.

700. M. le Comte de l'*Ifle*, Maréchal de Camp.

704. M. de l'*Ifle*, Capitaine au Régiment de Tallard, Inf.

709. M. de l'*Ifle*, Capitaine des Grénadiers du Régiment de Chartres, Inf.

709. M. de l'*Ifle*, Lieutenant Colonel du Régiment de Bonelle, Dr.

703. M. des *Ifles*, ci-devant Lieutenant Colonel du Régiment de Limofin, Inf.

705. M. des *Ifles*, Major du Régiment de Vermandois, Inf.

705. M. des *Ifles Joubert*, Lieutenant

ORDRE DE S. LOUIS.

de Roy de Narbonne.

706. M. des *Isleskerleau*, Lieutenant de Vaisseau.

711. M. des *Isles*, Soû-Brigadier des Chevaux-Légers de la Garde du Roy.

709. M. le Prince d'*Isanghien*, Maréchal de Camp, Colonel d'Inf.

703. M. *Jubert*, ci-devant Maréchal des Logis des Gendarmes de la Garde du Roy.

709. M. de *Juglart*, Major du Régiment de Boschet, Inf.

703. M. de *S. Julien*, Lieutenant de Vaisseau.

705. M. de *S. Julien*, Lieutenant Colonel du Régiment de Mortemart.

706. M. *Jullien*, Ingénieur.

708. M. de *S. Julien*, Capitaine au Régiment du Roy, Inf.

709. M. de *S. Julien Faïet*, Commandant le second Bataillon du Régiment de l'Isle de France, Inf.

710. M. *Junca*, Commandant le second Bataillon du Régiment de Vivarets, Inf.

709. M. de *Jungen*, Capitaine au Régiment de Greder Allemand, Inf.

709. M. de *Juramy*, Capitaine au Régiment de Picardie, Inf.

94. M. de *Jurguet*, Capitaine au

Régiment Dauphin, Inf.

710. M. de *S. juſt*, Lieutenant Colonel du Régiment de Vertamont, Ca.

710. M. de *S. juſt*, Brigadier d'Armée, Gouverneur de la Citadelle de Valenciennes.

K

709. M. *Karrer*, Capitaine-Lieutenant au Régiment de May Suiſſe.

704. M. de *Keringar*, Maréchal des Logis de la ſeconde Compagnie des Mouſquetaires.

710. M. de *Kermeno*, Major du Régiment de Pouriéres, Dr.

709. M. de *Kiberel*, ci-devant Capitaine au Régiment de Greder, Allemand, Inf.

709. M. *Kirichon*, Capitaine au Régiment de Greder Allemand, Inf.

704. M. *Kiffer*, Capitaine au Régiment d'Alſace, Inf.

710. M. *Kleniold*, Capitaine d'une Compagnie Franche de Dr.

705. M. le Baron de *Klinveldt*, Capitaine réformé au Régiment d'Orleans, Inf.

710. M. de *Kremer*, Capitaine au Régiment de Greder Allemand, Inf.

L

705. M. *Labat*, ci-devant Lieutenant Colonel du Régiment de Bretagne, Dr.

700. M. *Labbé*, Commandant à la Citadelle de Calais.

705. M. de *Laborie*, Capitaine au Régiment de Canferan, Ca.

709. M. de *Laborie*, Capitaine au Régiment de Razilly, Inf.

709. M. de *Laborie Ladournat*, ci-devant Capitaine des Grenadiers du Régiment de Gondrin, Inf.

705. M. de *Labro*, Lieutenant Colonel du Régiment d'Aunis, Inf.

709. M. de *Lacan de Vabre*, Lieutenant Colonel du Régiment Roïal Rouffillon, Inf.

705. M. *Lacan*, Lieutenant Colonel du Régiment de Flamarin, Inf.

709. M. de *Laccary*, Major du Régiment de Boulonnois, Inf.

709. M. de *Lacger*, Lieutenant Colonel du Régiment d'Auvergne, Inf.

703. M. de *Laco*, Capitaine des Grenadiers du Régiment de Vermandois, Inf.

709. M. de *Ladoncy*, Major du Régiment de Tournaifis, Inf.

707. M. de *Ladournat*, Lieutenant Colonel du Régiment de Gondrin, Inf.

707. M. de *Ladoux*, Major du Régiment de Flandres, Inf.

710. M. de *S. Laen*, Lieutenant-Colonel du Régiment Colonel Général de la Ca.

710. M. de *Lagoutte*, Major du Régiment d'Espinay, Dr.

705. M. de *Laharlière*, Capitaine au Régiment de Blaisois, Inf.

703. M. de *Lahas*, ci-devant Lieutenant Colonel du Régiment des Cravates.

709. M. le Marquis de *Laigle*, Colonel, Brigadier d'Armée.

709. M. de *Lair*, Capitaine au Régiment Roïal Artillerie.

711. M. de *Lalenne*, Major de Philippeville.

709. M. *Lally*, Lieutenant Colonel du Régiment d'Yllon, Inf.

710. M. de *Lamarre*, Capitaine au Régiment Daunay, Inf.

703. M. de *S. Lambert*, Lieutenant de la Mestre de Camp du Régiment de Foix, Dr.

705. M. *Lambert*, Lieutenant Colonel du Régiment de S. Second, Inf.

709. M. le Marquis de Lambert, Maréchal de Camp.

ORDRE DE S. LOUIS.

710. M. *Lamberval*, Capitaine au Régiment de Bourbonnois, Inf.

709. M. de *Lamerlée*, Commandant le second Bataillon du Régiment de Médoc, Inf.

709 M. de *Lamirende la Clavière*, Capitaine au second Bataillon du Régiment de Perigort, Inf.

705. M. de *Lamivoye*, Major du Régiment de Poitou, Inf.

709. M. de *Lamivoye*, Commandant le second Bataillon du Régiment de Foreſt, Inf.

711. M. de *Lancy*, Capitaine des Grenadiers du Régiment de Champagne, Inf.

711. M. *Landa*, Capitaine des Grenadiers du Régiment de Perrin, Inf.

710. M. *Landamez Zurlauben*, ci-devant Capitaine au Régiment de Greder Allemand, Inf.

95. M. de la *Lande*, Capitaine Commandant un Bataillon du Régiment Roïal Artillerie, Inf.

94. M. le Marquis de la *Lande*, Lieutenant Général des Armées du Roy, & Gouverneur du neuf Briſach, Lieutenant Général aux Païs & Duchez d'Orleans, Dunois & Vendômois.

700. M. de la *Lande*, Ingénieur.

700. M. de la *Lande*, ci-devant Co-

lonel du Régiment Colonel Général de la Ca.

709. M. de la *Lande*, Capitaine des Grenadiers du Régiment de Mortemart, Inf.

710. M. de la *Lande*, Major du Régiment de Moncourt, Ca.

703. M. des *Landes*, Capitaine de Canoniers.

705. M. des *Landes*, Exempt des Gardes du Corps.

94. M. *Landeyx du Repaire*, Capitaine au Régiment de Biſſy, Ca.

705. M. de *Landriant*, Capitaine au Régiment de Gouffier, Ca.

705. M. de *Lanery de Tainville*, Mouſquetaire.

708. M. de *Langan*, Capitaine au Régiment du Roy, Inf.

700. M. de *Lange*, Chevau-Léger du Roy.

710. M. de *Langeais*, Lieutenant Colonel du Régiment des Cuiraſſiers, Ca.

707. M. de *Langey*, Exempt des Gardes du Corps.

707. M. de *Langlade*, ci-devant Garde de la Manche du Roy.

700. M. *Langlée*, Capitaine de Ca.

705. M. de *Langloſerie*, Lieutenant de Roy à Québec.

ORDRE DE S. LOUIS.

704. M. de *Langrune*, Ingénieur.

705. M. le Marquis de *Languetot*, Capitaine de Vaisseau.

705. M. *Languillet*, Capitaine de Vaisseau.

94. M. le Comte de *Lanion*, Gouverneur de Vannes & de S. Malo, Lieutenant Général des Armées du Roy.

710. M. de *Lanauve*, Capitaine au Régiment de Xaintonge, Inf.

705. M. de *Lannoy*, Capitaine au Régiment de Mortemart, Inf.

708. M. de *Lannoy*, Maréchal des Lois des Chevaux-Légers d'Orleans.

705. M. de *Lantage*, Capitaine au Régiment de Chepy, Ca.

705. M. de *Lantage*, Capitaine au Régiment de Chepy, Ca.

705. M. de *Lantage*, ci-devant Major u Régiment de Chepy, Ca.

90. M. de *Larboulerie*, ci-devant Lieutenant Colonel du Régiment de S. Priez, Dr.

710. M. de *Larsangle*, Maréchal des Logis des Gendarmes de Bretagne.

711. M. *Larson*, ci-devant Commandant à Bavay.

703. M. de *Lartigue*, Capitaine au Régiment Roïal Artillerie, Inf.

705. M. de *Lartigue*, ci-devant Lieute-

nant Colonel du Régiment de Ponthieu, Inf.

705. M. de *Lartigue*, Capitaine des Grenadiers au Régiment Desgrigny, Inf.

705. M. de *Lartigue*, ci-devant Lieutenant Colonel du Régiment de Lyonne, Inf.

711. M. *Lartilleuse*, Capitaine des Grenadiers du Régiment de Navarre, Inf.

705. M. de *Lasonne*, ci-devant Lieutenant Colonel du Régiment de Villiers, Ca.

95. M. de *Lassime*, Capitaine au Régiment de Beauvoisis, Inf.

700. M. *Lattier*.

704. M. de *Laval*, ci-devant Mestre de Camp de Ca.

704. M. de *Laval*, Aide-Major d'Entrevaux.

709. M. le Comte de *Laval*, Brigadier d'Armée, Colonel du Régiment de Bourbon, Inf.

705. M. *Lavaut*, Irland, Lieutenant au Régiment Roïal Artillerie.

704. M. de *Laubat*, Capitaine au Régiment de Tourville, Inf.

705. M. *Laube*, Capitaine & Aide-Major du Régiment de du Beüil, Inf.

709. M. *Laver*, Capitaine des Grenadiers du Régiment de Spaar, Inf.

707. M. de *Laverdie*, Ingénieur.

704. M. *Laugier*, ci-devant Lieutenant Colonel du Régiment de la Reine, Dr.

711. M. *Lavigeas*, Capitaine au Régiment de Vendôme, Inf.

93. M. le Comte de *Laumont*, Commandant à Dunkerque, Lieutenant Général des Armées du Roy. Gr. C. 6000. l.

709. M. de *Laumont*, Commandant le second Bataillon du Régiment de Navarre, Inf.

704. M. de *Launay*, Lieutenant Colonel du Régiment de la Chenelaye, Inf.

709. M. de *Launay*, Capitaine des Grenadiers du Régiment de Monroux, Inf.

705. M. de *Laur*, Capitaine au Régiment de Gatinois, Inf.

705. M. *Laur*, Capitaine au Régiment des Cuirassiers du Roy.

94. M. de *S. Laurent*, Lieutenant Général des Armées du Roy, Colonel du Régiment de Nice, Inf.

705. M. de *S. Laurent Caladon*, Lieutenant au Régiment de la Reine, Inf.

705. M. de *S. Laurent de Bertrendy*, Lieutenant Colonel du Régiment, Commissaire Général de la Ca.

709. M. de *S. Laurent Walady*, Capitaine des Grenadiers du Régiment de Condé, Inf.

710. M. *Laurent*, Ingénieur.

704. M. *Lauret*, Lieutenant Colonel du Régiment de Bretagne, Ca.

704. M. de *Laurière*.

703. M. *Laufier d'Aftier*, Ingénieur. 1500. l.

710. M. *Lauthier*, Capitaine réformé à la fuite du Régiment de Bonelle, Dr.

710. M. du *Laux*, Soû-Aide-Major de la Gendarmerie.

704. M. de *Lauziéres-Thémines*, Lieutenant Colonel du Régiment d'Aubuffon, Ca.

705. M. de *Lauziéres*, ci-devant Capitaine au Régiment d'Auvergne, Inf.

710 M. *LaZarey*, Capitaine & Aide-Major du Régiment de Piémont, Inf.

705. M. de *Leaccoffier*, Major du Régiment d'Harcour, Ca.

705. M. *Leauthier*, Premier Maître d'Hôtel de Madame, Capitaine de Vaiffeau.

700. M. de *Lecuffan*, Enfeigne de la feconde Compagnie des Moufquetaires, Brigadier d'Armée. 2000. l.

94. M. *Lée*, Lieutenant Général des Armées du Roy, Gr. C. 6000. l.

705. M. de *Leglizaubois*, Lieutenant Colonel du Régiment de Touloufe, Inf.

707. M. de *Leifter*, Capitaine au Ré-

ORDRE DE S. LOUIS. 545

iment de Villars Chandieu, Suisse, nf.

705. M. de *Léobard*, Capitaine au Régiment de Beaufremont, Dr.

703. M. de *S. Léon*, Lieutenant des Grenadiers du Régiment de Poitou, Inf.

707. M. de *S. Léon*, Brigadier de la seconde Compagnie des Mousquetaires.

710. M. *Léon*, Lieutenant Colonel du Régiment de la Reine, Ca.

705. M. *Lépinay*, ci-devant Capitaine des Grenadiers au Régiment Roïal des Vaisseaux, Inf.

709. M. de *Lépinay*, ci-devant Major de Gand.

707. M. de *Lérans*, Lieutenant Colonel du Régiment Roïal Etranger, Ca.

95. M. de *Lérette*, Ingénieur.

95. M. *Léromoy*, Chevau-Léger de la Garde du Roy.

707. M. de *Lescamoussier*, Commandant le troisième Bataillon du Régiment de la Reine, Inf.

705. M. de *Lescle*, Capitaine Commandant le second Bataillon du Régiment Roïal, Inf.

705. M. de *Lescle*, Lieutenant de Roy de Mezieres.

703. M. *Lesclotaire*, ci-devant Commandant le second Bataillon du Régi-

ment d'Auvergne, Inf.

708. M. *Lescure*, Capitaine au Régiment d'Hugues, Inf.

705. M. de *Lespinay*, Lieutenant de Galére.

705. M. de *Lespiney*, ci-devant Brigadier des Gardes du Corps.

705. M. de *Lessard*, Maréchal de Camp.

705. M. de *Lessauge*, ci-devant Lieutenant Colonel du Régiment d'Hugues, Inf.

704. M. de *Lestang*, Brigadier d'Armée.

705. M. du *Lestier*, ci-devant Lieutenant Colonel du Régiment de Pouriére, Dr.

704. M. *Lestoffé*, Ingénieur.

707. M. de *Lestrade*, Major de la Ville de Montpellier.

705. M. de *Lestrange*, Lieutenant au Régiment d'Heudicourt, Ca.

709. M. *Levêque* Capitaine des Grenadiers du Régiment de Xaintonge, Inf.

705. M. de *Lévy*, Capitaine de Galére.

703. M. de *Leviston*, ci-devant Major de la Citadelle de Mets.

705. M. *Leutaud*, Major de Joux,

ORDRE DE S. LOUIS.

709. M. le Marquis de Leuville, Brigadier d'Armée, Colonel.

711. M. de *Leyrault*, Lieutenant de Roy à Doulens.

704. M. le Marquis de *Liancourt*, Lieutenant Général des Armées du Roy.

703. M. *Libertat*, Lieutenant de Roy de Longvvy.

711. M. *Liet*, Capitaine des Grenadiers du Régiment de Limofin, Inf.

704. M le Marquis de *Lignérac*, Brigadier d'Armée.

710. M. de *Lignéris*, Chevau-Leger de la garde du Roy.

703. M. de *Lignery*, Brigadier des Gardes du Corps.

93. M. de *Ligny*, ci-devant Capitaine au Régiment de Piémont, Inf. 1000. l.

709. M. de *Ligny*, Maréchal des Logis des Chevaux-Légers d'Orleans.

94. M. de *Ligondez*, Brigadier d'Armée.

707. M. le Comte de *Ligondez*, Lieutenant de Vaiffeau.

709. M. *Liller*, Capitaine au Régiment d'Alface, Inf.

703. M. de *Limbeuf*, Major du Régiment de Vendôme, Inf.

705. M. de *Linage de Villeray*, Capine de Vaiffeau.

708. M. du *Lion*, Maréchal des Logis des Gendarmes d'Anjou.

705. M. de *Liſſac*, Capitaine au Régiment de Livry, Ca.

703. M. de *Liverne*, Lieutenant Colonel du Régiment d'Eſclainvilliers, Ca.

703. M. de *Livry*, Lieutenant réformé au Régiment Roïal des Carabiniers.

709. M. le Marquis de *Livry*, Meſtre de Camp de Ca. Capitaine des Chaſſes de la Forêt de Livry & Bondis.

709. M. *Lyon*, Capitaine des Grenadiers du Régiment de Spaar, Inf.

704. M. de *Lyonniére*, Exempt des Gardes du Corps.

700. M. le Marquis de *Loemaria*, Lieutenant Général des Armées du Roy.

705. M de *Loemaria*, Capitaine au Régiment Dauphin, Ca.

709. M. de la *Loge-Imecourt*, Brigadier d'Armée, Lieutenant Colonel du Régiment de Chepy, Ca.

705. M. des *Loges*, Capitaine au Régiment de du Beüil, Inf.

701. M. *Logiviéres*, Commiſſaire Général de l'Artillerie de la Marine.

707. M. de *Lolmie*, Capitaine des Grenadiers au Régiment de Bourbonnois, Inf.

ORDRE DE S. LOUIS.

710. M. de *Lombart*, Capitaine au Régiment de la Fere, Inf.

711. M. des *Lombarts*, Capitaine des renadiers du Régiment Roïal Comtois, nf.

707. M. des *Londes*, Brigadier des ardes du Corps.

710. M. des *Londes*, Capitaine réformé du Régiment de Toulouse, Ca.

703. M. le Comte de *Longaunay*, Capitaine au Régiment de Rouvroy, Dr.

708. M. de *Longeville*, ci-devant Lieutenant Colonel du Régiment de Croy, Ca.

707. M. de *Longpré*.

705. M. de *Longuenos*, Lieutenant au Régiment de Toulouse, Ca.

94. M. de *Longueval*, Capitaine au égiment de Mortemart, Inf.

703. M. de *Longueville*, ci-devant Capitaine au Régiment de Bourgogne, Inf.

705. M. de *Longueville*, Capitaine réormé au Régiment de Gouffier, Ca.

707. M. de *Longeville*, Ingénieur.

703. M. le Baron de *Longeüil*, Maïor de Montreal.

707. M. de *Longray*, Brigadier des Gardes du Corps.

708. M. le Comte de *Lordat de Brai*-*e*, ci-devant Cornette des Chevaux-Légers Dauphins.

710. M. *Lordat de Cazanauve*, Lieutenant Colonel du Régiment d'Heudicourt, Ca.

710. M. de *Lorichon*, Major du Régiment de la Reine, Dr.

705. M. de *Lorme*, ci-devant Capitaine des Grenadiers au Régiment Roïal Comtois, Inf.

706. M. de *Lorme*, Lieutenant d'une Compagnie de Mineurs.

709. M. *Lorry*, Lieutenant Colonel du Régiment de Miromesnil, Inf.

705. M. de *Lortie des Buons*, ci-devant Capitaine au Régiment de Guienne, Inf.

710. M. de *Lostange*, Lieutenant Colonel du Régiment de Lostange, Inf.

703. M. de *Loubert*, Capitaine au Régiment Roïal des Vaisseaux, Inf.

700. M. *S. Loüis*, Ingénieur, Brigadier d'Armée.

700. M. de *S. Loup*, ci-devant Lieutenant Colonel du Régiment de Bretagne, Ca.

705. M. de la *Loupière*, ci-devant Brigadier des Gardes du Corps.

703. M. de *Louvain*, Capitaine au second Bataillon du Régiment Roïal Artillerie.

703. M. de la *Louvière*, ci-devant Lieutenant Colonel du Régiment de Canforan, Ca.

ORDRE DE S. LOUIS.

710. M. de *Louviére*, Ingénieur.

711. M. de *Louze*, Capitaine au Réiment du Maine, Inf.

711. M. de *Loyse*, Capitaine au Réiment de Nice, Inf.

705. M. de *Loysonville*, Chevalier de Lazare, ci-devant Commandant le econd Bataillon du Régiment de Gatiois, Inf.

700. M. de *Loze*, ci-devant Lieutenant olonel du Régiment de Hainault, Inf.

711. de *Lozellerie*, Capitaine des Grenadiers du Régiment de Bretagne, Inf.

702. M. de *Lubiére du Breuil*, Lieutenant de Galére.

93. M. François Charle de Vintimille omte du *Luc*, Lieutenant de Roy en rovence, au département de Marseille.
Co. 3000. l.

704. M. *Lucas*, Capitaine de Canoiers.

704. M. de *Lumageu*, Capitaine au Régiment de May Suisse.

703. M. de la *Luminade*, ci-devant apitaine des Grenadiers du Régiment e Berry, Inf.

705. M. de *Luns*, Lieutenant de Vaiseau.

709. M. de *Lurmet*, Capitaine des renadiers du Régiment d'Orleans, Inf.

552 L'ÉTAT DE LA FRANCE.

94. M. de *Luſſay*, Capitaine d'In

703. M. de *Lutzerbourg*, Capitain réformé au Régiment de Rottembourg Ca.

703. M. de *Lutzerbourg*, Lieutenan Colonel réformé de Ca.

706. M. de *Lux*, ci-devant Soû. Aid Major de la Gendarmerie.

704. M. le Duc de *Luxembourg*, Gouverneur de Normandie, Lieutenant Général des Armées du Roy.

709. M. de *Luxemont*, ci-devant Capitaine des Grenadiers du Régiment d Lannoy, Inf.

99. M. le Comte de la *Luzerne*, Capitaine de Vaiſſeau.

703. M. le Marquis de la *Luzerne* Maréchal de Camp.

M

707. M. de *Machault de Garges*, Lietenant de Vaiſſeau.

704. M. *Machet*, Capitaine au Régiment des Gardes Suiſſes.

709. M. *Macgée*, Capitaine des Grenadiers du Régiment d'Yllon, Inf.

703. M. le Prince de *Machicorre*, Capitaine réformé au Régiment de Saint Priez, Dr.

700

ORDRE DE S. LOUIS.

700. M. de *Macqueville*, ci-devant Enseigne des Gardes du Corps.

705. M. de *Madaillant*, ci-devant Capitaine des Grenadiers au Régiment de Nivernois, Inf.

705. M. de la *Magdelaine*, Capitaine au Régiment de Xaintonge, Inf.

709. M. de *Magenbis*, Capitaine au Régiment de Lée, Inf.

94. M. de *Magnac*, Lieutenant Général des Armées du Roy, Gouverneur du Mont-Dauphin.

705. M. de *Magnières*, ci devant Mestre de Camp de Ca.

704. M. de *Magny*, Lieutenant Général d'Artillerie, Brigadier d'Armée.

711. M. *Magrath*, Commandant le troisième Bataillon du Régiment d'Odonel, Inf.

705. M. de *Mahis*, Lieutenant des Grenadiers au Régiment de Lannoy, Inf.

705. M. *Majan*, ci-devant Capitaine des Grenadiers au Régiment de Tourville, Inf.

710. M. *Maillart*, Capitaine au Régiment d'Aunis, Inf.

705. M. de *Mailly-Livet*, Commandant le second Bataillon du Régiment de Champagne, Inf.

Tome II.   A a

707. M. de *Mailly*, Capitaine des Grenadiers du Régiment de la Chenelaye, Inf.

94. M. de *Mainville*, Meftre de Camp réformé de Ca.   1500. l.

708. M. le Comte de *Mainville*, Soû-Lieutenant des Gendarmes d'Orléans.

707. M. le *Maire*, Ingénieur.

709. M. *Mairot*, Major du Régiment Daunay, Inf.

708. M. de *Maisonneuve*, Aide-Major des Gardes du Corps.

711. M. de *Maisonrouge*, Capitaine des Grenadiers du Régiment de Dauphiné, Inf.

703. M. de *Maisontiers*, ci-devant Meftre de Camp de Ca.   800. l.

705. M. de *Maisontiers*, Colonel.

707. M. de *Maisonville*, Moufquetaire du Roy.

705. M. de S. *Maiffant*, ci-devant Lieutenant de Roy de Béthune.

707. M. le *Maître*, Commiffaire Provincial d'Artillerie.

703. M. de *Malartic*, Lieutenant de Roy de Perpignan, Brigadier d'Armée.

709. M. de *Malaffife*, Commiffaire Provincial d'Artillerie.

703. M. de *Malaval*, Capitaine au Régiment de Soiffonnois, Inf.

ORDRE DE S. LOUIS.

705. M. de *Malesieu*, ci-devant Lieutenant de Galére.

709. M. de *Malguiche*, Brigadier d'Armée, Major d'Ypres.

707. M. de *Mallens*, ci-devant Capitaine des Grenadiers du Régiment de Picardie, Inf.

705. M. de *Malleret*, Lieutenant-Colonel du Régiment de Beauvoisis, Inf.

705. M. de *Malleval*, Capitaine Aide-Major du Régiment de S. Aignan, Ca.

705. M. de la *Malmaison*, Gouverneur de la Guadeloupe.

707. M. de *S. Malo*, Ingénieur.

707. M. de *Maliête*, Maréchal des Logis des Gendarmes de la Reine.

705. M. de *Maluen*, Lieutenant Colonel du Régiment de Livry, Ca.

709. M. *Manceau*, Commandant la Brigade du Régiment de Labour, Inf.

711. M. *Mancin*, Capitaine des Grenadiers du Régiment de Courten, Suisse.

705. M. de *Mandeville*, Capitaine au Régiment de Labour, Inf.

705. M. de *Manessier*, ci-devant Capitaine des Grenadiers du Régiment de Joyeuse, Ca.

93. M. de *Manevillette*, Gouverneur de l'Isle de Ré, Brigadier d'Armée.

2000. l.

94. M. de *Manière*, ci-devant Meſtre de Camp de Ca.

710. M. de *Manneville*, Capitaine au Régiment de Canferan, Ca.

709. M. de *Mantray*, Capitaine Aide-Major du Régiment Dauphin, Ca.

706. M. de *Maqueville*, Capitaine de Canoniers au Régiment Roïal Artillerie.

705. M. des *Marais*, Capitaine au Régiment de Beauvoiſis, Inf.

705. M. de *Marande*, Capitaine au Régiment de Champagne, Inf.

703. M. de *Marange*, Lieutenant Provincial d'Artillerie.

710. M. *Maranger*, Maréchal des Logis des Gendarmes de la Reine.

94. M. de *Marans de Varenne*, Commiſſaire Provincial d'Artillerie. 800. l.

710. M. de *Marans*, Capitaine au Régiment Roïal Artillerie.

709. M. de *Maraſſe*, Capitaine au Régiment de Perigord, Inf.

705. M. de *Marbeuf*, Colonel du Régiment de Bretagne, Dr. Brigadier d'Armée.

708. M. de *S. Marc Duval*, Gendarme de la Garde du Roy.

710. M. de *S. Marc*, Capitaine au Régiment de la Reine, Ca.

700. M. de *Marcé*, Maréchal de Camp. 1500. l.

ORDRE DE S. LOUIS.

707. M. de *S. Marceau*, ci-devant Capitaine des Grenadiers du Régiment d'Anjou, Inf.

710. M. de *S. Marcel*, Maréchal des Logis des Gendarmes de la Garde du Roy.

705. M de *Marchais*, Lieutenant au Régiment de Chartres, Ca.

700. M. *Marchand*, Capitaine de Brulot.

709. M. *Marchand*, Capitaine des Grenadiers du Régiment de Barrois, Inf.

703. M. de *Marcillac*, Major du Régiment de la Marche, Inf.

705. M. de *Marcillac*, Capitaine au Régiment d'Auxerrois, Inf.

705. M. de *Marcillac*, Capitaine au Régiment de S. Aignan, Ca.

705. M. de *Marcillac*, Mestre de Camp réformé au Régiment de la Trémoille, Ca.

705. M. de *Marcillac*, ci-devant Major du Régiment de Caylus, Dr.

705. M. de *Marcillac*, Mestre de Camp de Ca. Brigadier d'Armée.

707. M. de *Marcillac*, Major du Régiment de la Reine, Inf.

709. M. le Marquis de *Marcilly*, Brigadier d'Armée, Lieutenant Général au bas Poitou.

A a iij.

702. M. de *Marcin*, ci-devant Meſtre de Camp au Régiment Roïal des Cravates.

703. M. de *Marcleſy*, Capitaine au Régiment de Courten, Suiſſe.

700. M. *Marcoignet*, Gouverneur de la Rochelle.

708. M. de *Marconels*, Exempt des Gardes du Corps.

707. M. de *Marcouture*, Chevau-Léger de la Garde du Roy.

703. M. de *Marelle*, ci-devant Maréchal des Logis de la ſeconde Compagnie des Mouſquetaires.

700. M. *Mareſcot*, ci-devant Maréchal des Logis de la Ca.

700. M. des *Mareſts*, ci-devant Lieutenant Colonel du Régiment du Roy Ca.

704. M. des *Mareſts*, ci-devant Capitaine des Grenadiers au Régiment de Vermandois, Inf.

708. M. de *Margeret*, Capitaine au Régiment des Gardes, Brigadier d'Armée.

705. M. de *Margimont*, ci-devant Capitaine des Grenadiers au Régiment Dauphin, Inf.

700. M. le Comte de *Margon*, Brigadier d'Armée, Lieutenant de Roy de Languedoc.

ORDRE DE S. LOUIS.

707. M. des *Margues*, Lieutenant de Vaisseau.

705. M. de *Maria*, ci-devant Brigaier des Gardes du Corps.

703. M. de S. *Marie*, Capitaine de Vaisseau.

705. M. de S. *Marie*, Capitaine des Grenadiers du Régiment Dauphin, Inf.

705. M. de S. *Marie*, Capitaine au Régiment de Joyeuse, Ca.

706. M. de S. *Marie*, Commissaire Provincial d'Artillerie.

707. M. de S. *Marie*, Maréchal des Logis des Gendarmes de Berry.

710. M. *Marie Daiziéres*, Capitaine au Régiment de Villeroy, Ca.

710. M. de S. *Marie*, Capitaine au Régiment Roïal, Dr.

711. M. de S. *Marie*, Capitaine au Régiment de Vendôme, Inf.

707. M. *Mariette de Mongardé*, Chevau-Léger de la Garde du Roy.

705. M. de *Marignane*, Major du Régiment de du Troncq, Ca.

711. M. de *Marignane*, Maréchal de Camp, Gouverneur des Isles de Portecros.

94. M. de *Marigny*, ci-devant Major de Thionville.

94. M. de *Marigny*, Commissaire d'Artillerie.

A a iiij,

94. M. *Marin*, sieur de Moüilleron, ci-devant Lieutenant des Gardes du Corps.

711. M. *Marin*, Soû-Brigadier de la premiere Compagnie des Mousquetaires.

704. M. de *Marines*, Maréchal des Logis de la seconde Compagnie des Mousquetaires.

706. M. *Marion*, Capitaine au Régiment d'Alsace, Inf.

709. M. *Marion de Chanrose*, ci-devant Major d'Inf.

705. M. de *Mariville*, Chevau-Léger de la Garde du Roy.

705. M. de *Marle Dautigny*, Capitaine de Galére.

94. M. *Marmier*, Capitaine de Dr.

94. M. de *Marmont*, Capitaine au Régiment de Beringhen, Inf.

703. M. de *Marmont*, ci-devant Major du Régiment de Condé, Inf.

707. M. de *Marmyme*, Capitaine au Régiment de du Maine, Ca.

703. M. de *Marnais*, Lieutenant des Gardes du Corps, Gouverneur de Fougéres, Maréchal de Camp.

710. M. de *Marne*, Capitaine au Régiment, Commissaire Général de la Ca.

709. M. *Marnezia*, Lieutenant Colonel du Régiment Daunay, Inf.

ORDRE DE S. LOUIS.

711. M. *Marotty*, Capitaine au Régiment de Limosin, Inf.

705. M. de *Maroyn*, Capitaine au Régiment Dauphin Dr.

705. M. de *Marquelor*, Commandant le second Bataillon du Régiment d'Auvergne, Inf.

707. M. de *Marquemontault*, Lieutenant de Vaisseau.

706. M. de la *Marquerine*, Capitaine au Régiment de la Marine, Inf.

706. M. de la *Marquesie*, Major du Régiment de Vivarais, Inf.

94. M. de *Marquessac d'Hautefort*, Brigadier d'Armée, Commandant de Landrecy, 1500. l.

708. M. *Marquet de la Barthe*, Gouverneur de Damazan.

707. M. de *Marqueze de Roquemador*, Capitaine de Vaisseau.

705. M. de *S. Mars*, Lieutenant au Régiment des Gardes.

706. M. de *S. Mars*, Capitaine au Régiment des Bombardiers, Inf.

706. M. de *Marsac*.

710. M. de *S. Mars*, Capitaine des Grenadiers du Régiment de Bugey, Inf.

706. M. de *Marsac*, Capitaine des Grenadiers du Régiment du Roy, Inf.

705. M. de *Marsane*, Capitaine au

A a v

Régiment de Tavannes, Inf.

707. M. de *Mar'anne*, ci-devant Major du Régiment de Lyonnois, Inf.

705. M. *Martel*, Major de Saar Loüis.

705. M. *Martel*, Capitaine de Canoniers au Régiment Roïal Artillerie.

703. M. de *Marteville*, Mestre de Camp de Ca. Brigadier d'Armée.

711. M. de *S. Martial*, Capitaine au Régiment de Santerre, Inf.

700. M. de *Martignicourt*, Capitaine au Régiment de Lannoy, Inf.

94. M. de *Martigny*, Capitaine au Régiment de Foix, Dr.

705. M. de *Martigny*, Lieutenant Colonel du Régiment de Saumery, Dr.

93. M. de *Martillac* ci-devant Capitaine au Régiment Dauphin, Inf.
800. l.

703. M. de *Martimont*, ci-devant Capitaine des Grenadiers du Régiment de Flandres, Inf.

94. M. *Martin*, Colonel des Galiotes, Brigadier d'Armée.

708. M. *Martin*, Commandant le second Bataillon du Régiment de Lyonne, Inf.

94. M. de *S. Martin*.

704. M. de *S. Martin*, ci-devant Ca

pitaine des Grenadiers du Régiment du Roy, Inf.

705. M. de *S. Martin*, Commandant le second Bataillon du Régiment de Vermandois, Inf.

705. M. de *S. Martin*, ci-devant Lieutenant Colonel du premier Régiment de Languedoc, Dr.

705. M. de *S. Martin*, ci-devant Capitaine au Régiment de la Reine, Inf.

705. M. de *S. Martin*, Major du Régiment de Rennepont, Ca.

705. M. de *S. Martin*, Maréchal des Logis des Gendarmes d'Anjou.

705. M. de *S. Martin*, Lieutenant au Régiment Roïal Allemand, Ca.

705. M. de *S. Martin*, Major du Régiment de Bourbonnois, Inf.

707. M. de *S. Martin*, Capitaine de Canoniers au Régiment Roïal Artillerie.

708. M. de *S. Martin*, ci-devant Capitaine des Grenadiers du Régiment Daſtour, Inf.

709. M. de *S. Martin*, Capitaine au Régiment de Tourville, Inf.

709. M. de *S. Martin*, Soû-Brigadier de la premiere Compagnie des Mousquetaires.

709. M. de *S. Martin*, ci-devant Ca-

pitaine des Grenadiers du Régiment de Charroſt, Inf.

709. M. de *S. Martin*, Major du Régiment de Languedoc, Inf.

710. M. de *S. Martin*, Major du Régiment de Loſtange, Inf.

704. M. de la *Martinière*, ci-devant Soû-Lieutenant des Chevaux-Légers Dauphins.

710. M. de *Martinon*, Brigadier des Gardes du Corps.

705. M. de *Martiny*, Capitaine au Régiment de Berry, Ca.

905. M. de *S. Martin*, ci-devant Major du Régiment de Rennepont, Ca.

705. M. des *Martois*, ci-devant Brigadier des Gardes du Corps.

705. M. de *Martois*, Capitaine au Régiment d'Artois, Inf.

710. M. de *Marville* Capitaine au Régiment de Lautreck, Dr.

703 M. de *Maſleville*, ci-devant Maréchal des Logis de la premiere Compagnie des Mouſquetaires.

705. M. de *Maſſauve*, Commandant le ſecond Bataillon du Régiment de Laonnois, Inf.

703. M. de *Maſſe*, Commandant dans la Citadelle de Nancy.

703. M. de *Maſſe*, Maréchal des Logis

ORDRE DE S. LOUIS

e la seconde Compagnie des Mousquetaires. *

704. M. de *Masselin*, Brigadier d'Armée.

709. M. *Masselin*, Colonel d'Inf.

705. M. de *Massemback*, Maréchal de amp.

709. M. de *Massia*, Commandant le econd Bataillon du Régiment de Perin, Inf.

703. M. *Masson*, ci-devant Brigadier es Chevaux-Légers de la Garde du Roy.

93. M. *Massot*, Brigadier d'Armée. Co. 4000. l.

94. M. *Massouverain*, ci-devant Capiaine au Régiment de Vianlais.

705. M. de *Mata*, Capitaine au Régiment de Poitou, Inf.

710. M. de *Matha*, Colonel d'Inf.

703. M. de la *Matte*, Capitaine & ide-Major du Régiment de Touraine, nf.

707. M. de *Mauléon*, ci-devant Sourigadier des Chevaux-Légers de la Garde du Roy.

711. M. de *Maumusson*, Capitaine des renadiers du Régiment de Dauphiné, nf.

709. M. de la *Maumerie*, Ingénieur.

709. M. de *Mauny*, Brigadier d'Armée.

mée, Colonel du Régiment de Luxembourg, Inf.

707. M. de *Maupas*, ci-devant Capitaine des Grenadiers du Régiment de Picardie, Inf.

703. M. le Marquis de *Meaupeou*, Capitaine au Régiment des Gardes, Inspecteur Général d'Inf, Maréchal de Camp.

94. M. de *Maupertuis*, Lieutenant Général des Armées du Roy, Capitaine-Lieutenant de la première Compagnie des Mousquetaires, Gouverneur de la Province de Toul. Gr. C. 6000. l.

707. M. *Maurand*, Maréchal des Logis des Chevaux-Légers de Berry.

700. M. de *S. Maure*, ci-devant Lieutenant Colonel du Régiment d Conflans, Inf.

703. M. le Marquis de Sainte *Maure* Capitaine de Vaisseau.

710. M. de *S. Maure*, Capitaine d'une Compagnie du second Régiment de Languedoc, Dr.

711. M. de *S. Maure*, Capitaine d'un Compagnie d'Invalides.

700. M. *Mauric*, Capitaine au Régiment de Bonelle, Dr.

94. M. de *S. Maurice*, Brigadier d'Armée.

ORDRE DE S. LOUIS.

703. M. de *S. Maurice*, Capitaine de Canoniers.

94. M. de *S. Mauris*, ci-devant Meſtre de Camp de Ca. 200 c. l.

94. M. de *Mauroy*, Gouverneur de Taraſcon, Maréchal de Camp, Maréchal Général des Logis, des Camps & Armées du Roy.

703. M. de *Mauroy*, ci-devant Capitaine des Grenadiers du Régiment de la Reine, Inf.

70. M. de *Mauroy*, Lieutenant Colonel du Régiment de Villiers, Ca.

94. M. de *Maurpart*, Commiſſaire Provincial d'Artillerie.

705. M. de *Mauſſon*, Lieutenant de Vaiſſeau.

703. M. du *May*, Capitaine des Gardes de M. le Maréchal de Villeroy.

708. M. le *Mayne*, Lieutenant de Roy, e Montpellier.

705. M. *Mazier*, Capitaine au Régiment de Monroux, Inf.

703. M. *Mazillé*, Maréchal des Logis des Gendarmes de la Garde du Roy.

94. M. de *Mazillière*, Major du Régiment Roïal des Vaiſſeaux, Inf.

705. M. *Mazin de Monts*, Capitaine Régiment de S. Second, Inf.

705. M. *Mécours*, Capitaine au Ré-

giment de Sanſay, Inf.

710. M. de *Medidier*, Soû-Brigadier de la premiere Compagnie des Mouſquetaires.

703. M. de *Médony*, ci-devant Lieutenant Colonel du Régiment Roïal Italien, Inf.

94. M. de *Mégrigny*, Lieutenant Général des Armées du Roy, Bailli de Troyes, en ſurvivance.   Co. 4000. l.

710. M. le Vicomte de *Meleun de Gand*, Brigadier d'Armée.

703. M. de *Melleray*, Lieutenant de Roy de Belle-Iſle.   800. l.

705. M. de *Mellet*, Capitaine au Régiment de Meleun, Ca.

94. M. de *Melun*, ci-devant Lieutenant au Régiment des Gardes.

707. M. de *Menadon*, Garde du Corps du Roy

705. M. *Ménard de la Noue*, ci-devant Capitaine des Grenadiers au Régiment de Vendôme, Inf.

705. M. *Ménard*, Lieutenant Colonel du Régiment de Limoſin, Inf.

709. M. *Mendre*, Capitaine des Grenadiers du Régiment de Ponthieu, Inf.

709. M. de *Menerde*, Major du Régiment de Berry, Inf.

700. M. du *Menil*, Gouverneur de Neufchatel.

ORDRE DE S. LOUIS.

94. M. du *Menil-grandpré*, ci-devant Lieutenant Colonel du Régiment de Liautot, Inf.

705. M. de *Menneville*, Lieutenant Général d'Artillerie.

700. M. de *Ménonville*, Lieutenant de Roy à la Citadelle de Marseille.

703. M. de *Ménou*, Brigadier d'Armée.

709. M. le Marquis de *Ménou*, ci-devant Soû-Lieutenant des Gendarmes Anglois.

705. M. de *Meray*, ci-devant Brigadier des Gardes du Corps.

709. M. le Marquis de *Meré*, Enseigne des Gendarmes de la Reine.

703. M. de *Mérials*, ci-devant Lieutenant Colonel du Régiment Roïal Roussillon, Inf.

706. M. de *Mérie*, Aide-Major du Régiment du Roy, Inf.

705. M. le Marquis de *Mérinville*, Capitaine Lieutenant des Gendarmes de la Reine, Brigadier d'Armée.

709. M. de *Merlemont*, Commandant le second Bataillon du Régiment de Miromesnil, Inf.

708. M. *Merlin*, Sécrétaire à la conduite des Ambassadeurs.

711. M. de la *Merlée*, Commandant

570 L'ETAT DE LA FRANCE.
le second Bataillon du Régiment de Médoc, Inf.

711. M. *Mermier*, Capitaine des Grenadiers du Régiment Roïal des Vaisseaux, Inf.

709. M. de *Méros*, Brigadier des Gardes du Corps.

710. M. de *Mervial*, Capitaine au Régiment d'Aunis, Inf.

709. M. de *Méry*, Brigadier des Chevaux-Légers de la Garde du Roy.

705. M. de *Mesgrigny*, Ingénieur.

710. M. de *Meslon*, Lieutenant Colonel du Régiment des Cravates, Ca.

709. M. le Marquis de *Mesnières*, ci-devant Soû-Lieutenant des Gendarmes de Berry.

710. M. du *Mesnil la Chaize*, Capitaine au Régiment d'Angennes, Inf.

70.... M. du *Mesnil Norey*, Lieutenant de Vaisseau.

705. M. de la *Messelière*, Lieutenant de Galére.

705. M. de *Messières*, Exempt des Gardes du Corps.

707. M. de *Meulle*, Capitaine des Grenadiers du Régiment d'Hessy, Suisse.

703. M. de *Meux la Ferté*, Ingénieur.

709. M. *Meunier*, Major du Régi-

ORDRE DE S. LOUIS.

ment de Castelas, Suisse.

94. M. le Marquis de *Mézières*, Gouverneur d'Amiens, Lieutenant Général des Armées du Roy.

704. M. de *Mézières*, Colonel réformé d'Inf.

708. M. de *Mézières*, Capitaine réformé au Régiment, Colonel Général de la Ca.

94. M. de Jay de *Miane*, Lieutenant du Château de Nantes.

707. M. de *Mianne*, Brigadier d'Armée, Colonel réformé de Dr.

705. M. *Michault*, Capitaine de Frégate.

95. M. de S. *Michel*, Lieutenant au Régiment de Marcillac, Ca.

704. M. le Baron de S. *Michel*, Capitaine de Galére.

710. M. de S. *Michel*, Major de Saarbourg.

711. M. des *Mignons*, Brigadier des Gendarmes de la Garde du Roy.

95. M. de *Millancourt*, Lieutenant de Roy de la Ville de Cambray.

708. M. de la *Millanderie*, Lieutenant au Régiment de S. Poüange, Ca.

703. M. de *Millarovitz*, Lieutenant Colonel du Régiment de Gréder Allemand, Inf.

706. M. de *Milly*, Capitaine au Régiment de Deppeville, Inf.

94. M. *Milon*, ci-devant Lieutenan Colonel du Régiment de Lannoy, In

707. M. le Marquis de *M murs*, Maréchal de Camp, il est de l'Academi Françoise.

703. M. de la *Minotière*, Lieutenan Colonel réformé du Régiment de Va teville.

709. M. *Minard*, Capitaine des Gr nadiers du Régiment de Forest, Inf.

710. M. *Miquet*, Cornette de la Mestre d Camp du Régiment de Tourotte, Ca

709. M. de *Mirabeau*, Brigadier d'Ar mée.

707. M. de *Mirabel*, Soû-Brigadie des Gardes du Corps.

705. M. *Miran*, Brigadier d'Armée ci-devant Enseigne des Gendarmes An glois.

701. M. de la *Mirande*, Lieutenant d Vaisseau.

705. M. de *Miraumont*, ci-devant Lieu tenant Colonel du Régiment Coettemar Dr.

709. M. le Marquis de *Miromesnil* Maréchal de Camp.

708. M. de *Mirval*, Aide-Major Perpignan.

ORDRE DE S. LOUIS.

705. M. *Mitton*, Capitaine au Régiment de Normandie, Inf.

706. M. de *Modenne*, Capitaine de Vaisseau.

705. M. *Moet de Broüillet*, Capitaine des Grenadiers au Régiment de Provence, Inf.

705. M. de *Moienville*, Ingénieur.

711. M. *Moillot*, Capitaine des Grenadiers du Régiment du Perche, Inf.

705. M. *Moinier*, ci-devant Lieutenant Colonel du Régiment de Limosin, Inf.

93. M. de *Moiron*, Maréchal de Camp.

700. M. de *Moisset*, Capitaine de Vaisseau.

93. M. *Molé*, Lieutenant de Roy de la Citadelle de Calais, Brigadier d'Armée.
1000. l.

707. M. de *Moleon*, Major du Régiment de Bouzols, Inf.

707. M. de *Mollière*, Lieutenant au Régiment Roïal des Carabiniers de la Brigade de Cloys.

703. de *Monbartier*, Commandant à Taverne, Brigadier d'Armée.

94. M. de *Monbault*, Capitaine de Vaisseau.
800. l.

94. M. le Comte de *Moncault*, Gouverneur de la Citadelle de Besançon, Lieute-

574 L'ETAT DE LA FRANCE.
nant Général des Armées du Roy.

710. M. de *Monset*, Lieutenant Colonel au Régiment de Pouriéres, Dr.

707. M. de *Monchoify*, ci-devant Capitaine des Grenadiers du Régiment de Picardie, Inf.

704. M. de *Monchy*, Lieutenant Général d'Artillerie.

94. M. de *Monclar*, ci-devant Capitaine au Régiment de Liautot, Inf.

705. M. de *Monereau*, Capitaine Commandant le second Bataillon du Régiment de Bearn, Inf.

709. M. de *Monftrat*, Colonel réformé à la suite du Régiment d'Orléanois, Inf.

709. M. de *Monfloux*, Capitaine de Grenadiers du Régiment de Normandie Inf.

711. M. de *Monfort*, Meftre de Camp du Régiment de Rouffillon, Ca.

700. M. le Comte de *Mongeorge*, Maréchal de Camp.

709. M. de *Mongueux*, ci-devant Capitaine au Régiment Roïal des Carabiniers de la Brigade de du Rozel.

700. M. le Marquis de *Mongon*, Lieutenant Général des Armées du Roy, Directeur Général de la Ca.

708. M. de la *Monneraye*, Lieutenant

ORDRE DE S. LOUIS. 575
au Régiment des Gardes.

705. M. de la *Monnerie*, Major du Régiment du Roy, Ca.

709. M. de *Monnier*, Soû Brigadier de la seconde Compagnie des Mousquetaires.

707. M. de *Monny*, Capitaine au Régiment Roïal des Carabiniers de la Brigade de Rouvray.

703. M. le Marquis de *Monpezat*, Capitaine au Régiment des Gardes, Maréchal de Camp, Gouverneur de Somiéres.

703. M. de *Mons*, Capitaine de Vaisseau.

704. M. de *Mons*, ci-devant Lieutenant Colonel du Régiment de Soissonnois, Inf.

709. M. de *Mons*, Lieutenant Colonel du Régiment Dauphin, Inf.

708. M. de *Monseau*, ci-devant Major du Régiment de Perigort, Inf.

708. M. de *Monsoury*, Lieutenant au Régiment des Gardes.

703. M. de *Monsures*, ci-devant Aide-Major de la Gendarmerie.

703. M. du *Mont*, Capitaine au Régiment des Gardes Suisses.

705. M. du *Mont*, ci-devant Brigadier des Gardes du Corps.

711. M. du *Mont*, Capitaine au Régi-

ment de Dauphiné, Inf.

703. M. de *Montagu*, ci-devant Capitaine des Grenadiers du Régiment de Tourville, Inf.

703. M. de *Montaigu*, ci devant Capitaine de Dr.

705. M. de *Montaigu*, Capitaine au Régiment de Livry, Ca.

707. M. de *Montaigu*, ci-devant Major du Régiment de Barrois, Inf.

705. M. de *Montal de Coutange*, Capitaine des Grenadiers du Régiment d Bresse, Inf.

709. M. de *Montalembert*, Lieutenan Colonel du Régiment de Nivernois Inf.

94. M. de *Montalant*, Brigadier d'Armée, Gouverneur de Bar-sur-Aube.
2000. l

705. M. de *Montamat*, ci devant Major du Régiment de Gêvres, Ca.

705. M. de *Montaniac*, Lieutenant Colonel du Régiment de Santerre, Inf.

709. M. de *S. Montant*, Lieutenant Colonel du Régiment de Boschet, Inf.

705. M. de *Montaran*, Lieutenant au Régiment des Gardes.

708. M. de *Montaran*, Capitaine au Régiment des Gardes.

95. M. de *Montarel*, ci-devant Capitaine

pitaine au Régiment de Lautreck, Dr.

710. M. de *Montaroux*, Capitaine au Régiment de la Tour, Ca.

703. M. de *Montauban*, Gouverneur de Seyne.

709. M. de *Montauban*, ci-devant Capitaine au Régiment Roïal des Carabiniers de la Brigade de Verneüil.

705. M. de *Montaubert*, Major du Régiment de Charolois, Inf.

9.... M. le Marquis de *Montaulieu*, Chef d'Escadre des Galéres. 1500. l.

705. M. de *Montaulieu*, Lieutenant de Galére.

705. M. de *Montauroux*, Capitaine au Régiment des Cuirassiers, Ca.

94. M. de *Montausée*, ci-devant Soû-Lieutenant des Chevaux-Légers d'Orleans.

705. M. de *Montbardon*, Brigadier des Gardes Flamans du Roy Catholique.

705. M. de *Montbert*, Maréchal des Logis des Gendarmes Ecossois.

704. M. de *Montbrat*, ci-devant Capitaine des Grenadiers au Régiment Roïal, Inf.

705. M. de *Montbreton*, Major du Régiment Roïal Allemand, Ca.

705. M. de *Montclar*, Lieutenant au Régiment Roïal, Inf.

Tome II.   B b

707. M. de *Monteil*, Commissaire Provincial d'Artillerie.

707. M. de *Monteil*, ci-devant Major du Régiment de Bissy, Ca.

709. M. de *Montenay*, Colonel réformé, d'Inf.

93. M. de *Montenol*, Major du Fort S. Jean de Marseille. 800. l.

705. M. de *Montereau*, Capitaine au Régiment de Bourgogne, Ca.

709. M. de *Montesquiou*, Capitaine des Grénadiers du Régiment de Médoc, Inf.

707. M. de *Montesquiou*, ci-devant Capitaine des Grenadiers du Régiment de la Marine, Inf.

94. M. le Comte de *Montessn*, Lieutenant des Gardes du Corps, Lieutenant Général des Armées du Roy, Gouverneur de S. Quentin.

700. M. du *Monet*, ci-devant Lieutenant Colonel du Régiment de Beauvoisis, Inf. Brigadier d'Armée.

703. M. de *Monteval*, Exempt des Gardes du Corps.

703. M. de *Montevir*, ci-devant Capitaine des Grenadiers du Régiment de Bretagne, Inf.

705. M. de *Montfort*, ci-devant Brigadier des Gardes du Corps.

ORDRE DE S. LOUIS.

709. M. de *Montfort*, Major du Régiment de Lorraine, Inf.

707. M. de *Montgardé*, Chevau-Léger de la Garde du Roy.

705. M. de *Montgeot*, Capitaine au Régiment de la Chenelaye, Inf.

711. M. de *Montginet*, Lieutenant Colonel du Régiment de Louvigny, Inf.

94. M. le Comte de *Montgommery*, Maréchal de Camp.

704. M. le Comte de *Montgon*, Brigadier d'Armée, Capitaine des Grenadiers du Régiment des Gardes.

710. M. de *Montgrand*, Soû-Brigadier de la premiere Compagnie des Mousquetaires.

705. M. de *Montgrenier*, Lieutenant-Colonel du Régiment de Perrin, Inf.

703. M. de *Monthelon*, Maréchal des Logis de la seconde Compagnie des Mousquetaires.

705. M. de *Montiers*, Capitaine, Aide-Major du Régiment de Toulouse, Ca.

711. M. des *Montieux*, Capitaine au Régiment de Vivarais, Inf.

703. M. de *Montignac*, ci-devant Lieutenant Colonel du Régiment de Gêvres, Ca.

93. M. de *Montigny*, Brigadier d'Armée. 1500. l.

703. M. de *Montigny*, Lieutenant au Régiment Roïal des Carabiniers de la Brigade de Cloys.

710. M. de *Montigny*, ci-devant Lieutenant Colonel du Régiment d'Harcourt, Ca.

711. M. de *Montigny*, Capitaine au Régiment Roïal Artillerie.

710. M. le Baron de *Montjoye*, Brigadier d'Armée.

705. M. de *Montjustin*, Capitaine au Régiment de Bourbon, Ca.

707. M. de *Montlezun*, Lieutenant de Vaisseau.

707. M. de *Montlezun*, Commissaire Provincial d'Artillerie.

707. M. de *Montmain*, Enseigne des Gardes du Corps, Maréchal de Camp.

703. M. de *Montmejan*, Lieutenant de Roy de Collioure.

703. M. de *Montmelian*, ci-devant Capitaine des Grenadiers du Régiment Roïal, Inf.

707. M. de *Montmirel*, Major du Régiment Dauphin, Inf.

705. M. le Comte de *Montmorency*, Maréchal de Camp.

708. M. de *Montmorency*, Soû-Brigadier de la premiere Compagnie des Mousquetaires.

ORDRE DE S. LOUIS.

709. M. de *Montmorency*, Meſtre de Camp réformé à la ſuite du Régiment de Villequiers, Ca.

709. M. de *Montmort*, Major du Régiment de Mortemart, Inf.

704. M. de *Montolieu*, Capitaine de Canoniers.

704. M. le Marquis de *Montperoux*, Meſtre de Camp Général de la Ca. Lieutenant Général des Armées du Roy.

700. M. de *Montplacé*, Commiſſaire d'Artillerie.

703. M. de *Montreau*, Capitaine réformé de Ca.

705. M. de *Montredon*, Capitaine au Régiment de Languedoc, Inf.

705. M. de *Montrenard*, ci-devant Capitaine au Régiment de Normandie, Inf.

705. M. de *Montrichard*, ci-devant Capitaine au Régiment de Marteville, Ca.

93. M. de *Montroux*, Lieutenant Général des Armées du Roy. Co. 3000. l.

705. M. de *Montroux*, Capitaine réformé au Régiment Dauphin de Dr.

705. M. le Comte de *Montſoreau*, Lieutenant Général des Armées du Roy.

703. M. de *Montverdun*, Major du Régiment de Caylus, Dr.

B b iij

703. M. de *Montviel*, Gentilhomme de la Manche de Monseigneur le Dauphin, Brigadier d'Armée.

703. M. de *Montz*, Lieutenant Colonel du Régiment de Vaudrey, Ca.

710. M. de *Moraigne*, Capitaine Lieutenant Commandant la Mestre de Camp du Régiment de Courcillon, Ca.

703. M. *Morand*, Lieutenant au Régiment, Commissaire Général de Ca.

710. M. *Moreau*, Lieutenant au Régiment Roïal des Carabiniers de la Brigade de Pugeol.

710. M. *Moreau*, Lieutenant Colonel du Régiment de Marteville, Ca.

710. M. *Moreau*, Capitaine au Régiment de Provence, Inf.

705. M. *Morel*, Major du Régiment d'Artois, Inf.

705. M. *Morel*, ci-devant Capitaine au Régiment Roïal des Carabiniers.

705. M. *Morel de Vignolle*, Capitaine au Régiment de Chartres, Ca.

705. M. de S. *Morel*, Lieutenant Colonel du Régiment de Poitou, Inf.

709. M. *Morel*, Lieutenant d'Artillerie.

709. M. de *Moreüil*, Lieutenant Colonel du Régiment Dauphin, Ca.

704. M. de *Morgany*, Capitaine au

ORDRE DE S. LOUIS.

Régiment Roïal Italien, Inf.

710 M. de *S. Morice*, Lieutenant Colonel du Régiment de Bourgogne, Ca.

708. M. *Morin*, Major du fort de Médoc.

94. M. de *Mornay de Ponchon*, Major de Dieppe.

705. M. le Comte de *Mornay*, Lieutenant Général des Armées du Roy, Gouverneur de S. Germain-en-Laye.

709. M. de *Mornay*, Major du Régiment de Nivernois, Inf.

94. M. le Comte de *Mortagne*, Premier Ecuyer de Madame.

703. M. de *Mortagny*, Maréchal de Camp.

705. M. de *Mortemert*, Lieutenant Colonel du Régiment de Vaudremont, Ca.

705. M. du *Mortier*, Commandant le second Bataillon du Régiment de Beauce, Inf.

700. M. de *Morton*, Gouverneur de Belfort, Brigadier d'Armée.

711. M. de *Morville*, Commandant un Bataillon du Régiment de Navarre, Inf.

709. M. de *Mosny*, Ingénieur.

709. M. de *Mosny*, Commandant le second Bataillon du Régiment de Charost, Inf.

94. M. de la *Mothe d'Eyran*, Capitaine de Vaisseau.

703. M. de la *Mothe Guerin*, Lieutenant de Roy des Isles de S. Marguerite & de S. Honorat.

706. M. de la *Mothe-Michel*, Capitaine de Vaisseau.

700. M. le Comte de la *Mothe-Houdancourt*, Gouverneur de Bergues S. Vinox, Lieutenant Général des Armées du Roy.

93. M. le *Motheux*, Capitaine de Vaisseau. 2000. l.

93. M. de la *Motte*, Brigadier d'Armée, ci-devant Lieutenant de Roy de la Citadelle de Lisle. 1000. l.

93. M. de la *Mottemarce*, ci-devant Capitaine au Régiment de Navarre, Inf. 1000. l.

700 M. de la *Motte*, Lieutenant Colonel du Régiment de Rohan, Dr.

703. M. de la *Motte*, Lieutenant Colonel du Régiment Roïal des Vaisseaux, Inf. Lieutenant de Roy de Sceleftat.

704. M. de la *Motte la Mire*, Capitaine au Régiment du Roy, Inf

705. M. de la *Motte*, ci-devant Mestre de Camp de Ca.

705. M. de la *Motte de Las*, Lieutenant Colonel du Régiment de S. Phal Coulange, Ca.

ORDRE DE S. LOUIS.

705. M. de la *Motte*, ci-devant Lieutenant Colonel du Régiment de Luxembourg, Inf.

705. M. de la *Motte Gadret*, Lieutenant Colonel du Régiment de Guienne, Inf.

705. M. de la *Motte*, ci-devant Capitaine des Grénadiers du Régiment d'Hainault, Inf.

707. M. de la *Motte*, ci-devant Major du Régiment Roïal des Carabiniers de la Brigade de du Rozel.

709. M de la *Motte*, Maréchal des Logis des Gendarmes Bourguignons.

709. M. de la *Motte Vellerot*, Lieutenant au Régiment Roïal des Carabiniers de la Brigade de Verneüil.

709. M. de la *Motte jeunis*, Capitaine d'une Compagnie détachée du Régiment de Normandie, Inf.

709. M. de la *Motte*, Capitaine au Régiment de Tourville, Inf.

709. M. de la *Motte*, Major du Régiment de Lyonne, Inf.

710. M. de la *Motte*, Capitaine au Régiment d'Orleans, Ca.

710. M. de la *Motte*, Capitaine au Régiment de Bouzols, Ca.

710. M. de la *Motte*, Lieutenant au Régiment Roïal des Carabiniers de la

Brigade de Verneüil.

710. M. de la *Motte*, ci-devant Aide-Major d'Aire.

711. M. de la *Motte*, Capitaine des Grénadiers du Régiment de Perrin, Inf.

707. M. des *Mouceaux*, Maréchal des Logis de la premiere Compagnie des Mousquetaires.

704. M. *Mouchot*, Maréchal des Logis des Chevaux-Légers de la Garde du Roy.

703. M. de *Mouchy*, Capitaine au Régiment de la Couronne, Inf.

709. M. le Marquis de *Mouchy*, Maréchal de Camp.

710. M. de *Mouchy*, Soû-Brigadier des Gardes du Cops.

711. M. de *Moulinière*, Capitaine au Régiment de Poitou, Inf.

705. M. des *Moulins*, ci-devant Capitaine des Grenadiers au Régiment de la Couronne, Inf.

705. M. du *Moulin*, Lieutenant Colonel réformé de Dr.

706. M. des *Moulins*, Brigadier des Gardes du Corps.

711. M. des *Moulins*, Capitaine au Régiment de Dauphiné, Inf.

708. M. *Moullard*, Major de la Citadelle de l'Isle de Ré.

ORDRE DE S. LOUIS.

710. M. Moureau, Capitaine au Régiment des Bombardiers, Inf.

710. M. Mourgues, Capitaine au Régiment de S. Aignan, Ca.

70.... M. de Mouroux, Colonel.

701. M. de la Mouſſaye, Lieutenant de Vaiſſeau.

703. M. du Muſſeau, Lieutenant du Régiment de Biſſy, Ca.

705. M. le Comte de Moyencourt, Major de la Marine.

705. M. de Moyenville, Ingénieur.

705. M. Moyeques, ci-devant Colonel.

705. M. le Comte de Muret, Lieutenant Général des Armées du Roy, Co.
4000. l.

707. M. du Murie, ci-devant Brigadier des Gardes du Corps.

709. M. des Murs, Exempt des Gardes du Corps.

709. M. de Mus, ci-devant Capitaine des Grénadiers du Régiment de Périgort, Inf.

710. M. de Muſſel, Major du Régiment de Meleun, Ca.

709. M. de Muſtafaphu, Capitaine à la ſuite du Régiment de Greder Allemand, Ca.

B b vj

N

707. M. de *Nadaillac*, Lieutenant Colonel du Régiment de Boufflers, Inf.

710. M. de *Nancré*, Lieutenant Colonel du Régiment de Coulange, Ca.

710. M. le Comte de *Nancré*, Lieutenant Colonel du Régiment de Villequier, Ca.

705. M. de *Nanteüil*, Brigadier des Chevaux-Légers de la Garde du Roy.

710. M. de *Nantilly*, Capitaine Lieutenant de la Compagnie Meftre de Camp du Régiment de Bourbon, Ca.

705. M. de *Narbonne*, ci devant Lieutenant-Colonel du Régiment de Genfac, Inf.

709. M. de *Naujan*, Lieutenant-Colonel du Régiment d'Angoumois, Inf.

710. M. de la *Nauve*, ci-devant Major de Bethune.

707. M. de *Nazarrins Reding*, Lieutenant au Régiment des Gardes Suiffes.

94. M. de *Néélé*, des Carabiniers.

706. M. *Nervault*, Capitaine au Régiment des Bombardiers, Inf.

700. M. de *Nifle*, ci devant Major du Régiment Meftre de Camp Général Ca.

ORDRE DE S. LOUIS.

705. M. le Marquis de *Neuchelle*, Enseigne des Gardes du Corps, Gouverneur de Sainte-Menehoud.

703. M. *Neveu*, ci devant Maréchal des Logis des Chevaux-Légers de la Garde du Roy.

705. M. de *Neufchâtel*, ci-devant Major du Régiment d'Estagnol, Ca.

709. M. de *Neufvelize*, Major du Régiment de Navarre, Inf.

707. M. de *Neufville*, Capitaine au Régiment de la Trémoille, Ca.

707. M. de *Neufville*, Lieutenant de Roy de la Citadelle d'Arras.

703. M. de *Neuvillette*, Capitaine au Régiment Dauphin, Ca.

93. M. de *Neuville-Beauvais*, Lieutenant Colonel réformé de Ca. 1500. l.

703. M. de *Neuville*, ci-devant Maréchal des Logis des Chevaux-Légers de la Garde du Roy.

704. M. de *Neuville*, Lieutenant au Régiment de Piémont, Inf.

705. M. de *Neuville*, Major du Régiment de Chartres, Inf.

700. M. *Niquet*, Ingénieur, Lieutenant de Roy d'Antibe.

708. M. de la *Nizière*, Brigadier de la seconde Compagnie des Mousquetaires.

707. M. le Duc de *Noailles*, Lieutenant Général des Armées du Roy, Chevalier de la Toison d'or, Capitaine des Gardes du Corps, Gouverneur de Roussillon.

710. M. *Noailles S. Vieton*, ci-devant Lieutenant de Roy de Dandermonde.

703. M. *Noblesse*, Ingénieur.

703. M. de *Nocey*, Lieutenant Colonel du Régiment de Vermandois, Inf.

709. M. de *Noday*, Major du Régiment de Lannion, Inf.

707. M. de *Nodot*, Lieutenant au Régiment de Tourotte, Ca.

703. M. de *Nogaret*, Colonel.

710. M. de *Nogaret*, Capitaine des Grenadiers du Régiment d'Orleanois, Inf.

705. M. de *Nogent*, Lieutenant de Vaisseau.

94. M. *Nollet*, ci-devant Lieutenant Colonel.

703. M. *Nollet*, Lieutenant Colonel réformé d'Inf.

93. M. de *Nonant*, ci-devant Lieutenant au Régiment des Gardes. 1000. l.

703. M. de *Nonant*, Lieutenant de Roy de la Mirandole.

70... M. de *Nonant*, Brigadier d'Armée, Colonel du Régiment de Provence, Inf.

ORDRE DE S. LOUIS.

707. M. de *Nongerolles de la Motte*, ci-devant Capitaine de la Manche du Roy.

706. M. de *Norcy*, Capitaine de Vaisseau.

94. M. de *Noriou*, ci-devant Major du Régiment de Lery, Ca.

705. M. de la *Normande*, Lieutenant Colonel du Régiment de Lannoy, Inf.

700. M. de la *Nouë de Vair*, ci-devant Meſtre de Camp de Ca.

703. M. de *Nouy*, Commandant le ſecond Bataillon du Régiment de Normandie, Inf.

710. M. de *Noydan*, Capitaine des Grénadiers du Régiment de Daunay, Inf.

94. M. des *Noyers*, Commiſſaire d'Artillerie.

709. M. des *Noyers*, Capitaine au Régiment de Foix, Inf.

709. M. de *Nozières*, Capitaine au Régiment de Touraine, Inf.

709. M. de *Nozières*, ci-devant Capitaine des Grénadiers du Régiment de Sanſay, Inf.

710. M. de *Nugent*, Meſtre de camp de Ca.

705. M. de *Nury*, Capitaine au Régiment de Beaufremont, Dr.

O

703. M. le Marquis d'*O*, l'un des Seigneurs que le Roy a choisis pour être assidus prés Monseigneur le Dauphin, Lieutenant Général des Armées Navales.

703. M. *Obrien*, ci-devant Lieutenant Colonel du Régiment d'Obrien, Inf.

705. M. *Obrien*, Colonel, Brigadier d'Armée.

711. M. *Oconnor*, Commandant la Brigade de Galmoy.

705. M. de *S. Offenge*, Lieutenant Colonel du Régiment de Lenoncourt, Ca.

705. M. de *S. Olive*, Lieutenant Colonel du Régiment Dalzau, Ca.

703. M. des *Ontes*, ci-devant Major du Régiment d'Orleans, Inf.

711. M. *Onio*, Capitaine des Grenadiers du Régiment de Bourgogne, Inf.

710. M. de *S. Oportune*, Brigadier des Gardes du Corps.

700. M. d'*Orgemont*, Maréchal de Camp.
2000. L.

709. M. d'*Orington*, Lieutenant Général des Armées du Roy, Colonel.

703. M. le Baron d'*Orogne*, Capitaine de Vaisseau.

ORDRE DE S. LOUIS.

705. M. *d'Orvilliers*, Gouverneur de Cayenne.

94. M. *d'Osmont*, Colonel réformé de Dragons. 1000. l.

700. M. *Osmont*, ci-devant Meſtre de Camp de Cav.

703. M. *Oüen Beauval*, Capitaine au Régiment de Bouzols, Ca.

707. M. de *S. Oüen*, ci-devant Lieutenant Colonel du Régiment Roïal, Inf.

706. M. *d'Ourches*, Maréchal de Camp.

704. M. de *S. Ours*, Capitaine de Compagnie à la nouvelle France.

P

705. M. *Pagny*, Commandant le ſecond Bataillon du Régiment de Toulouze, Inf.

711. M. du *Paix*, Capitaine des Grenadiers du Régiment de Damas, Inf.

710. M. du *Palais*, Meſtre de Camp de Ca.

94. M. le Baron de *Palières*.

705. M. de *Palières*, ci-devant Capitaine des Grenadiers du Régiment de Limoſin, Inf.

705. M. le Baron de *Palières*, Capitaine de Vaiſſeau.

709. M. de *Pallerat*, Capitaine Lieutenant au Régiment de Tarneau, Ca.

711. M. de *Palmes*, Capitaine des Grenadiers du Régiment Roïal, Inf.

705. M. de la *Paluë*, Capitaine au Régiment de Tourville, Inf.

706. M. *Panet*, Lieutenant d'Artillerie.

705. M. *Paon*, Meftre de Camp de Cav.

710. M. de *Paraberre*, Brigadier d'Armée, Meftre de Camp de Ca.

95. M. *Parat*, Maréchal de Camp.

703. M. du *Parc*, Capitaine de Vaiffeau.

702. M. du *Parc aux Poëds*, Capitaine au Régiment de Picardie, Inf.

705. M. de *S. Pardoux*, Capitaine au Régiment de la Reine, Dr.

94. M. des *Parelles*.

705. M. de *Pargate*, Capitaine au Régiment Roïal, Inf.

709. M. de *Parigny*, Capitaine au Régiment de le Coigneux, Dr.

705. M. de *Parififontaine*, Aide-Major des Gardes du Corps, Brigadier d'Armée, Gouverneur de Morlaix.

705. M. de *Parififontaine*, Lieutenant Colonel du Régiment Roïal de la Marine, Inf.

708. M. *Parifot*, ci-devant Major du

ORDRE DE S. LOUIS.

[Ré]giment de Bourbon, Inf.

[6]97. M. *Parlan*, Capitaine de Frégate, 1000. l.

709. M. de *Parpaille*, Colonel de Dr.

709. M. du *Parq*, Commissaire Pro[v]incial d'Artillerie.

705. M. du *Parquet*, Lieutenant de [R]oy de la Martinique, Enseigne de [V]aisseau.

705. M. *Partarieu*, Lieutenant Colo[n]el réformé, d'Inf.

705. M. du *Pas*, Exemt des Gardes [d]u Corps.

700. M. du *Pas-Feuquiéres*, Capitaine [d]e Vaisseau.

703. M. *Pascal*, ci-devant Major du Régiment du Palais, Ca.

703. M. *Pascal*, ci-devant Lieutenant [d]e Roy de Kirn.

711. M. *Pascal*, Capitaine des Grena[d]iers du Régiment de Bourgogne, Inf.

711. M. *Pasonniére*, Capitaine au Ré[g]iment de Vendôme, Inf.

705. M. *Pastourel*, Capitaine au Régi[m]ent Roïal Piémont, Ca.

707. M. *Pastourel*, Capitaine au Ré[g]iment Roïal Etranger, Ca.

705. M. *Patrocle*, Capitaine au Régi[m]ent de la Couronne, Inf.

706. M. *Patris*, Capitaine d'une Com-

pagnie détachée du Régiment d'Auvergne, Inf.

706. M. du *Paty*, ci-devant Lieutenant de Roy à S. Domingue.

703. M. de *S. Pau*, Enseigne des Gardes du Corps.

709. M. *Pavas de Bresson*, ci-devant Capitaine des Grenadiers du Régiment d Gondrin, Inf.

705. M. de *S. Paul*, Ingénieur.

705. M. de *S. Paul*, ci-devant Brigadier des Gardes du Corps.

706. M. de S. *Paul de Grossolles*, Lieutenant d'Artillerie.

706. M. *Paulet*, ci-devant Capitain au Régiment de Provence, Inf.

710. M. *Paulin Gouvernet*, Lieutenan Colonel du Régiment du Fief, Ca.

703. M. de *Paulo*, Cornette de la première Compagnie des Mousquetaires.

70... M. de *S. Pé*, ci-devant Capitaine des Grenadiers du Régiment de Picardie, Inf.

711. M. *Pecomme*, Major du Régiment de Champagne, Inf.

708. M. de *Pégulan*, Brigadier de Gardes du Corps.

707. M. de *Peirlongue*, Brigadier de l seconde Compagnie des Mousquetaire

709. M. de *Pélapucin*, Capitaine d

Grenadiers du Régiment de Leuville, Inf.

705. M. de *Pelissac*, Capitaine au Régiment de d'Espinay, Dr.

70.... M. *Pelissier*, ci-devant Lieutenant Colonel du Régiment Roïal des Carabiniers. 800. l.

706. M. de la *Pelissonniére*, ci-devant Lieutenant de Ca.

703. M. de *Pelleport*, Maréchal de Camp. 1500. l.

704. M. *Pelletier*, Lieutenant Général d'Artillerie.

711. M. *Pelletier*, Enseigne au Régiment des Gardes.

703. M. de *Penenjeux*, Gouverneur des Pages de Monseigneur le Duc de Berry.

711. M. de *Pennes*, Major du Régiment de Laonnois, Inf.

710. M. *Perat*, Brigadier des Gardes du Corps.

704. M. *Percy*, Capitaine des Grenadiers du Régiment de la Saarre, Inf.

710. M. *Perdria*, Capitaine au Régiment de la Reine, Dr.

709. M. de la *Perelle*, Major du Régiment des Bombardiers, Inf.

700. M. des *Périers S. Mars*, ci-devant Maréchal des Logis des Chevaux-

L'ETAT DE LA FRANCE.
Légers de la Garde du Roy.

704. M. de S. *Perier*, Lieutenant Géneral d'Artillerie, Brigadier d'Arm'

705. M. de *Perissant*, Lieutenant Colonel du Régiment de Piémond, In Brigadier d'Armée.

705. M. de *Permangle*, Marêchal Camp. 1500.

700. M. *Perraud*, Capitaine au Régiment Roïal, Artillerie.

710. M. *Perrault*, Capitaine des Grenadiers du Régiment de Miromesnil Inf.

700. M. de *Launay du Perré*, Brigadi d'Armée.

705. M. *Perret*, ci-devant Major Régiment de Coetteman, Dr.

705. M. de S. *Perrier*, Lieutenant Géneral d'Artillerie.

705. M. du *Perrier*, ci-devant Lieutnant Colonel du Régiment de Pourrières, Dr.

705. M. *Perrin*, Colonel, Brigadi d'Armée.

703. M. du *Perron*, ci-devant Majo du Régiment Roïal la Marine, Inf.

705. M. du *Perron*, Capitaine au Régiment de Beaujollois, Inf.

710. M du *Perron*, Lieutenant Colon du Régiment de Flaiche, Ca.

ORDRE DE S. LOUIS.

707. M. *Perrot*, Capitaine au Régiment u Roy, Inf.

707. M. de *Perrot*, Capitaine au Régiment du Roy, Inf.

709. M. *Perrot*, Aide-Major du Régiment du Maine, Ca.

93. M. de *Perruſſis*, Capitaine de Vaiſſeau. 1000. l.

708. M. *Perticot*, Brigadier des Gardes du Corps.

711. M. *Peruſe*, ci-devant Capitaine des Grenadiers du Régiment de Bretagne, Inf.

710. M. *Peſche*, Lieutenant Colonel du Régiment de Belle-Iſle, Inf.

700. M. le Marquis du *Péry*, Colonel d'un Régiment d'Inf. Etrangere, Lieutenant Général des Armées du Roy.

704. M. *Petit*, Capitaine de Cav.

705. M. *Petit*, ci-devant Maréchal des Logis des Gendarmes Flamans.

705. M. *Peulire*, ci-devant Capitaine des Grenadiers du Régiment de la Marche, Inf.

700. M. *Peyrat*, ci-devant Lieutenant Colonel du Régiment de Toulouſe, Inf.

703. M. de *Peyre*, ci-devant Lieutenant Colonel du Régiment de Nice, Inf.

800 L'ÉTAT DE LA FRANCE.

94. M. de *Phelypeaux*, d'Hervy, Conseiller d'Etat ordinaire, Lieutenant Général des Armées du Roy.

709. M. *Phiffer*, Capitaine au Régiment des Gardes Suisses.

709. M. *Phiffer*, Lieutenant au Régiment des Gardes Suisses.

709. M. *Phister*, Capitaine Lieutenant au Régiment de Surbeck, Suisse.

711. M. *Philippart*, Capitaine au Régiment de Limosin, Inf.

705. M. *Philippe*, Capitaine au Régiment Dauphin Etranger, Cav.

94. M. *Philippe*, de Sésan, sieur de Pouilly, ci-devant Exemt des Gardes du Corps. 800. l.

707. M. de *Pibrac*, Capitaine au Régiment du Roy, Inf.

709. M. *Picault*, Lieutenant Colonel du Régiment de Sourches, Inf.

709. M. de la *Pichonniére*, Commandant le second Bataillon du Régiment d'Orleanois, Inf.

711. M. *Picon*, de la Beaume, Capitaine des Grenadiers du Régiment d Vendôme, Inf.

708. M. *Picot*, Ingénieur.

705. M. *Picquet*, ci-devant Major Régiment d'Anjou, Inf.

705. M. *Pidoux*, Capitaine au Ré
me

ORDRE DE S. LOUIS.

ment de Tallart, Inf.

700. M. de S. *Pierre*, ci-devant Major du Régiment d'Anjou, Inf.

703. M. de S. *Pierre*, Brigadier d'Armée, Lieutenant Colonel du Régiment de S. Vallier, Inf.

705. M. de S. *Pierre*, Lieutenant Colonel du Régiment de Villepreux, Ca.

709. M. de S. *Pierre*, Brigadier d'Armée.

709. M. de *Pierre Lée*, Gendarme de la Garde du Roy.

710. M. de *Pierre Levée*, Capitaine au Régiment de Bouville, Dr.

707. M. de la *Pierre Maladon*, Garde du Corps du Roy.

707. M. de *Pierreval*, Commandant à Lieethembert.

705. M. *Piétre*, Aide-Major de Givet-Nôtre-Dame.

700. M. *Pignan*, ci-devant Exempt des Gardes du Corps.

703. M. *Pijard*, Commandant le quatriéme Bataillon du Régiment Roïal Artillerie.

704. M. *Pilan*, Capitaine réformé à la suite du Régiment de Rennepont, Ca.

705. M. *Pillot*, Lieutenant Colonel du Régiment de Courcillon, Ca.

711. M. *Pina*, Capitaine des Grena-

Tome II.

diers du Régiment de Bourgogne, Inf.

705. M. *Pinel*, Exempt des Gardes du Corps.

705. M. *Pinon*, Lieutenant Colonel du Régiment de Cambresis, Inf.

705. M. *Pinsun*, Lieutenant Colonel du Régiment de Bearn, Inf.

703. M. *Pionsac de Chabanes*, Brigadier d'Armée, Gouverneur d'Oleron.

706. M. *Pisas*, Maréchal des Logis des Gendarmes Ecossois.

710. M. *Pitard*, Capitaine au Régiment de Xaintonge, Inf.

703. M. *Pitoux*, Gouverneur de Villefranche.

705. M. *Pivert*, Ingénieur.

710. M. de la *Place*, Maréchal des Logis des Gendarmes de Berry.

709. M. de la *Plane*, ci devant Lieutenant Colonel du Régiment de Lostange, Inf.

705. M. *Planchard*, Lieutenant au Régiment Dauphin de Dr.

704. M. *Planche*, ci-devant Capitaine des Grenadiers du Régiment de Greder Allemand.

700. M. *Planque*, Maréchal de Camp.

710. M. du *Planquoy*, Maréchal des Logis des Gendarmes Anglois.

709. M. *Planta*, Lieutenant au Régi-

ORDRE DE S. LOUIS.

ment des Gardes Suisses.

705. M. *Plantade*, Lieutenant au Régiment du Roy, Ca.

710. M. de la *Plante*, ci-devant Capitaine des Portes de la Ville de Tournay.

708. M. du *Plantier*, ci-devant Garde du Corps du Roy.

710. M. du *Plantier*, Major du Régiment de Caubons, Ca.

704. M. du *Planty*, Exempt des Gardes du Corps.

705. M. de la *Plaque*, ci-devant Major du Régiment de Charollois, Inf.

705. M. de la *Plesse*, ci-devant Exempt des Gardes du Corps.

705. M. de la *Plesse*.

94. M. du *Plessis*, du Régiment d'Orleans, Ca.

707. M. du *Plessis*, Brigadier des Gardes du Corps.

707. M. du *Plessis*, Garde du Corps du Roy.

707. M. du *Plessis*, ci-devant Capitaine des Grenadiers du Régiment Roïal, Inf.

705. M. du *Plessis-Charité*, Maréchal des Logis des Gendarmes de la Ga. de du Roy.

703. M. du *Plessis S. Mars*, c.-de-

vant Maréchal des Logis des Chevaux-Légers de la Garde du Roy.

709. M. du *Plessis*, Commandant le second Bataillon du Régiment de Condé, Inf.

707. M. *Plotot*, Major de Cambray.

706. M. *Poilhes*, ci-devant Capitaine au Régiment de Foix, Inf.

705. M. de *Poilly*, Ingénieur.

711. M. *Poilly*, Capitaine des Grenadiers du Régiment d'Aunis, Inf.

700. M. de *Poinsegur*, Maréchal de Camp.

94. M. de *Pointis*, Capitaine au Régiment Roïal Artillerie, Inf.

703. M. de *Poix*, ci-devant Lieutenant Colonel du Régiment de Quercy, Inf.

704. M. de *Polignac*, Capitaine de Canoniers au Régiment Roïal Artillerie, Inf.

705. M. le Marquis de *Polignac*, Maréchal de Camp, Gouverneur du Puy en Velay.

707. M. de *Polignac*, Brigadier des Gardes du Corps.

707. M. de *Polignac*, Capitaine des Grenadiers du Régiment d'Auvergne, Inf.

705. M. de *Poligny*, Capitaine au Ré-

ORDRE DE S. LOUIS.

giment de Lyonnois, Inf.

709. M. de la *Pomarede*, Capitaine au Régiment Roïal des Carabiniers de la Brigade de Rouvray.

705. M. de *Pombaras*, ci-devant Brigadier des Gardes du Corps.

705. M. *Pommerol de Grave*, Major du Régiment de Condé, Inf.

705. M. de *Pomponne*, Lieutenant Colonel du Régiment d'Hainault, Inf.

707. M. de *Pomponne de Mianne*, Major du Régiment de Lyonnois, Inf.

710. M. *Pondelar*, Major au Régiment de Bonelle, Dr.

706. M. de *Ponlevoy*, ci-devant Capitaine des Grenadiers au Régiment du Roy, Inf.

709. M. de *Ponsors*, Maréchal des Logis des Gendarmes Escoffois.

705. M. de *Ponsy*, Capitaine au Régiment de S. Second, Inf.

93. M. du *Pont*, du Régiment de Piémont, Inf.

94. M. du *Pont*, Brigadier d'Armée. 1000. l.

705. M. du *Pont*, Capitaine au Régiment de l'Isle de France, Inf.

703. M. de *Pontac*, Capitaine au Régiment de Navarre, Inf.

703. M. de *Pontac*, Capitaine de Vaisseau.

94. M. de *Pontbriant*, Capitaine au Régiment de Croy, Ca.

705. M. de *Ponte*, Capitaine de la Compagnie de Stopa, du Régiment de Brendlé, Suisse.

705. M. de *Ponterose*, Capitaine au Régiment d'Hessy, Suisse.

707. M. de *Pontmarois*, Lieutenant de Vaisseau.

710. M. de *Pontivez*, Capitaine des Grenadiers du Régiment de Lorraine, Inf.

710. M. de *Pontval*, Capitaine au Régiment de Mortemart, Inf.

705. M. de *Ponzay*, Capitaine au Régiment de Leuville, Inf.

705. M. de la *Poplinière*, ci-devant Lieutenant au Régiment d'Estagnol, Ca.

705. M. de *Poplinière*, Capitaine au Régiment de Rouvroy, Dr.

703. M. du *Portail*, Ingénieur.

705. M. *Portal*, Capitaine au Régiment de Damas, Inf.

708. M. *Portal-Lasilve*, Commandant au Château de S. Omer.

709. M. de la *Porte*, Capitaine des Grenadiers du Régiment de Vosges, Inf.

710. M. de la *Porte*, Capitaine au Régiment de Caylus, Dr.

ORDRE DE S. LOUIS

703. M. de la *Porterie*, ci-devant Lieutenant Colonel du Régiment de Charolois, Inf.

709. M. *Pofity*, Capitaine Aide-Major du Régiment de Loftange, Inf.

705. M. *Pottin*, ci-devant Commandant le second Bataillon du Régiment de Leuville, Inf.

703. M. de *Pouchera*, Lieutenant au Régiment de Mortemart, Inf.

703. M. de *Poudenx*, Brigadier d'Armée.

701. M. de *Poudenx*, Capitaine de Vaisseau.

709. M. le Marquis de S. *Poüenges*, Brigadier d'Armée, Meftre de Camp de Ca.

94. M. *Poulet*, Capitaine au Régiment de Piémont, Inf.

709. M. *Poupas*, ci-devant Capitaine au Régiment de Brie, Inf.

703. M. de la *Pouplière*, Capitaine de Brulot.

702. M. *Pourcieux*, Capitaine au Régiment de Tourville, Inf.

700. M. de *Prade*, Brigadier d'Armée.

705. M. de la *Prade*, ci devant Capitaine au Régiment de la Couronne, Inf.

709. M. le Baron de *Prades*, Exempt des Gardes du Corps.

703. M. de *Praderet*, ci-devant Ma-

Cc iiij

jor du Régiment de Vexin, Inf.

703. M. de Pragues, Major de Strasbourg.

703. M. de Praille, ci-devant Lieutenant de Roy de Mont-Dauphin.

709. M. du Prat, Colonel.

710. M. du Prat, Major du Régiment de Clermont, Dr.

700. M. du Prau, Capitaine au Régiment Dauphin.

704. M. du Pré, ci devant Major des Carabiniers.

707. M. du Pré, Commandant au Régiment Roïal Etranger, Ca.

710. M. du Pré, Maréchal des Logis des Gendarmes de Berry.

709. M. de Preaux, Lieutenant Colonel du Régiment de la Saare, Inf.

93. M. Montefquiou de Préchac, Gouverneur de Scheleftat, Sénéchal d'Armagnac, Lieutenant Général des Armées du Roy.   Co. 3000. l.

705. M. de Préfoffe, Inspecteur des Milices Bourgeoises du bas Languedoc.

704. M. de Prémarais, Capitaine au Régiment de Blaifois, Inf.

710. M. de Prémoifant, Lieutenant Colonel du Régiment de S. Evremont, Inf.

704. M. de Prémont, Capitaine au

ORDRE DE S. LOUIS. 609
Régiment Roïal des Carabiniers de la Brigade de Pugeol.

704. M. de *Prémont*, Major du Régiment Roïal des Carabiniers de la Brigade de Verneüil.

707. M. de *Prémont*, Capitaine au Régiment Roïal des Carabiniers de la Brigade de Pugeol.

709. M. de *Prénortais*, Capitaine au Régiment de Tourville, Inf.

703. M. de *Prérobert*, Major du Régiment d'Orleans, Inf.

709. M. de *Préroman*, Capitaine au Régiment de Villars Chandieu, Suiffe.

703. M. de *Prejchac*, ci-devant Maréchal des Logis des Gendarmes Bourguignons.

705. M. de *Preſſac*, Capitaine des Grenadiers du Régiment de Navarre, Inf.

709. M. de *Preſſac*, Major du Régiment d'Oleron, Inf.

705. M. de *Préval*, ci devant Maréchal des Logis des Chevaux-Légers de la Garde du Roy.

709. M de *Préville*, Major du Régiment de Santerre, Inf.

706. M. de *Prince Martineau*, Lieutenant de Roy de Gravelines.

705. M. de *Priole*, ci-devant Exempt des Gardes du Corps.

C c v

707. M. de *Proify*, Capitaine de Canoniers du Régiment Roïal Artillerie.

709. M. *Proffer* Capitaine réformé en la Brigade de Donnell.

705. M. de *Proverières*, ci-devant Lieutenant Colonel du Régiment de la Rivière, Inf.

711. M. du *Proy*, Major de la Citadelle de Verdun.

709. M. de *Prunier*, ci-devant Aide-Major de Doüay.

94. M. de *Pugeol*, Meftre de Camp du Régiment Roïal des Carabiniers, Brigadier d'Armée.   1000. l.

705. M. de *Pugeol*, Capitaine au Régiment de Loraine, Inf.

703. M. *Puget*, Commandant le second Bataillon du Régiment de Chartres, Inf.

703. M. *Puget*, Lieutenant de Roy du Neuf Brifac.

706. M. *Puget*, Capitaine des Grénadiers du Régiment du Roy, Inf.

705. M. de la *Pujade*, ci-devant Lieutenant Colonel du Régiment de Foreft, Inf.

705. M. de *Puigrenier*, ci-devant Capitaine au Régiment de Baffigny, Inf

707. M. de *Pujol*, Exempt des Gardes du Corps, Gouverneur de Puymirol,

ORDRE DE S. LOUIS.

709. M. de Pujol, Major du Régiment Roïal des Carabiniers de la Brigade de du Rozel.

703. M. de Pujot de Romel, Capitaine au Régiment de Gêvres, Ca.

709. M. de Puybertin, Soû-Brigadier de la premiere Compagnie des Mousquetaires.

94. M. de Puyguion, Lieutenant Général des Armées du Roy.

707. M. de Puymorin, Commandant le second Bataillon du Régiment de Touraine, Inf.

705. M. de Puynormand, Maréchal de Camp.

700. M. de Puyrobert, Capitaine au Régiment Roïal Roussillon, Ca.

94. M. de Puysegur, Comte de Buzanci, l'un des quatre Quar Comtes de Soissons, Maréchal Général des Logis des Armées du Roy, Lieutenant-Général des Armées du Roy, Gentilhomme de la Manche de Monseigneur le Dauphin, Gouverneur de Condé.

Q

710. M. Quadt, Maréchal de Camp.
700. M. de Quaiçon, Brigadier d'Armée.

703. M. du *Quartier*, ci devant Capitaine des Grenadiers du Régiment de Normandie, Inf.

710. M. de *Queirats*, Lieutenant de Roy de Mont-Dauphin.

709. M. de *Quelambert*, Commandant le second Bataillon du Régiment de Boulonnois, Inf.

705. M. de *Quellery*, ci-devant Lieutenant Colonel du Régiment d'Issenghien, Inf.

709. M. de *Quennetin*, ci devant Lieutenant Colonel du Régiment de Lannion, Inf.

710. M. de S. *Quentin*, Capitaine au Régiment de la Fere, Inf.

705. M. le Comte de S. *Quentin*, Capitaine de Vaisseau.

709. M. de *Quervin*, ci-devant Capitaine des Portes de la Ville d'Aire.

99. M. du *Quesne Mosnier*, Capitaine de Vaisseau.   1,500. l.

700. M. du *Quesne*, Chef d'Escadre des Armées Navales.

706. M. du *Quesnel*, Major de la Ville de Boulogne.

707. M. du *Quesnel*, Capitaine de Vaisseau.

707. M. du *Quesnoy*, Major du Régiment de Picardie, Inf.

ORDRE DE S. LOUIS.

705. M. de la *Quéze*, ci-devant Major du Régiment de Vermandois, Inf.

706. M. de *Quincy*, Lieutenant Général d'Artillerie.

705. M. de *Quincieux*, ci-devant Capitaine au second Bataillon du Régiment de la Fere, Inf.

94. M. le Comte de *Quinçon*, Lieutenant Général des Armées du Roy, Commandant en Roussillon.

710. M. de *Quinçn*, Lieutenant Colonel du Régiment de S. Blimont, Ca.

710. M. de *Quinçon*, Capitaine au Régiment de Flaiche, Ca.

703. M. de *Quinville*, ci-devant Major du Régiment de Nivernois, Inf.

R.

710. M. de *Raab*, Lieutenant au Régiment de Condé, Ca.

703. M. de *Rabar*, ci-devant Lieutenant Colonel du Régiment d'Angoumois, Inf.

703. M. de *Rabutin*, ci-devant Lieutenant Colonel du Régiment de Damas, Inf. 2000. l.

705. M. le Marquis de *Raffetot de Canouville*, Maréchal de Camp.

711. M. *Raffin*, Capitaine au Régi-

614 L'ETAT DE LA FRANCE.
ment de Champagne, Inf.

705. M. de *Rainville*, Lieutenant Colonel du Régiment de Bresse. Inf.

711. M. de *Rainville*, Capitaine au Régiment de Bresse, Inf.

709. M. de *Rambion*, Major du Régiment de Bassigny, Inf.

709. M. de *Rambion*, Lieutenant Colonel du Régiment de Bassigny, Inf.

703. M. de *Ramezay*, Gouverneur de Montreal.

705. M. de *Ramorelle*, Capitaine au Régiment de Foix, Dr.

705. M. le Marquis de *Ranes*, Maréchal de Camp.

710. M. de *Rancolière*, Capitaine au Régiment de Luxembourg, Inf.

703. M. de *Rantzau*, Capitaine au Régiment de Greder Allemand, Inf.

710. M. de *Rapinet*, Lieutenant au Régiment d'Hessy, Inf.

705. M. de *Raquine*, Capitaine au Régiment de Foix, Inf.

94. M. le Marquis de *Rassan*, Lieutenant Général des Armées du Roy.

94. M. de *Rassé*, Huissier de Chambre du Roy.

704. M. de *Rassinet*, Maréchal des Logis des Gendarmes Dauphins.

700. M. *Raudot*, ci-devant Lieutenant

ORDRE DE S. LOUIS.

Colonel du Régiment Roïal des Carabiniers.

706. M. de *Ravenel*, Lieutenant de Vaisseau.

709. M. de *Ravenel*, Capitaine des Grenadiers du Régiment de Montviel, Inf.

709. M. de *Ravignan*, Maréchal de Camp.

705. M. de la *Ravilais*, Maréchal des Logis des Chevaux Légers de la Garde du Roy.

705. M. *Rayé*, ci-devant Capitaine au Régiment d'Albigeois, Inf.

704. M. de *Reding*, Capitaine au Régiment des Gardes Suisses, Brigadier d'Armée.

707. M. de Nazarrins *Reding*, Lieutenant au Régiment des Gardes Suisses.

708. M. de *Reding*, Colonel Allemand.

709. M. de *Reding*, Capitaine au Régiment de Courten Suisse.

709. M. de *Redon*, Major du Régiment de Charrost, Inf.

709. M. de *Redon*, ci-devant Capitaine des Grenadiers du Régiment de Belle-Isle, Inf.

93. M. de *Refuge*, ci-devant Capitaine au Régiment des Gardes.

703 M. de *Refuge*, Commandant le second Bataillon du Régiment de Bourgogne, Inf.

93. M. des *Regars*, ci-devant Capitaine au Régiment de la Marine, Inf.

94. M. de *Régnac*, Maréchal de Camp, Commandant à Brisach.   Co. 3000. l.

706. M. de *Régnac*, Maréchal des Logis des Gendarmes Flamans.

705. M. de *Regnier*, Capitaine au Régiment de Damas, Inf.

703. M. de *Réguillé*, Lieutenant Colonel du Régiment de Chassonville Dragons, des Troupes de M. l'Electeur de Cologne.

703. M. de *Réillac*, ci-devant Maréchal des Logis des Mousquetaires.

710. M. de la *Reille*, Major du Régiment d'Artaignan, Inf.

703. M. de la *Reinterie*, Commandant au Château de Brest, Brigadier d'Armée.

705. M. de *Rilly*, Capitaine au Régiment de Choiseul, Ca.

704. M. de *Remback*, ci-devant Major du Régiment de Greder, Allemand.

706. M. de *Rembures*, Lieutenant de Vaisseau.

705. M. de *Rémond*, Colonel du Régiment de Labour, Inf.

703. M. de *Rémondel*, Major du Havre.

ORDRE DE S. LOUIS.

708. M. de *Renanfard*, Soû-Lieutenant au Régiment des Gardes.

94. M. *Renau*, Inspecteur Général de la Marine.

703. M. le Comte de *Rennepont*, Maréchal de Camp.

705. M. de *Renneval*, Capitaine au Régiment de Poitou, Inf.

94. M. du *Repaire*, Gouverneur de Philippeville.

95. M. du *Repaire*, Gouverneur du Château-Trompette.

705. M du *Repaire*, ci-devant Colonel du Régiment de Beauce, Inf.

94. M. de *Reſſons*, ci-devant Capitaine de Vaiſſeau.

710. M. de *Rets*, Colonel réformé à la ſuite du Régiment de Vendôme, Inf.

704. M. de *Revert*, ci-devant Capitaine des Grenadiers du Régiment de Blaiſois, Inf.

707. M. de *Revrie*, Brigadier d'Armée, Ingénieur.

709. M. de *Rey*, Colonel du Régiment de Vivarais, Inf.

710. M. de *Rey*, Capitaine-Lieutenant de la Meſtre de Camp du Régiment de S. Aignan, C.

703. M. de *Reynack de Hirbach*, Ca-

pitaine au Régiment d'Alsace, Inf.

709. M. de *Reynes*, Capitaine au Régiment Dalzau, Ca.

94. M. de *Reynold*, Lieutenant Général des Armées du Roy, Colonel du Régiment des Gardes Suisses.

704. M. de *Reynold*, Capitaine au Régiment des Gardes Suisses, Brigadier d'Armée.

704. M. de *Reynold de Beuvier*, Capitaine au Régiment des Gardes Suisses.

705. M. de *Rhémen*, Capitaine au Régiment de S. Vallier, Inf.

704. M. le Marquis de *Riants*, Capitaine-Lieutenant des Gendarmes de Berry, Brigadier d'Armée.

704. M. de *Ribert*, Capitaine au Régiment du Roy, Inf.

701. M. de *Ribeyrette*, Capitaine de Vaisseau.

709. M. de la *Richardie*, Exempt des Gardes du Corps.

707. M. *Riché*, ci-devant Soû-Brigadier des Gardes du Corps.

704. M. de *Richemon*, ci-devant Maréchal des Logis des Gendarmes de la Reine.

706. M. de *Rigal*, ci-devant Capitaine au Régiment de Foix, Inf.

704. M. *Rilhac de Beaulies*, ci-devant Capitaine des Grenadiers du Régiment de Vexin, Inf.

ORDRE DE S. LOUIS.

709. M. de *Riquebourg*, Capitaine des Grenadiers du Régiment de Boufflers, Inf.

705. M. de *Riquety*, ci-devant Major du Régiment de Dauphiné, Inf.

705. M. de *Rifaucourt*, Commandant le second Bataillon du Régiment de Cambréſis, Inf.

710. M. du *Rivaux*, Brigadier des Gardes du Corps.

708. M. des *Rives*, Aide-Major du Fort de Blin.

709. M. des *Rives*, ci-devant Capitaine des Grenadiers du Régiment de Foix, Inf.

709. M. des *Rives*, Lieutenant Colonel du Régiment de Noailles, Inf.

700. M. le Baron de *Rivière*, ci-devant Lieutenant Colonel du Régiment Roïal, Ca.

705. M. de la *Rivière-Chaban*, Major du Régiment de Ligondez, Ca.

705. M. de la *Rivière*, Capitaine des Grenadiers du Régiment de Sourches, Inf.

705. M. de la *Rivière*, Capitaine Commandant le second Bataillon du Régiment de Lyonnois, Inf.

705. M. de la *Rivière*, Capitaine au Régiment de Bourbonnois, Inf.

705. M. *Rivière*, ci-devant Brigadier des Gardes du Corps.

707. M. de la *Rivière*, Capitaine au Régiment de la Reine, Ca.

705. M. des *Rivières*, ci-devant Brigadier des Gendarmes de la Garde du Roy.

706. M. des *Rivières*, ci-devant Brigadier des Chevaux-Légers de la Gard du Roy.

94. M. le Comte de *Roanez*, Capitaine de Galéres.

705. M. le Prince de *Robecq*, Maréchal de Camp.

704. M. de *Robelin*, Directeur des Fortifications en Bretagne.

707. M. de *Robelin*, Maréchal de Camp Ingénieur.

703. M. des *Roberts*, Major de Montmédy.

704. M. de *Robertot*, ci-devant Capitaine des Grenadiers du Régiment Dauphin, Inf.

706. M. de la *Robinière*, sieur de Chamvoisy, ci-devant Brigadier des Garde du Corps.

94. M. de *Rochalar*, Capitaine de Vaisseau.

707. M. de *Rochalar*, Capitaine de Vaisseau.

ORDRE DE S. LOUIS.

706. M. de la *Roche*, ci-devant Major du Régiment des Bombardiers, Inf. 800. l.

710. M. de la *Rocheaimond*, Capitaine au Régiment de Miromesnil, Inf.

705. M. de la *Rochecolombe*, Capitaine les Grenadiers au Régiment de Toulouse, Inf.

710. M. de la *Roche de Vaux*, Capitaine au Régiment du Roy, Inf.

94. M. de la *Rochelonchamp*, ci-devant Lieutenant Colonel du Régiment de la Tremoille, Ca.

706. M. de la *Roche-Raimon*, ci-devant Major du Régiment Roïal des Carabiniers.

706. M. des *Roches*, Ingénieur.

70.... M. des *Roches*, Capitaine des Grenadiers du Régiment de Leuville, Inf.

705. M. de *Rochefort*, Ingénieur.

704. M. de *Rochepierre*, ci-devant Major de S. Omer.

705. M. de *Rochepine*, Ingénieur.

705. M. de *Rocherie*, Capitaine au Régiment de S. Chaumont, Dr.

709. M. de la *Rochette*, Commandant le second Bataillon du Régiment d'Anjou, Inf.

705. M. de la *Roche Tullon des Prez*.

L'ETAT DE LA FRANCE.

ci-devant Colonel d'Inf.

705. M. *Roger de Coulon*, Ingénieur.

711. M. *Roger*, Ingénieur.

705. M. de *Rogeville*, Lieutenant Colonel du Régiment de du Beüil, Inf.

704. M. le Prince de *Rohan*, Capitaine-Lieutenant des Gendarmes de la Garde du Roy, Gouverneur de Champagn & de Brie, Lieutenant Général des Armées du Roy.

709. M. de *Rohault*, Capitaine de Grenadiers du Régiment de la Marine, Inf.

707. M. de *Roissy*, Brigadier d'Armée, ci-devant Major du Régiment d Leuville, Inf.

705. M. de *Rolivaud*, ci-devant Colonel

706. M. *Rolland*, Ingénieur.

707. M. *Rollet*, Gendarme de la Garde du Roy.

705. M. de *Romagny*, Major du Régimen de Monroux, Inf.

705. M. de *Romainville*, Aide-Major du Régiment des Gardes.

703. M. de *Rome*, ci-devant Capitaine des Grenadiers du Régiment de Tallard, Inf.

710. M. de *Romecourt*, Capitaine & Aide-Major du Régiment de Clermont, Dr.

705. M. de *Romieu*, ci-devant Lieutenant Colonel du Régiment de Perigord, Inf.

ORDRE DE S. LOUIS.

709. M. de *Romillé*, Capitaine au Régiment des bombardiers du Roy.

710. M. de *Rommefort*, Lieutenant au Régiment du Prince de Lambesc, Ca.

710. M. de *Rond Domicourt*, Lieutenant d'Artillerie.

707. M. de la *Rondière*, Capitaine réformé au Régiment de Toulouse, Ca.

709. M. de la *Ronzier*, Brigadier des Gardes du Corps.

709. M. de *Rooh*, Maréchal de Camp, Lieutenant Colonel du Régiment d'Orington, Inf.

703. M. de la *Roquade*, Lieutenant de Roy, du Fort de Kell.   800. l.

705. M. *Roquart*, ci-devant Major du Régiment de Lautreck, Dr.

707. M. de *Roquart*, Capitaine de Frégate.

700. M. de la *Roque*, Enseigne de la première Compagnie des Mousquetaires,   1500. l.

707. M. de la *Roque*, Exempt des Gardes du Corps.

708. M. de la *Roque*, Capitaine au Régiment du Roy, Inf.

700. M. de la *Roque*, Capitaine des Grenadiers du Régiment d'Aunis, Inf.

707. M. de *Roquebrunne*, ci-devant Soû Brigadier des Gardes du Corps.

706. M. de *Roquefeüil*, Capitaine de Vaisseau.

705. M. de *Roquefeüille*, Capitaine de Vaisseau.

704. M. le Duc de *Roquelaure*, Lieutenant Général des Armées du Roy, Gouverneur de la Ville & Château de Lautoure, Commandant en Languedoc.

705. M. de *Roquepersin*, Capitaine de Vaisseau.

707. M. de la *Roquette*, Aide-Major de Perpignan.

704. M. des *Roques*, Capitaine au Régiment de Toulouse, Ca.

705. M. des *Roques*, Lieutenant Colonel du Régiment de Toulouse, Ca. 1000. l.

703. M. des *Roseaux*, Gouverneur de Queyras, Brigadier d'Armée, Lieutenant Colonel du Régiment de Laurreck, Dr.

705. M. des *Rosières*, Lieutenant Colonel réformé à la suite du Régiment Mestre de Camp de Dr.

705. M. de *Rossignoy*, Commandant le second Bataillon du Régiment de Brie, Inf.

703. M. *Rossilon*, ci-devant Capitain des Grenadiers du Régiment de Toulouse, Inf.

705. M. de *Rostaing*, Lieutenant de Ro de Besançon, Ca. 94. M

ORDRE DE S. LOUIS.

94. M. le Comte de *Roucy*, Lieutenant Général des Armées du Roy.

705. M. de *Rougemont*, Capitaine au Régiment de Piémont, Inf.

710. M. de *Rougemont*, Capitaine au Régiment Dauphin, Ca.

94. M. de *Rougon*, Ingénieur.

707. M. du *Roulet*, Gendarme de la Garde du Roy.

703. M. de la *Roulie*, ci-devant Lieutenant Colonel du Régiment de Senneterre, Inf.

705. M. *Rousse*, Capitaine au Régiment de Bissy, Ca.

705. M. *Roussel*, Capitaine de Vaisseau.

94. M. *Roussereau*, ci-devant Enseigne au Régiment des Gardes.

709. M. de la *Roussière*, Commissaire Provincial d'Artillerie.

709. M. de la *Roussilière*, Aide-Major d'Ypres.

709. M. *Roussin*, ci-devant Aide-Major de Tournay.

700. M. de *Rouville*, ci-devant Lieutenant Colonel du Régiment de la Reine.

705. M. de *Rouville*, Capitaine au Régiment Roïal des Vaisseaux, Inf.

709. M. de *Rouville*, Lieutenant Co-

Tom. II. D d

lonel du Régiment de Beaujollois, Inf.

703. M. de *Rouvray*, ci-devant Soû-Brigadier des Chevaux-Légers de la Garde du Roy.

705. M. de *Rouvray*, Meftre de Camp des Carabiniers, Brigadier d'Armée.

94. M. le Marquis de *Rouvroy*, Capitaine de Vaiſſeau.

710. M. de *Rouvroy*, Lieutenant Colonel du Régiment de Cappy, Ca.

703. M. *Roux*, Brigadier d'Armée, Colonel réformé de Dr.

706. M. *Roux*, Commiſſaire Provincial d'Artillerie.

709. M. du *Roux*, Brigadier des Gardes du Corps.

709. M. *Roux*, Capitaine au Régiment de Loftange, Inf.

709. M. de la *Rouzière*, ci-devant Capitaine des Grenadiers du Régiment de Razilly, Inf.

709. M. le *Roy du Gué*, Commiſſaire Provincial d'Artillerie.

709. M. le *Roy*, Aide-Major du Fort du Mortier du Neuf Briſac.

703. M. le Marquis de *Roye*, Lieutenant Général des Galéres.

709. M. de *Roye*, Capitaine des Gardes du Corps de Monſeigneur le Duc

ORDRE DE S. LOUIS. 627

de Berry, Maréchal de Camp, Capitaine Lieutenant des Gendarmes Flamans.

94. M. du *Rozel*, Mestre de Camp de Carabiniers, Lieutenant Général des Armées du Roy, Capitaine des Gardes de M. le Duc du Maine.   Co. 4000. l.

700. M. le Marquis du *Rozel*, Lieutenant Général des Armées du Roy.

94. M. des *Roziéres*.

709. M. du *Rozoy*, Commandant au Fort de la Kenoque, Lieutenant Colonel du Régiment de Poyanne, Inf.

709. M. *Ruby de Marcilly*, Capitaine au Régiment de Bonelle, Dr.

705. M. de *Ruble*, Lieutenant au Régiment de du Beüil, Inf.

705. M. de la *Ruelle*, Capitaine au Régiment de S. Aignan, Ca.

710. M. *Ruet*, Capitaine au Régiment de Navarre, Inf.

705. M. le Marquis de *Ruffy*, Lieutenant Général des Armées du Roy, Soû-Lieutenant de la premiere Compagnie des Mousquetaires.

709. M. de *Rumigny*, Commissaire Provincial d'Artillerie.

S

711. M. de *Sabelie*, Capitaine des Gre-

nadiers du Régiment de Forest, Inf.

703. M. de Sablière, ci-devant Lieutenant de Roy de Beffort.

706. M. de la Sablière, Capitaine au Régiment d'Albigeois, Inf.

709. M. de Saconnay, Commandant le second Bataillon du Régiment de Vivarais, Inf.

705. M. le Sage, Major du Régiment d'Agenois, Inf.

705. M. de la Sagne, ci-devant Major du Régiment de Blaisois, Inf.

94. M. le Comte de Saillant d'Estaing, Capitaine de Grenadiers au Régiment des Gardes, Lieutenant Général des Armées du Roy.

94. M. le Marquis de Sailly, Lieutenant Général des Armées du Roy. Co. 3000. l.

703. M. de Sailly-des-Meurs, Major de la Citadelle de Montpellier.

705. M. de Sailly, Lieutenant Colonel réformé de Dr.

95. M. Saillybray, Capitaine dans le Régiment de Vaudrey, Ca.

703. M. de Sainte Colombe, Lieutenant au Régiment Roïal, Ca.

705. M. de Sainte Hermine, Capitaine de Vaisseau.

703. M. de Sainte Marie du Faure, ci-devant Lieutenant de Roy de Villefranche.

ORDRE DE S. LOUIS. 629

703. M. de *Sainte Même*, Capitaine reformé du Régiment de Canferan, Ca.

703. M. de *Salaberry de Benneville*, Capitaine de Vaisseau.

94. M. de *Salandres*, ci-devant Major du Régiment de Toulouse, Ca.

704. M. de la *Sale*, ci-devant Major du Régiment de Beringhen, Ca.

94. M. de *Saler*, ci-devant Lieutenant de Roy du neuf Brisach.

704. M. de *Salières*, Lieutenant Général d'Artillerie, Brigadier d'Armée.

705. M. de *Salins*, Capitaine au Régiment de Piémont, Inf.

705. M. de *Salis*, Capitaine au Régiment des Gardes Suisses.

94. M. de *Salles*, des Carabiniers.

703. M. de la *Salle*, Capitaine au Régiment Mestre de Camp Général de Dr.

705. M. de la *Salle*, Major du Régiment de Piémont, Inf.

705. M. de la *Salle*, Capitaine au Régiment de Caylus, Dr.

706. M. de la *Salle*, Exempt des Gardes du Corps.

707. M. de la *Salle S. Cricq*, Lieutenant de Vaisseau.

709. M. de la *Salle*, ci-devant Capitaine des Grenadiers au Régiment de Piémond, Inf.

D d iij

707. M. de *Salles*, Commandant le second Bataillon du Régiment de Lyonnois, Inf.

705. M. de *Salmont*, Brigadier d'Armée, Ingénieur.

705. M. *Salviesny*, ci-devant Lieutenant Colonel du Regiment de Pery, Inf.

705. M. de *Sandras*, Capitaine au Régiment de Champagne, Inf.

94. M. le Comte de *Sandricourt*, de Saint Simon, Gouverneur de Nismes, Brigadier d'Armée.

94. M. *Sanguin*, ci-devant Lieutenant Colonel de Ca.

704. M. *Sanguin*, Lieutenant Colonel du Régiment Roïal des Carabiniers de la Brigade de Verneüil.

705. M. de la *Sannerie*, ci-devant Garde de la Manche du Roy.

709. M. *Sanson*, ci-devant Aide-Major du Fort S. François de Bergues.

705. M. le Comte de *Sanzay*, Brigadier d'Armée, Colonel.

709. M. de *Sardinymontviel*, Colonel du Régiment de Dauphiné, Inf.

94. M. de *Sarigny*, ci-devant Major du Régiment de le Coigneux, Dr.

95. M. *Sarraute*, Commissaire Provincial de l'Artillerie.

710. M. *Sarret*, Major du Régiment de Villiers, Ca.

705. M. *Sartouf*, Lieutenant Colonel du Régiment d'Auxerois, Inf.

705. M. *Sasbio*, Capitaine au Régiment d'Alsace, Inf.

711. M. de *Saffelange*, Capitaine des Grenadiers du Régiment d'Auvergne, Inf.

707. M. de *Savary*, ci devant Lieutenant Colonel du Régiment de Barrois, Inf.

93. M. de *Saugeon*, Capitaine de Vaisseau.   2000. l.

711. M. de *Saveuse*, Capitaine au Régiment de Bourbon, Ca.

705. M. de *Savignan*, Capitaine au Régiment Dauphin, Inf.

711. M. de *Savigny*, Lieutenant au Régiment de Toulouse, Ca.

703. M. de *Savines*, Lieutenant des Gardes du Corps, Gouverneur d'Ambrun, Maréchal de Camp.

709. M. de *Saulcourt*, Major du Régiment de la Fonds la Ferté, Inf.

703. M. de *Saulieres*, Lieutenant de Roy du Fort S. André de Salins.

705. M. de *Saulx*, Aide-Major du Régiment de Villiers, Ca.

703. M. le Marquis de *Saumery*, Baron

de Chemerolles, Soû-Gouverneur des Princes Enfans de feu Monseigneur, Gouverneur de Chambor & des Isles de Lerins, & Grand Bailly de Blois.

711. M. *Saunier*, Capitaine au Régiment Roïal Comtois.

709. M. de *Saunoys*, ci-devant Aide-Major de la Citadelle de l'Isle de Ré.

710. M. *Sauvac*, Capitaine Lieutenant du Régiment de Toulouse, Ca.

705. M. *Sauvat*, Exempt des Gardes du Corps.

710. M. *Sauvin*, Capitaine du Régiment des Cuirassiers, Ca.

707. M. de *Sauzay*, Aide-Major de Marine.

709. M. *Scarpetett*, Capitaine Lieutenant du Régiment de Phiffer Suisse.

705. M. *Scelton*, Capitaine reformé au Régiment de Nugent, Ca. Brigadier d'Armée.

709. M. *Schavenstein*, Capitaine au Régiment de May, Suisse.

710. M. de *Schennedler*, Capitaine réformé à la suite du Régiment de Greder Allemand, Inf.

709. M. *Schidy*, Lieutenant au Régiment Roïal Allemand, Ca.

708. M. *Schnuriger*, Lieutenant au Régiment des Gardes Suisses.

ORDRE DE S. LOUIS.

709. M. *Scholax*, Capitaine au Régiment de Greder, Suisse.

709. M. *Seugrave*, ci-devant Capitaine des Grenadiers du Régiment d'Orington, Inf.

706. M. de S. *Sebastien de Rozel*, ci-devant Capitaine au Régiment Roïal des Carabiniers de la Brigade de du Rozel.

94. M. le Marquis de *Sebbeville*, Lieutenant Général des Armées du Roy, Lieutenant à Vincennes.

705. M. le Marquis de S. *Second*, Brigadier d'Armée, Colonel.

705. M. de *Ségonsac*, Aide-Major des Gardes du Corps.

709. M. *Seguin*, Capitaine des Grenadiers du Régiment de Lyonne, Inf.

709. M. de *Séguiran*, ci-devant Lieutenant Colonel du Régiment de Razilly, Inf.

704. M. de *Séguirault*, Cornette au Régiment de Tarneau, Ca.

94. M. le Marquis de *Ségur*, Gouverneur du Païs de Foix.   2000. l.

703. M. de *Ségur*, Capitaine au Régiment Roïal Allemand Ca. Lieutenant Colonel réformé.

705. M. de *Séguy*, ci-devant Major du Régiment Roïal Allemand, Ca.

706. M. de *Seignan*, Major du Ré-

giment d'Albigeois, Inf.

700. M. de *Seignier*, Maréchal de Camp.
1000. l.

705. M. *Selle de Grandchamps*, Major de Vienne.

709. M. *Selle Vignolle*, Lieutenant au Régiment Roïal des Carabiniers de la Brigade de Pugeol.

700. M. de *Selve*, Maréchal de Camp.
1000. l.

705. M. de la *Semerie*, Lieutenant Colonel du Régiment de Brie, Inf.

711. M. de *Senesergues*, Capitaine au Régiment de la Saarre, Inf.

705. M. de *Sennecy*, Capitaine d'une Compagnie détachée du Régiment de Piémont, Inf.

703. M. de *Sennefontaine*, Lieutenant au Régiment des Gardes.

705. M. le Marquis de *Senneterre*, Maréchal de Camp.

704. M. de *Senneton de Chermont*, Ingénieur.

93. M. de *Senneville*, ci-devant Major du Régiment de S. Priez, Dr.
800. l.

708. M. de *Senneville*, Brigadier de la premiere Compagnie des Mousquetaires.

708. M. de *Sentis*, Exempt des Gardes du Corps.

ORDRE DE S. LOUIS.

709. M. de *Sentis*, Lieutenant Colonel du Régiment de Touraine, Inf.

703. M. de *Sentrailles*, ci-devant Capitaine des Grenadiers au second Bataillon de Laonois, Inf.

705. M. de *Septennes*, Lieutenant de Vaisseau.

94. M. de *Seraucourt*, ci-devant Capitaine au Régiment des Gardes. 1500. l.

710. M. de *Sercelles*, Maréchal des Logis des Gendarmes Dauphins.

94. M. de *Sérignan*, Maréchal de Camp, Gouverneur de Ham.

705. M. le Marquis de *Sérignan*, Capitaine de Galère.

94. M. de *Sérify*, Brigadier d'Armée. 1000. l.

703. M. de *Serka*, Capitaine au Régiment d'Alsace, Inf.

701. M. le Comte de *Serquigny*, Chef d'Escadre des Armées Navales.

703. M. de la *Serre*, Capitaine au Régiment de Ponthieu, Inf.

703. M. de la *Serre la Razette*, Capitaine au Régiment Dauphin, Inf.

704. M. de la *Serre*, ci-devant Aide-Major de la Gendarmerie.

705. M. de *Serres*, Major d'Arras.

709. M. de la *Serre*, Lieutenant Colonel du Régiment Doyse, Inf.

710. M. de la *Serre*, Capitaine au Régiment de Beaufremont, Dr.

705. M. de *Servanne*, Capitaine au Régiment de Normandie, Inf.

709. M. de *Seve*, Capitaine au Régiment de Xaintonge, Inf.

94. M. de *Sévigné*, Capitaine de Vaisseau.

703. M. de *Sévigny*, Lieutenant Colonel réformé du Régiment d'Harcourt, Ca.

705. M. le Comte de *Seure d'Iſſimieu*, ci-devant Capitaine au Régiment d'Albaret.

705. M. le Marquis de *Sézanne*, Chevalier de la Toiſon d'or, Lieutenant Général des Armées du Roy.

710. M. de *Sibille*, Major du Régiment d'Aunis, Inf.

94. M. *Sicard*, Capitaine de Port à Toulon. 1000. l.

93. M. de *Sienne*, ci-devant Enseigne des Gardes du Corps.

703. M. de *Siffrédy*, Commandant au Fort de Blin.

710. M. *Siglas*, Lieutenant Colonel du Régiment de Rennepont, Ca.

705. M. *Signier*, ci-devant Capitaine des Grenadiers au Régiment de Provence, Inf.

ORDRE DE S. LOUIS.

709. M. *Sigogne*, Capitaine au Régiment de la Reine, Dr.

704. M. de *Sijerville*, Lieutenant au Régiment Roïal des Carabiniers de la Brigade de Verneüil.

709. M. de *Silhac*, Lieutenant Colonel du Régiment de Gatinois, Inf.

93. M. de Saint *Silveſtre*, Marquis de Satilieu, Lieutenant Général des Armées du Roy, Gouverneur de Briançon. Co. 4000. l.

710. M. le Comte de *Simiane*, Meſtre de Camp de Ca. Brigadier d'Armée.

700. M. le Marquis de S. *Simon*, Capitaine au Régiment des Gardes, Brigadier d'Armée.

705. M. de S. *Simon*, ci-devant Soû-Brigadier des Gardes du Corps.

705. M. de S. *Simon*, Lieutenant au Régiment de Beaujeu, Ca.

710. M. de S. *Simon*, Meſtre de Camp réformé à la suite du Régiment du Maine, Ca.

710. M. de S. *Simon*, Capitaine au Régiment de Gêvres, Ca.

708. M. *Simony*, Capitaine au Régiment de Cambreſis, Inf.

703. M. de *Sinſart*, Ingénieur.

705. M. de *Siougeac*, Brigadier d'Armée, Colonel du Régiment d'Oleron, Inf.

709. M. de *Sirven*, ci-devant Capitaine au Régiment de Senneterre, Inf.

703. M. de *Siftriers*, Capitaine au Régiment Roïal des Vaisseaux, Inf.

707. M. *Skelton*, Mestre de Camp réformé du Régiment de Nugent, Ca.

707. M. *Skiddy*, ci-devant Lieutenant Colonel du Régiment d'Obrien, Inf.

707. M. *Skiddy* Capitaine réformé du Régiment de Lée, Inf.

702. M. *Soessans*.

707. M. de *Soissons*, Ingénieur.

705. M. *Solanet*, Chevau-Léger de la Garde du Roy.

705. M. de *Solenhac*, Lieutenant Colonel du Régiment de Ligondez, Ca.

703. M. de *Solignac*, ci-devant Lieutenant Colonel du Régiment Roïal des Carabiniers de la Brigade de Cloys.

710. M. de *Sommieure*, Capitaine au Régiment de Beringhen, Ca.

709. M. de *Sonnemberg*, Lieutenant Colonel du Régiment d'Hessy, Suisse.

703. M. le Marquis de *Sorans*, ci-devant Lieutenant Colonel du Régiment de Paraberre, Ca.

94. M. *Sorel*, Inspecteur des Compagnies franches de la Marine. 2000. l.

94. M. *Sorlant*, du Régiment Commissaire Général de la Ca.

ORDRE DE S. LOUIS. 639

705. M. de *Sorny*, ci-devant Major du Régiment de Bouzols, Ca.

705. M. de *Sorny*, Capitaine des Grenadiers du Régiment de la Couronne, Inf.

705. M. *Sorny*, Capitaine au Régiment de la Couronne.

700. M. de la *Souche de Cheyladet*, ci-devant Lieutenant Colonel du Régiment Roïal Etranger, Ca.

705. M. de la *Souche*, Capitaine au Régiment Roïal de Ca.

709. M. le Marquis de *Soudé*, Capitaine Lieutenant des Chevaux-Légers d'Anjou.

705. M. de *Soulaigre*, ci-devant Lieutenant au Régiment Roïal des Carabiniers de la Brigade de Cloys.

705. M. de *Souliers*, Major du Régiment de Limosin, Inf.

710. M. *Soulier*, Capitaine & Aide-Major du Régiment de S. Chaumont, Dr.

704. M. du *Soupat*, Colonel.

94. M. le Comte de la *Chaise-Soufternon*, Lieutenant Général des Armées du Roy.

704. M. de *Souzy*, ci-devant Major du Régiment de la Trémoille, Ca.

709. M. de *Spaar*, Major du Régiment de Spaar, Inf.

706. M. de *Steinvalenfels*, Capitaine au Régiment d'Alsace, Inf.

710. M. *Stel*, Maréchal des Logis des Gendarmes Anglois.

705. M. *Stier*, Capitaine au Régiment d'Alsace, Inf.

700. M. *Stoppa*, Capitaine au Régiment des Gardes Suisses.

706. M. *Stoppa d'Autremencourt*, ci-devant Capitaine au Régiment des Gardes Suisses.

710. M. *Suant*, Capitaine au Régiment de Lyonne, Inf.

70... M. de *Subercase*, Gouverneur de l'Acadie.

709. M. *Sublene*, Lieutenant Colonel du Régiment de Beauce, Inf.

705. M. de *Sueve*, Capitaine au Régiment de S. Aignan, Ca.

705. M. de *Suilly*, Brigadier d'Armée.

705. M. de *Sumene*, ci-devant Capitaine au Régiment de Meleun, Ca.

709. M. de S. *Suplice*, Capitaine des Grenadiers du Régiment de Bearn, Inf.

703. M. de *Surbck*, Colonel, Lieutenant Général des Armées du Roy.

99. M. le Vicomte de *Surgéres*, Capitaine de Vaisseau.

700. M. de la *Surière*, Cornette de la

seconde Compagnie des Mousquetaires, Gouverneur d'Alençon.

705. M. de la *Surière*, ci-devant Capitaine au Régiment des Cuirassiers du Roy.

95. M. le Marquis de *Surville*-Hautefort, Lieutenant Général des Armées du Roy.

703. M. de *Surville*, Lieutenant au Régiment Roïal des Carabiniers de la Brigade de Verneüil.

705. M. *Surry d'Esteinbioug*, Lieutenant Colonel du Régiment de Phiffer Suisse, Brigadier d'Armée.

705. M. de *Suzemont*, Lieutenant Colonel du Régiment de Beaufremont, Dr.

700. M. *Suzy*, Capitaine du Régiment Roïal Artillerie, Inf.

703. M. le Vicomte de *Suzy*, Lieutenant des Gardes du Corps, Brigadier d'Armée.

T

94. M. *Tacy*, Capitaine au Régiment de Picardie, Inf.

705. M. de *Taillancourt*, Brigadier des Gardes du Corps.

709. M. *Taillant*, Lieutenant Colonel du Régiment de Bourbon, Inf.

703. M. de *Talange*, Capitaine réfor-

mé du Régiment de S. Priez, Dr.

704. M. le Prince de *Talmond*, Lieutenant Général des Armées du Roy.

708. M. *Talon*, Lieutenant au Régiment des Gardes.

94. M. *Talonin*, Capitaine au Régiment de Bretagne, Inf.

705. M. *Taniot*, Lieutenant Colonel réformé de Dr.

703. M. *Tardif*, Ingénieur, Brigadier d'Armée.

710. M. *Tardif*, Lieutenant Colonel du Régiment de la Feronnaye, Ca.

709. M. de *Tarlaye*, Capitaine au Régiment des Gardes.

705. M. *Tarneau*, Mestre de Camp de Ca. Brigadier d'Armée.

703. M. *Tarrade*, Ingénieur, & Directeur des Fortifications des Places d'Alsace.

704. M. *Tasseran*, Capitaine des Grenadiers du Régiment de Soolre, Inf.

711. M. de *Tasserville*, Capitaine des Grenadiers du Régiment Roïal des Vaisseaux.

94. M. de la *Taste*, Maréchal de Camp.

707. M. de la *Taste*, Capitaine au Régiment du Roy, Inf.

709. M. de la *Taste*, ci-devant Ca-

ORDRE DE S. LOUIS.

pitaine des Grenadiers du Régiment d'Aunis, Inf.

705. M. de *Taſtet*, Commandant le second Bataillon du Régiment Roïal Artillerie.

705. M. *Tavier*, Capitaine au Régiment d'Iſanghien, Inf.

705. M. de *Tauriac*, Capitaine au Régiment de Tallard, Inf.

707. M. de *Tauriac*, Capitaine au Régiment de Vendôme, Inf.

708. M. de *Taurine*, Porte-Etendart des Chevaux-Légers de la Garde du Roy.

705. M. *Taurins*, Lieutenant de Vaiſſeau.

705. M. le *Tellier*, ci-devant Brigadier des Gardes du Corps.

710. M. de *Tenrode*, Capitaine au premier Régiment de Languedoc, Dr.

700. M. du *Terat*, ci-devant Brigadier des Gendarmes de la Garde du Roy.

705. M. de *Tercy*, Lieutenant au Régiment de Lautrec, Dr.

709. M. de *Termont*, Capitaine des Grenadiers du Régiment de la Marche, Inf.

710. M. de *Ternaire*, Capitaine au Régiment Commiſſaire Général de la Ca-

705. M. de la *Terrade*, Lieutenant Colonel du Régiment de Montrével, Ca.

709. M. de la *Terrade*, Major de Navarrins.

700. M. *Terradelles*, ci-devant Capitaine au Régiment Roïal Roussillon, Inf.

710. M. *Terzguy*, Capitaine Lieutenant au Régiment de Greder Suisse.

705. M. de *Tessardière*, ci-devant Capitaine des Grenadiers du Régiment de la Marche, Inf.

703. M. *Testu*, Lieutenant Colonel réformé d'Inf.

709. M. *Tessier*, Commandant le second Bataillon du Régiment de Bresse, Inf.

710. M. *Thaas*, Major du Régiment de Lautreck, Dr.

703. M. de *Theis*, Soû-Lieutenant de Roy de la Citadelle de Mets.

709. M. *Thibault*, Capitaine de Canoniers du Régiment Roïal Artillerie.

707. M. *Thiebault*, ci-devant Lieutenant au Régiment de Beringhen, Ca.

710 M. *Thiellemont*, Lieutenant au Régiment de S. Aignan, Ca.

705. M. de *Thiébrune*, Lieutenant au Régiment Roïal Comtois, Inf.

706. M. du *Thier*, Lieutenant réformé

ORDRE DE S. LOUIS. 645
à la suite de la Compagnie des Fusilliers de la Croix.

705. M. de *S. Thierry*, ci-devant Major du Régiment de Condé, Ca.

705. M. *Thierry*, Lieutenant au Régiment de Montrével, Ca.

705. M. *Thierry*, Major de Boüillon.

705. M. du *Thil*, Brigadier d'Armée, Colonel.

710. M. *Thoiré*, Capitaine & Aide-Major du Régiment de S. Sernin, Dr.

710. M. de *S. Thomas*, Capitaine au Régiment Roïal Allemand, Inf.

705. M. de *Thorigny*, Capitaine de Canoniers au Régiment Roïal Artillerie.

709. M. *Thory*, Major du Régiment de Blaisois, Inf.

700. M. le Marquis de *Thoüy*, Lieutenant Général des Armées du Roy.

705. M. de la *Tierce*, Lieutenant au Régiment de Fontaines, Ca.

703. M. le Marquis de *Tierceville*, Capitaine de Frégate.

708. M. *Tiercy*, Brigadier de la première Compagnie des Mousquetaires.

705. M. de *Tiffy*, Commandant le second Bataillon du Régiment de Vendôme, Inf.

704. M. *Tigné*, Ingénieur,

646 L'E'TAT DE LA FRANCE.

709. M. de la *Tillaye*, ci-devant Capitaine au Régiment du Prince Marcillac, Ca.

705. M. le *Tillieul*, Capitaine au Régiment de la Reine, Dr.

710. M. de la *Tombe*, Soû-brigadier de la premiere Compagnie des Mousquetaires.

709. M. *Tonnadon*, Capitaine des Grenadiers du Régiment de la Fere, Inf.

710. M. *Toqueville*, Capitaine au Régiment de Bourgogne, Ca.

705. M. de *Torcy*, Capitaine au Régiment du Maine, Inf.

707. M. le *Tord*, ci-devant Brigadier des Gardes du Corps.

711. M. de *Tord*, Mestre de Camp d'un Régiment de Dr.

711. M. *Torignires*, Capitaine au Régiment Roïal Artillerie.

705. M. de la *Torre*, Lieutenant Colonel du Régiment d'Issanghien, Inf.

709. M. de *Torsac*, Exempt des Gardes du Corps.

700. M. du *Tot*, Maréchal de Camp.

705. M. des *Touches*, Lieutenant Général d'Artillerie, Brigadier d'Armée, Colonel-Lieutenant du Régiment des Bombardiers, Inf.

705. M. de la *Touche*, Major du Regi-

ORDRE DE S. LOUIS.

ment de Rottembourg, Ca.

710. M. *Toulon S. Julien*, Capitaine au Régiment de la Tour, Ca.

94. M. de *Toulonjac de Pomerol*, Capitaine des Grenadiers du Régiment de Condé, Inf.

94. M. de la *Tour du Fiscq*, Capitaine au Régiment de Lannoy, Inf.

703. M. de la *Tour d'Auvergne*, Capitaine au Régiment de Limosin, Inf.

705. M. de la *Tour*, Major de Briançon.

705. M. de la *Tour*, ci-devant Meftre de Camp de Ca.

705. M. de la *Tour-Fraguier*, Capitaine des Grenadiers du Régiment de la Marine, Inf.

705. M. le Marquis de la *Tour-Monthiers*, Capitaine-Lieutenant des Gendarmes d'Anjou, Brigadier d'Armée.

705. M. de la *Tour*, ci-devant Major du Régiment de Charroft, Inf.

705. M. de la *Tour*, Major du Régiment de Perrin, Inf.

705. M. de la *Tour de Jean de Life*, ci-devant Lieutenant Colonel du Régiment de Courcillon, Ca.

709. M. de la *Tour-Paulet*, Lieutenant d'Artillerie.

710. M. de la *Tour*, Soû-Brigadier

548 L'E'TAT DE LA FRANCE
des Gardes du Corps.

709. M. *Tourette*, Lieutenant en la Brigade de Bervvic, Inf.

705. M. *Tourettes*, Commandant le second Bataillon du Régiment de Provence, Inf.

703. M *Tournier*, Capitaine Aide-Major du Régiment de Mortemart, Inf.

703. M. de *Tournin*, Lieutenant de Roy de Dunkerque, Maréchal de Camp.

705. M. de *Tournon*, Maréchal de Camp.

704. M. *Tourotte*, Mestre de Camp de Ca. Brigadier d'Armée.

705. M. de *Tourouvre*, Capitaine de Vaisseau.

711. M. de *Tourtat*, Aide-Major de la Ville de Salins.

705. M. de *Tourville*, ci-devant Maréchal des Logis des Gendarmes de la Garde du Roy.

703. M. *Toury*, ci devant Major du Régiment de Bourbon.

705. M. de *Tourville*.

703. M. de la *Tourzelle*, Capitaine au second Bataillon du Régiment Desgrigny. Inf.

706. M. de *Traizé de Fontenelle*, Commissaire Provincial d'Artillerie.

700. M. *Travers*, ci-devant Lieutenant

ORDRE DE S. LOUIS. 649
nant Colonel du Régiment de Salis Suisse.

709. M. le Baron de *Travers*, Capitaine au Régiment de Greder Suisse.

94. M. de *Traversone*, Brigadier d'Armée.

94. M. de *Trébons*, Enseigne de la seconde Compagnie des Mousquetaires. 1500. l.

707. M. de la *Treille*, ci-devant Exempt des Gardes du Corps.

707. M. le Vicomte de *Trelans*, Commandant du Fort du Griffon de Besançon.

705. M. du *Tremblay*, ci-devant Capitaine réformé au Régiment de Joyeuse, Ca.

705. M. de la *Tremblaye*, Lieutenant Colonel du Régiment de Forsat, Ca.

705. M. de *Trémolle de Garge*, Capitaine au Régiment de Lyonnois, Inf.

705. M. *Trerieux*, Capitaine au Régiment des Bombardiers, Inf.

703. M. le Marquis de *Tresnel des Ursins*, Soû Lieutenant des Gendarmes de la Garde du Roy, Lieutenant Général des Armées du Roy.

705. M. de *Tresseson*, Brigadier d'Armée, Colonel.

94. M. *Tricaut*, Lieutenant Colonel
Tome II. E e

du Régiment de Lyonnois Inf. Brigadier d'Armée.

705. M. *Tridon*, Major du Régiment de Cappy, Ca.

710. M. de la *Trimouille*, Capitaine au Régiment de Mortemart, Inf.

710. M. le Marquis de du *Troncq*, Brigadier d'Armée, Meftre de Camp de Ca.

700. M. du *Tronquoy*, ci-devant Lieutenant de Roy d'Ivrée.

710. M. *Tronfin*, Capitaine au Régiment de Villepreux, Ca.

709. M. *Tronville*, Lieutenant Colonel du Régiment de Vosges, Inf.

709. M. de *Trorofit*, Commandant le second Bataillon du Régiment de Sourches, Inf.

705. M. de *Trouffauville*, ci-devant Brigadier des Gendarmes de la Garde du Roy.

93. M. de la *Trouffe*, ci-devant Enfeigne au Régiment des Gardes. 1500. l.

710. M. de *Trouvile*, Major du Régiment de Monteils, Ca.

711. M. *Truchet*, Capitaine au Régiment Roïal Artillerie.

708. M. de *Trudaine de Roberval*, Brigadier d'Armée, Soû-Lieutenant des Gendarmes Flamans.

ORDRE DE S. LOUIS.

703. M. *Truffin*, Major du Régiment de Canseran, Ca.

705. M. *Trunçon*, Lieutenant Colonel du Régiment d'Artaignan, Inf.

706. M. de *Truflet*, Capitaine au Régiment d'Alsace, Inf.

706. M. *Tuffereau*, Commissaire Provincial d'Artillerie.

710. M. de la *Tuillerie*, Brigadier des Gendarmes de la Garde du Roy.

707. M. de *Turgis*, Capitaine de Vaisseau.

706. M. *Turgot des Fontaines*, Lieutenant d'Artillerie.

703. M. de *Turmenyes*, ci-devant Major du Régiment d'Hainaut, Inf.

705. M. de la *Turre*, Lieutenant au Régiment de Fontaines, Ca.

V

706. M. de la *Vacherie*, Aide-Major du Régiment du Roy.

705. M. *Vachon*, Lieutenant Colonel du Régiment de Sansay, Inf.

705. M. *Vacquier*, ci-devant Capitaine au Régiment de Guienne, Inf.

95. M. de la *Vaesse*, Lieutenant Général des Armées du Roy, Gouverneur du Fort-Louis du Rhin.

709. M. *Vaillant*, Commandant le second Bataillon du Régiment d'Hainault, Inf.

705. M. de *Vainières*, Capitaine Aide-Major du Régiment de Vermandois, Inf.

706. M. de la *Vaissière*, Capitaine au Régiment de Vermandois, Inf.

703. M. de la *Valade*, ci-devant Lieutenant Colonel du Régiment de Tourville, Inf.

711. M. de la *Valade*, Capitaine des Grenadiers du Régiment de Champagne, Inf.

709. M. de *Valcourt*, Capitaine au Régiment Royal des Carabiniers de la Brigade de Pugeol.

93. M. de *Valcroissant*, Gouverneur de la Citadelle d'Arras.

702. M. de *Valeron*.

703. M. de *Valeille*, Maréchal de Camp, Commandant à Nancy.

710. M. de *Valençon*, Lieutenant au Régiment des Cuirassiers, Ca.

708. M. de *Valinavé*, Maréchal des Logis des Gendarmes de la Garde du Roy.

703. M. de la *Valade*, ci-devant Major du Régiment de Rouergue, Inf.

705. M. de la *Valette*, Capitaine a

ORDRE DE S. LOUIS.

Régiment de Bourbon, Ca.

705. M. de *Valette*, ci-devant Lieutenant Colonel du Régiment de Quercy, Inf.

707. M. de la *Valette Laudun*, Capitaine de Vaisseau.

707. M. de la *Valette Thomas*, Capitaine de Frégate.

710. M. de la *Valette*, ci-devant Major du Régiment de Marcillac, Ca.

706. M. de *Valgran*, Lieutenant Colonel du Régiment Mestre de Camp Général de Ca.

710. M. de *Valigny*, Lieutenant Colonel du Régiment de Paon, Ca.

709. M. de *Vall*, Commandant le second Bataillon du Régiment de la Marc.

703. M. de *Valladon*, ci-devant Commandant à la Citadelle de Suze.

710. M. de la *Vallée*, Ingénieur.

705. M. de *Vallière*, Capitaine d'une Compagnie de Mineurs.

707. M. le Marquis de la *Vallière*, Gouveneur de Bourbonnois, Commissaire Général de la Cavalerie Lieutenant Général des Armées du Roy.

703. M. de *Vallon*, ci-devant Lieutenant Colonel du Régiment de Guienne, Inf.

703. M. de *Vallon*, ci-devant Major

du Régiment de Livry, Ca.

711. M. de *Valmeny*, Capitaine au Régiment de Limosin, Inf.

703. M. de *Valmon*, ci-devant Maréchal des Logis des Gendarmes de la Garde du Roy.

709. M. de *Valonnes*, Commandant le second Bataillon du Régiment d'Agenois, Inf.

705. M. de *Valonsac*, Capitaine au Régiment de Meleun, Ca.

700. M. de *Valory*, Ingénieur, Lieutenant Général des Armées du Roy.
1000. l.

703. M. de *Valouze*, Colonel, Brigadier d'Armée.

709. M. de *Vandale*, Commandant au Fort S. Martin de Trêves.

710. M. de *Vandeüil*, Capitaine & Aide-Major du Régiment de Daunay, Inf.

705. M. de *Vandeuvre*, ci-devant Major du Régiment de Tourotte, Ca.

705. M. de S. *Vandreille*, Capitaine Garde-coste.

700. M. *Vantelet*, Lieutenant Colonel du Régiment de S. Aignan, Ca.

710. M. *Vardac*, Capitaine au Régiment de Vaudrey, Ca.

705. M. de *Vareilles de la Broüe*,

ORDRE DE S. LOUIS. 655
Exempt des Gardes du Corps.

705. M. de *Vareilles*, ci devant Lieutenant Colonel du Régiment de Gouffier, Ca.

702. M. de la *Varenne*, Capitaine de Vaisseau.

703. M. de la *Varenne*, Exempt des Gardes du Corps.

709. M. de la *Varenne*, Major du Régiment du Perche, Inf.

700. M. le Marquis de *Varennes*, Lieutenant Général des Armées du Roy, ci-devant Gouverneur de Bouchain.

704. M. de *Varennes*, Major de S. Omer.

705. M. de *Varennes*, Capitaine au Régiment de Beaufremont, Dr.

706. M. de *Varville*, Capitaine de Canoniers.

702. M. de *Vassan*, ci-devant Gouverneur du Fort de l'Ecluse.

703. M. de *Vassé*, Capitaine d'une Compagnie de Canoniers du Régiment Roïal Artillerie.

704. M. le *Vasseur de Neré*, Enseigne de Vaisseau.

710. M. de *Vassignac*, Lieutenant Colonel du Régiment de Guienne, Dr.

711. M. de *Vassigny*, Capitaine au Régiment de Leslandes, Inf.

E e iiij

706. M. de *Vaſſogne*, ci-devant Lieutenant Colonel d'Inf.

704. M. de *Varreville*, Brigadier d'Armée, Colonel du Régiment Dauphin, Dr.

709. M. de *Vauconville*, ci-devant Major du Régiment de du Beüil, Inf.

710. M. de *Vaouette*, Capitaine-Lieutenant de la Meſtre de Camp du Régiment de Tourbtte, Ca.

710. M. *Vauchon*, Major du Régiment Roïal Rouſſillon, Ca.

94. M. de *Vaucieux*, ci-devant Colonel du Régiment d'Auxerrois, Inf.

704. M. de *Vautocourt*, ci-devant Capitaine au Régiment Roïal des Carabiniers de la Brigade de Rouvray.

98. M. de *Vaudreuil*, Capitaine de Vaiſſeau, Gouverneur Général de la nouvelle France.

705. M. de *Vaudrans*, Capitaine reformé au Régiment Dauphin, Dr.

703. M. de *Vauges*, ci-devant Maréchal des Logis des Chevaux Légers de Berry.

705. M. de *Vauguyon*, Commandant du Château de Boüillon, ci-devant Lieutenant Colonel du Régiment de Bearn, Inf.

704. M. de *Vaulegin*, Lieutenant Général d'Artillerie.

ORDRE DE S. LOUIS.

703. M. de *Vaux*, ci-devant Soû-Brigadier des Gardes du Corps.

707. M. de *Vaux de Simpigny*, Commissaire Provincial d'Artillerie.

708. M. de la *Vaux*, Maréchal des Logis des Gendarmes de la Garde du Roy.

705. M. de *Vauzelle*, Major du Régiment de Beaujeu, Ca

705. M. de *Vedrilhe*, ci-devant Lieutenant Colonel du Régiment de la Fond la Ferté, Inf.

711. M. de *Veirac*, Capitaine des Grenadiers du Régiment de Bresse, Inf.

705. M. de *Vellin*, Commandant le second Bataillon du Régiment d'Orleans, Inf.

70.. M. le Marquis de *Velleron*, Capitaine de Galére.

710. M. de *Vénasile*, Capitaine au Régiment Dauphin Etranger.

713. M. le Comte de *Verzet*, Capitaine des Frégate.

709. M. de *Vesne*, Maréchal de Camp.

705. M. de *Verceil*, Enseigne des Gardes du Corps, Brigadier d'Armée.

706. M. du *Verdier*, Lieutenant de Roy de Briançon.

710. M. du *Verdier*, Major du Régiment de Lambese.

704. M. Verduisan, Lieutenant de Roy du Fort de Nieulay.

705. M. de Verduisant, Capitaine au Régiment d'Orleans, Ca.

705. M. de Verduisant, Capitaine au Régiment d'Orleans, Inf.

703. M. du Verger, ci-devant Major du Régiment de Provence, Inf.

706. M. du Verger, Ingénieur.

708. M. du Verger, Maréchal des Logis des Gendarmes d'Orleans.

709. M. le Marquis de Vergetot, Maréchal de Camp.

706. M. de la Vergne-Montbasin, Lieutenant de Galére.

709. M. de la Vergne Dumas, Soû-Brigadier de la premiere Compagnie des Mousquetaires.

709. M. de la Vergne, Capitaine & Aide-Major du Régiment de Foix, Inf.

710. M. de la Vergne, Major du Régiment de Beauce, Inf.

704. M. de Kernansal, Enseigne des Gardes du Corps, Brigadier d'Armée.

704. M. de Verneüil, Mestre de Camp du Régiment Roïal des Carabiniers, Brigadier d'Armée.

704. M. de Verniolles, ci-devant Major de Bergues.

709. M. de Vernoeff, Capitaine au Ré-

ORDRE DE S. LOUIS.

giment Roïal des Carabiniers de la Brigade de Cloys.

710. M. de *Vernon*, Commissaire Provincial d'Artillerie.

705. de *Vernoüillet*, ci-devant Capitaine au Régiment de Lyonne, Inf.

94. M. de *Verpelle*, Ingénieur, Brigadier d'Armée. 1500. L.

711. M. *Verrot*, Commandant le second Bataillon du Régiment de Bourgogne, Inf.

704. M. de *Verseilles*, Maréchal Général des Camps & Armées du Roy.

705. M. de *Verseilles*, Capitaine au Régiment Dauphin, Ca.

705. M. de *Verseilles*, ci-devant Capitaine des Grenadiers du Régiment de Mortemare, Inf.

710. M. de *Verseilles*, Colonel d'Houssarts, Ca.

707. M. de *Verthamon*, Capitaine au Régiment Dalzau, Ca.

710. M. de *Verthamon*, Capitaine au Régiment du Prince de Lambesc, Ca.

94. M. le Marquis de *Vertilly*, Maréchal de Camp.

709. M. de *Verville*, Commandant le second Bataillon du Régiment de Croy, Inf.

94. M. de *Vervins*, Maréchal de Camp.

E e vj

L'ETAT DE LA FRANCE.

705. M. de *Vesc*, ci-devant Capitaine au Régiment de la Reine.

708. M. de *Vesc*, ci-devant Capitaine au Régiment Roïal des Carabiniers.

709. M. de *Vesle* fils, Capitaine au Régiment Roïal des Carabiniers de la Brigade de Rouvray.

M. du *Vesquet*, Exempt des Gardes du Corps.

M. de *Vial Nicolay*, Lieutenant Colonel du Régiment de du Lau, Ca.

M. de la *Viallieres*, ci-devant Soû-Brigadier des Gardes du Corps.

M. de *Viance*, Maréchal de Camp, Gouverneur de Cognac.

M. *Viat de la Varthete*, Capitaine reformé à la suite du Régiment de Soce.

M. *Viertes*, Maréchal des Logis de la seconde Compagnie des Mousquetaires.

703. M. le Marquis de *Vibraye*, Lieutenant Général des Armées du Roy.

700. M. de S. *Victor*, ci-devant Lieutenant Colonel du Régiment de Marcillac, Ca.

703. M. de S. *Victor*, Lieutenant Colonel du Régiment de Putage, Ca.

709. M. de S *Victor*, Lieutenant Co-

lonel du Régiment de Perry.

708. M. de *Vidampierre*, Capitaine Lieutenant des Chevaux-Légers de la Garde du Roy, Duc de Chaulnes, Lieutenant de Roy de Picardie, Maréchal de Camp.

704. M. de *Vidampierre*, ci-devant Major du Régiment du Roy, Brigadier.

710. M. de *Vidonniere*, Capitaine au Régiment de Villepreux, Ca.

705. M. le Marquis de la *Vieuville*, Colonel du Régiment.

710. M. de *Vienne*, Brigadier d'Armée, Brigadier des Gardes du Corps.

706. M. de *Vienne de Buffrollat*, Capitaine des Vaisseaux.

706. M. de la *Vieuville*, Maréchal des Logis de la Cavalerie, Maréchal de Camp.

709. M. de *Ville Vraye*, Lieutenant Colonel du Régiment de Grandville, Dr.

707. M. de *Vieuxchamp*, Capitaine de Frégate.

709. M. le Marquis de *Vieuxpont*, Lieutenant Général des Armées du Roy, Lieutenant de Roy au Païs d'Aunis.

710. M. *Vigier*, Capitaine au Régiment de Flaiche, Ca.

709. M. de *Vignacourt*, Major du

Régiment d'Iſſanghien, Inf.

707. M. de *Vignau*, Capitaine au Régiment de Thierarche, Inf.

703. M. de *Vigneaux*, Aide-Major du Régiment de Perigord, Inf.

704. M. *Vignaux*, Maréchal des Logis de la ſeconde Compagnie des Mouſquetaires.

704. M. de *Vignemont*, Capitaine & Aide-Major du Régiment Colonel Général de Dr.

709. M. de la *Vigniere*, Mouſquetaire du Roy.

704. M. de *Vignolles*, ci-devant Capitaine au Régiment Royal des Carabiniers.

706. M. de *Vignory*, Lieutenant-Colonel du Régiment de Tourotte, Ca.

705. M. *Vigneux du Tertre*, Capitaine de Vaiſſeau.

705. M. de la *Viguerie*, Major du Régiment de Cambreſis, Inf.

705. M. de *Vilabé*, Mouſquetaire de la premiere Compagnie.

94. M. le Marquis de *Vilaine*, Lieutenant des Gardes du Corps, Gouverneur de Niort, Lieutenant Général des Armées du Roy.

709. M. de *Vilanfague*, ci-devant Capitaine des Grenadiers du Régiment de Soiſſonnois, Inf.

ORDRE DE S. LOUIS.

93. M. de *Villaformiu*, Major du Régiment Roïal Rouſſillon, Inf. 1000. l.

709. M. de *Villaner*, Ingénieur.

707. M. de *Villard*, Major du Régiment de la Marine, Inf.

709. M. de la *Villardiere*, Major du Régiment de Tallard, Inf.

710. M. de *Villaroy*, ci-devant Capitaine des Portes de Tournay.

99. M. le Comte de *Villars*, Chef d'Eſcadre des Armées Navales.

703. M. de *Villars*, Lieutenant Colonel réformé d'Inf.

704. M. de *Villars Polcon*, Lieutenant Colonel du Régiment de Simiane, Ca.

705. M. de *Villars*, Commandant aux Arguemines.

705. M. de *Villars*, Aide-Major au Régiment des Gardes Françoiſes, 1000. l.

709. M. de *Villars*, Capitaine au Régiment Roïal Artillerie.

709. M. de *Villars*, ci-devant Major du Fort S. André d'Aire.

711. M. de la *Villatte*, Capitaine au Régiment de Poitou, Inf.

709. M. de *Villaucourt*, Commandant le ſecond Bataillon du Régiment Roïal Comtois, Inf.

711. M. de *Villautrais*, Capitaine des Grenadiers du Régiment de Gondrin, Inf.

95. M. de *Ville*, Capitaine des Gardes de feu M. le Maréchal de Boufflers.

709. M. de *Ville*, Capitaine des Grenadiers du Régiment de Foix, Inf.

704. M. de *Villebreüil*, Gentilhomme de M. le Comte de Toulouse.

94. M. de *Villedieu*, ci-devant Lieutenant du Régiment Roïal des Vaisseaux, Inf.

703. M. de *Villedon*, ci-devant Lieutenant Colonel du Régiment de Putange, Inf.

95. M. de *Villefort*, Colonel réformé, Brigadier d'Armée.

709. M. de *Villelongue*, Lieutenant Colonel du Régiment de Damas, Inf.

711. M. de *Villemandy*, Capitaine au Régiment de Perrin, Inf.

703. M. de *Villemauré*, cy-devant Lieutenant Colonel du Régiment d'Oleron, Inf.

709. M. de *Villemetz*, Ingénieur.

703. M. de *Villemon*, ci-devant Major de Saar Loüis.

708. M. de *Villemont du Chesne*, Lieutenant Colonel du Régiment d'Estaguol, Ca.

705. M. de *Villemonte*, Capitaine au Régiment de Toulouse, Inf.

703. M. de *Villemont*, Colonel, Brigadier d'Armée.

ORDRE DE SALTOUS

94. M. de *Villequier*, Capitaine Lieutenant des Grenadiers à Cheval de la Maison du Roy, Maréchal de Camp.

703. M. de *Villeneuve*, ci-devant Enseigne des Gardes du Corps.

703. M. le Comte de *Villeneuve*, Lieutenant de Roy d'Arras.

703. M. V. de *Villeneuve*, ci-devant Lieutenant Colonel du Régiment d'Oleron, Inf.

705. M. de *Villeneuve*, Capitaine au Régiment Colonel Général de Dr.

705. M. de *Villeneuve*, ci-devant Colonel du Dr.

709. M. de *Villeneuve de Trelans*, Lieutenant Colonel du Régiment de Berry, Inf.

710. M. de *Villeneuve*, Lieutenant Colonel du Régiment de Courten, Inf.

705. M. de *Villepeaux*, ci-devant Capitaine au Régiment des Gardes.

705. M. de *Villepinte*, Capitaine au Régiment de Priez, Dr.

705. M. de *Villepinte*, Capitaine au Régiment du Roy, Inf.

705. M. de *Villepinte*, Maréchal de Camp.

705. M. de *Villepreux*, Mestre de Camp de Ca.

709. M. de *Villequier*, Capitaine de Canoniers au Régiment Roïal Artillerie.

703. M. de *Villeraye*, Capitaine au second Bataillon du Régiment de Soissonnois, Inf.

703. M. le Duc de *Villeroy*, Lieutenant Général des Armées du Roy, & Lieutenant Général du Païs de Lyonnois, Capitaine des Gardes du Corps, Colonel du Régiment de Lyonnois, Inf.

703. M. de *Villers*, Capitaine de Frégate.

704. M. de *Villers*, Mousquetaire de la premiere Compagnie.

704. M. de *Villers*, ci-devant Capitaine des Grenadiers du Régiment du Roy, Inf.

707. M. de *Villers de S. Croix*, Lieutenant de Vaisseau.

709. M. de *Villers de Riancourt*, Soû-Brigadier des Gardes du Corps.

708. M. de *Villerville*, ci-devant Lieutenant Colonel du Régiment Mestre de Camp Général des Dr.

700. M. de *Villesablon*, Commandant au Château de Lantzcroon.

94. M. de *Villepassans*, Lieutenant de Galéces.

705. M. de *Vileté*, Lieutenant de Canoniers au Régiment Roïal Artillerie.

710. M. de *Villetie*, Lieutenant Colonel du Régiment du second Régi-

ment de Languedoc, Dr.

94. M. le Marquis de *Villevieille*, Lieutenant de Roy de Landrecy, Brigadier d'Armée.

708. M. le Baron de *Villiers*, Brigadier d'Armée, Capitaine au Régiment des Gardes.

702. M. de *Villiers*, Capitaine réformé à la suite du Régiment de Malan, Ca.

710. M. de *Villiers*, Mestre de Camp de Ca.

706. M. de *Vincelle la Ferrière*, Mestre de Camp réformé de Dr.

705. M. de *Vincelles*, Lieutenant de Vaisseau.

703. M. de S. *Vincent*, Capitaine au Régiment de la Couronne, Inf.

705. M. de S. *Vincent*, ci-devant Capitaine des Grenadiers au Régiment de Provence, Inf.

707. M. de S. *Vincent*, ci-devant Capitaine des Grenadiers du Régiment de l'Isle de France, Inf.

709. M. de S. *Vincent*, Commandant un Bataillon du Régiment de Tourville, Inf.

710. M. de S. *Vincent*, Capitaine au Régiment de Picardie, Inf.

703. M. du *Vinet*, Lieutenant Colonel

réformé du Régiment de Sourches, Inf.

703. M. du *Vineux*, ci-devant Commandant au Fort de l'Ecluse.

705. M. du *Vinot*, Lieutenant au Régiment de Daultanne, Ca.

94. M. le Marquis de *Vins*, Lieutenant Général des Armées du Roy, Gouverneur de Broüage, Capitaine-Lieutenant de la seconde Compagnie des Mousquetaires.

705. M. *Viret*, ci-devant Lieutenant Colonel du Régiment Dauphin, Ca.

704. M. *Virion*, Capitaine des Grenadiers du Régiment de Gréder, Inf.

708. M. de *Virloir*, Ingénieur.

705. M. de *Visancourt*, Brigadier des Gardes du Corps.

705. M. de *Visé*, Capitaine au Régiment des Gardes.

707. M. de *Vitry*, Aide-Major du Fort S. François de Bergues.

707. M. de *Vitry*, ci-devant Capitaine des Grenadiers au Régiment de Charrost, Inf.

704. M. de *Vivans*, Lieutenant Général des Armées du Roy.

711. M. *Vivens*, Capitaine au Régiment de Languedoc, Inf.

705. M. *Vivien*, Capitaine des Grenadiers du Régiment de Beauvoisis, Inf.

ORDRE DE St. LOUIS.

703. M. du *Vivier*, Lieutenant Colonel du Régiment de Tallard, Inf. Brigadier d'Armée.

704. M. du *Vivier*, Lieutenant de Roy du Havre de Grace, Brigadier d'Armée.

1703. M. de *Vocourt*, Lieutenant Colonel du Régiment de Roye, Inf.

704. M. de *Voire*, ci-devant Capitaine des Grenadiers du Régiment Roïal des Vaisseaux, Inf.

707. M. *Vollet*, Capitaine au Régiment de *Greder*, Suisse.

1705. M. de *Voncourt*, Exempt des Gardes du Corps.

1706. M. de *Vos*, Lieutenant réformé d'Inf.

709. M. de *Koumul*, Gendarme de la Garde du Roy.

705. M. de *Voye*, Lieutenant Colonel du Régiment de Forest, Inf.

708. M. de la *Voye*, Ingénieur.

1700. M. de *Vraigne*, Maréchal de Camp.

703. M. *Vuson*, Major de Verdun.

707. M. le Vicomte d'*Urtubie*, Capitaine de Vaisseau.

705. M. de *Walmer*, Lieutenant de Roy de Péquay.

1702. M. le Comte d'*Uses*, Maréchal de Camp.

670 L'ETAT DE LA FRANCE.

710. M. d'*Uxelles*, Lieutenant Colonel du Régiment de la Tour, Inf.

Z

707. M. *Zing*, Major du Régiment d'Heffy Suiffe.

Officiers de l'Ordre de S. Loüis.

Le Tréforier.   4000. l.

M. de Tourmont & M. Pinfonneau par Commiffion, Commis de M. de Voifin.

Le Greffier.   3000. l.

M. le Févre, Intendant & Contrôleur Général de l'Argenterie & des Menus, Tréforier Général de la Maifon de feu Madame la Dauphine.

L'Huiffier.   1400. l.

M. de la Pré.

CHAPITRE XVIII.

De l'Ordre de Nôtre-Dame du Mont-Carmel, & de Saint Lazare de Jerusalem.

E Roy Henry le Grand institua en 1608. l'Ordre qu'il nomma *de Nôtre-Dame du Mont-Carmel*, en mémoire de l'ancien Ordre des Ducs de Bourbon : Et au mois d'Octobre de la même année, il l'unit à l'Ordre de S. *Lazare de Jérusalem*, le plus ancien Ordre de la Chrêtienté & la dota de trois cens mil livres de rente.

Les Chevaliers de cet Ordre portent une Croix d'or à huit pointes, cantonnée de quatre fleurs-de-lis de même, orlée d'un émail blanc, au milieu de laquelle, d'un côté est représenté sur un fond d'or l'Image de la Sainte Vierge, tenant son Jesus entre ses bras, colorée au naturel, assise sur un mont de sinople ; & de l'autre côté, sur un même fond d'or, est aussi representé la résurrection du Lazare, aux émaux naturels : cette Croix est attachée à un ruban de soye panée amarante, & suivant les railles, ils la devroient porter au col, & non à la boutonniere comme ils font.

La Maison Conventuelle & générale de l'Ordre, est la Commanderie de Boigny, prés Orleans.

Depuis que le Roy en 1693. a séparé de l'Ordre tous les biens qui y avoient été joints par l'Edit de Décembre 1672. il a nommé des Commissaires pour régler les biens qui doivent demeurer à l'Ordre, & ceux qui en doivent être distraits.

Le Roy, souverain Protecteur de cet Ordre, a pourvû de la dignité de Grand-Maître des Ordres de Nôtre-Dame de Mont-Carmel & de Saint Lazare de Jérusalem, Nazareth & Béthléem, tant deçà que delà les Mers, M. Frére Philippe de Courcillon, Marquis de Dangeau, &c. Voïez ses qualitez à la Maison de feu Madame la Dauphine.

CHEVALIERS LAICS.

Année 1658.

Frére Pierre de Montliare, Marquis de Rumone, Doïen.

Année 1666.

F. Henry le Picart, de Sevigny.

F. Pierre

ORDRE DE S. LAZARE.

F. Pierre de Bragelogne de la Morliére.

Année 1667.

F. Nicolas de Montagnac.
F. Philippe Dallos d'Adonville.

Année 1668.

F. Pierre Deschargeres, Comte du Breüil.
F. Jean de la Haye Montbaut.
F. Anne de Balaine.
F. François Huguet de Sémonville.
F. Jâques Descorches.

Année 1669.

F. Jean de Rochebonne.
F. Jean le Comte d'Obson.
F. François de la Tour du Chesnay.
F. Jâque de Meules.
F. Philippe de Collins.

Année 1671.

F. Claude de Guenegaud.
F. Pierre Auget de la Chaboissiére.
F. François-Auguste de Tillecourt.
F. Jean-François-Paul, Marquis de Rassan.
F. Jâque Sibourg de Sauleux.
F. Nicolas Binot des Brosses.
F. Jean du Verdier de Genoüillac.

Année 1672.

F. Jean-Baptiste le Févre de la Barre.
F. Jean-François-Paul Volland de Beurville.

Tome II. Ff

Année 1696.

F. André Scarron.

F. Loüis de Cabre.

F. François Pidou de S. Olon.

F. Pierre de Renol de Longueville.

F. Charles-Achilles le Tonnelier de Bretcüil.

F. Loüis Pidou.

F. René de Roüere de Villeray.

F. Jean-Baptiste de Breget.

F. Pierre Boyer de Beaulieu.

F. Gilles-Michel de Marescot.

F. Nicolas-Crespin du Vivier.

F. Pierre de Fourniere de Loysonville.

F. Jean Sibille de Montaigu d'Elbos.

F. Artus-Joseph Comte de Vassé.

F. François Rouxel de Grancey.

F. Jâque-Paul de Bar, Marquis de Buranlure.

F. Loüis Bontemps.

F. Philippe Baron de Rosworm.

F. Jean-Baptiste-Joseph Bachelier de Beaubourg.

F. Loüis de Baisse de Saint Challier.

F. Guillaume Gabriel de Gaugy.

F. Jean-François Meigret d'Hauteville.

F. Loüis de Ponnmarin.

F. René-Joachim de Chenedé.

F. Jean Georges Guiscard, Marquis de la Bourlie.

ORDRE DE S. LAZARE.

F. Leonor, Comte de Clermont d'Amboise.

F. François de Rouer de Villeray.

F. Renaud de Serre, Comte de Théze.

F. Jacob du Quesne.

F. Jâque d'André de la Valogne.

Année 1697.

F. Ferdinand le Vaillant de Waudripont.

F. Joseph des Guets de Bauche.

F. François Guyet de la Sourdière.

F. Hervieu du Hamel de Forgeville.

F. François de Massé.

F. Jean-Pierre de Domanger Desbordes.

F. Claude de Thiart, Comte de Bissy.

F. Loüis, Comte de la Mark.

F. Loüis, Marquis de Brancas.

F. Jean-Nicolas de Montmorency.

F. Jean-Baptiste des Courtils.

F. Loüis-Joseph de Raousset de Soumabre.

F. Pierre Marquis de Neucheze.

F. Charle le Coq de S. Léger.

F. Jean Marmagoun Maronite.

F. Antoine de Colin Delloys.

F. Jean-Baptiste de Ronconi.

F. Pierre Catalan.

F. Pierre Hebert de la Pleignière.

Année 1698.

F. Philippe Comte de Galard de Béarn.
F. Gabriel Charpentier de la Haute-Maison.
F. Jâque de Fautereau.
F. Jâque Danneau de Vassé.
F. Jâque le Roy de Noisfontaine.
F. Antoine Argoud de la Val.
F. Jean Loüillier de l'Abbeville.
F. Pierre de Sainte Marthe.
F. Jean-Pierre de Chalard.
F. Antoine Amplemene de la Cressonnière.
F. Simon-Claude le Normand de Beaumont.
F. Martin le Seigneur.
F. Loüis-Charle Boucher de Martigny.
F. Henry-Alexandre de Créquy, Marquis d'Hemontes.
F. Alexandre de Bar.
F. Antoine Caulet de Beaumont.
F. Félix de Vilaucourt.

Année 1699.

F. François de Voigny.
F. Etienne du Rhac.
F. Christophile de Mongla.
F. Nicolas-Didier Faber, Comte de Lisier.
F. Etienne de Loüet de Nogaret.
F. François Comte de Granousky, Polonois.

ORDRE DE S. LAZARE. 679

F. Esprit-Jean Marquis de Castellane.
F. Robert Vincent de Malleville, Marquis de Pannevillé.
F. Michel le Grand, Marquis de Vitenval.
F. Pierre-Antoine-Gabriel Chevreau.
F. Michel André Bosserud de Schivern.
F. Antoine Pelletyer.
F. Joseph André de Bruels.
F. François de Polignac de Montbrison.
F. Dreux de Crespy.
F. Benjamin le Tenneur.
F. Jean Bernardin Bernardi.
F. Germain Guyet d'Esminières.
F. Jean de Reblats de Jognac.
F. Claude Bernard Rondileau.
F. Noel Belot.
F. Jean-François de Geres du Gassies.
F. Claude de Tourtelière des Antes.
F. Georges Herard.
F. Pierre Mansel de la Mothe.
F. Jules-Paul Cohon.
F. Pierre Rolland.
F. Charle-Ignace le Tenneur.
F. Charle-Gaston Gourdon de Genouillac, Marquis de Vaillac.
F. Loüis Achilles Marquis de Nerestang.
F. Loüis-Bertrand Sybille de Montaigu,

F f iij

F. Jean-Antoine Desbordes.
F. Jâque Giraud.
F. Germain l'Archer.
F. Pierre-Jean de Carcavy d'Ussy.
F. Louis Chancel de la Grange.
F. Jean du Verdier de Genouillac.
F. Jean-Baptiste Durand de Romilly.
F. Jean-François Jâque de Vitry.

Année 1701.

F. Claude Marion de Chanrose.
F. Joannes Baptista Guidici Maronite.
F. Honoré d'Haudiffret.
F. François-Michel de Beaumer de Chantelou.
F. Pierre Gaspar Marquis de la Goupilière d'Ollon.
F. François Martin.
F. Jâque Dunin, Comte de Serin, Polonois.
F. Charle de la Sette.
F. Jean-François Merault.
F. François-Antoine Comte de Chabanne.
F. Henry Testu, Marquis de Pierrebaste.

Année 1702.

F. Alexandre de Kerveno.
F. Antoine Bouault.
F. François de Burcvvalt.
F. Jean-Baptiste Besnard de Rezé.

F. Jean-Joseph de Bertet, Marquis de Gorze.

F. François Lottin de Charny.

F. François Mondin de Montoste.

F. Joseph-Eugene de Tornay d'Assigny, Comte d'Oizy.

F. Gaspar Chappe.

F. Charle-Henry Pidou de S. Olon.

F. Jaque de Claessens.

F. Etienne Maurin.

Année 1703.

F. Gilbert Guyon de la Chevalerie.

F. Simon-Antoine de Grancourt d'Orgemont.

F. René de Montbardon, Brigadier des Mousquetaires de Sa Majesté Catholique.

F. Loüis Comte de Smibannes.

F. Claude de Guyonnet de Vertron.

F. Loüis Joseph d'Aquin de la Selle.

F. Claude Dorat de la Barre.

Année 1704.

F. Guy de la Brunetiére du Plessis Gesté.

F. Philippe Egon, Marquis de Courcillon de Dangeau.

F. François de Simiannes de Gordes.

F. Nicolas Baron de Reveste des Comtes d'Hollande.

F. Philippe d'Ailly.

F. François du Montois.
F. Nicolas Maria Maraffi.
F. Jean-Pierre Azimar.
F. Jean-Baptiste Voile de la Garde.

Année 1705.

F. Philippe Blancard d'Alaincourt.
F. Jean de Nompuire & de Bazan.
F. Jean-Auguste Picot de Dampierre.
F. Daniel de Montmorency.
F. Loüis-Joseph de Rochechoüart.
F. Jean de la Rochefoucault.
F. Philippe-François-Joseph-Petremand d'Amodansi.
F. Godefroy-Maurice de la R.
F. Charle Dauguftine de Septemes.
F. Joseph Aubert.
F. Joseph de Chabanes.
F. Hubert de Gonflans.

Année 1706.

F. Guillaume André Hebert.
F. Philippe Jorel de S. Brice.
F. Jean-Marc-Antoine Hellouïn de Menibus.
F. Jâque Paftur, Colonel de Dragons d'Espagne.
F. Pierre-François du Hardaz d'Hauteville.
F. Jean-François de Mesmay.
F. Charle d'Aumale.
F. Loüis-Blaise-Marie d'Aydie de Riberac.

ORDRE DE S. LAZARE.

Année 1707.

F. Jean Okand.

F. Nicolas Roze.

F. Luc-François du Chemin, sieur de la Tour.

F. Jâque de la Rivière, sieur de Crevecœur & de Bazanville.

F. Louis Auzerey sieur de Durcet.

F. Jean Vidau, Vicomte de Dognon.

F. Jean-Baptiste Germain Genois.

F. Jean-Antoine Germain Genois.

F. Jêrôme Germain Genois.

F. Antoine Baudet de Beaumont.

F. Jâque Gaigne.

F. Jâque le Clerc de Gonnebourg.

CHEVALIERS ECCLESIASTIques & Chapelains.

Année 1706.

F. Gillot de Mezière.

Jâque-Nicolas Beissier, *Chapelain*

Année 1698.

F. Pierre-Augustin de Villeneuve du Câteau.

Christophe Roullin, *Chapelain*.

Bertrand de L'Isalde, *Chapelain*.

F. Jâque Poysson, Abbé & Seigneur de Bournet & de Betil.

Année 1699.

F. Jâque le Monthiers.
Claude de Gournay, *Chapelain.*

Année 1700.

F. Claude Piccoli.

Année 1701.

F. Pierre de Baumer de Chantelou.

Année 1702.

François Boutard, *Chapelain.*
F. François de Bailleul.

Année 1705.

Noël Joüin, *Chapelain.*

Année 1706.

Antoine-François Deschevaux, *Chapelain.*

Jean-Benoist Roy, *Chapelain.*

Frères Servans d'Armes.

Année 1665.

René de Bins.

Année 1666.

Loüis Raulin.

Année 1667.

André de l'Or.
Charle-Philippe-Armand de Gallomart.

Année 1670.

Maximilien Turpin de Perinchicourt,

ORDRE DE S. LAZARE.

Année 1696.
Antoine Pézey.
Nicolas Gauteron.
Jean-Loüis Auberon.

Année 1697.
Simon Bonniére.
Charle Soulaigre des Foſſez.

Année 1698.
François Rouſſeau de Pontigny.
Pierre de la Croix.
François de Miſſolz.
Claude Poutra Sarrazin.

Année 1699.
François Aſſelineau de la Solaſſier.
Jean Dibagnette.
Charle Artus du Vigier.
Loüis-Iſaac de la Cour.

Année 1700.
Chrêtien-Léopold de Stabenrath.
George Bonneau des Terriniéres.
Charle Regnault.

Année 1703.
Pierre Salomon Pothoüin.
Jean-Jâque Fruictier.

Année 1706.
Jâque du Tiſnay.
Loüis-Joseph Martine.

Année 1707.
Jâque-Charle Peliſſier.

L'ETAT DE LA FRANCE.
Année 1696.

L'Huissier de l'Ordre, M. Pierre Pelegrin.

Autrefois avant l'Institution des Ordres de Chevalerie, ce nom de *Chevalier* signifioit un grand mérite précédent, d'où vient que les Gentilshommes qualifiez, & de quelque ancienne famille, prennent encore aujourd'huy cette qualité, & s'écrivent *Messires N. Chevalier, Seigneur de, &c.* Et de ces Chevaliers il y en avoit de deux Ordres : sçavoir le *Banneret*, qui pouvoit lever bannière de ses vassaux ; & le *Bachelier*, qui marchoit à la guerre sous la Bannière d'autrui. Sous ceux-ci étoit l'*Ecuyer*, qualité que prennent encore à présent ceux qui sont du dernier rang de la Noblesse.

Fin du second Tome.

Changemens arrivez dans le second Volume.

Un grand O. signifie *ôtez*, une grande M. signifie, *mettez*.

PAge 11. *Otez* de Vienne, *Mettez* Perrin, p. 29. O. Megret, M. Basset, p. 45. O. la Branche, M. Lesperat. p. 60. M. l'Abbé Perot, lecteur de M. le Duc de Bretagne, p. 71. O. François Génard, p. 76. M. Génard aprés Testu, p. 81. O. Razilly. M. le Comte de Sainte Maure, p. 93. O. Megret, p. 111. M. Bellefontaine Aumonier, p. 128. O. l'Evêque du Mans, p. 129. O. Dionis. M. du Prat. M. Ferrary aprés Gervais, p. 142. M. du Ploüicq, Ecuïer, p. 161. O. de la Brosse. M. S. Marie, p. 390. O. Bousselin, p. 396. M. du Casse, aprés du Rozel, p. 409. O. Beaujeu, M. Beaucaire 800. l. p. 414. O. Bergeries. p. 423. M. Bombelles Colonel d'Inf. au lieu de Major de Boufflers, p. 428. O. Bouloc, p. 438. O. Cahoüet, p. 450. O. Chantoiseau, p. 453. M. Chassagne, Major de Montreal, O. Chastel, p. 457. O. du Chesneau, p. 458. O. Comte de Choiseüil Beaupré, p. 466. M. Costebelle, Gouverneur de Plaisance, p. 470,

Tom. II. G g

O. Crisasy, p. 477. ajoûtez à Darquian, Gouverneur de Sainte Croix, p. 482. O. Desadrets, p. 510. M. Gabaret Gouverneur de S. Domingue. O. Lieutenant de Roy aux Isles Françoises, M. Gallefet Gouverneur des trois Riviéres, O. Lieutenant de Roy de Montreal, p. 529. M. à Grandville, Major d'Hedin, p. 526. O. Hautefort Soû-Lieutenant des Mousquetaires, p. 528. O. S. Hilaire, Enseigne des Gardes du Corps.

www.ingramcontent.com/pod-product-compliance
Lightning Source LLC
Chambersburg PA
CBHW050056230426
43664CB00010B/1336